作者简介：

叶永刚：

湖北武汉人，中共党员，经济学博士，武汉大学经济与管理学院教授、博士生导师，中国金融学年会常务理事，中国金融学会理事，是国内较早从事金融工程研究的金融学家之一。主要从事衍生金融工具、风险管理、金融发展、外汇市场等方面的研究，曾负责主持设计《武汉金融中心发展规划（2007–2025）》项目，出版发表大量学术著作。

宋凌峰：

男，1976年11月生，湖北监利人。1994年9月在武汉大学管理学院投资系学习，2001年9月在武汉大学经济与管理学院攻读硕士和博士学位，2007年6月获得博士学位，专业方向为金融工程。目前任武汉大学经济与管理学院金融系副教授。

张培：

经济学博士，武汉大学经济与管理学院金融系讲师。主要研究方向为衍生金融工具、金融工程与风险管理。主持教育部人文社会科学研究青年项目1项，在《金融研究》、《管理世界》等刊物上公开发表学术论文10余篇。

田长艳：

武汉大学经济与管理学院研究生。

吴 为：

武汉大学经济与管理学院研究生。

此成果受到教育部哲学社会科学研究重大课题攻关项目“欧美国家债务危机对我国的影响及对策研究”(No.12JZD029)资助

玻璃产业金融工程

——基于中国河北沙河示范分析

叶永刚　宋凌峰　张培　田长艳　吴为　著

WUHAN UNIVERSITY PRESS
武汉大学出版社

图书在版编目(CIP)数据

玻璃产业金融工程:基于中国河北沙河示范分析/叶永刚等著.—武汉:武汉大学出版社,2014.11
ISBN 978-7-307-14761-4

Ⅰ.玻…　Ⅱ.叶…　Ⅲ.玻璃—工业产业—金融工程—研究—沙河市
Ⅳ.①F426.7　②F832

中国版本图书馆CIP数据核字(2014)第257641号

责任编辑:陈　红　　　责任校对:汪欣怡　　　版式设计:马　佳

出版发行:**武汉大学出版社**　(430072　武昌　珞珈山)
(电子邮件:cbs22@whu.edu.cn 网址:www.wdp.com.cn)
印刷:湖北金海印务有限公司
开本:787×1092　1/16　印张:19.25　字数:432千字　插页:2
版次:2014年11月第1版　　2014年11月第1次印刷
ISBN 978-7-307-14761-4　　定价:50.00元

有一种心情叫做感动
（代序）

（一）

是坐在案前，为这本书写一个序言的时候了。

此时此刻，我抚摸着《玻璃产业金融工程——基于中国河北沙河示范分析》一书的书稿，细细地体会着一种让自己心潮难平并且充满兴奋和感激的情绪。我把这种心情叫做感动。

（二）

我们不能不感动，是因为我们在宏观金融工程的研究上，又完成了一个崭新的任务。我们在完成了宏观金融工程理论框架的研究项目之后，就把目标锁定在了宏观金融风险研究的项目上，而在完成了宏观金融风险研究项目后，我们又接着完成了产业金融工程的研究项目。今天摆在我们面前的书稿则是对产业金融工程研究的又一个新的发展和贡献。

我们不能不感动，是因为我们在研究过程中，得到了河北省沙河市委、市政府的大力支持和协助。沙河市委市政府领导，多次莅临武汉大学中国金融工程与风险管理研究中心视察和指导研究工作，并与该中心签订了长期战略合作协议，确定了共建中国玻璃产业金融工程示范基地的战略目标。为了保证该战略的顺利实施，双方还共建了武汉大学中国金融工程与风险管理研究中心沙河分中心，并且确定了双方合作的长效运行机制。经过双方一年来的精诚合作与努力工作，我们出色地完成初期确定的目标和任务。

我们完成了中国沙河玻璃产业金融工程的研究报告，召开了各种形式的研讨会和座谈会，并撰写了一系列调查研究报告和咨询报告，最后我们有了眼前这部沉甸甸的著作。这一切，离开了沙河市领导和沙河市相关工作人员的高度重视与大力协助，是根本不可能实现的。

我们不能不感动，是因为武汉大学各级领导对此高度重视。武汉大学社会科学研究院为此召开专门的工作会议并予以积极的指导与协调，武汉大学经济与管理学院领导亲赴沙河市参与和指导金融工程示范工作，并且在力所能及的范围内给予了各种资源上的帮助。

我们不能不感动，是因为人民出版社的领导和工作人员对此给予了有力的支持和关照。人民出版社为此示范工作和出版工作的顺利进行，与沙河市政府和武汉大学共同举办中国产业金融工程论坛，并且委派专业的工作人员长期跟踪和协调该项目示范工作的进行与该项成果的出版事宜。

我们不能不感动，是因为我们团队全体成员都为此示范工作和研究工作付出了艰辛的努力。特别值得一提的是田长艳和吴为两位同学，为本书的研究和写作立下了汗马功劳，而宋凌峰与张培两位老师为本项目的组织协调与研究工作倾注了大量的心血。

（三）

看着眼前的书稿，我又回忆起了当初讨论写作纲要时的情景。

也许细心的读者会问，这本书和《产业金融工程》是一种什么样的关系。如果说我们在《产业金融工程》研究项目中主要是运用宏观金融工程的原理和方法来确定《产业金融工程》的理论框架及其应用领域，那么，我们现在看到的这部专著则是《产业金融工程》的理论和方法在玻璃产业的具体应用。

全书的内容大体上可划分为四大部分。第一部分探讨玻璃产业金融工程的理论框架及其主要内容，第二部分讨论玻璃产业金融体系的构建，第三部分为金融体系对玻璃产业的作用，第四部分为其金融管理体系的建设。

全书由叶永刚、宋凌峰和张培负责总体设计与组织协调。田长艳和吴为负责全书的撰写工作。

（四）

按照沙河市人民政府和武汉大学中国金融工程与风险研究中心的总体部署，完成该项目的研究与写作之后，我们随后就要开始玻璃产业金融工程的示范与实施工作了。

我们期待着研究方案的顺利实施，我们盼望着该示范工程不仅能推动沙河市玻璃产业的跨越式发展，而且能够促进中国玻璃产业的转型升级和在全球的迅速崛起。

我们感谢每一位为本书的问世付出辛勤劳作和贡献智慧的人，我们诚恳地希望每一位读者对本书提出宝贵的意见，我们深切地渴望本书能为中国产业的发展和中国的经济建设作出应有的贡献！

叶永刚

2014年9月22日

于武昌珞珈山

目　录

第一章　绪　论

自中国改革开放以来，中国经济便面临着长足发展的迫切需求，产业普遍由初级阶段进入转型升级的关键时期，全球金融危机的爆发更使经济可持续发展具有紧迫性。本书构建出玻璃产业金融工程体系，以实现玻璃产业在宏观调控背景下的成功转型与升级，进而对我国其他与玻璃产业面临相似困境的传统产业产生一定的指导意义。

第一节　玻璃产业金融工程提出的背景

玻璃产业作为中国产业近三十年发展历程的缩影，其发展立足于中国玻璃中心的建设，随着玻璃期货的上市，玻璃产业迎来了产业链融资及国际化的战略机遇。对将玻璃产业作为主导产业的地区而言，如河北省沙河市，玻璃产业的发展不仅对当地经济和社会发展具有重要影响，对全国玻璃产业的发展也具有重要意义。

一、全球金融危机导致我国产业经济亟待转型

我国经济与世界经济的相关性随着经济全球化愈演愈烈而进一步提升，世界范围内的经济与金融潜在风险也通过各类渠道传导至国内。从经济贸易方面来看，由于受债务危机风险影响深远，我国制造业出口需求大幅度下降，导致我国工业产值在某种程度上受到重创。鉴于此，我国政府为保证第二产业对生产总值的支撑力度，大力提倡产业转型升级，从产业自身出发，改善产业链结构，增加产业链长度和宽度，实现产业增值，进而保证我国经济平稳较快地摆脱全球经济和金融危机的影响。

二、我国加速推进玻璃产业转型与升级

作为我国传统行业的玻璃产业，目前玻璃深加工率约为30%，且原片加工后增值率为2.5倍，两项指标仅为发达国家的一半，与世界平均水平也存在一定差距。同时，受宏观经济影响，我国玻璃市场价格下调，市场需求减少，使得玻璃企业库存和资金风险加大，玻璃产业链较为落后的问题更加尖锐。针对我国玻璃产业目前所面临的产业发展问题，我国相继出台了《平板玻璃行业准入条件》、《关于抑制产能过剩和重复建设引导平板玻璃行业健康发展的意见》等文件，将玻璃产业列为产能过剩型行业，引导企业向高新技术玻璃倾斜，推动玻璃产业实现转型与升级。

此外，我国郑州商品交易所成功推出了玻璃期货，以推进玻璃产业金融体系的进一步完善。玻璃期货于2012年12月3日在郑州商品交易所上市交易，其高企的成交量使得玻

璃期货在上市第二日即成为国内期市第三大交易品种。但由于玻璃现货市场中供过于求的局势难以在短时间内有所改变，因此玻璃期货价格存在进一步下降的可能性。

三、玻璃产业金融工程思想的提出

基于此，我们提出玻璃产业金融工程思想，它是产业金融工程的延伸理论，同时也是金融工程、金融学与产业经济学有机结合的产物。与产业金融工程类似，玻璃产业金融工程利用金融工程思想，并将各类金融工具进行组合，研究如何在控制风险的前提下，整合金融资源，并利用其推动玻璃产业升级，实现当地经济的跨越式发展。

第二节 玻璃产业金融工程体系研究

一、玻璃产业金融工程与产业金融工程

玻璃产业金融工程是在产业金融工程理论的基础上发展而来的，属于产业金融工程在特定产业中的实际运用。其研究的主要内容是通过对各类金融工具的使用和创新，在政府的辅助下，结合玻璃产业链特点，利用市场机制对资源实现优化配置，进而实现玻璃产业的发展。本书将产业金融工程的思想运用至玻璃产业中，根据玻璃产业领域的需要，提出玻璃产业金融工程的理论框架，并结合相关研究，对如何促进玻璃产业实现产业转型和升级进行理论和实践相结合的分析。

在玻璃产业发展过程中，金融处于必不可少的地位。玻璃产业实现转型与升级，与金融资源配置和使用存在密不可分的联系，这就要求玻璃产业金融工程结合玻璃产业链设计金融支持方案。玻璃产业金融工程具有较强的实际操作性，能否促进玻璃产业发展为其是否有效的衡量标准。此外，在运用玻璃产业金融工程思想促进经济发展过程中，有助于金融资源的优化配置和金融体系的完善，有助于金融环境的优化。因此，玻璃产业金融工程是将玻璃产业与金融资源协同作用，同时又相互促进的理论体系。

目前西方频频发生危机的根本原因在于经济与金融未回归其本源，过度进行金融创新，将所筹集的资金未真正投入实体经济。因此，玻璃产业金融工程思想的实质在于让金融回归其本职，服务于实体经济（即玻璃产业）。玻璃产业金融工程利用各种金融工具，将社会资金引导流入玻璃产业中，使资金流入玻璃企业，回到玻璃产品与配套服务上，助其实现产业转型与升级。

除促进经济发展外，产业金融工程中重要一环为风险管理和控制，目的是在风险可控的条件下发展经济。因此玻璃产业金融工程应秉承这一理念，通过对玻璃产业经济活动主体的研究，对其已有或潜在的风险进行识别、度量、防控，在防止和减少损失的基础上帮助玻璃产业顺利实现转型和升级。此外，玻璃产业宏观风险的主要载体为玻璃企业，因此对微观玻璃企业经营活动中的风险也需谨慎防范，防微杜渐，从宏观风险和微观风险两方面对玻璃产业风险进行管控。

二、玻璃产业金融工程与产业链

（一）产业链的基本内涵

叶永刚、宋凌峰、张培（2012）对产业链进行了定义：“产业链是指同一产业或不同产业的企业，以产品为对象，以投入产出为纽带，以产业升级、价值增值、外部经济为目的，依据特定的逻辑联系和时空布局形成的上下关联的、动态的、伴随着资金流动和风险转移的结构化中间组织。”①

该理论认为产业链是一个复杂的集合体，其核心为价值链，而其表象则为供应链、资金链和风险链。因为对于产业而言，其发展和转型的本质在于实现价值增值，同时附带生态环境改善等方面。由于不同产业具有不同生产特点，因此其进行价值增值所选择的方式不同，并且同一产业链上不同环节所采用的价值增值方式也不一样。产业金融工程正是针对处于不同产业以及不同环节的生产特征，对产业实行辅佐，从而实现产业链价值增值，促进产业链升级。

与微观金融工程研究视角相契合，产业链可当作一个资产组合，通过对不同来源的资金进行排列组合，实现目标资产的收益最大化，同时保证风险可控。此时可利用的金融工具为不同来源的资金，资金来源不同因而导致其风险偏好和要求的回报率也不同，因此将不同来源的资金当作金融工具进行组合，才能在风险可控的前提下，既保证目标组合（即产业链）的资金需求，同时又能对资金提供者给予相应收益，实现多赢效果。

（二）玻璃产业链模块

玻璃产业链属于生产类产业链，以玻璃制品作为实物形态在产业链中流转（见图 1.1）。玻璃产业链可划分为上、中、下游，上游企业主要负责原料采购，中游为玻璃产品生产和加工企业，下游则主要负责玻璃产品销售。

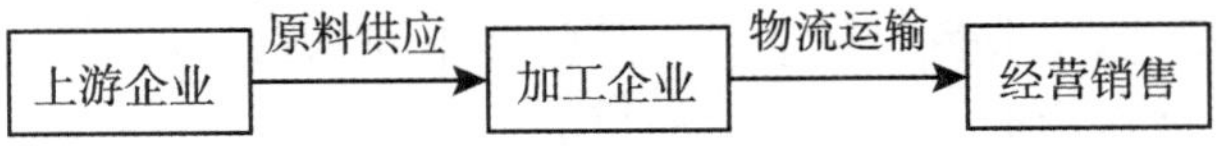

图 1.1　玻璃产业链模块

（三）玻璃产业链价值工程

从玻璃产业金融工程角度对玻璃产业链进行整合，从而实现全产业链的价值增值，需对玻璃产业链内部和外部两方面进行优化。

1. 内部完善

内部增值主要通过三方面进行：首先，通过改进生产技术或生产设备提高产业链自身

① 叶永刚，宋凌峰，张培. 产业金融工程. 北京：人民出版社，2012.

的生产效率；其次，从管理层面着手，通过软性制度改革，激励工人提高劳动效率；最后，通过风险管控手段，减少产业链在生产过程中所出现的不必要的损失。鉴于此，对玻璃产业链内部增值可从以下三点着手：

（1）充分利用金融资源

金融在日常生活生产中的重要性已被广泛认识和接受，但玻璃企业受宏观政策调控，被列为产能过剩型产业，因此在向银行等金融机构申请贷款时易受到阻碍，对处于成长期的中小玻璃企业打击严重。一方面是由于国家宏观调控，另一方面，银行等金融机构对中小企业“惜贷”是由于此类企业在财务制度上不够规范，风险较高。

鉴于此，玻璃企业应拓宽金融视野，不能将金融手段仅局限于申请银行贷款，而应寻求更为广泛的金融支持，利用金融市场和金融创新工具为其“融资难”问题提供有效的解决方法。

玻璃产业金融工程正是用于解决玻璃企业“融资难”问题的，在合规性前提下，通过运用各类金融资源，使其进入玻璃产业链，并针对不同的问题设计出专门的融资方案，控制风险，使进入玻璃产业链的资金能够顺利回收，实现资金供给方和玻璃产业链的“双赢”。

（2）政策及制度资源

产业金融工程中将政府政策和公司制度提高至资源层面，重视对政策和制度的利用，充分利用政府职能对产业进行扶持。玻璃产业受宏观环境影响，导致企业发展受限，对于以玻璃产业为主导产业的地方政府而言，应在政策允许范围内对玻璃产业进行扶持，推动玻璃产业实现转型升级。同时政府应通过自身引导作用，引导社会资金流向玻璃产业，缓解玻璃产业链中资金不足的问题。

（3）合理控制产业风险

玻璃产业在运行过程中，不可避免会受到宏观政策、价格波动等风险因素的影响，在玻璃产业链内部增值过程中，应建立完善的玻璃产业风险内控体系，从内部控制风险，降低因意外事件而对玻璃企业自身甚至玻璃产业链带来的损失。因此，玻璃产业金融工程强调风险管控机制，无论从企业自身内部，还是政府角度来看，对微观风险和宏观风险均保持谨慎态度，是保证玻璃产业链顺利升级的重要前提。

2. 外部整合

玻璃产业链外部整合意味着，利用金融工程手段，对玻璃产业链进行模块整合，将相关产业组合成产业集群，提高产业链的生产、运输、销售效率。外部整合主要利用金融工程中的“积木分析法”，将产业链中各环节当成模块，从而组合成为最具生产效率的玻璃产业链。外部整合途径有：

（1）跨产业融合

跨产业融合是指产业间在技术与制度创新的基础上相互渗透、相互交叉，最终形成产业集群，提高玻璃产业生产、经营、销售效率，增加产值。玻璃产业链中所实现的跨产业融合，并非技术上融合，而是经营模式或管理制度上的创新。如玻璃企业结合新兴电子商务模式，集合玻璃产品相关信息，建立自有玻璃电子交易平台，扩大销售面，并完善支付、运输等相关配套产业，形成与传统玻璃销售渠道不同的新型玻璃产业链下游销售模式。

玻璃产业金融工程通过对玻璃产业实际情况的考量，根据产业链发展需求，将不同产业所属模块进行搭建，利用“积木分析法”的思想，寻找出最佳的产业组合模式，提高产业链运作效率。

（2）产业链延伸

产业链延伸是指处于相同产业链上的企业，将业务范围进行纵向或横向延伸，使企业的创新成本降低。企业可通过对玻璃产业中的其他企业进行控股、参股、收购、合并、托管等方式进行产业链延伸。

玻璃企业选择纵向延伸，对上下游的中小企业进行控股或者参股，完善自身的产业链结构，能够使企业发展潜力进一步增强，这是由于市场交易行为对于一般性企业而言拥有较高程度的外部风险，通过产业链纵向延伸，可将外部行为内部化，规避外部风险，进一步降低企业的交易成本。相对应地，横向延伸是指处于产业链同一环节的同类企业进行合并，这将导致市场占有份额进一步集中于某些企业，使企业竞争力进一步增加，有利于抵御市场风险。

（3）加强产业链风险防控

产业链结构越单一则其抵御风险的能力就越弱，某一环节出现风险，会导致整个产业链的运行停滞，对整个行业而言会造成致命性打击。因此，对产业链进行必要的结构化调整，如跨产业融合或产业链延伸，使结构单一的产业链结构更为复杂，有利于对所出现的风险进行及时转移，有效降低风险对整体产业链的影响。

对于玻璃产业链而言，玻璃原片价格波动往往对其影响较大，通过对产业链进行结构化调整，如扩大下游企业覆盖面，企业将业务范围拓展至玻璃加工和深加工，可有效抑制玻璃原片带来的价格波动风险。

利用玻璃产业金融工程对产业链进行价值增值，应从内部和外部两方面着手。首先对玻璃产业链上中下游结构及现有价值链进行研究，分析各环节价值增值潜力；其次，找出制约玻璃产业链发展的因素，并针对其设计出使玻璃产业实现利润最大化目标的方案；最后，将范围拓展至玻璃产业链外，寻找玻璃产业在发展过程中密不可分的其他相关产业，将其进行排列组合，形成产业集群，实现生产效率最大化；在此基础上，完成玻璃产业金融工程方案设计，其主要包括融资方案、金融创新方案以及风险防控方案。

第三节　沙河市玻璃产业链研究

一、沙河市玻璃产业概况

沙河市享有“中国玻璃城”的美誉，其玻璃产业创始于1980年，玻璃生产工艺经历了由“小平拉”发展到格法，再发展到浮法的转变，玻璃产品由建筑玻璃向高档次、多品种、深加工的方向发展。目前全市共有玻璃企业500余家，其中玻璃生产企业45家，玻璃深加工企业333家。沙河市现投产优质浮法玻璃生产线32条，平板玻璃年产量达到1.05亿重量箱，约占全国总产量的16%，全行业年产值达到150亿元，上缴税金7.2亿元，行业固定资产达到120亿元，直接容纳社会劳动力5万余人，带动相关行业就业3万人。

2007—2010年，沙河市玻璃产业发展迅速，平板玻璃产量由2007年的2704万重量箱增加到2010年的5052万重量箱（见图1.2），四年的时间内几乎翻了一倍。沙河市玻璃产业目前着力于产业的转型升级，淘汰玻璃落后产能，通过推动玻璃产业由低端向高端转变、由玻璃原片为主向深加工为主转变、由建筑玻璃向电子光学玻璃和新能源玻璃转变，积极打造国际玻璃研发、文化、会展中心。

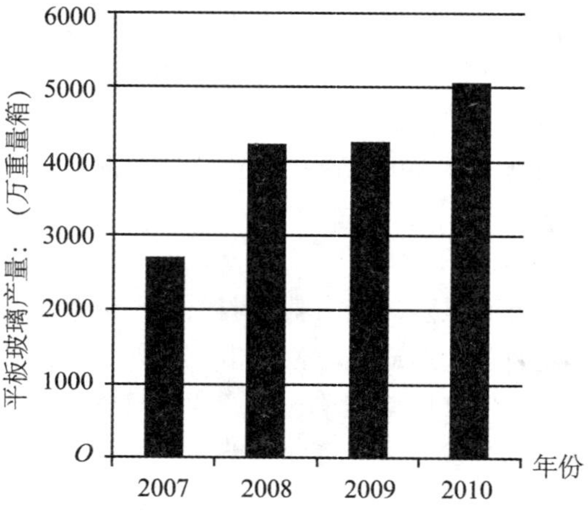

图1.2　2007—2010年沙河市平板玻璃产量

目前，沙河市把科学规划作为推进产业升级改造的首要前提，通过科学规划、调整结构、产业聚集、文化融合等一系列措施，举全市之力打造千亿元玻璃产业。沙河市玻璃制造及深加工被工信部评为国家级新型工业化产业示范基地，在产业转型与升级的政策上具有得天独厚的优势；同时，随着玻璃期货的上市，郑州商品交易所指定了沙河市2处玻璃交割厂库及1处备用交割厂库，沙河市玻璃产业迎来了重要发展机遇。

二、沙河市玻璃产业链现状及不足

与国际先进玻璃企业及国内大型玻璃企业相比，沙河市玻璃产业还较为落后，主要体现在以下三个方面：

（一）玻璃产业"大而不强"，产业链处于初级阶段

沙河市玻璃产业在全国处于领先地位，市内所拥有的玻璃企业已达到400多家，玻璃原片年产能占全国1/5。但该市玻璃产业在全国范围内并未具有明显的竞争优势，原因在于现阶段内缺乏在国内外具有较高知名度的玻璃企业，以多家中小玻璃企业入驻玻璃产业

园的形式存在。由于沙河市玻璃企业规模不大，中小企业无法形成对全产业链的资源整合。在产业链方面，与国外先进玻璃产业链相比，沙河市玻璃产业链还停留在比较初级的阶段，沙河市玻璃产业园对产业链的控制还主要是通过不同企业对各环节分别覆盖而形成，其中玻璃生产加工企业主要控制产业链的中游，无法与上下游形成联动发展的机制，呈现相对封闭的生产经营形式。沙河市玻璃产业链现状见图 1.3。

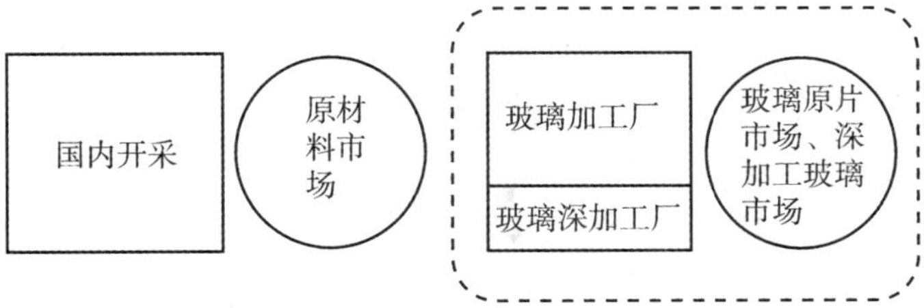

图 1.3　沙河市玻璃产业链现状

（二）供给刚性导致平板玻璃生产企业利润下滑

处于玻璃产业链中上游的平板玻璃生产企业，目前面临市场需求趋于饱和、利润下滑、产能过剩、需求不振等问题。对于玻璃生产企业而言，如何有效控制玻璃产品的生产成本是提升企业竞争力的核心问题。这是因为在玻璃生产过程中，纯碱、石英石等原材料和天然气等燃料花费约占企业总成本的 80%。随着原材料及燃料价格逐年攀升，玻璃生产企业的利润空间也在逐年缩减。

此外，玻璃行业产能出现过剩，且生产线仍在不断点火，而市场需求的增幅小于供给增幅，对玻璃原片生产企业的利润再次造成压力。从沙河市境内看，安全实业有限公司 1200 吨浮法八线已于 2013 年 2 月点火。从全国范围看，2013 年上半年新点火生产线 16 条，增加产能 12100 吨/天，复产点火生产线 7 条，增加产能 4000 吨/天，冷修生产线 3 条，减少产能 1150 吨/天，停产生产线 3 条，减少产能 1450 吨/天。经计算可得，2013 年全国玻璃产业产能新增 13500 吨/天。由此可见，玻璃行业为产能严重过剩的行业，因此玻璃产品供给的进一步增加，会导致市场对玻璃产品的消化速度持续下降，生产企业产品囤积压力骤增，利润下调，导致行业处于微利状态。

玻璃供给具有刚性，因此根据市场供需状态及时调整平板玻璃供给操作性不强。这是因为玻璃生产线前期投入较多，且为沉没成本，只要企业生产销售能收回部分现金流，即便出现入不敷出的现象，玻璃企业也会投入生产。另外，玻璃生产线建设周期长，一般为一年以上，因此玻璃产能投入是基于一年前的市场供需状况而决定的，玻璃产品供给刚性与需求周期性出现矛盾，导致玻璃生产企业利润减少。

（三）玻璃产品深加工程度不高，产品附加值低

为改善玻璃行业技术附加值不高的现状，沙河市近年来注重对深加工产品的研发，但

处于初级阶段，导致深加工产品质量不高、产量较低，因而市场接受程度较小。从产业价值体系的“微笑曲线”理论来看（见图1.4），沙河市玻璃产业还主要集中于玻璃原片生产，附加值较低，虽然有部分高新技术玻璃加工企业，但企业的研发技术与市场一流水平之间仍存在较大的差异，深加工产品生产的核心技术仍依赖国外，部分新生产线还需要花巨资从国外购买专利权。同时，沙河市玻璃物流业主要沿袭创业时期的传统物流模式，缺乏集约化的现代物流平台，缺少物流、仓储、资金相配套的系统集成体系。

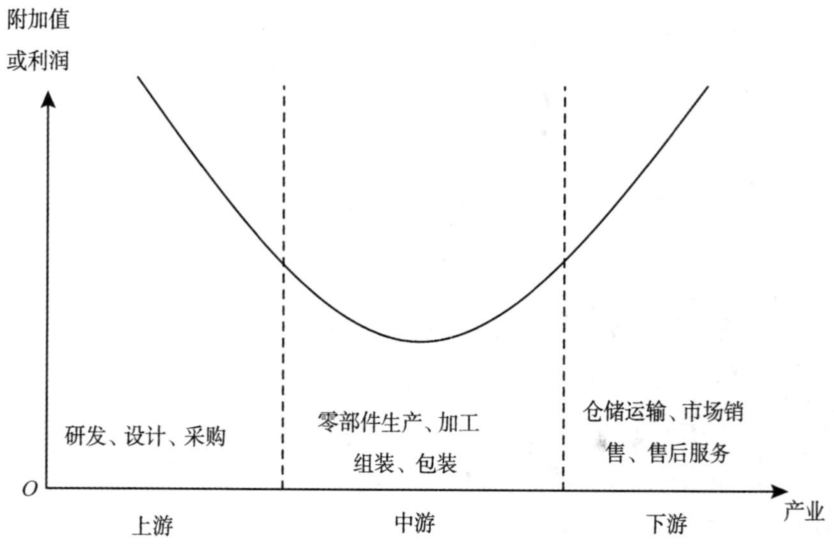

图1.4　产业价值体系的“微笑曲线”

（四）玻璃企业运营模式传统

沙河市从事玻璃产业的企业素质、类型、人员构成、经营理念等方面参差不齐，除了少数大型企业实现股份制企业管理模式外，多数企业普遍沿用原始的家族式管理方式，在产业集群发展壮大的过程中限制了企业的发展和产业升级；同时，企业普遍缺乏品牌意识，没有打造出属于自己的知名品牌，区域内竞争现象较多，龙头企业的带动作用也不明显，总体上缺乏长远的战略性品牌意识。

（五）玻璃产业链金融支持力度有待加强

沙河市玻璃产业具有良好的基础，发展前景广阔，但玻璃产业的金融支持却相对不足。目前，随着全国各地玻璃产业的转型升级，玻璃金融支持发展迅速，玻璃产业投资基金、玻璃补贴、玻璃银行等新型金融形态相继出现，金融杠杆对各地玻璃产业园的发展作用日渐明显。但沙河市金融环境仍处于相对落后的状态，金融机构规模较小，种类不完善，无法产生金融集聚效应，玻璃企业融资局限于当地银行信贷和财政资金，不能充分利用各种融资手段，企业经营受到影响，产业发展受到限制。为打破资金制约的瓶颈，沙河市玻璃产业的转型升级必须依靠完善且具体的金融支持。

第四节　本书研究内容和创新点

一、本书研究内容

本书基于玻璃产业链研究，以价值增值为目标，构建玻璃产业金融工程支持体系。通过金融资源的利用和金融体系的完善，推动技术资源、人力资源等直接促进生产有序进行的因素进入玻璃产业链，发挥金融资源的引导作用。本书将围绕如何通过金融手段、制度设计以及风险控制的手段，推动玻璃产业内资源重新配置，实现价值增值的目标。

本书结构安排如下：第一章绪论为全书的研究基础，介绍玻璃产业金融工程理论提出的背景及其与产业金融工程之间的关系，着重强调玻璃产业金融工程是以玻璃产业链为基础，运用金融资源，实现价值增值的目标。第二章统领全书，介绍玻璃产业金融工程分析框架以及研究思路。从第三章到第九章均为金融体系的构建和完善，其中第三、四、五章从金融市场的角度进行分析：第三章研究玻璃产品场外交易中心建设问题，站在金融市场的角度研究如何构造玻璃产业专业化市场，市场的建设必定会对玻璃产业链下游环节产生积极影响；第四章引入玻璃民间金融体系，与正规金融体系相结合，构建成完整的玻璃产业金融工程体系；第五章研究玻璃产业金融集市的构建。第六、七、八、九章从金融工具的角度展开：第六章从“玻璃期货”角度展开，研究期货对玻璃产业所带来的效益与影响以及如何利用期货这一新型金融工具促进玻璃产业价值增值；第七章和第八章使用创新型金融工具产业投资基金和互助基金，分别从产业角度和企业角度拓宽其融资渠道，为玻璃产业的发展注入资金；第九章对玻璃产业金融工程体系进行“拾漏补遗”，介绍前文未被提及但在实际操作中占有一席之地的金融业务和金融创新产品。第十章至第十三章对金融与玻璃产业的对接展开研究，即如何利用金融手段和金融资源对玻璃企业进行更为直接的支持。第十章从产业集聚角度，探究玻璃产业园的建设及其融资体系构建。第十一章和第十二章从企业融资角度进行分析，从较为微观的视角研究如何利用各类金融市场和金融工具解决玻璃企业融资难的问题，拓宽玻璃企业融资渠道。第十三章作为玻璃产业金融工程体系的补充，研究玻璃旅游文化市场对玻璃产业的促进作用。第十四章从政府的角度出发，研究如何为玻璃产业提供更优质的服务，构建更为完善的政府管理体系，为玻璃产业实现转型和升级保驾护航。由于产业的发展需在控制风险的前提下进行，因此第十五章至第十七章从风险的角度出发进行分析。鉴于玻璃企业急需打开国际贸易渠道，拓宽销售覆盖面，因而第十五章研究的玻璃国际贸易中的风险问题就显得尤为重要。玻璃产业金融工程的研究特色在于控制玻璃产业发展中的风险，因此第十六章研究玻璃产业区域性系统风险管理与风险基金。第十七章则是对玻璃产业发展的宏观战略以及指标体系进行构建。玻璃产业金融工程研究体系见图 1.5。

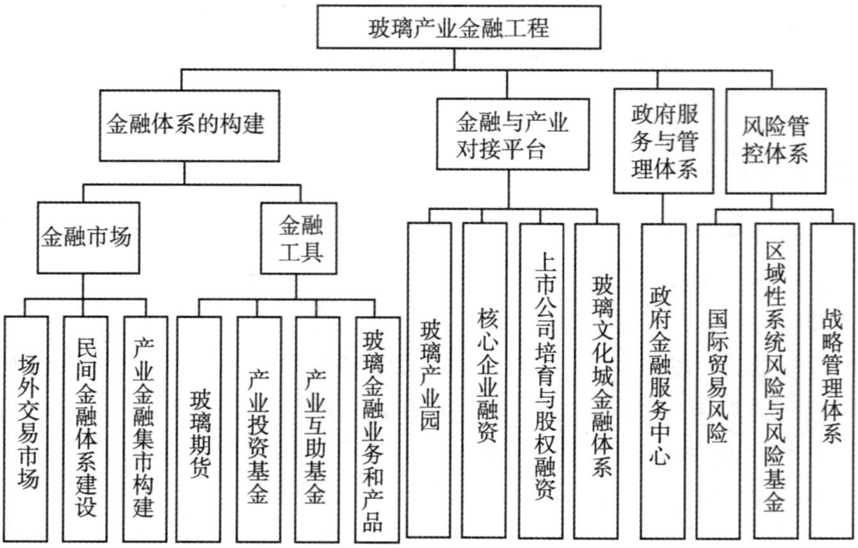

图 1.5 玻璃产业金融工程研究体系

二、本书研究创新点

首先，本书首次提出了玻璃产业金融工程的概念，它属于宏观金融工程的分支理论之一，并且为产业金融工程理论在玻璃产业中的实例应用。玻璃产业金融工程重点研究在控制风险的前提下，如何使用金融工具和金融市场，解决玻璃产业在转型与升级过程中所遇到的融资难等问题。

其次，建立了玻璃产业金融工程研究体系。研究体系中主要包括金融支持体系、风险管控体系和政府管理体系的设计，其中金融支持体系又分为正规金融体系和民间金融体系。

最后，本书在玻璃产业金融工程研究体系构建中设计了政府管理体系。将政府在产业发展中的重要作用充分体现出来，并将政府管理作为一项资源进行利用，通过组建金融集市、金融服务中心和金融战略管理体系切实为玻璃产业和金融体系服务。

第五节 本 章 小 结

产业金融工程为产业链和金融体系的结合，玻璃产业金融工程则基于玻璃产业链，在控制风险的前提下，利用各类已有的金融资源和金融创新产品，提升玻璃产业链价值。本章作为玻璃产业金融工程绪论，首先介绍玻璃产业金融工程与产业金融工程间的关联，进而引出研究玻璃产业链对玻璃产业金融工程体系构建的重要意义，再以沙河市玻璃产业链现状作为实例进行分析。

第二章　玻璃产业金融工程研究体系构建

本章基于产业金融工程的思想构建出玻璃产业金融工程研究体系，对后文的研究和分析起到提纲挈领的作用。玻璃产业金融工程研究体系从金融、产业以及金融与产业对接三个方面展开，实现了金融促进和支持产业发展的基本职能，将金融回归至支持实体经济发展的道路上。此举既能避免金融泡沫的产生，同时也能有效利用金融资源对产业的发展进行强有力的推动。

第一节　玻璃产业金融工程研究思想

玻璃产业金融工程研究体系以产业金融工程思想为辅助，研究如何推动产业升级为重点。从三个方面进行推进，第一，构造并完善金融体系；第二，构建平台，实现金融体系与玻璃产业的对接；第三，在发展金融体系的同时，应注重提高产业自身素质以适应金融体系的发展，达到相互促进、共同进步的目的。在玻璃产业金融工程思想指导下，实现玻璃产业转型与升级，同时控制玻璃产业风险。

一、理论支撑体系

（一）宏观金融工程理论①

目前金融全球化势不可挡，世界范围内的金融形势对于我国的影响也逐步明显，我国金融体系面临的风险进一步加剧。与此同时，需保障金融市场对我国经济发展的支持作用。因此，在控制宏观金融风险的同时，利用金融资源推动实体经济的发展仍然是我国实现跨越式发展所面临的重大问题。

宏观金融工程通过金融工具与手段的创新设计与重新组合、金融结构的调整和金融制度的变革来解决宏观金融风险和经济发展问题，在我国目前进行该研究具有重要的理论和现实意义。此外，在宏观金融工程定义的基础上，我们已经建立了由国家资产负债表、宏观金融风险管理和宏观经济资本管理三个支柱构成的定量分析框架。其中国家资产负债表是宏观金融工程的研究对象，宏观金融风险管理是研究的核心内容，以宏观经济资本推动经济增长是研究的最终目标。

动态的风险管理和控制体系包括风险识别、风险度量和风险管理等主要环节，从全

① 叶永刚．宏观金融工程研究．武汉大学学报：哲学社会科学版，2013（4）．

球、国家及地区、部门三个层面展开。在风险性质方面，从部门的资产负债表分析来看，宏观金融风险在性质上主要是宏观信用风险。在风险度量方面，我们系统性地提出了基于金融工程的宏观金融风险分析方法，包括资产负债表、或有权益资产负债表、风险指标，并构造出宏观金融风险指数。风险度量的对象首先是区域层面，研究全球、洲域、主要国家、国内四大区域、省份五个层次，在五个层次中分别研究公共部门、金融部门、企业部门和家户部门。在风险管理方面，使用宏观经济资本的思想来筹集和配置风险准备。目前我国金融体系正处于快速变革的时期，宏观金融工程的研究有利于建立结构化的宏观金融风险管理体系。

（二）产业金融工程理论①

为促进金融与产业和地区的对接，实现金融支持经济发展的职能，并利用金融杠杆推动产业和区域的转型与升级，促进我国经济顺利完成跨越式发展，在宏观金融工程基础上产生了产业金融工程理论和区域金融工程理论。在实际运用过程中，以产业金融工程和区域金融工程为依托，为产业转型和区域发展设计出符合其特色的金融工程方案。就产业金融工程而言，综合运用了成本收益分析方法、积木分析法、无套利分析等经济学和金融工程分析方法，对各项金融手段（如金融工具、金融制度等）进行整合，并在控制产业风险的前提下实现产业价值增值，推动产业跨越式发展。

在整个产业金融工程体系中，产业链设计、金融支持、制度设计与风险控制是主要技术方法。产业链设计是在对现有产业链深入研究的基础上对其进行改造，提高产业的价值，而金融支持、制度设计与风险控制则是保证产业链设计顺利进行的有效手段。

产业金融工程理论的创新之处首先在于使用各类创新型金融工具，综合应用各类金融手段；其次是针对产业特点提出创造性的解决方案，解决产业发展过程中所面临的各类问题，包括资金需求、风险控制等问题。

（三）区域金融工程理论

区域金融工程是宏观金融工程的细化与发展，其主要思想为利用宏观金融工程原理将整个区域当作公司或企业进行运作。创造性地利用金融工具、金融工序、金融制度建设等，解决整个区域发展过程当中面临的资源配置、风险管理等问题，其核心是在控制风险的前提下实现区域跨越式发展等目标。即区域金融工程是在风险控制的条件下使区域实现更高的经济或社会效益，金融以及其他社会资源得到更为有效的使用，快速有效到达所需的环节，解决现有问题，使区域产业实现转型与发展，经济实现跨越式发展。

区域金融工程与产业金融工程的差别在于，产业金融工程着重于产业中面临的问题，落脚点在产业链的上中下游环节，提出具有针对性的解决对策与方法。但区域金融工程需面临多重产业实现协调发展的问题，设计出适合区域发展的金融体系，针对不同产业的现状给予不同的金融支持，以期通过重点支持产业带动其他产业发展，实现区域经济的全面

---

① 叶永刚，宋凌峰，张培．产业金融工程．北京：人民出版社，2012.

升级。

二、玻璃产业金融工程研究思路

（一）构造和完善良好的金融体系

1. 金融体系

完整的金融体系至少包括金融机构体系和金融市场体系这两个方面。

所谓金融机构体系，是某一地区所有从事金融活动的组织的总和。某一地区的金融机构组织体系一般由银行机构、政策性金融机构与非银行金融机构组成。我国的金融机构主要有银行，包括央行、政策性银行、商业银行、村镇银行；非银行金融机构，主要包括国有及股份制的保险公司、城市信用合作社、证券公司（投资银行）、财务公司等；此外，还有外资、侨资、中外合资金融机构。以上各种金融机构相互补充，构成了一个完整的金融机构体系。

金融市场体系主要分为核心金融市场和一般金融市场。核心金融市场包括：产权交易所、股权托管交易中心、金融资产交易所等涉及股权和债权的交易市场。一般金融市场主要指涉及生产要素、劳动力、技术等用于生产活动的要素进行交易的市场。

2. 金融市场

本研究所提出的金融市场，是由核心要素市场（资本市场）和一般要素市场（生产资料市场、金融人才市场、金融信息市场、金融技术市场）所组成，为经济金融实现跨越式发展而服务，能进一步完善金融体系的要素市场。金融市场的建立和发展也是完善金融产业结构，实现跨越式发展的重要一环。因此应该将金融市场作为经济发展的核心。

3. 金融体系与金融市场

金融体系是一个经济体中资金流动的基本框架，它是资金流动的工具（金融资产）、市场参与者（中介机构）和交易方式（市场）等各金融要素构成的综合体。其中，金融市场的主要目的是建立交易市场，为要素的流通与交换搭建平台。因此构建金融市场是完善金融机构组织体系的重要内容。

（二）搭建金融与产业对接平台

玻璃产业应形成科技、创新和资本市场良好的对接机制，即利用金融市场和金融机构，搭建玻璃产业与金融的对接平台。在实现金融体系与产业对接的过程中，政府应成为主导推动机构，指导玻璃产业金融平台的构建，监督平台运营，并给予相关政策扶持。在监督平台及整体建设进展的同时，政府还可以积极推动有利于玻璃产业发展的衍生金融工具品种的出台，由此进一步推动玻璃产业与金融的结合，为实现玻璃产业链增值目标保驾护航。

（三）提升产业效率与金融意识

在推进金融体系建设和发展过程中，不能将眼光局限于发展金融体系，玻璃产业自身的发展也势在必行，以达到产业发展与金融发展相适应，相互促进，共同进步的效果。政府全力发展金融体系，引入金融机构，构建金融市场，形成成熟的金融体系，但如果企业缺乏利用多渠道融资的意识或需求，则无法实现产业与金融的良好促进关系，最终完善的金融体系也无法发挥其作用。因此，在大力发展金融体系的同时，需要注重产业自身素质的提升。

第二节　金融工程支持经济发展模式探究

一、通山模式探究

（一）金融工程支持通山发展模式

湖北省通山县金融工程支持模式为县域金融工程与产业金融工程相结合的发展模式（见图 2.1）。利用县域外金融资源推动经济外向型跨越式发展，发展通山特色产业：石材产业、楠竹产业、旅游服务业。

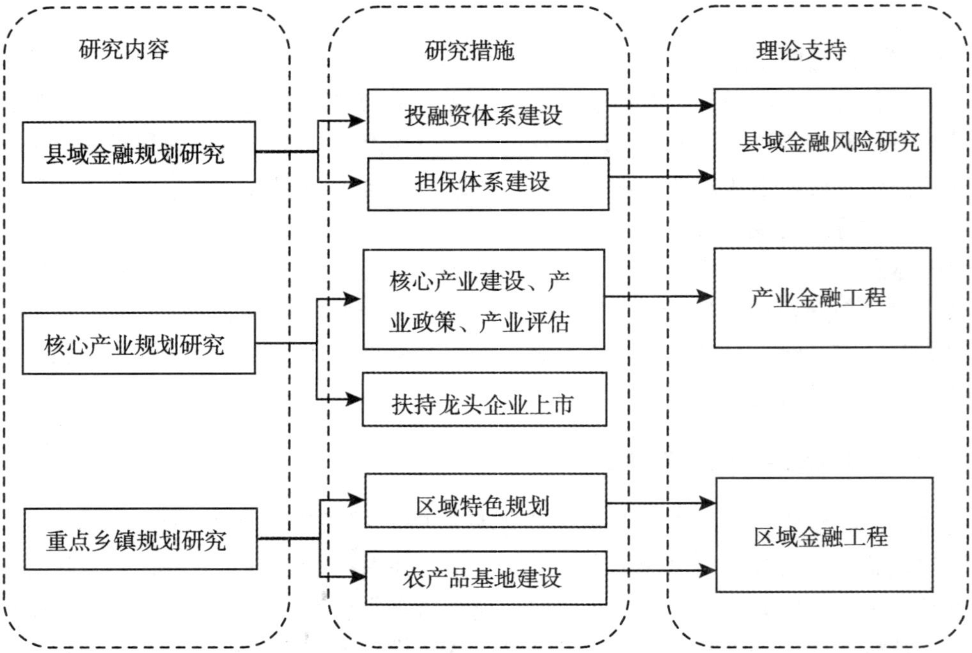

图 2.1　通山县金融工程支持模式

（二）通山模式总体发展思路

1. 通山县域金融工程研究模式

通山县域金融工程研究模式中，首先应明确通山县域金融体系的基本情况和面临的问题，协调政府与金融机构的角色定位，构架符合通山县域经济发展的农村金融体系，通过系统把握通山县政府的有关政策，充分整合现有的各种财政金融资源，建立融资手段丰富的金融工程支持体系。具体来说，金融推动经济发展工程化支持体系包括政府财政支持体系、金融机构支持体系和要素市场支持体系，形成支撑通山县域经济发展、产业建设和企业管理的财政担保体系，整合民间信贷资源并加速国有资产证券化的进程。明确我国县域金融系统在当地金融经济发展中筹集和使用资金的最适宜的方式。

具体研究从以下三个方面展开：

第一，积极稳妥地开展现代农村金融体系建设。建立资本充足、功能健全、服务完善、运行安全的县域金融体系。加大重点企业（中小企业、创新型企业和龙头企业）信贷支持。

第二，加强地方金融生态环境建设，促进县域资本市场建立功能完善的县域信用体系，健全企业内控制度，加强金融创新，满足多元化金融服务需求。

第三，促进县域经济外向型跨越式发展。依托县域金融平台联合金融资源支持重点产业和乡镇建设发展资源型特色经济，同时兼顾环境保护。

2. 通山县产业金融工程研究模式

通山县现阶段主要依靠当地资源并以其为主要驱动力，包括冶金建材资源、石材资源、旅游资源等，所以属于资源型县域。资源型县域经济发展模式主要是依赖资源优势和发挥资源优势的县域经济发展模式，所以，如何利用资源、发掘资源、形成资源优势和竞争优势成为此类县域经济发展模式的核心。

通山产业金融工程规划可以率先推动冶金建材产业、石材产业和旅游产业的资源整合，优化企业数量，壮大企业实力，培育上市公司。主要从产业选择、企业导向和项目建设等角度进行研究。通过对县域主导产业及主导企业的实地调研，加强对县域产业的全面了解，根据县域的特点制定出符合区域发展的产业和项目，从企业整体的角度对拟研究产业的计划、设计、实施方案进行全面的技术经济论证和评估，从而确定该主导产业未来发展的前景。

具体研究从以下三个方面展开：

首先，进行资源整合。对产业整体进行规划，整合企业规模，推动龙头企业发展。拉动流动性市场资源，培育社会营销网络。

其次，建设专门化市场。良好的专业市场是产业发展的关键。在石材产业，兴建大规模的石板材专业化市场、石材产业园区、石材生产加工基地，可以有效提升石材产业竞争力，凸显石材产业特色，引导企业规范化、集约化经营发展。

最后，实现产业集群。逐步打造一条完整的包括资源供应、生产加工、经营销售在内的产业链条，让众多优质企业在这条分工明确的产业链条上找准自身定位，发挥各自优势。

二、大冶模式探究

（一）矿业金融工程发展模式

由于大冶市以矿业为其发展重点，结合其发展规划，最终确定矿业金融工程为其发展模式。矿业属于资源型产业，由于矿业自动化程度、国际化程度与金融化程度较高，金融工程支持重点应放在原料采购环节。

（二）大冶模式总体发展思路

将大冶市自然资源、金融资源、技术资源、政策资源等要素实现整合，以金融资源为引导进行资源整合，实现各类要素的合理配置，构建矿业金融支持体系。在此基础上建设矿业金融工程系统，包括矿业产业链、金融支持、服务平台、政策与制度设计等四大子系统，最终实现地方经济实力提升，企业国际化发展，矿业产业升级，大冶市整体经济达到可持续发展的要求。

（三）大冶模式研究的基本思想

以实现大冶市矿业产业化、国际化为目标，以产业金融工程思想为指导，以研究如何利用金融推动产业升级为重点。从三个方面进行推进：

第一，构造并完善适合大冶市矿业发展的金融服务体系；

第二，搭建金融支持平台，实现金融体系与矿业的对接，助推大冶市矿业产业集群的建设与发展；

第三，在发展金融体系的同时，应注重提高产业自身素质以适应金融体系的发展，达到相互促进、共同成长的目的。

三、黄陂模式探究

湖北省武汉市黄陂区金融工程发展模式主要为农业金融工程支持体系。从因地制宜、特色发展的角度出发，运用工程化管理手段对农业产业链进行全面整合和合理配置，建立农业基地，配置主导品种，并辅以技术、管理、资金支持，逐步打造地方农业特色。积极配合农业产业化进程，大力发展循环经济，将传统的资源消耗型农业生产转换升级成为新型生态农业，降低资源投入量，提高资源利用率。

具体研究内容为：

1. 确定当地农业发展模式

结合黄陂区地域特点和发展规划，联合产业金融工程发展的进程，确定当地农业优势品种，并率先发展，成为发展试点。

2. 农业基地建设

农业金融工程核心是农业基地的建设，结合金融支持与创新技术投入，强调基地发展模式的特色，或者产品生产或功效的创新，形成典型的区别于其他产业的发展模式。

第三节　玻璃产业金融工程研究体系架构

玻璃产业金融工程设定出一条玻璃产业与金融支持体系相结合发展的新路径。利用产业经济学、金融工程等理论进行学科交叉，通过各类金融资源的整合和创新，利用金融产品与制度的设计，解决玻璃产业在发展过程中所遇到的问题。在产业经济学、金融学和金融工程学等有关理论的指导下，利用金融工具在打造完善的金融系统基础上，针对玻璃产业链中需要支持的环节，在政府引导和支持的金融支持平台上，形成“政府引导，企业参与，金融机构支持”的成熟产业发展模式，围绕玻璃产业金融工程平台，把金融市场的价格发现、风险规避功能结合起来，促进玻璃产业实现跨越式发展。玻璃产业金融工程研究思路见图 2. 2。

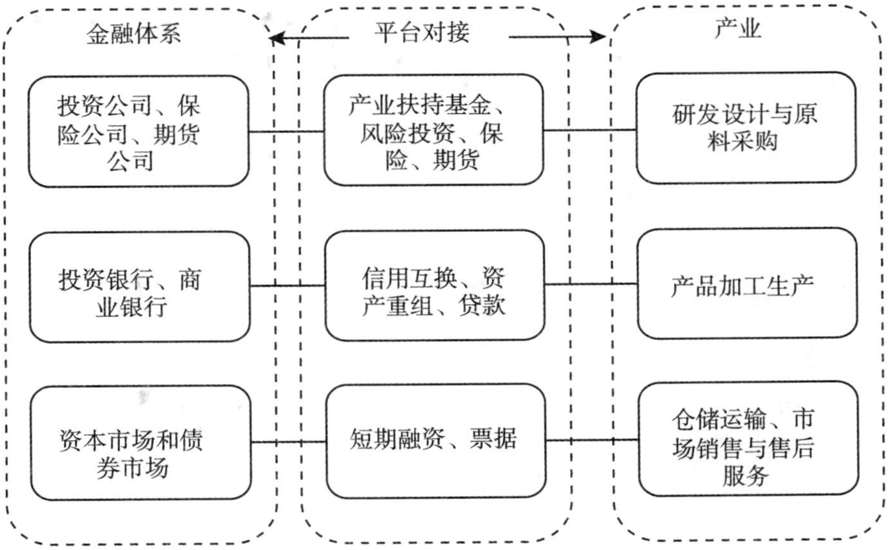

图 2. 2　玻璃产业金融工程研究思路

一、支持玻璃产业金融体系的构建

结合玻璃产业实际情况，发展和完善金融体系是构建和完善玻璃产业金融支持体系的当务之急。首先对已有的金融机构进行总结，分析研究当地是否需要引进相关的金融机构，如政策性银行，是否需要开设专门化金融机构为玻璃产业服务，例如玻璃产业投资公司、风险投资公司等新兴且专门化的投资机构。此外还需对已有的支持玻璃产业发展的金融市场进行研究，可以利用郑州商品交易所推出的玻璃期货交易来规避市场风险，同时可针对玻璃期货市场设立玻璃现货交易市场，使其成为“全国玻璃商品定价中心”。

（一）引入金融机构，加强基础建设

玻璃产业为支柱产业的地区应侧重于引入支持产业发展的专门金融机构，例如国家开发银行等政策性金融机构。同时，证券公司、期货公司等金融体系必备机构也应入驻。此外，还应引入风险投资基金，对科技含量较高的处于发展初级阶段且急需资金支持的玻璃产业进行支持。风险投资基金以股份的形式参与投资，帮助所投资的高新技术玻璃企业尽快成熟，取得上市资格，从而使资本增值。

（二）设立金融机构，进行金融创新

除了引入金融机构外，还应设立专门为玻璃产业服务的金融机构。例如玻璃产业投资公司、玻璃产业担保公司以及玻璃产业信贷公司等。

设立玻璃金融机构的目的在于更为高效地为玻璃产业提供金融支持和服务。与传统的金融机构不同，玻璃金融机构能够针对玻璃产业所呈现的特点，为其量身定做，设计出符合玻璃产业发展的特色产品，同时也能专门为沙河市的玻璃产业进行金融人才的培养，提供金融技术和金融信息。

在设立玻璃金融机构时，可以参考现有的专门金融机构，例如汽车金融公司。玻璃金融机构可为玻璃产业提供“玻璃信贷”，由于其具有专门化的特点，因此具有规模效应，可以提供比一般的金融机构更具有吸引力的信贷合约和更为全方位的“玻璃金融服务”。

（三）构建金融市场，完善金融体系

在发展金融市场体系时，从核心金融市场体系和一般金融市场体系两个部分来建设。核心金融市场体系包括资本市场和生产资料市场。一般金融市场体系包括、金融人才市场、金融信息市场和金融技术市场（见图2.3）。

1. 核心金融市场体系建立构想

（1）资本市场建立构想

产业资本市场应成为集银行、证券、保险、外汇、信托等金融业务于一体，通过市场机制的作用，迅速地集中和扩散大额资金的金融对接中心，实现对接我国东部、中部和西部的功能，在资金的集散运行中增强地区经济的扩散和辐射作用。同时，也要积极参与国际市场的金融活动，加大区域性金融中心的影响力。此外，产业资本市场应成为金融创新中心，以创新的金融产品优化金融中心内的资源配置，解决资本投入的问题，促进当地经济的进一步发展。

在金融市场功能定位的基础上，应结合国内其他区域金融市场的建设经验和当地目前的发展情况，确立需要率先建立的市场或交易中心。

（2）生产资料市场建立构想

建立玻璃现货交易市场，能够对玻璃产业进行有效扶植，使其继续保持优势。此外，生产资料市场将使得玻璃交易市场本身具有较高的深度和广度，有助于玻璃现货交易所顺利建成与在未来发展成为影响全国玻璃产业的“玻璃交易中心”。

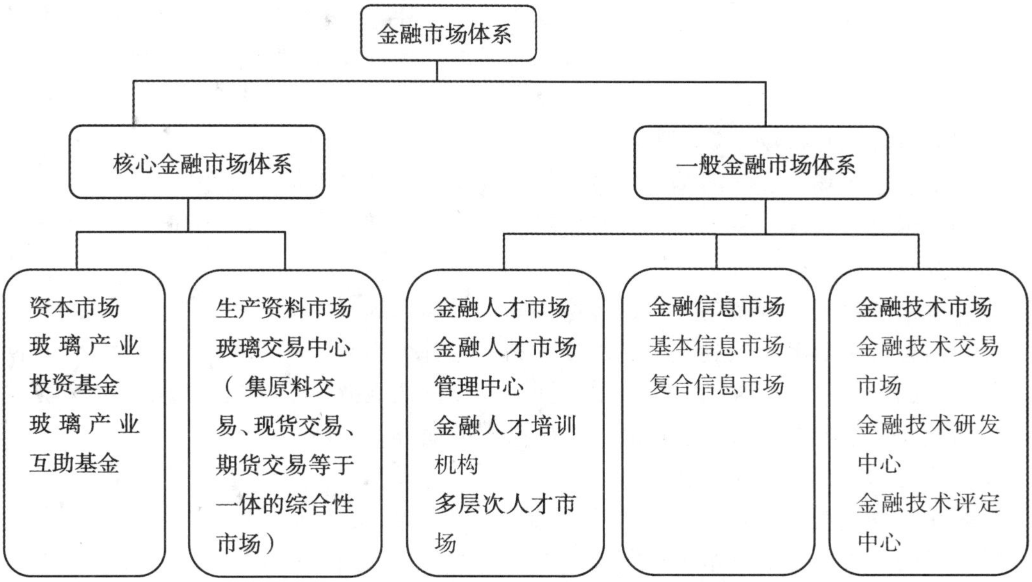

图 2.3　金融市场体系

假定当地之前未建立任何交易市场，因此在玻璃交易中心设计中应考虑到原材料交易、现货产品交易、期货场外交易以及部分企业股权交易等，以期实现与玻璃产业相关的所有交易产品均能在玻璃交易中心下属的多个子市场中交易。

2. 一般金融市场体系建立构想

（1）金融人才市场建立构想

人才供求双方通过人才市场直接见面，相互选择，平等交换，实现人才流动，从而促进人才资源优化配置。建立金融人才市场在本质上是完善市场体系的客观要求。

在建立金融人才市场时，需要配套的子市场是：

①金融人才市场管理中心。由银行或相关金融机构的人才库组成，建立一支金融业所需要的多层次金融人才队伍，拟定培训计划，对金融人才进行定期培训，疏通人才流通渠道，帮助人才实现合理流动。

②专业化顶级人才培训机构。可根据市场及自身金融业发展特点建立专门培养攻克难关的专业化顶级人才培训机构。将输送的人才进行培训，提高水平，送交人才管理中心，在人才市场进行交流。

③多层次、多形式的人才市场。人才市场应是多层次、多形式的，不同的金融机构对不同的人才有不同的需求，既需要学术型金融人才，也需要操作型金融人才。

（2）金融信息市场建立构想

金融信息市场是整个金融体系的发动机。通过信息的收集、储存、发布和处理，金融信息市场可以为各地区的金融机构提供决策的参考和依据，为金融中心的进一步发展作出贡献。金融信息市场主要提供两类金融信息服务，第一类是财经媒体提供的信息服务，服务对象是整个社会大众，包括任何有需求或兴趣的个体；第二类是基于金融信息中心和网上交易平台的专业金融信息服务，其服务对象是专业性较强的商业机构、企业组织以及投资人士。

在建立金融信息市场时，需要配套的子市场是：

①基本信息市场。金融的基本信息市场主要是负责基础类信息发布，包括全球交易所的股票即时报价，全球债券市场的实时报价，各公司的详细盈利预测和综合盈利预期以及世界知名券商的研究报告等。

②复合信息市场。金融的复合信息市场集中于高端的复合信息产品的发布，也就是在基本金融信息的基础上开发金融信息服务产品，为各类不同层次需求的投资者设计不同的信息服务产品，在带来巨大的经济利益的同时，也极大地减少了我国金融业对境外软件的依赖，防止在使用境外信息系统时我国金融数据的泄露。

（3）金融技术市场建立构想

金融业的发展需要大量的金融产品和金融软件的开发，这些都离不开金融技术的支持。目前我国使用的金融技术多从国外购买，自主开发的金融技术和产品很少。因此建立金融技术市场能够提高当地金融活动效率，并作为金融市场体系的良好补充。

在建立金融技术市场时，需要配套的子市场是：

①金融技术交易市场。给各类金融技术、金融产品的供求者提供一个交换、交流的平台。

②金融技术研发中心。与全国范围内各金融研究所、高校合作，建立金融技术研发中心，进行拥有自主产权的金融软件、技术、产品的开发。

③金融技术评定中心。作为独立的机构，为全国各地有需要的客户对金融技术和产品进行鉴定，提供第三方保证。

二、实现金融体系与玻璃产业对接

完成金融体系与玻璃产业的对接是实现玻璃产业成功转型与升级的关键步骤。在此环节中，政府应根据玻璃产业链中各环节设立相应的金融工程支持平台，引导相关的金融机构或金融市场加入，鼓励玻璃产业中需要金融支持的企业能够有的放矢，根据自身实际需求从金融工程平台上获得支持，真正形成“政府引导，企业参与，金融机构支持”的成熟产业发展模式，实现玻璃产业转型与升级，促进地区经济跨越式发展。

此环节主要利用金融工程思想，在完善的金融体系基础上，对产业链的上、中、下游各环节进行支持。针对产业链上游环节，主要利用投资公司、保险公司、期货公司，在产业扶持基金、风险投资、保险、期货平台上，对研发设计与原料采购环节进行金融支持。对于产业链中游环节，利用投资银行、商业银行等金融机构，在信用互换、资产重组、贷款平台上，针对产品加工生产环节进行金融支持。对于产业链下游环节，即仓储运输、市场销售与售后服务环节，可利用资本市场和债券市场上的短期融资、票据方式来进行资金融通。

三、提升玻璃产业质素与金融意识

针对微观部分的玻璃企业体制改革、技术改进、人才引进、金融意识等方面进行研究，从微观企业的角度对产业进行提升，以契合金融体系的发展。

在政府完善金融体系，搭建对接平台的同时，需要企业提高自身素质，使玻璃产业发展程度与金融体系相契合。产业与金融只有处于同一发展层面上才能互相促进、互相支撑。玻璃产业在改善自身产业结构，实现产业升级的过程中，最为重要的是促进产业内技术革新，即从企业自身层面进行改善。

隶属于传统产业的玻璃产业，提高产业质素以适应金融快速发展的具体方面有：（1）进行信息化改造。玻璃产业应加强企业的信息化建设，例如完善网络交易平台，建设玻璃交易数据库等。（2）对玻璃产业进行技术创新。加大科研与开发力度，探索新兴技术转化为实际生产力的有效途径，真正实现玻璃技术的自主研发，降低由于国外技术引进而带来的成本，并加强企业内部员工培训和人才培养。（3）实现产业重组。我国玻璃企业存在规模较小而数量较多的现象，导致无法在玻璃市场上形成有效竞争力，为改变这一现状，可由政府发起将相关中小玻璃企业进行整合，或由当地龙头玻璃企业对关联中小企业进行并购，以此实现玻璃产业集群化。（4）引入全球四大玻璃企业，或其他在技术方面具有领先地位的玻璃企业，例如台玻集团，在沙河设立分支机构，利用高新技术对沙河市玻璃产业进行升级与改造。

此外，除玻璃产业需要进行升级外，政府应对玻璃企业进行金融知识普及，定期举办金融论坛，让玻璃企业更为全面和系统地了解金融资源、金融机构的作用，依照其自身需求，选择和利用合适的金融资源对其自身的发展进行支持。

第四节　玻璃产业金融工程子系统研究

第三节分析了玻璃产业金融工程的研究思路，从纵向角度来看，玻璃产业金融工程子系统研究主要从产业链角度划分，分别从上、中、下游产业链对玻璃产业与金融工程支持平台构建进行研究与设计。玻璃产业链各个环节均需按照“完善金融体系、构建对接平台、提升产业质素”的思路进行构建，在此基础上发展出玻璃产业金融工程子系统。

一、上游产业链金融工程支持子系统

上游产业链主要包括研发设计环节与原料采购环节。

首先，可充分利用风险投资基金等高风险偏好机构，对玻璃产业研发设计与原料采购环节进行投资。政府可以根据企业不同特点和项目所处不同阶段，利用政府资金，将技术创新资金分别以创新资助和创业扶持两种方式支持企业创新。创新资金资助金融每项一般不超过 60 万元，个别重大项目不超过 100 万元。与此同时，政府应加强对创新型试点企业的重点融资支持，搭建科技型中小企业贷款平台，拓宽融资渠道。此外，在融资的审核过程中，政府应引导银行不再单纯看重企业的规模、固定资产、财务指标，也不再单独评

估单个企业的状况，而是更加关注其交易对象和合作伙伴，关注其所处的玻璃产业链是否稳固以及目标企业所在的市场地位和供应链管理水平，注重企业健康的现金流和单笔交易的价值。

其次，完善研发设计环节中的风险管理、风险保障体系和评价体系。保险公司可针对新的市场需求，进行深入研究，尽可能使金融工具和服务品种多样化，降低设计过程中的风险。在抵押设计相关的知识产品风险较大的情况下，需要通过担保体系来降低风险，例如对处于同一工业园区的多个中小企业联合担保或销售企业担保。同时，政府应逐步在区域内推广期货市场的参与度，以规避整个采购过程中由于价格波动风险而导致的成本大幅度变化，保障企业利润。期货市场对于玻璃企业而言是较新的概念，政府要加大宣传和引导力度，鼓励有能力的企业在原料采购阶段参与到期货市场中，降低风险系数，减少平均成本，提高相对利润值。

二、中游产业链金融工程支持子系统

中游产业链主要涵盖产品加工生产环节。

为了改善玻璃产业结构，政府应鼓励龙头企业对中小型玻璃企业给予支持，通过控股、参股、收购、合并、托管等方式来提高沙河市玻璃产业在全国范围内的竞争力。龙头企业通过纵向帮扶，对上下游的中小企业进行控股或者参股，完善自身的产业链结构，能够使得公司发展潜力进一步增强，通过市场交易行为内部化，有助于减少市场风险，节省交易费用，同时易于设置进入壁垒。选取同类企业进行横向帮扶，可以使大公司进一步增加其在行业内的份额，获取自己不具备的优势资产、削减成本、扩大市场份额、进入新的市场领域。

除应备的技术和设备之外，玻璃加工生产环节需要拓宽融资渠道。中小型企业与资信级别较高的大企业进行信用互换合作，利用大企业的资信级别向银行贷款，由银行提供有针对性的信用增级、融资、担保、结算、账款管理、风险参与及风险规避等各种金融产品组合和解决方案，为玻璃加工生产企业提供密集性资金，以达到规模经济。

三、下游产业链金融工程支持子系统

下游产业链主要指产业仓储运输、市场销售与售后服务环节。

针对玻璃企业在销售过程中遇到的购买方资金不足的问题，政府需通过票据市场的完善来满足企业短期融资需求，缓解制造业企业资金周转压力。供需双方在资金融通方面可以进行协商，卖方允许买方交付时间延迟，但必须以票据为书面承诺。同时，商业银行应重点推动商业信用票据化，提高产业票据流通性和信用度。为顺利实现产品销售，可以优先保障具有经营网络的企业信贷，积极运用并购贷款等金融工具支持优势企业加快并购，鼓励通过资本市场和债券市场对玻璃产业链下游经销商进行直接融资，加大销售网点拓展，吸纳中小企业进入营销链，促进产品销售。同时，相关部门需要对融资租赁业给予配套支持。

第五节　本章小结及相关政策建议

一、本章小结

本章基于前文对玻璃产业链的分析，结合通山、大冶和黄陂的金融工程支持经济发展模式，构建出适用于玻璃产业链的“三横三纵”金融工程支持体系。从横向来看，玻璃产业金融工程研究体系应从三方面着手：完善金融体系、构建产业与金融对接平台和提升玻璃产业素质与金融意识；从纵向来看，玻璃产业链按照上、中、下游划分，对产业链上每个环节进行金融工程支持，均需按照“金融体系—对接平台—产业自身”的模式进行。

二、相关政策建议

结合沙河市实际情况，从金融体系、产业与金融对接平台以及提升产业三个方面给予可行性政策建议。

（一）完善金融体系相关政策建议

首先，沙河市政府应设立专项组，加强对沙河市金融体系建设的领导，设立玻璃产业发展委员会。把先进的“产融结合”模式与河北省产业金融现状相结合，最终研究编制发展规划，制定发展指导目录，明确发展方向、发展领域和发展重点并充分落实。

其次，沙河市政府应给金融体系建设项目提供税收优惠，同时可以设立政府专项资金——“沙河市金融建设专项资金”。沙河市在金融建设时期，需引入内资金融机构和外资金融机构，建立沙河市金融机构聚集地。同时，沙河市政府应提供建设便利，使沙河市能顺利兴建必需的基础设施。此外，建设完善金融风险防控体系，发挥金融机构综合服务功能也是沙河市政府的当务之急。

（二）打造金融与产业对接平台相关政策建议

河北省相关部门应加强现有金融资源的整合，在风险投资基金、玻璃产业专项投资公司等多层次金融与产业对接平台持续进行综合协调，支持各类平台的建设，缩短审批过程，形成鼓励和扶持各类平台的政策体系。同时引导银行、证券、保险、投资基金、信托投资和金融租赁行业开展金融业务，在企业融资，贸易结算，企业上市、并购、重组，项目保险，机械、商铺租赁等方面形成完整的金融产业对接平台。

此外，沙河市应在建立金融与产业对接平台过程中，寻求与周边地区在对接平台方面的合作，实现共赢和支撑。根据地区发展特色，形成“玻璃产业金融中心”，以此为依托，申请国家政策和资金支持，以实现对接平台的顺利构建。

（三）提升产业质素与效率相关政策建议

沙河市应整合全市或全国范围内的资源，加强各玻璃企业之间的交流和合作，实现全市玻璃企业的共同发展。同时，沙河市应结合玻璃产业的战略发展目标和区域特点，确定各玻璃企业的发展战略途径，平衡各玻璃产业的发展，避免玻璃产业发展失衡的状况出现。沙河市政府可出台有关玻璃企业，尤其是外资玻璃企业的财税优惠政策，提供玻璃产业成长所需的扶持性政策，通过环境、政策、资金等多渠道解决玻璃企业发展过程中的问题。此外还应通过定期开展讲座的方式对企业的金融意识进行提升。

第三章 玻璃产品场外交易中心建设研究

玻璃产品场外交易中心是玻璃产业金融工程中极为重要的一部分，是玻璃金融市场中参与者集中程度最高的一种。玻璃产业作为我国的传统产业，其交易模式同国外发达玻璃产业的交易模式相比还较为落后，同时相对于国内一些金属、农作物及石油等交易而言也不够成熟。玻璃产品场外交易中心的建设能够增加玻璃产品交易市场中参与者之间的信息对称程度，减少市场参与者的信息搜寻成本，提高玻璃产品交易市场的效率，并为玻璃市场参与者提供金融、信息、咨询等多项服务，对于玻璃产业的转型升级具有重要的意义。

第一节 玻璃产品场外交易中心建设背景及意义

一、沙河市玻璃产品场外交易中心建设背景

（一）我国各大宗商品市场发展迅速

随着我国经济的快速发展，大宗商品市场在各地相继建立起来。据不完全统计，在过去的近十年中，共有300家左右的大宗商品交易市场成立，涉及企业300万余家，交易品种日益广泛，目前已经包含钢材、有色金属、农产品以及化工产品等各类大宗商品。由于大宗商品市场能够通过电子交易系统将交易双方及交易标的物集中在一起，买卖双方能够在信息更为对称的背景下进行竞价和买卖，能够克服传统市场在交易时所面临的低效率、高成本的弊端，为商品交易提供更为完善的平台。随着我国大宗商品交易市场发展的步伐加快，其涉及的交易品种及企业数量也不断增加，对于传统的交易模式造成了不小的冲击。

（二）沙河市推进玻璃产业转型升级

沙河市目前有500余家玻璃企业，投产优质浮法玻璃生产线32条，平板玻璃年产量达到1.05亿重量箱，占全国总产量的16%，享有“中国玻璃城”的盛誉。沙河市被工信部评为国家级新型工业化产业示范基地，在产业转型与升级的政策上享有得天独厚的优势。目前，沙河市把科学规划作为推进产业升级改造的首要前提，通过科学规划、调优结构、产业聚集、文化融合等一系列措施，举全市之力打造千亿元玻璃产业。

（三）沙河市玻璃交易中心面临机遇

沙河市作为全国最大的玻璃生产地，全市玻璃行业年产值约 160 亿元，2012 年通过电子商务销售玻璃达 1365 万重量箱，占全市玻璃总销量的 13%。全市玻璃产业电子商务交易总额 7.5 亿元，同比增长 25%，其中重点玻璃企业电子商务交易总额 6 亿元，中小玻璃企业电子商务交易总额 9000 多万元，玻璃产业通过电子商务平台购进的玻璃生产设备、材料总金额为 6000 多万元。随着玻璃期货的上市，沙河市共有安全实业、大光明集团以及德金公司三家被指定为郑州玻璃期货的交割厂库。玻璃电子交易的飞速发展以及玻璃期货交割厂库的设立对沙河市打造玻璃交易中心具有重要的战略意义。

二、沙河市玻璃产品场外交易中心建设意义

（一）提升我国玻璃产业国际地位

目前，我国玻璃深加工率仅为 30%，而世界平均水平约为 55%，发达国家则达到 65% ~85%，我国玻璃原片加工后增值率仅为 2.5 倍，而发达国家达到 5 倍。受宏观经济影响，我国玻璃价格下降，市场需求减少，同时库存和资金风险加大，玻璃产业链较为落后的问题更加突出。玻璃产业作为我国传统行业，与国际先进玻璃产业相比还存在一定差距，在国际玻璃市场上存在定价权缺失的问题。沙河市玻璃交易中心的建设有利于将区域内资源聚集起来形成规模效应，提升我国玻璃产业的整体水平，提高我国玻璃产业在国际上的知名度，增强我国在玻璃原料、玻璃产品上的定价话语权。

（二）推进沙河全国玻璃中心建设

沙河市目前已成为我国最大的玻璃生产地，但由于资源较为分散、物流系统尚不完善等制约，玻璃原材料、玻璃产品的销售与运输还处于较为传统的初级阶段，没有形成一个统一的现货市场，在销售和贸易方面还主要靠外地市场，削弱了沙河市在玻璃产品定价中的地位，不利于沙河市形成全国性的玻璃中心。沙河市玻璃交易中心的建设能够提升沙河市玻璃产业的资源聚集能力，通过打造完善的银行结算与物流服务，玻璃交易中心能够提升沙河市玻璃产品的销售与运输效率，降低相关成本，提高沙河市玻璃产业的知名度与竞争力，将沙河市打造成为全国最大的玻璃集散地，进一步加强沙河市作为全国玻璃中心的建设。

第二节　场外交易中心理论基础研究

一、供应链管理理论

供应链管理是一种现代化的管理思想和方法，其核心理念为“集成”。供应链管理能够实现物品的全程规划、管理和控制。其概念由彼得·卡拉杰克与罗伊·夏皮罗首次提出。

1998 年，美国物流管理协会以新的方式定义了“物流”的概念，增加了“物流是供

应链的一部分”这一含义，进一步发展了物流的概念。董千里（1999，2002）认为，从物流服务的客观要求这一角度来看，物流高级化促使企业的运行管理机制从岗位责任制发展到供应链机制。马士华、林勇（2007）认为，人才、技术以及经营管理三种要素的有机集成和优化运行是实现供应链管理的必要条件。

20 世纪 90 年代末，移动供应链管理的概念被首次提出。移动供应链管理以供应链管理平台为核心，通过利用移动通信、计算机以及互联网等技术，管理企业特定关键信息以及资源，从而能够帮助其实现整个商业流程的优化。

交易中心最重要的功能之一是为相关机构提供各类信息服务。由于信息在供应链管理过程中起着极为重要的作用，玻璃产品供应链的牛鞭效应将会对玻璃企业造成巨大影响。Hau L. Lee 等（2000）深入研究了牛鞭效应，分析了信息共享对企业的价值，强调了在供应链企业间加强信息共享的重要性。王伟、陈国华、沈克明（2005）研究了供应链信息共享及其实现途径，为信息中心的建设提供了理论指导。

二、价值链理论

迈克尔·波特在《竞争优势》中首次提出了价值链的概念，即价值链是增加企业产品或服务价值的一系列活动，主要包括企业内部价值链以及行业价值链两种。企业内部价值链是指在企业内部各职能部门及业务流程环节组成的连续性链条，即企业内部各部门为创造价值而进行相关活动；行业价值链分析则是指从行业角度和战略的高度出发，分析企业同供应商和经销商的关系，寻求企业利用行业价值链来降低成本的方法，一方面使企业了解在行业价值链中所处的位置，判断市场竞争程度，另一方面还可了解产品价值，降低经营成本。

由于交易是玻璃企业实现价值的重要环节，也是玻璃企业的生产活动转换为价值的基础，玻璃交易中心的建立和运营将会对玻璃产业的交易方式产生重要影响，为玻璃企业及区域内的玻璃供需提供更好的资源，使得玻璃企业向价值链的高端延伸，借助玻璃的现货、期货、金融交易等，使玻璃产业在与交易平台实现对接的过程中逐渐电子化、信息化以及智能化。

三、企业信息化理论

企业信息化是指企业通过利用信息技术和信息系统，对市场中的信息资源进行开发利用，从而为企业的战略发展、经营活动服务。企业信息化的核心是业务流程的优化和重构，通过对网络和电子信息等现代化技术的利用，使企业生产经营活动中的各种信息得到有效的控制和管理，从而实现企业内外部信息的共享和利用，提高企业的经营效益及其在市场中的竞争力。企业信息化涉及企业管理理念的创新，管理流程的优化，管理团队和组织结构的重组和再造。

在日趋激烈的市场竞争中，信息化能够为企业带来明显的竞争优势。随着近些年玻璃行业产能过剩，国家对落后的玻璃产能不断进行限制或淘汰，玻璃企业之间竞争压力也不断加大，以信息化的经营模式来改善玻璃企业的状况，是玻璃产业节约成本、提高资源利用效率的重要方向。玻璃交易中心的电子化交易模式能够减少玻璃企业在信息搜集、交易协商等方面的费用，并在一定程度上加强客户同玻璃企业的联系，促进客户与长期实行电子化交易的玻璃企业建立长久的战略合作关系；同时，玻璃交易中心的建立还能提高玻璃产品交易的透明度，有助于促进玻璃市场的公平和公开，并使得公司财务部门能够切实掌握交易资金的流动，提高玻璃企业对于资金的控制力度。

第三节　沙河市玻璃产品场外交易中心整体框架设计

一、沙河市玻璃产品场外交易中心功能定位

河北省沙河市玻璃交易中心的建设宗旨为：立足河北、涵盖华北、辐射全国、着眼世界。交易中心将从总体上建立流程简约、管理严格、运作规范、风险可控的玻璃产品交易系统，以玻璃产品的现货交易和中远期交易为核心业务，打造区域乃至全国性的玻璃交易中心，同时以玻璃产品的交易平台为基础，汇聚信息流、资金流、物流，整合资源，获取规模效益，与银行、担保公司、物流公司进行广泛的合作，做到原生品市场与衍生品市场相结合，交易、物流与信息服务并行，最终成为国际级玻璃产品定价中心、玻璃物流中心、玻璃交易结算中心与玻璃金融中心，为区域内玻璃企业提供风险控制渠道，同时促进沙河市玻璃产业发展，推动沙河市全国玻璃中心的建设，为沙河市的经济和社会发展以及我国玻璃产业的稳步发展作出贡献。沙河市玻璃产品场外交易中心功能定位见图 3. 1。

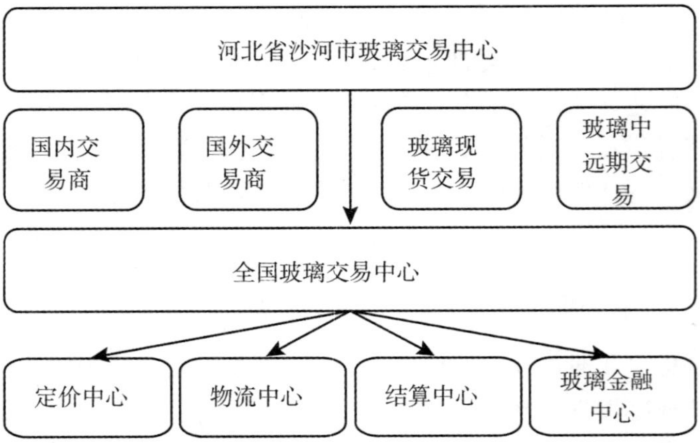

图 3. 1　沙河市玻璃产品场外交易中心功能定位

二、沙河市玻璃产品场外交易中心市场组织

（一）市场架构

河北省沙河市玻璃交易中心拟由河北省沙河市人民政府批准，由沙河市金融办与沙玻

集团共同对交易中心及其业务进行监督与管理。交易中心将以现代化的玻璃电子交易平台为基础，同时设立交易部门、审核部门、技术部门以及风控部门等对其中各项进行相关运作，以自身设立的厂库以及安全实业、大光明集团和德金公司的玻璃交割厂库为主要的玻璃产品交割厂库。交易主体将包括经市场审核部门审核通过的合格交易商、做市商、个人交易者等。同时，交易中心还将汇集银行、物流公司、基金公司、会计公司等提供玻璃交易的结算、玻璃产品的交割与运输以及玻璃企业的融资、资金管理等服务。沙河市玻璃产品场外交易中心市场构架见图 3.2。

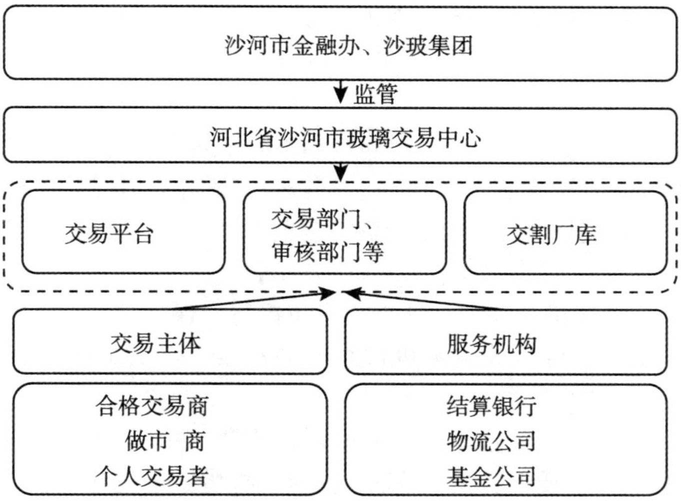

图 3.2 沙河市玻璃产品场外交易中心市场构架

（二）参与主体

1. 交易所股东

玻璃交易中心股东可由江西海峡交易所（30%）、沙河市沙玻集团（30%）、沙河市政府（15%）、北京金汇通基金（15%）以及沙河市重点玻璃企业（10%）组成。

2. 做市商

做市商是交易市场中的特殊群体，一般由具备一定实力和信誉的股权经营法人所构成。做市商在交易市场中向市场参与者提供双边报价，同时以成交价格进行商品买卖活动。交易中心可以在市场中担任做市商的角色，通过买卖活动维持玻璃交易市场的流动性，并为市场中的投资者创造投资机会，同时赚取价差收入。

3. 交易主体

交易主体主要包括资产管理公司、银行、玻璃企业等，在后续发展中，可逐步允许个人交易者入场交易。

4. 监管主体

沙河市玻璃交易中心由沙河市玻璃工业协会、沙河市金融办及“一行三会”负责监管。由沙河市政府牵头，联合沙河市和河北省有关部门以及部分专家学者共同成立“玻璃交易中心风险控制委员会”，对业务进行合规性管理，并给予政策支持。

5. 经纪人

由银行或其他中介派驻代表，进入交易中心，负责场外业务询价、协调、撮合交易等，或由交易中心专设相关职能部门负责上述业务。

6. 服务机构

服务机构主要包括结算银行、会计及审计机构、资产评估公司、信息服务公司等。负责交易结算、审计、资产评估、信息发布等业务。

（三）组织架构

从具体的职能部门来看，交易中心应包含但不限于四大部门——业务发展部、业务交易部、后勤保障部和监管控制部。每个部门下各设相关部门，各部门的职责具体如下：

会员管理部，负责交易所会员的申请资格信息审核、注册登记以及会员的发展、协调和管理。

信息服务部，负责搜集、整理、分析、发布银行、保险、基金等金融机构的相关信息，并逐步实现与银行、保险等金融机构系统的对接，促成金融产品的直接或间接销售。

业务拓展部，负责传统交易产品（玻璃产品现货、中远期交易）业务和创新产品（股权、债权等产权交易、质押贷款、玻璃企业资金拆借）的设计、营销和拓展。

研发部，负责相关政策的研究，传统产品交易项目和创新产品交易项目的开发。

登记审核部，负责交易项目的受理登记、初审及项目档案的整理。

信息技术部，负责交易项目的数据、信息的统计分析、交易双方交易意向信息发布，交易系统的开发、设计、维护和日常管理。

人力资源部，负责交易所人力资源管理与开发，同时与纪委办公室、党委组织部、团委合署办公。

综合管理部，负责交易中心日常办公、文秘、协调、外事、行政事务、新闻发布、制度建设等综合性管理工作，同时与党委办公室、党委宣传部、工会办公室等合署办公。

财务结算部，负责交易中心内部日常财务管理、经营计划制订、考核等工作。

风险控管部，包括交易控管部和法务风控部，前者负责交易过程中的交易者、交易行为、项目操作流程的监管，组织相关交易；后者负责交易项目的合法及合规性、操作流程、产品和交易者的审核监管，控制交易所的内部风险，处理交易所对外法律事务。

交结中心，负责交易项目的保证金、结算资金等的收付和资产交割，结算银行的调配管理。

审计监察部，负责交易所的内部审计和业务审计以及各部门业务操作规范和日常管理工作的监管。

沙河市玻璃交易中心组织构架见图 3. 3。

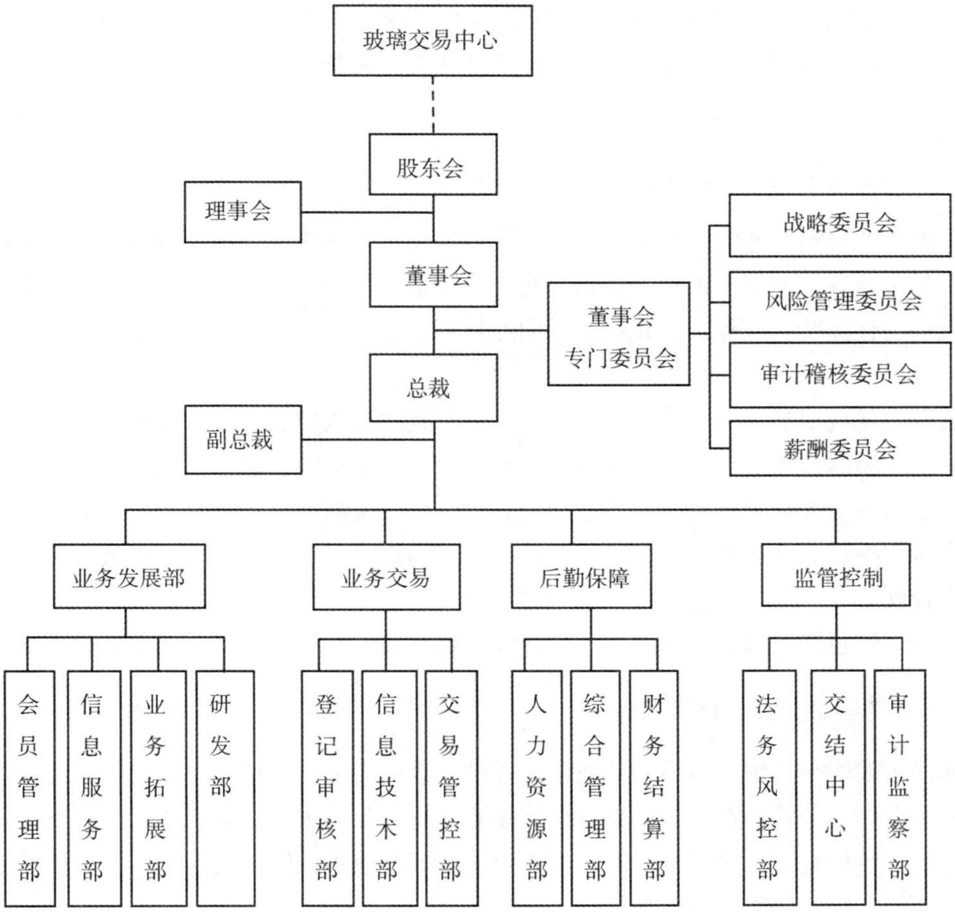

图 3.3　沙河市玻璃交易中心组织构架

三、沙河市玻璃交易中心业务范围

（一）玻璃产品现货及中远期交易业务

河北省沙河市玻璃交易中心的首要功能是完成玻璃产品现货交易业务，缓解玻璃企业资金压力、降低物流成本；同时开展玻璃产品中远期期货交易，为企业及相关机构提供套期保值、风险管理工具，为中外企业提供更丰富、便捷的交易渠道，减少人为恶意炒作引发的玻璃价格大幅波动，推动形成公平、公正、合理透明的国际玻璃产品定价机制，促进玻璃产品市场健康、有序、稳定发展。

通过推出玻璃产品现货网上直销新模式，满足玻璃贸易商通过交易所平台直接采购现货的需求，大幅降低玻璃企业采购成本和行业总成本，彻底打通现货贸易渠道，实现 100% 的实物交收。这种新模式将传统现货分散的、一对一贸易方式升级为集中交易，引导相关生产贸易加工企业调控产量，降低行业总成本，优化资源配置效率，通过供需双方的真实对接和现货真实交收，挤出不必要的成本和现货投机因素，具有资金占用低、购买价格低、交易方式灵活三大突出特点以及抑投机、抗波动、稳物价的重要功能。

（二）玻璃企业产权交易业务

玻璃企业可通过沙河市玻璃交易中心进行玻璃生产器械、厂房、玻璃产品等实物的转让、租赁等业务。玻璃原材料的开采权交易业务指交易中心能够完成委托人的玻璃原材料开采权的出让或转让业务，为转让、收购原材料开采权的转让方和意向受让方进行交易撮合。

股权、债权交易业务是指玻璃企业有意向将其股权或债权出让，通过沙河市玻璃交易中心进行交易的业务。权属人将股权、债权通过玻璃交易中心进行挂牌转让，征集意向买受人；意向买受人通过玻璃交易中心递交竞价申请，交纳一定的保证金后，通过网上交易系统报价或到玻璃交易中心及其交易会员单位现场报价；交易成功后，在玻璃交易中心签订转让合同。

此外，还包括玻璃相关的知识产权，即玻璃相关的专利、商标、技术等交易。

（三）玻璃企业资金拆借业务

沙河市玻璃交易中心将为各玻璃企业提供资金拆借平台，玻璃企业可将自己暂时闲置的部分资金以一定价格在平台上进行挂牌让渡，有资金需求的玻璃企业可通过交易中心与资金提供方签订合约，以资金互助的形式解决玻璃企业短期资金缺乏的问题。交易中心以让渡资金的一定比例收取手续费。

（四）玻璃企业质押贷款业务

主要从事玻璃企业的存货质押贷款、订单质押贷款等中介业务，缓解企业资金压力。协助合作银行和贷款申请人办理相关的手续；协助贷款申请人填写相关申请表单，提供相关资信证明资料；协助合作银行对企业所提供的抵押物或订单进行审核，出具订单评估报告与贷款建议函；合作银行根据评估报告和建议函向贷款申请人放款。

（五）玻璃信息咨询服务

玻璃信息咨询服务，即向玻璃中小企业和社会投资者提供咨询服务，解答玻璃产业政策法规等方面问题。对拟入场交易项目所申报的材料进行资质、资格和可靠性等方面的审核；接受投资人委托，通过查阅核实资料和赴现场进行实地勘查，对项目的潜在价值、资源量的可靠性作出独立评价，对项目经济价值做概略性评估，对项目风险做出理性判断，提交咨询报告；为交易各方提供技术、经济、法律方面的信息咨询服务。

第四节　沙河市玻璃产品场外交易中心业务设计

一、玻璃产品现货及中远期交易业务

（一）交易主体

参与河北省沙河市玻璃交易中心的市场主体主要包括市场监管机构、交易审核部、登记托管结算部、会员、交易商、做市商、登记结算中心、物流公司、银行和其他服务机构等。市场组织结构见图3.4。

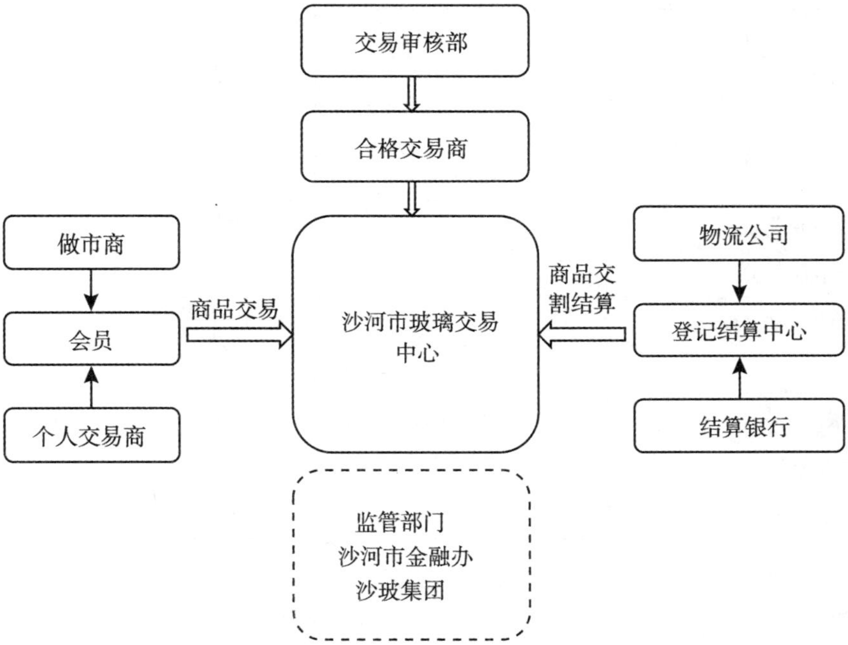

图3.4　玻璃产品现货及中远期交易业务市场组织架构

（二）运营模式

玻璃产品的现货及中远期交易业务应受沙河市金融办及沙玻集团的双重监管，以玻璃交易中心为平台展开。玻璃企业经交易审核部审核后作为合格交易商进入玻璃交易中心，做市商和个人交易商通过申请会员进行相关交易。其中登记结算中心负责卖方交易商全部商品进入系统前的登记工作，并在单个交易日结束后集中完成对交易的过户及结算工作，同时登记结算中心还应包括河北省沙河市玻璃交易中心所指定的交割仓库，它们负责对商品进行保管，同时对其外在品质进行检验；结算银行负责交易平台现金流的运作，除建立在线支付系统以外，每天要对资金进行清收与结算，同时结算银行还应该保证交易商资金的安全；物流公司则负责产品的运输、仓储、配送等。

（三）交易品种

1. 标准化的玻璃产品现货

玻璃交易中心应选择市场中流动性较强、有公认价格基础的玻璃产品作为交易品种，包括平板玻璃及流动性较高的深加工玻璃等。同时，可根据产品规格分为典型品和一般品，典型品指有明确品牌的产品，平台提供典型值；一般品以“品位+产地”命名，平台提供保证值。玻璃产品的现货交易应严格标准化，其合约内容见表 3. 1。

表 3. 1　**玻璃产品现货交易合约**

交易品种	×××
交易代码	×××
交易单位	×重量箱/手
报价单位	×元/重量箱
最小变动价位	×元/重量箱
每日价格最大波动限制	不超过上一交易日结算价±3%
合约交割月份	1—12 月
交易时间	上午 9：00—11：30　下午 1：30—3：00
最后交易日	合约交割月份的 15 日（遇法定假日顺延）
交割日期	最后交易日后连续五个工作日
交割品级	××
交割地点	交易中心指定交割仓库
最低交易保证金	合约价值的 5%
交易手续费	不高于成交金额的 0. 2‰（含风险准备金）
交割方式	实物交割
交易代码	××
交易所	沙河市玻璃交易中心

2. 玻璃产品现货仓单

沙河市玻璃交易中心同时开展玻璃产品的中远期交易，为企业及相关机构提供套期保值、风险管理工具。基于中远期交易业务的定义，标准电子交易合约经注册即为仓单，而标准电子交易合约即玻璃产品现货交易标准合约。中远期交易的最终标的是现货仓单，即一份在现在或将来的一段时间内可以到指定仓库内购入或销出仓单所规定的标准货物的凭证。仓单是货物所有人将货物运抵交易中心定点仓库后，由交易中心向货物所有人开具的代表商品所有权的一种凭证，仓单可进行转让、买卖，也可以进行现货交割。现货仓单交易实际上是标准化的货物交易。玻璃产品现货仓单见表 3.2。

表 3.2　　**玻璃产品现货仓单**

仓单		No. 000001	
（第一联：仓库留存）有效期至　年　月　日止			
客户名称：			
地址：		验收通知单号：	储存货位：
代码：	联系人：	质量证明文件：	产品技术（验收）标准：
电话：	传真：	计量方式：	产地：
合同号：	特殊养护要求：	损耗标准：	收费标准：
到货方式/日期：　年　月　日		包装方式：	结算方式：
分割提取：☐ 是　☐ 否			
名称/品种/规格/型号等描述/计量单位及数量/说明/备注			
说明：一、本仓单一式两联，办理业务需凭第二联正本。二、本仓单可背书转让，背书必须连续，转让需经仓库鉴证确认，本仓单及一切相关权利的转让将根据保管人的费率和标准收费。三、应妥善保管本仓单，如有遗失，请及时向保管人报失，并办理有关挂失手续			
制单：		复核	
填发地点：		电话：	
保管人（章）：		地址：	
授权人：		日期　年　月　日	

二、玻璃企业产权交易业务

（一）交易主体

玻璃企业的产权交易业务将以河北省沙河市玻璃交易中心为载体，玻璃生产企业、玻璃原材料开采企业等通过交易中心的平台对企业的物权、股权、债券、矿权以及知识产权等进行交易，资金提供者将通过交易中心购买这些产权，其中会计、审计公司提供相关企业的财务审核与交易产权的审计服务，保险公司在交易过程中为产权的购买方提供保险服务。玻璃企业产权交易业务市场组织架构见图 3.5。

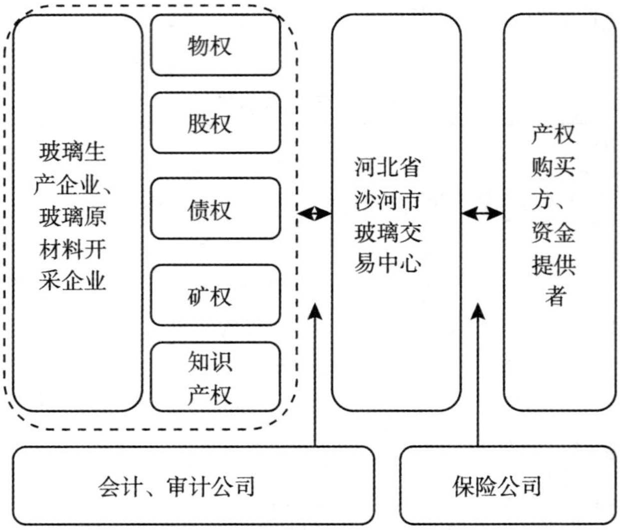

图 3.5 玻璃企业产权交易业务市场组织架构

（二）运营模式

采用无纸化的电子报价信息系统和网络技术，通过电子交易系统完成竞价和报价的电子化网络交易。交易较为活跃的可选择采用集中竞价交易的方式进行交易，交易较不活跃的可选择采用报价配对的方式进行交易。

（三）交易品种

1. 物权

物权是指自然人、法人直接支配不动产或者动产的权利，包括所有权、用益物权和担保物权等。玻璃企业可通过河北省沙河市玻璃交易中心，进行玻璃生产器械、厂房、玻璃产品等实物的转让、租赁等业务。

2. 股权

主要交易品种是非上市股份公司、有限责任公司及股份合作制企业的股权，倾向于玻璃高科技企业。

3. 债权

玻璃企业在贷款、生产加工、租赁、运货等经营活动中会获得在未来时间收取款项的权利，包括应收账款、应收票据、应收利息以及应收股利等，玻璃企业可以通过沙河市玻璃交易中心对经营活动中的相关债权进行交易。

4. 矿权

矿权一般是指探矿权、采矿权以及与矿山有关的其他权利，如矿山企业经营权、矿地产权等，玻璃原材料开采企业可通过沙河市玻璃交易中心对矿权进行转让、出售、折价入股或抵押等业务。玻璃原材料矿山使用权人将一定期限的矿山使用权通过河北省沙河市玻璃交易中心进行挂牌转让，征集意向买受人；意向买受人通过交易中心或网站递交竞价申请，交纳一定的保证金后，通过网上交易系统报价或到交易中心现场报价；交易成功后，在中心见证下签订转让合同。

5. 知识产权

河北省沙河市玻璃交易中心为知识产权所有者、玻璃企业、投资者提供开放的知识产权交易与服务平台，包括玻璃相关的专利、商标、技术等交易。

三、玻璃企业资金拆借业务

（一）交易主体

玻璃企业的资金拆借业务将以河北省沙河市玻璃交易中心为服务平台，汇集各玻璃企业及基金公司的资金作为拆借业务的资金池，并通过保险公司为玻璃交易中心吸收资金提供相关保险服务，在具有一定规模资金的基础上，以担保公司的担保服务和玻璃企业联保的形式，在审核通过的基础上为申请资金借贷的玻璃企业提供资金融通服务。玻璃企业资金拆借业务市场组织架构见图 3.6。

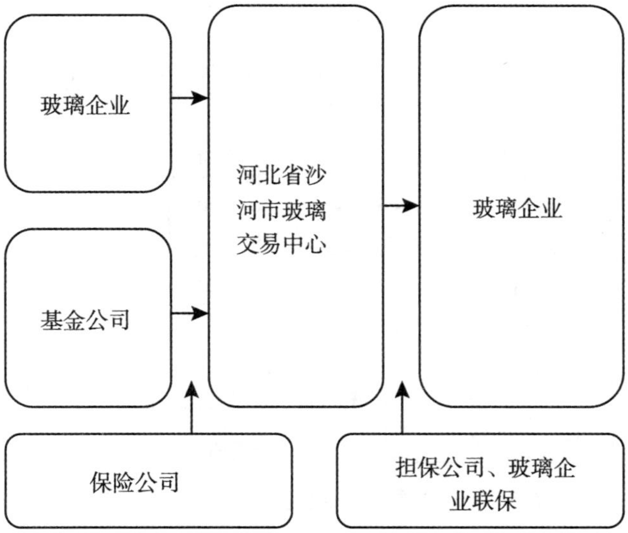

图 3.6　玻璃企业资金拆借业务市场组织架构

（二）运营模式

河北省沙河市玻璃交易中心的玻璃企业资金拆借业务将采取互助资金的形式，在吸收玻璃企业及相关基金公司资金的基础上，采取审批的形式，为通过审批的玻璃公司提供资金借贷服务。

（三）交易品种

1. 资金吸收

河北省沙河市玻璃交易中心可以与银行利率相等或稍高于银行利率的成本向沙河市及沙河市玻璃交易中心辐射范围内的玻璃企业吸收资金并支付利息。

2. 资金借贷

沙河市及沙河市玻璃交易中心辐射范围内的玻璃企业可以在向玻璃交易中心申请并通过审核的基础上从交易中心获得资金贷款，审核的内容应包括借贷企业的财务状况、项目资金的期限及风险等。

四、玻璃企业质押贷款业务

（一）交易主体

玻璃企业质押贷款业务将首先以河北省沙河市玻璃交易中心为主体，同时引入保险公司从商业银行取得授信，在对存货或订单进行审核的基础上向有资金需求的玻璃企业给予贷款，并分期监督玻璃企业每期的还贷情况。玻璃企业质押贷款业务市场组织架构见图3.7。

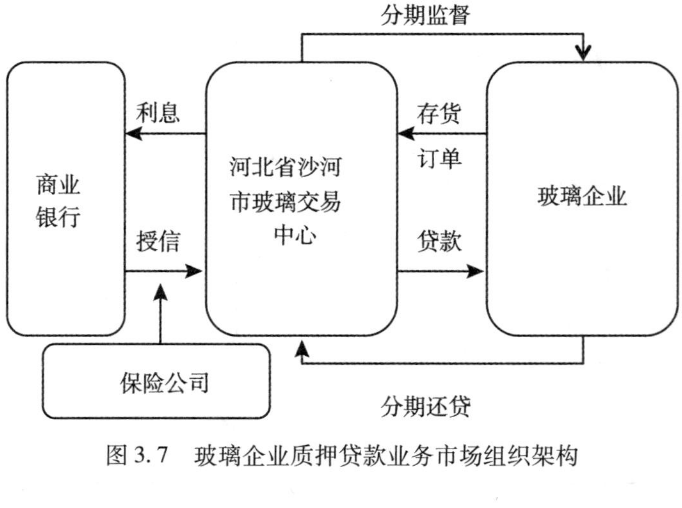

图 3.7　玻璃企业质押贷款业务市场组织架构

（二）运营模式

河北省沙河市玻璃交易中心的质押贷款业务首先以玻璃交易中心本身作为单位，采取统一授信的模式向各商业银行申请信用贷款，并对申请质押贷款业务的玻璃公司所提供的存货或订单进行相关审核，在审核通过的基础上对玻璃公司给予资金贷款业务，以分期监督的形式考查玻璃公司的每期还款情况，在收取一定手续费后每期向商业银行还款付息。

（三）交易品种

1. 存货质押贷款

玻璃企业将拥有的存货作为质物向沙河市玻璃交易中心提出资金融通申请，并将存货质物转交给交易中心中具有存货保管资格的物流部门，在存货和融资获得审批后从交易中心获得资金贷款。

2. 订单质押贷款

玻璃企业将从产品购买方所获得的订单作为凭证向沙河市玻璃交易中心提出资金融通申请，在订单和融资获得交易中心的审批后获得资金贷款。

五、玻璃信息咨询业务

（一）交易主体

玻璃信息咨询服务是在河北省沙河市玻璃交易中心的其他业务的基础上开展的，通过整合交易中心的交易数据和市场信息，向玻璃企业、玻璃市场的其他参与者提供相关市场和产品信息，并提供项目评估和审核以及玻璃产业的政策、法律咨询等服务。玻璃信息咨询业务市场组织架构见图 3. 8。

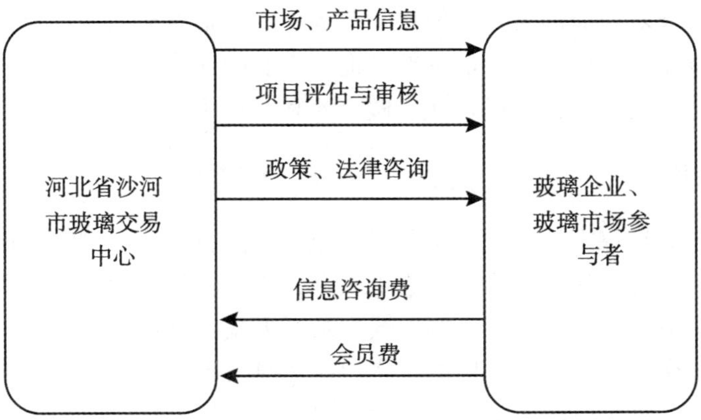

图 3. 8　玻璃信息咨询业务市场组织架构

（二）运营模式

河北省沙河市玻璃交易中心的玻璃信息咨询服务将以玻璃交易中心同玻璃企业及玻璃市场参与者等“一对一”的形式展开，玻璃企业或玻璃市场的参与者可一次性缴费成为交易中心的会员，从而免费获得所需的交易中心能提供的相关信息，或是采取支付一次性的信息咨询费的形式从玻璃交易中心获得相关信息。

（三）交易品种

1. 玻璃产品与市场信息

玻璃产品与市场信息将主要包括玻璃原材料价格、各类玻璃产品价格、产品交易量等玻璃市场的数据信息，同时通过对交易中心其他业务的信息整合对玻璃产品和玻璃交易市场进行前瞻性的分析。

2. 项目评估与审核

玻璃企业可将正在投资的项目或将投资的项目资料给予玻璃交易中心，进行收益、风险、可行性等方面的评估，对项目的投资方案、融资方案等进行相关审核。

3. 玻璃产业政策和法律咨询

河北省沙河市玻璃交易中心还可以向玻璃企业提供玻璃产业的现有政策及政策变动等信息，同时研究并解决玻璃企业在生产、投资、融资等经营活动中所遇到的相关法律问题。

第五节　沙河市玻璃产品场外交易中心运行机制设计

一、交易模式设计

沙河市玻璃交易中心属于综合性交易中心，其交易标的不仅限于玻璃产品的现货和中远期交易，还包括玻璃企业的股权、债权，业务范围囊括玻璃企业的资金拆借、存货质押贷款、订单质押贷款以及玻璃相关信息的咨询，中心的建设尚处于探索阶段。在中心建设初期适用混合交易模式——集协议转让、做市商和竞价于一体的混合交易机制。

（一）协议转让

协议转让是指交易双方通过洽谈和协商的方式对玻璃产品、玻璃企业产权等进行交易，是简单的一对一的交易。在价格形成机制上，协议转让的价格是在单一时点对所交易的产品形成单一价格。交易双方对交割方式、结算方式、其他附加条款等问题均可以进行磋商。交易中心在交易过程中，所做的工作包括信息发布和组织谈判等协调和辅助性的工作。因此，只要存在协议好的买卖双方，就可以利用沙河市玻璃交易中心作为平台进行玻璃产品现货、玻璃企业股权、债权、知识产权以及玻璃企业资金等的协议转让。

（二）做市商

做市商制度来源于证券柜台市场组织交易方式，做市商通过作为交易中介的交易商来买卖商品。在这种交易中，做市商通常先垫入资金保持某种商品的足够库存，并承诺维持这些商品的买卖双向交易，因此也被称为报价驱动系统，即做市商面对一个交易群体，同时推出买入价格和卖出价格。做市商推出的双价中，买入价格低于卖出价格，其差额叫做市价差，做市商主要通过买卖差价来赚取盈利。

通过做市商制度，买卖双方都根据做市商报价与做市商进行交易，证券交易价格由做市商决定，这样就可以随时应付任何买卖，起到活跃市场的作用。买卖双方不必等到对方出现，只要由做市商出面，承担另一方的责任，交易就可以进行。因此，做市商保证了市场进行不间断的交易活动，即使市场处于低谷也是一样。由于在中心建设初期，考虑到参与者数量、交易者积极性和玻璃产品丰富性等问题，中心可以采用做市商制度以活跃市场，同时赚取价差收入。做市商模式见图 3.9。

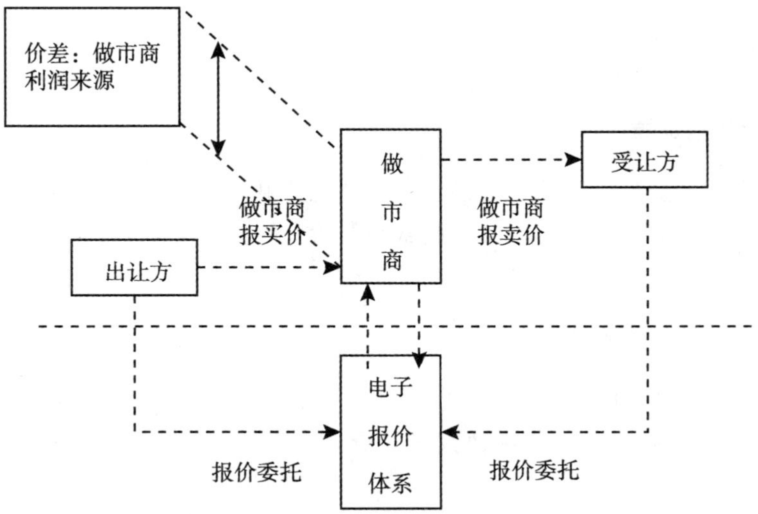

图 3.9　做市商模式

（三）竞价

竞价是指通过交易所组织交易的卖方或买方参与市场投标，以竞争方式确定交易量及其价格的过程。一般所说的拍卖模式也属于竞价的一种，因此通常采用的竞价方式有拍卖竞价和离散竞价。

1. 拍卖竞价

拍卖竞价是指交易采用市场方式进行拍卖，在交易所上通过公开招标进行；凡有条件的购买者，均可按照程序提出购买要求，卖方对所有的购买者一视同仁；其成交价格、付款方式、人员安置、债权债务处理等事项，应在多个购买者公开竞争中决定。拍卖活动应当遵守有关法律和法规，遵循公开、公平、公正、诚实信用的原则。

2. 离散竞价

当交易申请比较多时，可以采取离散竞价形式，类似于股票的集合竞价形式。离散竞价是指在交易中心所设定的时间段，将所有委托统一进行处理。离散竞价通过两个原则确定最终的成交价：第一，成交价能够在交易中心规定的有效价格范围内，使得所有买卖委托的成交量最大。第二，当以第一种原则进行定价所得到的价格不唯一时，则通过以下原则进行成交价的确定：首先，最终成交价能够使得高于其的买方委托和低于其的卖方委托都能够进行交易；其次，在最终成交价水平下，买方或卖方中的至少一方能够全部成交；最后，对于在竞价过程中没有成交的委托，对其进行自动撤销处理。

拍卖竞价和离散竞价都只对单一产品或同质的份额化产品产生单一价格，均可以通过网络实现电子化竞价。

协议转让和竞价这两种交易模式具有相同的交易流程，都要经过受理交易申请、资产审核或评估、交易信息发布、组织交易、形成价格、清算交割六大步骤。

二、业务流程

（一）会员申请流程

进入沙河市玻璃交易中心的企业必须先通过会员申请，其中沙玻集团的成员单位可直接成为玻璃交易中心会员，而非会员企业需要申请入市获得交易中心批准的会员资格，具体需遵循图 3.10 所示的入市流程。

（二）协议转让交易流程

（1）窗口受理。转让人、受让人自行达成协议的，需在交易中心见证下现场签订《协议转让合同》，交易中心连同《协议转让合同》和转让人提交的完整、齐全的转让、变更申请材料一并受理。

（2）上传材料。玻璃交易中心将受理的转让申请材料上传至网上办公系统。

（3）审核材料。玻璃交易中心的审核部门在网上对转让材料进行审核。审核通过的，出具同意转让、变更的复核意见等，提交至交易中心；需要补充的，由交易中心按照审批意见通知转让人补充；审核不通过的，由交易中心将转让申请材料退回。

（4）转让事项公示。沙河市玻璃交易中心将转让相关事项在交易中心进行公示，公示期为 10 个工作日。

（5）出具鉴证书。公示期满且无异议的，交易中心出具鉴证文书。同时，依照物价局所批准的收费标准收取交易服务费。公示有异议的，由交易中心登记审核部调查核实后，不同意转让的，由交易中心窗口退回，纸卷一式 4 份，沙玻集团、玻璃交易中心、转让方及受让方各 1 份，其中玻璃交易中心留存原件，其他部门留存复印件。

（6）交易中心收取手续费。

（三）拍卖交易流程

当挂牌期满产生两个以上意向受让人时，采取拍卖方式确定买受人，拍卖交易在沙河市玻璃交易中心的组织下进行。拍卖是指以公开竞价的形式，将玻璃产品、玻璃企业产权或玻璃技术等转让给最高应价者的买卖方式。拍卖活动之前的业务流程与一般路径业务流程一致，包括申请、审核、登记托管、挂牌等步骤。

以玻璃产品为例，在确定采取拍卖交易模式后，交易流程如下：

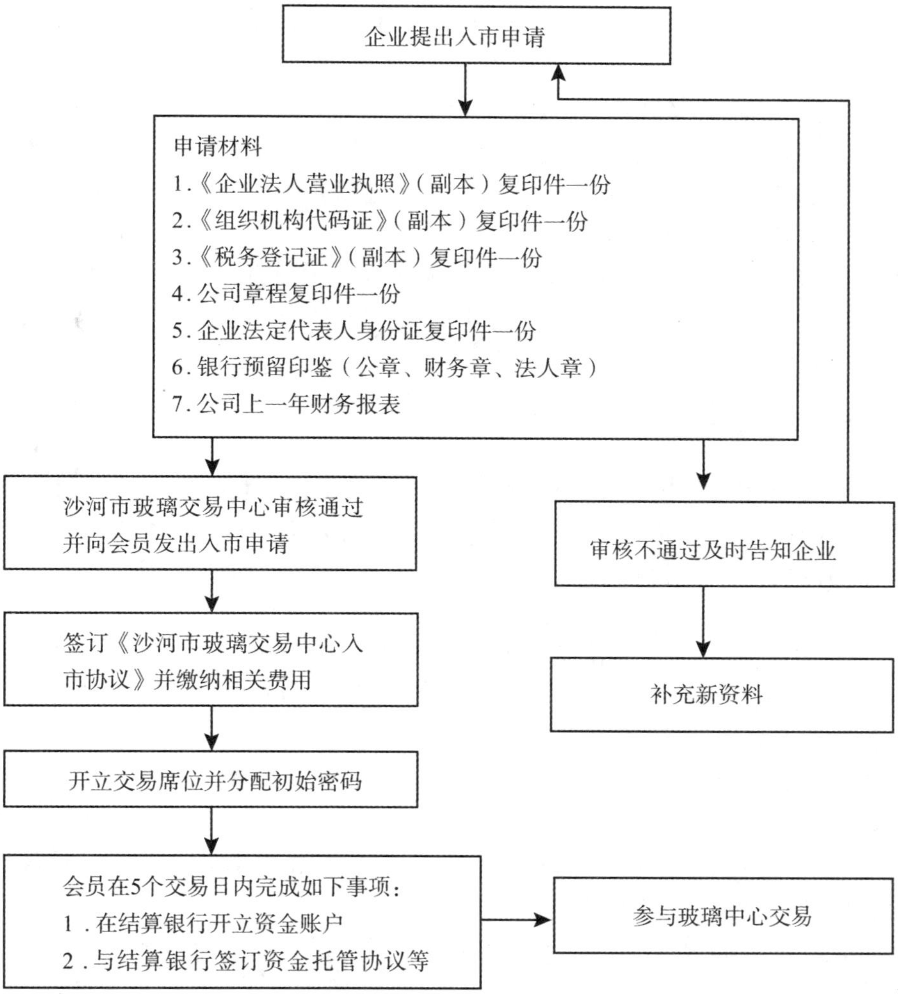

图 3.10　会员入市流程

(1) 交易中心委托相关部门编制玻璃产品出让相关材料。

(2) 在公开拍卖日至少前 20 日向社会发布拍卖出让公告，拍卖出让公告在交易中心网站、交易大厅电子屏及有关媒体上发布。

(3) 接受意向人咨询。意向人至玻璃交易中心咨询拟出让产品相关情况，查阅相关资料、领取拍卖须知等。

(4) 有意参加竞买者，应在拍卖出让公告规定的缴纳保证金截止日前，以转账方式将足额保证金缴纳到指定账户，不得由他人代缴。

(5) 交易中心在确定竞买人缴纳足额保证金后，对其提交的报名材料进行审核，审核通过即可参加竞买。每宗标的的竞买人不得少于 2 人，少于 2 人的，应停止拍卖或重新组织。达到以上要求的，交易中心按照拍卖出让公告规定的时间、地点，组织拍卖。

（6）确定拍卖底价。由玻璃产品出让人和交易中心共同确定拍卖底价。

（7）拍卖主持人按公告规定的时间、地点、主持拍卖活动，不低于底价的最高报价者为竞得人。

（8）竞得人当场与交易中心签订《成交确认书》、与出让人签订《玻璃产品出让合同》；同时，交易中心在公开拍卖日起5个工作日内向未竞得人退还所收保证金本金。

（9）交易中心在《玻璃产品出让合同》签订之日起5个工作日内，在交易中心网站公示拍卖出让结果，公示期为10个工作日。

（10）拍卖出让结果公示无异议的，竞得人按照《成交确认书》规定缴纳全部成交价款及交易服务费用后，交易中心将退回竞得人保证金；公示有异议的，交易中心核实情况后，报交易中心处理。

（四）做市商交易流程

做市商制度是指交易中心充当做市商，交易标的出让方将标的以“买价”卖给交易中心，然后中心再以“卖价”进行挂牌交易，买卖价差即为做市商利润。因此，做市商模式下的交易流程可称作挂牌交易流程，玻璃产品做市商交易流程如下。

（1）转让人与交易中心确定成交价格即“买价”，进行清算交割。

（2）交易中心委托相关部门编制玻璃产品出让相关材料。

（3）交易中心在挂牌起始日至少前20日向社会发布挂牌出让公告，挂牌出让公告在交易中心网站、交易大厅电子屏和有关媒体上发布。

（4）接受意向人咨询。意向人至交易中心咨询拟出让玻璃产品相关情况，查阅相关资料、领取挂牌须知等。

（5）有意参加竞买者，应在挂牌公告规定的缴纳保证金截止日前，以转账方式将足额保证金缴纳到指定账户，不得由他人代缴。

（6）交易中心在确定意向人缴纳足额保证金后，对其提交的报名材料进行审核，审核通过即可参加竞买。每宗标的的竞买人至少1人，否则停止挂牌或重新组织。符合要求的，交易中心按照公告规定的时间、地点，组织挂牌。

（7）公告结束后中心在交易大厅进行挂牌交易，挂牌时间为10个工作日。

（8）确定挂牌底价，即“卖价”。由交易中心相关部门确定挂牌底价。

（9）挂牌交易期限内，竞买人填写《挂牌竞买报价单》进行报价，报价相同的，最先报价为有效报价；交易中心确认有效报价后，更新挂牌价。

（10）挂牌截止时，报价最高且为有效报价者为竞得人。如果挂牌交易期限内没有成交，期满后经委托人同意，继续挂牌，但不设定交易期限。

（11）竞得人即受让人当场与交易中心签订《成交确认书》和《玻璃产品出让合同》；同时中心在挂牌截止日起5个工作日内向未竞得人退还所收保证金本金。

（12）在《玻璃产品出让合同》签订之日起5个工作日内，在交易中心网站公示挂牌出让结果，公示期为10个工作日。

（13）挂牌出让结果公示无异议的，受让人按照《成交确认书》规定缴纳全部成交价款及交易服务费用后，到交易中心办理保证金退款手续；公示有异议的，交易中心核实情况后，报交易中心处理。

（五）中远期现货电子交易流程

中远期交易在入市后要经过注册仓单、交易、资金结算等流程。中远期交易与其他业务主要的不同在于要进行仓单的注册，即当现货商把符合交割标准的玻璃产品交到玻璃交易中心的交割仓库，交割仓库检验合格后，给货物持有人开具标准仓单，货物持有人可以拿着标准仓单到交易中心办理注册手续，完成这个过程形成的仓单就是注册仓单，相关流程如图 3. 11 所示。

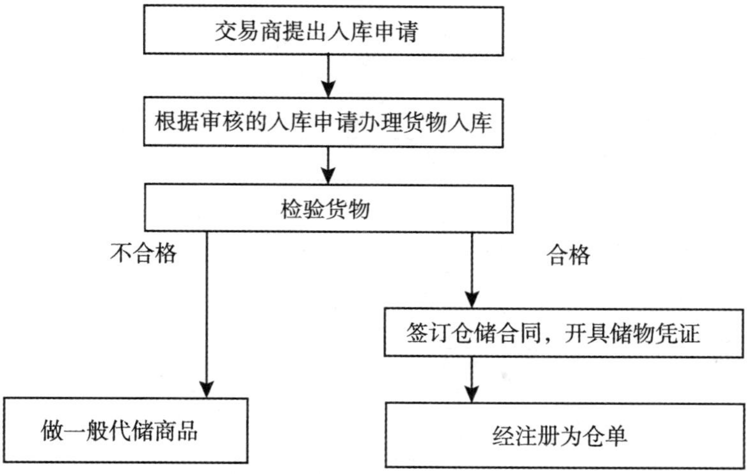

图 3. 11　仓单注册流程

具体来说，玻璃产品中远期现货交易的业务流程如图 3. 12 所示。

（六）补充说明

1. 采用第三方资金监管

沙河市玻璃交易中心应与指定银行合作，进行相关软件的开发，实现银行与市场两大系统的实时对接，用电子方式完成交易资金的汇划，实行操作自助化。也可与多家银行建立合作关系，遵循“市场管交易，银行管资金”的原则，开展客户资金第三方存管业务。市场和银行分别为每位交易商建立独立的用于记录交易资金变动情况的交易管理账户和银行资金存管明细账户，并一一对应，实现市场和银行系统自动对账，确保交易资金安全。

2. 采用第三方物流配送

根据沙河市玻璃交易中心的战略定位，其注册会员范围将遍布全国各地。为了提升交易中心的综合服务功能，扩大市场的辐射面，应在各主要玻璃城市设置交货仓库，买卖双方可就近提货或入库。这些仓库都是依托于某一家物流公司，客户可以根据需要选择第三

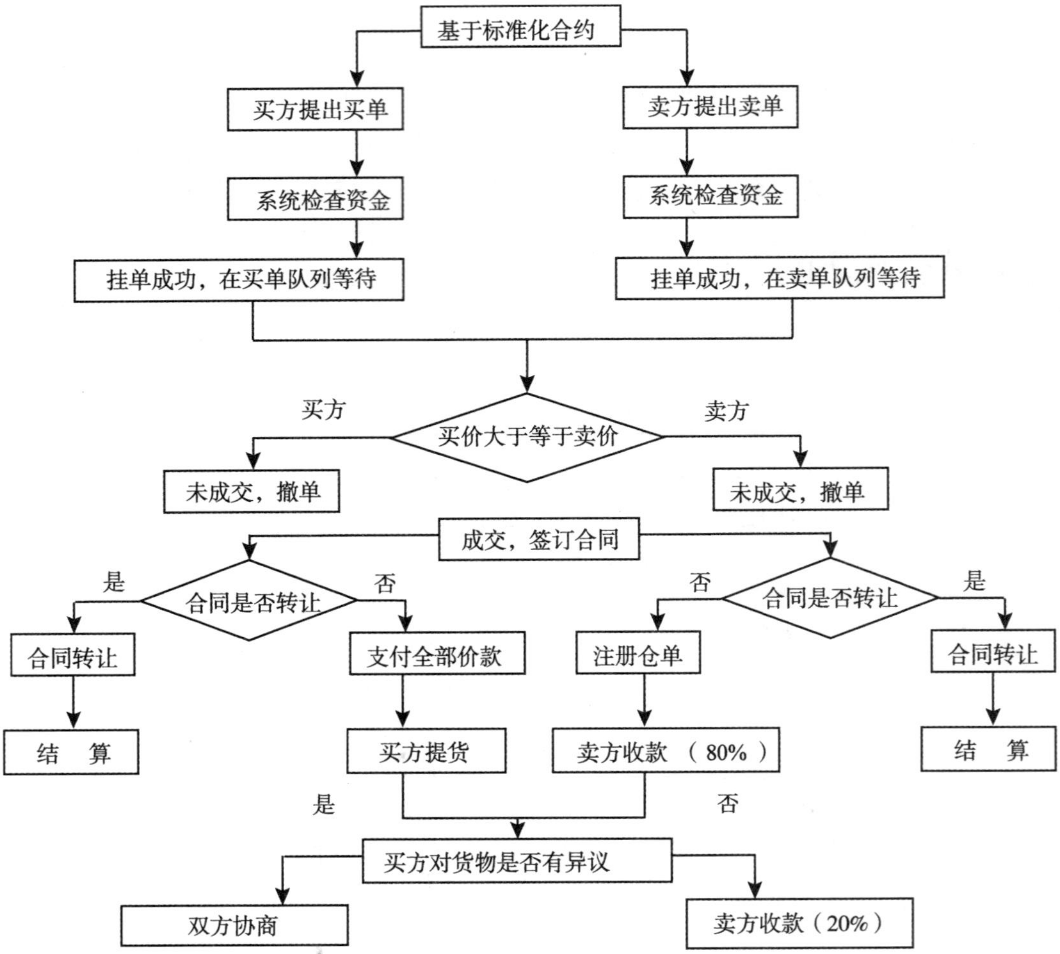

图 3.12　玻璃产品中远期现货交易业务流程

方物流进行货物运输。市场通过采用第三方物流配送，形成全国性的物流配送网络，能有效降低商户的物流成本。

三、风险控制及监管

（一）存在的风险

1. 信用风险

由于交易中心存在质押贷款业务，因此存在信用风险。信用风险是指因债务人无力偿还或无意进行偿还而导致相关金融业务违约的风险。信用风险的大小受借款企业的还款意愿、借款企业还款能力以及借款企业的经营环境等影响。同时，不同种类的金融资产具有不同形式及规模的信用风险。

2. 市场风险

玻璃产品交易以及玻璃企业均受到市场的影响，因此存在市场风险。市场风险主要是指受市场供求关系变动等影响而造成相关价格波动的风险，包括利率风险、汇率风险、股价风险、商品价格风险和衍生工具价格风险等。

3. 操作风险

操作风险主要是指交易中心在运作过程中本身所产生的风险，一般由交易中心决策偏差、交易中心人员欺诈及贪污、电子交易设备故障以及控制系统缺陷等引起。操作风险包括交易执行风险、欺诈风险和技术风险。操作风险往往不存在单独的风险损失表现，它与其他风险有密切的关系。

4. 流动性风险

流动性风险是指中心及参与中心交易的机构、组织因到期支付时持有的资产流动性差和对外融资枯竭而造成损失或破产的可能性。

5. 政策风险

政策风险是指由于监管当局为达到管理需要而改变政策导致此前已经交易的金融资产产生损失，也有可能是宏观经济政策改变使经济层面发生改变，市场状况不利于机构、组织的现有发展，从而给其带来损失的风险。

6. 声誉风险

声誉风险是指操作上的失误、违反法规或者其他问题，使得沙河市玻璃交易中心在投资者的心中造成不良影响，为今后发展带来障碍的风险。

7. 法律风险

法律风险是指法律不完善、不正确的法律意见和文件造成同预期情况相比资产价值下降或负债加大的风险，包括玻璃交易产品合约的内容在法律上存在缺陷或不完善而无法履约以及由于法律修订而蒙受损失的风险。

（二）风险控制措施

沙河市玻璃交易中心的风险管理可主要从三方面进行：第一，对入场交易和产品的管理和限制。在交易者和交易产品进入交易所之前，对其进行严格的审查是规避和减少风险的最为直接的方法。第二，对交易行为的限制。主要通过对交易价格的形成、波动幅度以及交易时间的限制，来控制交易者对产品价格的恶意炒作。第三，对交易机制的完善和监控。根据不同的交易产品设计合理的高效的交易机制，通过加强对市场的监控，制定符合实际交易情况的交易机制来规避由此引发的风险。

1. 入场限制

入场限制主要采取会员制的管理体系，对入场交易者和入场产品的资质进行评估，通过制定标准筛选合格的交易者和交易产品。

会员申请必须满足以下几个条件：

（1）依法设立并有效存续的法人机构及其他组织；

（2）具有相关业务资质；

（3）具有良好的商业信誉，近三年无严重违法违规行为；

（4）具有固定的经营场所和必要的设施；

（5）具有健全的内部管理制度；

（6）交易所规定的其他条件。

2. 交易行为限制

交易行为限制的重点是交易者的信用风险，采取保证金制度，这里所指的是第三方保证金制度，不同于期货交易中的保证金制度，不具有杠杆效应。第三方保证金制度是指作为金融资产交易的双方，不论通过何种交易方式，在交易进行时，均需向第三方账户缴纳一定比例保证金，待交易完成和资产归属明确后，资产出让方获得足额资金、资产受让方获得资产，并退还双方保证金。第三方由交易所指定服务会员承担。引入第三方保证金制度后，保证金的收入、退还和上缴行为全都通过指定服务会员在金融资产交易所的保证金专户进行，专户专项用于保证金收、退、缴的核算，同时开发建设交易所保证金监管系统。

3. 交易机制限制

交易机制限制主要是为了防止资产价格遭到恶意炒作，采取的方式包括报价规定、涨跌幅限制、停牌机制和市场预警机制等，主要出现在多对多的竞价过程中。

第一，报价规定。报价规定包括做市商报价规定和报价时间限制。为了保证做市商报价公平、合理，需规定：做市商必须有连续的报价，以维护自身的信誉以及市场的流动性，且报价买价小于卖价，其价差不超过5%。报价不得偏离信托产品预期收益率的10%。报价报告时间的确认应当同时考虑交易量的大小和相关金融市场的关联程度，以选取最佳的时间。

第二，涨跌幅限制。涨跌幅限制是指允许价格在前一日收盘价的一定正负百分比范围内时进行交易，超出此价格范围的委托为无效委托，交易中心不会申报。涨跌幅限制除了要设定日涨幅限制范围，还要对特殊处理交易产品的涨跌幅作出规定。

第三，停牌机制。当交易过程中出现突然发生的事件，有可能影响该证券的交易秩序时，交易中心可以临时停止该交易对象在交易中心内的产品交易。停牌的决定权一般由交易中心的常设机构理事会决定。交易中心决定停牌必须及时上报至上级监督管理机构。

第四，市场预警机制。市场预警机制的建立能够增强交易市场中参与者的信心，同时保证交易市场传导机制的运行。市场预警系统应该对交易市场的实际运行过程进行实时监控，检测市场中大规模交易、过度集中交易以及交易技术问题等异常情况，并对异常情况进行及时报告和分析，对不正常、不规范的异常交易进行处理。

第六节　沙河市玻璃产品场外交易中心实施构想

一、实施发展思路

首先将河北省大型玻璃企业、金融机构、相关服务机构及合作机构等汇聚到沙河市，形成玻璃交易市场在区域上的聚集，并以此为基础扩大玻璃现货及场外交易规模。当场外交易的规模扩展到一定程度后，建立具备基本功能的玻璃标准化产品市场，逐渐扩大交易范围，从沙河市扩展到华北地区，再从华北地区扩展到全国，建立全国性的玻璃交易市场。在玻璃产品现货及中远期交易发展的同时，大力发展玻璃企业产权交易、玻璃企业资金拆借以及玻璃相关信息的咨询业务，增强市场的流动性，扩大市场规模，实现玻璃交易中心、玻璃清算中心以及玻璃定价中心的有机统一。

二、建设需要的条件

在沙河市玻璃交易中心的建设中，行政手段和市场手段之间是相互依存的。政府主要负责制定规则和监督管理，而玻璃相关产品的价格制定、买卖等具体交易，更多地依靠市场本身去完成。

（一）硬件设施

玻璃交易中心的硬件设施主要包括经营场所和设施。

玻璃交易中心可以选择在同玻璃工业园区及金融机构聚集区均相邻的地方，通过完善的商务配套、先进的硬件设施和高效的运营管理，为入驻企业和机构的研发、营销、展示、交易等提供服务。玻璃交易中心相应设施主要有电子交易设施和通信设施，包括信息服务平台、玻璃交易平台、清算和结算平台以及会员注册系统。其中信息服务平台和玻璃交易平台可与“玻璃巴巴”合作，利用网络及时发布信息，包括市场行情分析，交易状况披露，行业最新动态，交易市场颁布的法规等。玻璃交易中心信息的透明度和发布的及时性对于玻璃交易有着重大意义。

（二）软件

1. 玻璃交易相关人才

培养一批独立、公正的玻璃相关产品评估人员以及产品交易服务的相关从业人员，这是玻璃交易市场成功的重中之重。

2. 玻璃交易的优惠政策

由政府出台相应的优惠政策来吸引各大玻璃企业、金融机构、交易中介机构等来沙河市落户，吸引玻璃交易投机商等来交易所进行交易。如在政府采购和投资项目中，优先考虑参与玻璃相关交易的企业，还可以联合银行向企业提供优惠贷款，向参与玻璃中心交易的企业提供技术以及管理上的咨询等。

三、进度安排

（一）起步阶段（2013 年）

在“玻璃巴巴”的基础上建立沙河市玻璃交易信息平台与玻璃现货交易平台，初步将沙河市及省内大型玻璃企业、金融机构、相关服务机构及专业人才汇聚到沙河市，形成玻璃交易市场在区域上的聚集，并以此为基础扩大玻璃现货的场外交易规模。

沙河市政府起草制定具体的优惠政策和操作措施，吸引大型玻璃企业、金融机构、相关服务机构及专业人才入驻沙河市，为信息、技术、设备和人才的一站式服务奠定基础。

建立沙河玻璃交易信息平台与玻璃现货交易平台，扩大交易规模。通过建立完善的信息服务平台，赢得企业信任；初步发挥交易中心的交易功能，开展玻璃现货以及其他部分增值业务。沙河市玻璃交易中心在初始阶段主要为现货交易，交易品种主要为标准化的平板玻璃，在平板玻璃现货交易较为成熟的阶段可开始尝试引入深加工玻璃现货交易业务。

（二）发展阶段（2014—2015年）

建立具备基本功能的玻璃标准化产品市场，引入资本交易，扩大交易覆盖范围，成为区域性的玻璃交易中心。

一方面，在发展阶段，沙河市玻璃交易中心开展并扩大玻璃产品中远期交易业务，为广大玻璃企业提供套期保值工具。组织玻璃产品中远期交易，在一定程度上能够增加玻璃产品交易的参与者，提高投机者参与的兴趣，增加媒体宣传力度，从而增加交易体系的流动性，逐渐扩大交易覆盖范围，保持玻璃交易体系的健康发展。

另一方面，逐步开展并推进玻璃企业的物权交易、股权交易、债券交易、矿权交易等业务，并与相关金融机构合作开展玻璃企业间的资金拆借、质押贷款等业务，通过玻璃企业与金融机构的对接，为日后金融与玻璃产业对接机制和平台的构建奠定基础。自此，沙河市玻璃综合性交易中心已基本建立。

（三）完善阶段（2015年后）

发展完善玻璃交易中心增值业务和交易服务机制，最终实现区域乃至全国玻璃交易中心、玻璃清算中心以及玻璃定价中心的有机统一。

首先，大力发展玻璃交易中心增值业务，主要包括玻璃保险、项目招商和咨询服务。为国内外玻璃原材料矿山、玻璃生产企业、玻璃贸易商提供贸易、仓储、融资、物流等多元化的服务，将对玻璃领域的信息交流、活跃玻璃市场、推动玻璃产业双边多边合作产生重要影响。同时，可进一步扩大沙河市玻璃交易中心的影响力。

其次，建立完善的交易和结算制度，包括玻璃相关产品期货交易的价格形成制度、实物交割制度等各项制度。

最后，还应建立有效的风险管理机制，预防并管理交易中心在发展过程中所面临的各种风险。

第七节　本章小结及相关政策建议

一、本章小结

场外交易中心将产品交易的相关主体以及相关信息集中，能够极大地提升交易的效率以及公平性，玻璃场外交易中心的建设对于沙河市玻璃产业的发展具有重要的意义。本章首先分析了沙河市建立玻璃场外交易中心的背景及意义，并在简要分析相关理论的基础上，对沙河市建立玻璃场外交易中心的整体框架、中心业务以及运行机制进行了探索性的设计，最后对其建设的实施思路、条件以及进度安排作出了构想。

沙河市玻璃产业具有良好的发展基础，玻璃产品场外交易中心的建设将在此基础上促进沙河市玻璃产业的转型升级，并逐步发展成为区域性乃至全国性的玻璃交易中心。

二、相关政策建议

（一）成立筹备小组并进行市场宣传

由沙河市政府组织成立筹备小组，提出玻璃交易中心的建设方案，并立即着手进行相关宣传，宣传方式主要包括广告宣传（各大报刊、广播、电视、网络等）、召开新闻发布会、参加玻璃论坛或研讨会等。

（二）提出优惠条件招商引资

提出的优惠条件包括：2 年内 10% 的手续费优惠，所得税减免 20% 和公司销售或者采购信息发布的优先权。邀请的投资方包括当地玻璃龙头企业和福耀玻璃、华尔润玻璃、台玻、南玻等国内知名玻璃企业，板硝子、旭硝子、圣戈班、加迪安等国际知名玻璃集团以及其他与玻璃有关的玻璃生产、贸易、采购、加工企业和下游产品生产企业，还包括物流企业、沙河市国资委和其他有意向的企业。提出优惠条件邀请投资方出资形成注册资本金并验资，最后按照出资额确认各股东股份。

（三）确定服务机构

服务机构主要包括物流公司和结算银行，两者都可以选择多家单位合作。物流公司要选择有实力进行大型玻璃材料运输的公司，结算银行选择大型商业银行。

（四）完成交易中心建设工作

河北省沙河市玻璃交易中心的建设应包括硬件设施与软件设施两个方面。一方面，沙河市玻璃交易中心应首先以玻璃交易大楼为中心，以此为基础提供玻璃产品的仓储与交割功能，交易大楼应设立在离安全实业、大光明集团以及德金公司的玻璃交割厂库均较近的地方，同时应离轨道交通较近，方便玻璃产品的运输。另一方面，应以现有的“玻璃巴巴”电子交易平台为基础，打造更为完善的玻璃交易中心系统，提供玻璃产品挂牌、报价和交易、结算、市场的信息披露以及相关咨询等服务。

第四章　玻璃产业民间金融体系建设研究

民间金融体系作为金融体系的重要补充环节，在解决企业融资，尤其是中小企业融资难题方面起着举足轻重的作用。民间金融主要是指在政府批准并进行监管范围外的非公有经济成分的资金活动，主要以农村合作社、小额贷款公司、民间借贷等形式存在。民间金融的蓬勃发展已成为不可阻挡的势头，因而政府引导民间金融实现“正规化”，已成为当务之急。

第一节　玻璃产业民间金融体系建设可行性研究

一、玻璃产业民间金融体系建设背景

（一）玻璃企业面临融资难困境

1. 玻璃产业面临宏观调控

玻璃产业尤其是平板玻璃行业，由于供需状况不匹配，投入生产的生产线日益增加，但与此同时玻璃需求量并未随着生产量的增加而相应增加，平板玻璃行业产能过剩现象较为严重。由此，受宏观调控影响，玻璃中小企业向金融机构申请贷款难度加大。

2. 国有金融机构信贷收紧

四大国有银行在信贷缩紧的宏观环境下，鉴于资金的安全性和效益性，将信贷权限缩紧，并集中至省分行甚至总行。若部分分行的经营现状不甚理想，不良贷款率偏高或者经营亏损严重，则将被取消贷款权限，导致拥有贷款审批权的分行和支行数量急剧下降。主要服务于农村经济的农业银行，出于对经济效益的考虑，逐步从经济不发达地区撤出，将投资和资助重点放在大型项目和基础设施建设上。此种情况进一步导致急需资金注入的地区资金投放量降低，中小企业融资途径进一步缩减，贷款难度逐步增加。

3. 银行金融机构现存体制冲突

国有银行对国企进行支持是我国在资金支持制度上的特殊安排，保证了国有企业拥有充足的资金来源，因而国有银行与国企存在一定的一一对应关系。在改制之后，国有银行改为商业银行，虽需要自负盈亏，但原有的客户群体并未改变以及运营存在一定的惯性，导致商业银行依旧选择国有企业或者大型企业作为其主要贷款对象，中小企业所能获得的资源受限。这导致我国民营企业在向银行，尤其是工、农、中、建四大银行进行融资时，受到一定程度的歧视。

4. 金融机构征信体系不健全

中小企业由于尚处于成长阶段，财务和资信方面的制度都不完善，无法向银行提供完整的资信材料。此外，我国未建立完善的信用体系，中小企业的资信无迹可寻，导致银行等正规金融机构出于风险考虑，对中小企业的贷款申请持谨慎态度。

5. 后危机时代银行信贷紧缩

金融危机以来，以银行为主体的全球正规金融市场受到冲击，银行面临巨大的资金压力和金融风险，随着危机的不断蔓延和深化，市场流动性问题日益突出，金融机构在去杠杆化的同时，也造成了中小企业融资难的困境。

（二）我国大力发展民间金融

我国的民间金融在国家应对中小企业融资困境中扮演了重要的角色，作为正规金融体系的补充，其弥补了正规金融体系的不足，缓解了商业银行的信贷风险，一定程度上对金融、经济活动起到了稳定作用。随着我国中小企业的蓬勃发展，融资难的问题日益凸显。为缓解中小企业所面临的融资局限，民间金融越来越多地成为拓宽融资渠道的选择。目前，国内掀起了一股民间金融发展浪潮，温州以民间金融为主基调的金融改革正如火如荼地进行，广州以发展民间金融为主的金融街已运行将近一年，其他各地也正紧锣密鼓地筹划民间金融发展。

（三）民间金融体系建设存在的问题

1. 区域内民间金融机构较为分散

目前民间金融机构区位分散，没有形成良性竞争氛围和聚集效应，不利于民间金融向周边区域辐射发展。

2. 区域内民间金融机构体系不完善

民间金融机构体系的不完善在一定程度上降低了民间资本的融通效率。以沙河市为例，民间金融服务机构中以小额贷款公司为主，缺乏信用评级、第三方支付、征信公司、律师事务所、公证处等配套机构，同时金融中介机构与金融监管机构也亟待设立。此外，沙河市银行金融机构中只有商业银行的分支机构、保险和证券公司的营业网点，缺乏商业银行的中小企业信贷服务中心和专门服务民间金融发展的保险公司和证券公司分支机构。

3. 区域内民间金融缺乏监管和风险控制

民间金融是对正规金融的有力补充，但由于民间金融机构经营存在诸多不确定性，面临市场风险、经营风险、信用风险和政策风险。现有的民间金融机构及市场一方面缺乏常规的监督与管理，另一方面缺乏必要的风险控制策略，这极大地限制了民间金融交易的形式和规模。

4. 区域内民间金融缺乏制度保障和政策支持

民间金融由于长期游离在正规金融体系之外，政府对此类金融机构缺乏关注和政策支持。此外，目前国内针对民间金融管理所设立的法律法规尚待完善，民间金融体系的参与者将在某种程度上面临一定的政策风险，这都将极大地限制民间借贷的发展。

二、玻璃产业民间金融体系构建意义

（一）有助于玻璃企业获得资金

我国玻璃企业以中小企业为主，整体呈现小而分散的状态，主要以平板玻璃生产为主，玻璃产业未来的发展趋势不确定，导致金融机构对玻璃企业尤其是中小企业的信心不足。此外，由于玻璃行业对生产线投入资金量需求较大，尤其是处于企业生命周期初期，需要技术研发与支持的企业，急需银行等金融机构的资金支持，但此类企业风险较大，不符合银行风险控制原则，因此，形成了银行“惜贷”，企业需求得不到满足的现状。相较而言，民间金融体系贷款门槛较正规金融机构低，其与中小企业建立了良好的交流机制，能有效地为中小企业提供资金支持。

（二）提高资源配置和使用效率

鉴于风险管控目的，国有商业银行信贷倾向于大型企业和国有企业，导致中小企业资金来源受阻。民间金融市场的建设顺应了市场的需求，将金融资源从国有企业中分离出一部分，投入民营企业中，适当降低了金融资源在国有企业中的占比，增加了民间金融资源供给量。由于民间金融相较于正规金融体系市场化程度更高，因此其能更为准确地反映市场上资金需求和供给状况，及时调整市场中资金流量，更为合理地利用金融资源，实现金融资源利用率的大幅提升。

（三）有利于信用体系的完善

国内大型企业和国有企业的信用体系较为完善，但中小企业的信用体系暂时属于空白，因此民间金融信用体系的逐步建立有助于实现民营中小企业信息的透明化、公开化，有利于民间金融良性、健康发展。这是因为民间金融体系对中小企业的信用程度更加了解，拥有一般正规金融机构所不具有的优势，若在民间金融体系内建设中小企业的信用体系，必将强化中小企业对信用的重视程度，为其获得正规金融机构支持打下坚实基础，在一定程度上有利于经济发展。

第二节　民间金融相关理论研究

一、民间金融必要性研究

鉴于民间金融融资具有便利性，作为市场自然选择的结果，对于财务记录不够完善的中小企业而言，选择民间金融融资成为一种明显趋势。但学术界对中小企业信贷问题却存有一些争议，Berger 等人（1995）认为为有效防范金融市场中的风险，拥有正规规章制度的金融机构更适合小企业信贷，而 Jayaratne 和 Wolken（1999）对该结论却持保留意见，他们认为大型银行向中小企业进行贷款活动时，由于信息不对称，从成本角度出发，银行

并不具备优势。林毅夫等（2001）指出，如果国家强求国有商业银行向中小企业放贷，成本和信息不对称问题的存在，会导致市场机制紊乱。郭斌（2002）通过对温州民间金融发展数据的分析，得出了民间金融体系的存在与区域性经济紧密相关的结论。他认为在中小企业经济较为发达的地区，中小企业的资金需求水平较高，虽然民间信贷利率较高，但企业的高盈利水平为其承受高利率提供了可能。

二、民间金融风险管控研究

我国长期未对民间金融进行相应的制度设计，在面对民间金融产生的一些问题时，易陷入无制度可依的尴尬处境，因此对民间金融所面临的风险进行管理和控制显得尤为重要。张德强（2008）采用信息经济学、制度经济学及社会学的相关理论，对民间金融的运行机理进行了分析，并对实施监管前后民间金融的风险与收益进行了比较分析，从而论证了民间金融实施监管的可行性。庞永（2012）从控制和防范民间金融风险是否必要以及如何监管的角度进行了探究。李建军、卢少红（2013）通过实证分析，以浙江省 11 个地级市的 2083 个民间借贷案例中所获得的数据为基础，设计出了反映民间金融风险的指标体系，并建立了区域民间金融风险预警模型。

三、民间金融发展前景研究

在部分地区民间金融尚处于发展雏形阶段，已经有部分民间金融机构进入了正规化的发展路径中，逐步实现了金融深化。20 世纪 70 年代以来，民营银行在世界各国的银行机构中占比逐年攀升，国有银行逐步退出。对于发达国家而言，由于金融市场化程度较高，国有银行在金融机构中占比下降的份额尤甚，从 40% 降至 20%。发展中国家的国有银行占比降至 50% 以下。此外，从我国与世界范围内统计数据的比较来看，我国银行机构的民营化程度不高，我国民营银行在全国金融部门占比低于 40%，与世界平均水平 70% 之间的差距较大。①

目前，政府正极力主张将民间金融“阳光化”、“规范化”，但在对其进行改造的过程中，应当注意按照市场化的原则对民间金融进行引导，即注重其发展的多样化，避免出现民间资本集聚于某些新兴产业，而传统产业资金支持断流的状况。此外，政府可向将民间金融改建为民营银行的方向努力。这是因为民间金融与民营银行在资本方面具有一定的相似性，即民间资本为主，在资金的使用和调配上具有较强的自主权。在此基础上，可发展出其他形态的民间金融机构与民间金融市场，继而形成较为完善的民间金融体系，逐步将其“正规化”，接受监管部门的日常监督。当然，在转轨过程中，政府应避免对民间金融体系的过多干涉，鼓励民间资本发挥其资金自主性，按照市场要求将资金分配到各产业中去。

---

① 王曙光，邓一婷．民间金融扩张的内在机理、演进路径与未来趋势研究．金融研究，2007（6）．

第三节　国内外民间金融发展经验分析

一、国外民间金融发展模式分析

（一）正规金融信贷扩展抑制民间金融发展

部分国家民间金融的生存空间正被正规金融逐步挤压，正规金融通过不断扩张其机构数量与业务规模，试图以此消除民间金融市场。20 世纪 70 年代以来，印度政府积极扩张其商业银行在农村等偏远地区的网点，导致该国分布在农村的银行营业网点数量远远多于我国。此外，部分国家和地区试图通过实现存款利率市场化抑制民间金融的生存空间，但商业银行在中小企业客户资源上的局限性，导致中小企业会选取与其具有良好合作关系的中小银行或者民间金融作为融资首选。

（二）规范引导民间金融向正规金融发展

从国际经验上看，各国政府通常针对民间金融采取积极引导和规范的措施，逐步给予其政策支持，鼓励其向正规金融发展。如印度尼西亚政府于 1992 年颁布 71 号总统令要求农村信贷基金在 1997 年前必须转为农村银行。在 1994—1999 年，印度尼西亚全国共有 630 家农村信贷机构转为农村银行，约占转轨机构的 2/3。实际结果表明，建立民间金融机构向正规金融机构转型的机制十分必要。

（三）鼓励正规金融与民间金融协调发展

有些国家鼓励正规金融与民间金融协调发展。例如 1988 年斯里兰卡两大国有商业银行向资信良好的民间金融机构发放年利率为 18% 的抵押贷款，然后由民间金融机构在 30% 的利率上限范围内向农村其他农户发放贷款。与此相类似，1989 年印度尼西亚 13 家银行向 420 个民间互助组织提供贷款，然后由互助组织向组织内部成员提供贷款。实际结果表明，正规金融与民间金融的协调共存是有效扶植企业发展的路径。

二、国内民间金融发展模式分析

（一）温州民间金融发展模式

温州民间金融按照“机构转型、平台建设”的模式发展。“机构转型”是指政府鼓励符合一定条件的小额贷款公司改制转型为村镇银行，引导部分民间资本进入正规运行渠道，“平台建设”则是指民间金融三个平台的搭建，即股权营运中心、民间借贷服务中心和温州风险投资研究院的设立。

1. 机构转型

温州政府按照 2007 年银监会出台的《村镇银行管理暂行规定》（下称《暂行规定》）

的要求来推进机构转型，《暂行规定》规定新设后持续经营3年及以上、清算资产后无亏损挂账、且最近两个会计年度连续盈利的小额贷款公司可进行改制。同时应注意符合条件的银行业金融机构为改制的主发起人，且发起人的相关从业资质、持股比例等必须符合《暂行规定》。改制后村镇银行的控股股东必须为银行业金融机构，并且要求控股比例不低于20%，而小额贷款公司目前的经营控股人及关联方在改制后的村镇银行中持股比例不得超过10%，2012年中国证监会将这一比例升至15%。按照这些规定，截至2013年3月底，温州暂无小额公司成功转型为村镇银行。

2. 平台建设

（1）股权营运中心

①设立模式。温州股权营运中心以有限公司的形式运作。公司由温州公共资源交易中心出资40%、温州市工商局后勤服务中心和温州市财政局财务开发公司分别出资30%，三方共同出资1000万元注册设立。

②业务种类。温州股权营运中心业务主要为股权转让业务、质押服务业务、托管服务业务、产权交易业务四类。股权转让业务是指为企业提供股权转让服务，寻找融资机会；质押服务业务主要为股份有限公司、责任有限公司提供股权质押服务，发挥产权市场资源配置功能，拓宽企业融资渠道，提高资金配置效率；托管服务业务主要为企业提供股权托管登记服务，促进企业规范法人治理结构提升企业档次，培养上市公司后备资源；产权交易业务则为民营企业提供产权交易服务，面向全球温商，有助于企业实现资本运作、整合资源、优化产业结构、进行投融资活动。

③业务流程。温州股权运营中心业务流程包括股份转让业务流程、股权托管业务流程、质押登记业务流程、产权交易业务流程，分别见图4.1至图4.4。

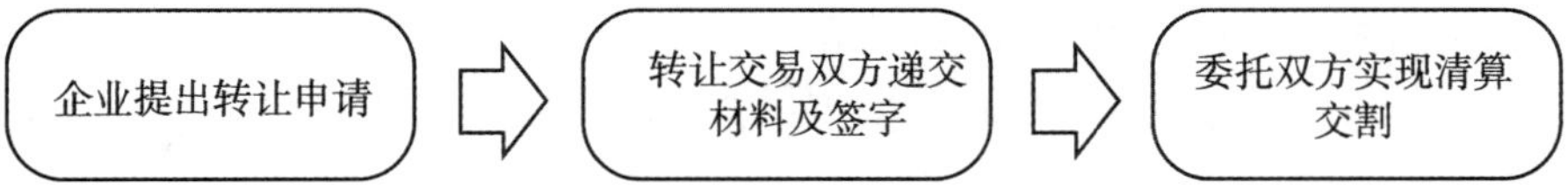

图4.1 温州股权运营中心股份转让业务流程简图

图4.2 温州股权运营中心股权托管业务流程简图

（2）民间借贷服务中心

温州民间借贷服务中心是经政府批准，由温州市鹿城区工商联牵头组建成立，通过有限公司的形式运营的金融平台。中心不直接参与借贷业务，而是通过引入金融配套服务机构如公证处、评估公司、保险公司等入驻，并配以该中心的中介功能，完成资金供需匹配，帮助资金供需双方取得联系并达成借款协议。

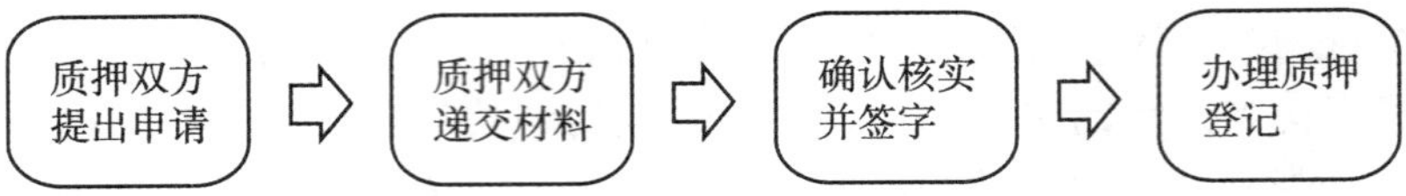

图 4.3　温州股权运营中心质押登记业务流程简图

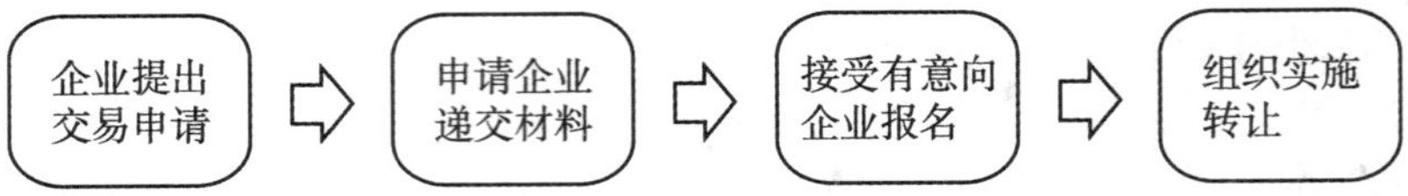

图 4.4　温州股权运营中心产权交易业务流程简图

（3）温州风险投资研究院

温州风险投资研究院由温州市人民政府、中国风险投资研究院、浙江工贸职业技术学院三方签署协议共同筹建。温州风险投资研究院旨在进行“产学融合”，促进金融研究机构与温州科技创新企业的交流与合作，推动温州高新技术产业和经济的跨越式发展。

（二）广州民间金融街运作模式

1. 建设目标

广州民间金融街的建设以“政府引导、市场运作”为原则，旨在通过集聚小额贷款公司、融资担保公司、典当行等民间融资机构，银行、保险、证券等各类金融机构以及律师事务所、会计师事务所、资产评估事务所等配套服务机构，建成全国首条集资金借贷、财富管理、支付结算、信息发布为一体的民间金融街，为中小微企业和居民个人提供全方位、多样化的金融服务，探索形成民间融资的“广州价格”，缓解当地甚至全国中小微企业“融资难”问题、引导民间金融规范发展，为区域产业结构调整创造经验、提供示范。

2. 发展及功能定位

（1）发展定位

广州民间金融街旨在发挥金融资源优势，打造以民间金融为主题，商务旅游为特色的广州市重要的现代服务业集聚区，打造国内首个集资金贷款、财富管理、支付结算、信息发布为一体的民间金融区，打造提供金融配套专业服务和中小企业创业服务的现代商务办公区，打造浓厚文化底蕴和休息旅游氛围为一体的商旅空间。

（2）功能定位

广州民间金融街与省内外其他金融聚集区功能互补、错位发展，着重突出“聚集、服务、定价”三大功能：一是发挥集聚效应，通过一定的政策扶持和引导，集中引入一批经营规范、服务优质的小贷公司、融资担保公司、典当行等民间金融机构及其他配套服务机构，实现民间金融机构集聚；二是突出服务功能，完善面向中小微企业和居民个人的金融服务，通过为广大中小微企业提供融资、担保、典当、信息咨询等方面的服务，大力培育民间金融机构和金融市场，为中小微企业的发展提供支持；三是形成定价机制，通过建设信息管理平台，定期采集、整理、公布金融机构资金供求信息，按日公布民间融资的市场利率、费率，逐步建立反映资金供求状况和监管治理环境的民间融资利率、费率价格的市场化定价机制。

3. 广州民间金融街的运作模式

广州民间金融街的运作模式是“公司运作、市场定价”。一方面，广州市政府成立了广州民间金融街管理公司，全面负责金融街的管理和运作。另一方面，广州市成立专门组织对金融街的运行进行协调，并负责金融信息的发布和整理，目的在于促进市场定价机制的形成。

（1）公司运作

广州民间金融街管理公司是为促进广州民间金融街入驻机构集聚发展，并提供专业服务的国有独资企业。公司具体负责广州民间金融街的产业规划、资产运营、招商引资、物业维护、配套服务等工作。公司还专门设立了非营利性的综合服务平台——广州民间融资服务中心，提供咨询、信息登记、征信查询及中介四项服务，并设有电子支付、会计师、律师事务所和公证处等机构同场办公，为广大中小微企业和居民个人提供“一站式”的民间融资服务。此外，公司还参与成立广州民间金融商会和广州民间金融研究院。广州民间金融商会的主要职责是加强民间金融行业自律，广州民间金融研究院主要进行民间金融相关的课题研究。

（2）市场定价

在市场定价方面，广州市组织有关部门创建信息发布平台，研发价格计算系统和模型，并成立了专门的工作组。

此外，有关部门出台了《广州民间金融街信息发布平台建设管理暂行办法》，并由广州市越秀区金融办和金融街管理公司共同成立了金融街信息平台建设管理工作组。工作组专门负责推进金融街信息平台建设和协调相关机构参与信息归集和发布。

工作组将根据小贷及担保公司的开业时间、注册资本规模、业务规模等标准选择部分公司作为利率和费率指数的采集样本。每个工作日 18 时前由参与机构将当天发生的每项业务信息录入系统，完成发送。工作组审核无误后，系统将根据一定的公式算出结果，于第二个工作日上午 9 时公布，形成民间借贷的“广州价格”。

第四节　玻璃产业民间金融体系建设架构研究

一、玻璃产业民间金融体系构建定位和战略规划

（一）玻璃产业民间金融体系构建定位

以沙河市现有民间金融发展的集聚效应为基础，以政府的大力支持为保障，构建完善玻璃产业民间金融体系，打造辐射全市、华北地区乃至全国的“玻璃产业民间金融交易中心”。

（二）玻璃产业民间金融体系构建规划

玻璃产业民间金融体系的战略规划分为两个阶段，第一阶段（2013—2015 年）：稳固发展期。此阶段，玻璃产业民间金融体系将着重构建完备的玻璃产业民间金融机构体系、完善的玻璃产业民间金融市场体系和高质量的政府公共服务体系，玻璃产业民间金融体系将建成覆盖沙河市的“玻璃产业民间金融交易中心”和“中小企业融资中心”。第二阶段（2015—2020 年）：扩张发展期。此阶段，玻璃产业民间金融体系将进行空间拓展，重点建设玻璃产业民间金融创新示范区，在示范区内将逐步引进新型玻璃产业民间金融机构，建设新型玻璃产业民间金融市场和开发新型玻璃产业民间金融产品，玻璃产业民间金融体系将建成辐射华北地区乃至全国的“玻璃产业民间金融创新中心”和“玻璃产业民间金融交易中心”。

二、玻璃产业民间金融体系设计基本思路

玻璃产业民间金融体系构建基于宏观金融工程和产业金融工程理论，研究内容包括玻璃产业民间金融机构体系、玻璃产业民间金融市场体系、政府公共服务体系三个部分。

（一）玻璃产业民间金融市场体系设计思路

金融市场体系是金融体系的核心，建立多层次金融市场体系可有效配置各类资源，并提高资源的利用效率，对于促进金融和经济的发展具有重大意义。按照金融市场构建主体可将金融市场划分为正规金融市场体系和民间金融市场体系，而针对玻璃产业而言，正规金融市场体系包括玻璃企业产权交易市场、金融资产交易市场、玻璃中小企业债券市场和企业资产证券化市场；民间金融市场体系包括 P2P 个人借贷市场和玻璃产业民间金融机构间的资金拆借市场。

（二）玻璃产业民间金融机构体系设计思路

玻璃产业民间金融机构体系以玻璃产业民间金融机构为主导，正规金融机构为补充，新型金融机构为创新，三者相互配合、功能互补、协调发展，为中小企业和个人提供全方位的金融服务。功能健全的玻璃产业民间金融机构体系应由三部分构成：其一，玻璃产业民间金融交易机构，是促进民间资本流动的主要力量；其二，玻璃产业民间金融中介机构，是提高民间资本融通效率的重要力量；其三，玻璃产业民间金融服务机构和监管机构，是民间资本安全运营的保证。正规金融机构包括银行、保险、证券、信托等，是玻璃产业民间金融的支付结算平台、融资平台、资产管理平台和玻璃产业民间金融产品开发平台。创新型金融机构包括征信公司、P2P 网络借贷公司、再贷款公司、再担保公司等，是玻璃产业民间金融业务和产品创新的源泉。

（三）政府公共服务体系设计思路

政府提供的多样化服务可以促进民间资本交易、控制金融风险、加强金融监管、促进

信息公开。政府公共服务体系主要内容包括登记备案服务、信息发布服务、风险控制和监管服务。政府主要搭建四个平台，一是民间融资服务中心，主要提供登记备案、信用查询、信息发布等服务；二是玻璃产业民间金融业协会，主要由玻璃产业民间金融机构自发组成，便于金融机构间沟通信息和权益维护；三是玻璃产业民间金融创新研究院，由政府和高等院校共同组建，主要从事玻璃产业民间金融的相关研究，重点研究、设计、开发玻璃产业民间金融新型市场、机构和产品；四是玻璃产业民间金融法庭，解决玻璃产业民间金融相关的纠纷处理问题。

三、玻璃产业民间金融体系设计的创新

玻璃产业民间金融体系设计完全不同于国内现有的民间金融聚集区的发展模式。玻璃产业民间金融体系是以多层次金融市场体系为主导，金融机构间功能互补，全方位政府公共服务体系为支撑，并全面建设风控体系为坚强后盾的玻璃产业民间金融聚集区发展模式。

玻璃产业民间金融体系构建的三大创新之处在于：首先，玻璃产业民间金融体系是一个以金融市场发展为主导的玻璃产业民间金融聚集区，这与广州金融街以金融机构聚集为主导的发展模式和温州以发展中介服务机构为主导的发展模式有很大差别。历史经验和经典理论证明金融市场的发展是撬动经济和发展金融的核心。其次，金融机构间功能互补且错位发展，国外玻璃产业民间金融的发展经验表明正规金融机构和玻璃产业民间金融机构协调发展效果最佳。最后，玻璃产业民间金融体系设计有全覆盖的风险控制体系，不同于广州金融街以控制小额贷款公司规模和交易为主的源头风控模式和温州的以法律援助为主的事后风控模式。玻璃产业民间金融体系通过各类金融工具和手段全覆盖地控制了玻璃产业民间金融的非系统性和系统性风险。国内民间金融聚集区对比分析见表 4. 1。

表 4. 1　　**国内民间金融聚集区对比分析**

	广州越秀区	温州鹿城区	玻璃产业民间金融体系
民间金融发展模式	以民间金融机构为主导	以个人借贷市场为主导	以多层次金融市场为主导
金融市场体系	单层次股权市场	单层次个人借贷市场	民间金融市场和正规金融市场相结合
金融机构体系	民间金融机构体系	中介机构体系	民间金融、正规金融、创新型金融机构功能互补的完备机构体系
政府服务体系	融资服务中心、民间金融商会、民间金融研究院	温州借贷登记服务中心、温州风险投资研究院	民间融资服务中心、民间金融业协会、民间金融创新研究院、民间金融法庭
风险控制体系	控制非系统性风险为主导	控制非系统性风险为主导	兼顾系统性和非系统性风险控制

第五节　玻璃产业民间金融市场体系构建研究

一、玻璃产业民间金融市场体系功能设计

玻璃产业民间金融市场体系主要有三大功能，即中小企业融资功能、中小企业间的资源配置功能、个人理财功能。中小企业融资功能主要由部分正规金融市场来实现，包括中小企业债券发行市场和中小企业资产证券化市场。中小企业间的资源配置功能由部分正规金融市场和部分民间金融市场来实现，包括产权交易市场、金融资产交易市场和民间金融机构间资金拆借市场。个人理财功能由部分玻璃产业民间金融市场来实现，包括民间个人借贷市场和P2P网络借贷市场。玻璃产业民间金融市场体系设计目的在于，为玻璃产业提供全方位的民间资金支持。

二、玻璃产业民间金融市场模块功能设计

（一）玻璃产业民间个人借贷市场

传统正规民间借贷一般发生在民间金融机构与中小企业之间，个人无法通过正规、合法、有信用保证的渠道借出资金。玻璃中小企业也不能直接通过个人渠道获得融资，否则即为非法集资。为了遏制社会资金体制外无序循环，减少非法集资现象，搭建以政府信用为保障的民间借贷中介市场显得十分必要。

民间个人借贷市场的信用由政府成立的民间融资服务中心保障。民间借贷登记服务中心为非营利性机构，以有限公司的形式运作。中心只提供登记备案、中介机构推介、法律援助等服务，不承担交易双方违约损失。

1. 市场参与主体

玻璃中小企业、个人，民间融资服务中心、中介服务机构。

2. 市场定位

民间借贷市场定位于建立辐射全市或全省的“民对民”，以政府信用为保障的民间个人借贷市场。

3. 市场功能

拥有闲余资金的个人将资金投入民间金融借贷市场，对资金有需求的玻璃企业可从市场上获得借款；个人同时可获得一定的利息收入作为补偿。

（二）P2P借贷市场

1. 市场简介

P2P（peer to peer）借贷意为个体对个体的借贷，应用于玻璃产业中，可将其演变为玻璃企业对玻璃企业的借贷。

网络借贷是指在资金借贷过程中，所有手续均通过网络实现，资金借贷双方可克服空

间上的限制，是民间金融与高科技相结合的形态，也是未来金融业发展的方向。

P2P 网络借贷平台是 P2P 与网络借贷相结合的金融形态，是指利用网络技术实现个人对个人或者玻璃企业对玻璃企业的资金借贷活动。它的社会价值主要体现在满足企业资金需求、发展企业信用体系和提高社会闲散资金利用率三个方面。相较于英、美等发达国家发展完善的 P2P 网络借贷模式，国内的 P2P 借贷平台处于起步阶段，但随着我国的金融管制逐步放开，在我国日渐旺盛的融资需求、落后的传统银行服务状况下，这种网络借贷新型金融业务必将成为玻璃产业民间金融的重要发展趋势。

2. 市场参与主体

玻璃企业、P2P 网络平台、担保公司。

3. 市场定位

打造华北地区乃至全国有重要影响力的网络 P2P 资金借贷市场。

4. 市场功能

为玻璃企业提供快捷、便利、安全的全新融资和理财途径。

（三）民间金融机构间资金拆借市场

1. 市场简介

民间金融机构间资金拆借市场是民间金融机构间进行资金短期头寸融通的市场，所拆借的资金数额、对象、利率相对其他融资渠道而言更为灵活。民间金融机构间资金拆借应由民间金融业协会组织开展。

2. 市场参与主体

民间金融机构、民间金融业协会。

3. 市场定位

民间金融机构间资金拆借市场定位于打造华北地区最大的民间金融机构间短期资金拆借市场。

4. 市场功能

民间金融机构间资金拆借市场主要用于调配民间金融机构短期资金的余缺，提高民间金融机构的资金使用效率。

第六节 玻璃产业民间金融机构体系构建研究

一、玻璃产业民间金融机构体系构建思路

玻璃产业民间金融机构体系建立模式为“玻璃产业民间金融机构为主，正规金融机构为辅”，新型金融机构为亮点的全方位服务玻璃产业的完备金融机构体系。玻璃产业民间金融机构体系应呈现“三化”的特点，即专业化、多元化和国际化。专业化是指玻璃产业民间金融体系会重点引进专业化从事与玻璃产业链相关的公司，例如商贸类小额贷款公司、物流类小额贷款公司、玻璃产业民间金融担保公司等；多元化是指玻璃产业民间金

融体系会引进以纯民营为主，兼顾国资控股和国资参股的玻璃产业民间金融机构；国际化是指玻璃产业民间金融体系会突破性引进国际性的玻璃产业民间金融机构。

在此基础上，玻璃产业民间金融机构会逐步混业经营，实现业务、产品的组合服务。最终使正规金融机构和玻璃产业民间金融机构间实现功能互补，形成一条完整的玻璃产业民间金融产业链。

二、玻璃产业民间金融机构模块分布设计

玻璃产业民间金融机构是金融机构体系的主要组成部分，包括交易机构、中介机构、配套服务机构、监管机构。如图 4. 5 所示，其中交易机构占玻璃产业民间金融机构数量的 60%，中介机构占 15%，配套服务机构占 22%，监管机构占 3%。

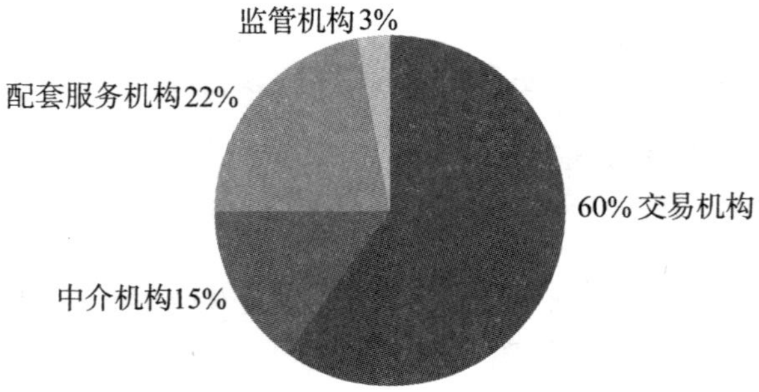

图 4. 5　玻璃产业民间金融机构构成简图

玻璃产业民间金融机构体系中，交易机构是主体，中介机构和配套服务机构是沟通交易机构与中小企业、个人的桥梁，监管机构是玻璃产业民间金融运作的安全阀门。玻璃产业民间金融机构运行流程见图 4. 6。

（一）交易机构设计

1. 交易机构种类设计

交易机构是玻璃产业民间金融机构体系的主体，主要有小额贷款公司、投资公司、典当行等。

（1）小额贷款公司

小额贷款公司并不吸收公众存款，仅由自然人或社会组织投资设立，为玻璃产业民间金融交易的主要构成部分。

玻璃产业民间金融体系内首先要引入专业化小额贷款公司，即公司已经在某一行业或者领域有固定的客户群。例如引入商贸类专业化小额贷款公司、物流类专业化小额贷款公司、信息技术类专业化小额贷款公司等。其次，除专业化外，考虑到全面性，玻璃产业民间金融机构体系内需要引入民营、纯国资、国资参股等多种形式的小额贷款公司。最后，为了适应国际化战略需求，应引入外资小额贷款公司。

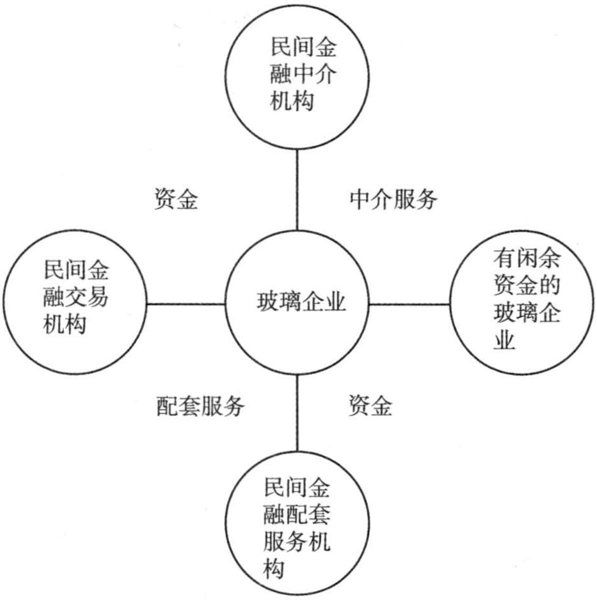

图 4.6　玻璃产业民间金融机构运行流程简图

（2）投资公司

投资公司是指利用通过发行债券、股票或者贷款等方式获得的资金，依据投资目标进行资产组合从而获得投资回报的企业，其业务范围包括购买企业股票或债券，管理基金，提供长期贷款等。投资公司可以解决中小企业资金缺口问题，同时，如果通过购买中小企业公司股票实现投资，则可以对中小企业的日常营运和重大决策拥有决定权，有助于培育和辅助企业逐步发展。

（3）典当行

典当行是指主要以财务作为质押进行有偿有期借贷融资的民间金融机构。典当行能为中小企业提供便利快捷的融资途径，同时还在增加财政收入和调节经济等方面发挥了重要的作用。玻璃企业把自己具有一定价值的财产交付典当行作为质押，从而换取在某段时间内资金的使用权。当期限届满时，典当行的盈利途径有两条，一是玻璃企业赎回财物，但同时典当行收取其一部分费用或利息；二是玻璃企业不赎回，即死当，典当行具有对财物的处理权。融资服务是典当公司最主要的，也是首要的社会功能。此外典当行还有其他如鉴定、估价等配套服务功能。典当行的引入可以丰富中小企业和个人的融资途径，是玻璃产业民间金融交易机构的有效补充。

2. 交易机构结构设计

小额贷款公司是玻璃产业民间金融交易机构的主体，投资公司是玻璃产业民间金融交易机构的重要构成部分，典当公司是民间交易机构的有力补充。按照国内玻璃产业民间金融机构体系构建的经验，玻璃产业民间金融交易机构数量应占玻璃产业民间金融机构总数的 60%，其中小额贷款公司应占到交易机构总数的 50%，投资公司和典当行分别应占到交易机构总数的 20%，剩下各类交易机构占到交易机构总数的 10%。

（二）中介机构设计

玻璃产业民间金融中介是指在金融市场上资金融通过程中，在民间资本供求双方之间起媒介作用的金融机构。玻璃产业民间金融中介的引入可以很好地解决玻璃产业民间金融交易过程中信息不对称的困境，有效提高民间资本融通的效率。玻璃产业民间金融中介机构是玻璃产业民间金融机构系统中不可或缺的部分，一方面它们可以直接调配中小企业、个人之间的资金余缺；另一方面它们可以通过信息整合和搜集调配交易机构和中小企业、个人之间的资金余缺。

入驻玻璃产业民间金融体系的中介机构应该以投资咨询公司为主，中介机构数量应占到玻璃产业民间金融机构总数的 15%。玻璃产业民间金融体系可以考虑引进温州民间借贷服务中心入驻的专业化从事玻璃产业民间金融的中介公司。

（三）配套服务机构设计

1. 配套服务机构种类设计

配套服务机构包括担保公司、资信评估公司、律师事务所、会计事务所、拍卖公司。

（1）担保公司

担保公司为玻璃企业进行信用担保，同时可通过有偿出租自身的信用资源或风控体系获取收益。玻璃企业在向银行等金融机构申请贷款时，银行为降低自身风险，需要第三方为玻璃企业进行担保，担保公司有助于提高玻璃产业民间金融交易的效率，降低玻璃产业民间金融违约风险。与此类似，小贷公司在进行放贷时，往往也需要担保公司为玻璃企业进行担保，降低贷款风险，增强金融机构与玻璃企业间的信任，提升民间金融体系信用程度。玻璃产业民间金融体系内要引入专业化担保公司，即专门服务于玻璃产业民间金融借贷的担保服务类公司。

（2）资信评估公司

资信评估公司主要从事信用评级业务。信用评级是指独立的评级机构按照相关法律法规，运用专业的分析技术和方法，对评级对象履行相应的经济承诺能力及其可信任程度进行科学严谨的评价。

资信评估公司的引入一方面可以对交易机构的行为进行约束和促进，便于形成良好的竞争机制。另一方面可以使市场信息透明化、公开化，便于资金需求者选择借贷对象。

（3）律师事务所

律师事务所在规定的专业活动范围内，接受当事人的委托，提供法律服务。律师事务所的引入可以及时处理玻璃产业民间金融纠纷，通过法律途径保障民间借贷双方的合法权益。

（4）会计师事务所

会计师事务所是指依法独立承担注册会计师业务的中介服务机构，由具有一定会计专业水平、经考核取得证书的会计师组成，受当事人委托可承办有关审计、会计、咨询、税务等方面业务。会计事务所的引入可以方便资产清算、审计等工作，一方面便于企业了解自身经营状况，另一方面也便于政府部门监管。

（5）拍卖公司

拍卖公司是受客户委托对相关物品进行拍卖并获取成交佣金的经营实体。拍卖公司的引进可以加速玻璃产业民间金融资源的流转，丰富玻璃产业民间金融的交易形式。

2. 配套服务机构结构设计

担保公司是配套服务机构的主体，资信评估公司、律师事务所、会计师事务所和拍卖公司是配套服务机构的必要补充。按照国内玻璃产业民间金融机构体系构建的经验，担保公司应占配套服务机构总数的50%，资信评估公司占配套服务机构总数的20%，律师事务所、会计师事务所和拍卖公司分别占配套服务机构总数的10%。

三、玻璃产业民间金融新型金融机构设计

随着金融市场的逐步开放和金融环境的日益完善，仅凭正规金融机构可能会越来越难以满足玻璃企业对资金的多样化需求，因此玻璃产业民间金融体系除正规金融机构加入外，仍需新型金融机构参与。

（一）征信公司

征信公司是一种新型金融服务机构，主要从事企业信用报告、信用体系建设等业务。企业信用报告业务主要为客户提供国内外信用信息咨询服务，协助玻璃企业全面掌握其业务涉及企业的资金状况，有利于玻璃企业降低风控成本，避免交易中因为信用缺失而造成的损失。征信公司应根据有关政府部门、社会团体的信用需求，依据法律法规和行业标准，量身定制各类信用服务方案。征信公司的引入有利于完善玻璃产业民间金融交易的信用体系。

（二）P2P网络借贷公司

P2P网络借贷是将小额民间资金聚集起来，借贷给资金需求方的一种商业运作模式。P2P网络借贷公司是以P2P网络借贷平台运作为主，将互联网与玻璃产业民间金融体系相结合，发展而成的产物，也是未来金融服务发展的趋势之一。

2010年以来，类似拍拍贷的P2P网络贷款公司逐步发展，较为知名的有人人贷、E速贷、易贷365、盛融在线等。2011年以来，随着808信贷、微贷网、中宝投资、搜搜贷等一批新平台的上线，中国的P2P网贷行业进入快速发展期。

引入P2P网络借贷公司可以帮助构建玻璃产业P2P网络借贷市场，有助于加强玻璃产业民间金融市场的辐射效应。

（三）再贷款公司

由于自有资金有限，许多小额贷款公司面临后续资金匮乏的困境，再贷款公司可作

为转贷平台，从政府获得批发资金，再将批发资金转贷给小额贷款公司，以从中获取利差。

目前国内尚无再贷款公司成立，如果再贷款公司成立，将成为一种扩大小额贷款公司资本金来源的渠道。目前小额贷款公司的贷款余额不足，20亿～30亿元的小额再贷款公司将可为小额贷款公司增加将近一倍的资金，这对于玻璃产业民间金融的发展无疑具有重大现实意义。

（四）再担保公司

再担保公司为金融体系风险分担机制中的重要一环，其主要目的在于为我国现有的担保机构分散其原本所需承担的100%的风险。随着我国担保体系的完善，担保公司所面临的风险随着业务量的增长而快速上升，因此为保障担保体系的健康运行，成立再担保公司能有效缓解担保公司压力，避免行业出现系统性风险。

第七节　玻璃产业民间金融服务平台设计

一、玻璃产业民间金融服务平台功能

玻璃产业民间金融服务平台提供的是功能齐全的政府公共服务。玻璃产业民间金融服务平台主要服务于玻璃企业，服务内容主要包括玻璃企业权益维护、玻璃企业交流合作、玻璃企业考评。其中登记备案、信息发布、征信查询服务由玻璃产业民间融资服务中心提供；玻璃企业权益维护、玻璃企业交流合作、玻璃企业考评服务由玻璃产业民间金融业协会提供；法律援助服务由玻璃产业民间金融法庭提供。

二、玻璃产业民间融资服务中心

（一）玻璃产业民间融资服务中心的设立

政府应该牵头成立玻璃产业民间金融投资管理有限公司，全面负责玻璃产业民间金融体系的战略规划、资产运营、招商引资、物业维护、配套服务等工作。

玻璃产业民间融资服务中心由玻璃产业民间金融投资管理有限公司设立，以有限公司形式进行运作，属于非营利性机构，主要提供登记备案、信息发布、信用查询等服务。

（二）玻璃产业民间融资服务中心的运行原则

（1）资金需求双方直接进行借贷活动，避免金融中介机构对金融活动的不规范参与，影响金融活动的效率。

（2）规范金融市场运行，严格按照国家相关金融规定执行，避免机构操纵市场利率获利，杜绝高利贷现象发生，保证民间金融市场的规范化运行。

（3）引进金融配套服务设施，如律师事务所、会计师事务所等，形成金融服务体系，

保障民间金融市场的有效运行。

（4）保证服务中心独立性，金融服务中心并不直接参与金融活动，也不承担还账损失风险，风险由交易双方自担。

三、玻璃产业民间金融业协会

（一）玻璃产业民间金融业协会的设立

玻璃产业民间金融业协会是自律性的社团法人。玻璃产业民间金融业协会由当地金融办主管，采取会员制，初期由玻璃产业民间金融系统内各类有代表性的玻璃产业民间金融机构组成，后期将逐步吸纳周边区域的玻璃产业民间金融机构为会员单位。

（二）玻璃产业民间金融业协会的组织结构

玻璃产业民间金融业协会设会长一名，副会长若干名，会长由会员单位共同推选。协会设若干理事长，理事长协助会长进行决策。此外，协会设有秘书处和财务处，秘书处是协会的执行部门，秘书处设秘书长一名，秘书若干。财务处设财务人员若干。

（三）玻璃产业民间金融业协会的作用

首先，玻璃产业民间金融业协会的成立可以对当地的玻璃产业民间金融业进行规范化和标准化。其次，玻璃产业民间金融业协会的成立可增加玻璃产业民间金融机构的话语权，有利于玻璃产业民间金融机构维护其合法权益。最后，玻璃产业民间金融业协会的成立可加强玻璃产业民间金融机构间的合作与交流。

（四）玻璃产业民间金融业协会的职能

玻璃产业民间金融业协会有三大职能。一是交流促进职能。行业协会将定期召开会议和举行座谈，及时了解玻璃产业民间金融机构在发展中面临的问题和困境。二是权益维护职能。针对行业面临的整体或个别特殊性的问题，协会有义务主动向政府相关部门进行反映并且寻求解决方案。三是考评职能。玻璃产业民间金融业协会有义务制定对入驻金融机构的考评标准和体系，依托玻璃产业民间金融第三方信用评级机构对入驻企业进行评估，并配套建立诚信合规经营企业“红黑榜”，对企业进行评级、奖优罚劣。

四、玻璃产业民间金融法庭

民间借贷、企业融资等一系列金融法律问题的出现，充分说明金融法律问题是一类特殊的法律问题，其专业性、政策性、技术性很强，不同于民商事法律问题，更不是简单的刑事法律问题，不宜由现有的民商事法庭和刑事法庭来审理，而我国现在又没有专门审理金融法律问题的法庭，在这种情况下，人民法院可单独组建新的法庭来专门审理有关金融法律问题的案件，即玻璃产业民间金融法庭。

第八节　本章小结及相关政策建议

一、本章小结

鉴于民间金融的发展日益壮大，如何让其规范化发展并合理支持促进产业发展成为重要的研究课题。本章从民间金融体系的构建角度出发，探讨民间金融体系如何与玻璃产业合理结合起来从三个方面进行组建：其一为玻璃产业民间金融市场体系的构建，其二为玻璃产业民间金融机构体系的构建，其三为玻璃产业民间金融服务平台的设计。此外，从政府的角度依据金融市场、金融机构和服务平台三方面给出相应的政策建议。

二、政策建议

（一）金融市场政策支持

1. 地块支持

对于有意向且符合要求的民间金融市场，政府应该给予相应的地块支持，即政府规划出专门的土地用于金融市场的建设和营运。

2. 租金补贴

政府可对符合标准的民间金融市场的办公用地进行租金的减免和补贴，如第一年可享受租金全免的优惠，第二年开始可以享受租金减半的优惠。

3. 税收减免

在参考国家及地方现有税收政策和优惠政策等基础上，给予民间金融市场从获利年度起前两年税收免征，第三年税收减半的优惠政策。对于税收贡献较大的金融市场，政府可以给予一定的奖励。

4. 高管激励

对于税收贡献达一定数额的金融市场的高级管理人员团队给予一次性不低于 100 万元/年的奖励。

（二）金融机构政策支持

1. 财政补贴

对新设立或引进的民间金融机构，可利用财政资金对其进行适当的补贴，如提供房屋补贴等。

2. 经营业务范围适当拓宽

对于已良好经营一段时间，且各项指标优良的民间金融机构，在不违反现有规定前提下，可对其经营业务适当放宽。

3. 资本金限额上调

对规范运营 1 年以上，各方面达到监管要求的小额贷款公司，可根据实际需要申请扩大资本金注入，并按原规定程序报批。小额贷款公司可将截至上一个会计年度末的未分配利润转增注册资本及实收资本，直至达到5亿元为止，并按规定报批。

4. 绿色通道服务

对于优质的民间金融机构和表现良好的玻璃企业，给予其享受职能部门提供优先服务的权利，激励玻璃企业和民间金融机构努力改善自身经营状况。

5. 专项资金扶持

对于符合条件的新进驻民间金融机构，可设立专项资金对其进行支持。同时金融办也可协助其向政府争取政策支持。

（三）玻璃产业民间金融服务平台政策支持

1. 专项资金支持

政府应该设立玻璃产业民间金融服务平台建设的专项资金。专项资金用于商铺的腾退、环境的整治和宣传招商等。专项资金由玻璃产业民间金融投资管理有限公司运营，公司负责平台的具体筹备和建设。

2. 学术支持

对于加入玻璃产业民间金融业协会的玻璃产业民间金融企业给予一定的学术科研支持，即政府定期举办由全国著名金融学家主讲的学术讲座，加入玻璃产业民间金融业协会的企业可以免费向专家咨询企业发展过程中面临的问题并与专家共同商讨解决的办法。

第五章　玻璃产业金融集市建设作用研究

将玻璃产业金融集市归类于金融市场体系，主要原因在于金融集市是由政府牵头组建，为企业与银行对接提供平台，属于功能较为齐全的金融市场。金融集市与场外交易市场和民间金融市场所不同的是，它是由政府牵头成立的，目的在于加强银企之间的交流和互动，让企业能获得更为直接的资金支持。

第一节　金融集市建设可行性研究

一、玻璃产业金融集市建设的现实背景与意义

（一）中小企业融资难问题

中小企业融资难是一个世界性难题，除了中小企业自身规模小、实力弱、抵押物不足等这些内部原因之外，很大程度上也是由于银企信息交流不畅、信息不对称、不匹配等外部原因。

1. 中小企业融资难的内部原因

首先，一般来说，中小企业资产规模小，固定资产不足，它们所在的市场竞争普遍比较激烈，利润率较薄，效益不确定，现金流不稳定，生存能力弱，缺少合格的抵押品和担保，很难获得银行的青睐。

其次，中小企业存在财务制度不健全、财务信息不真实、不透明的问题。有些中小企业可能会制作多本账册，以期达到获得国家专项补贴、逃避税收、债务或者向银行争取贷款等各种目的。真假难辨的财务信息，有时令最有经验的信贷工作人员也无从分辨。

最后，中小企业的人力资源问题也不容忽视。部分经营管理者水平低下，缺乏信用意识，他们时常有意无意地拖欠贷款本息，留下的不良信用记录为之后的申贷形成障碍。更有甚者，有些恶意拖欠或骗贷行为情节十分恶劣，企业主在获得贷款后不思经营，而是以逃避债务的方式将损失直接转嫁给银行，直接导致了银行对中小企业业务敬而远之。此外，中小企业普遍缺乏统一规范的人才遴选、培训及晋升机制，严重的人才流失也阻碍了中小企业的可持续发展。

2. 中小企业融资难的外部原因

中小企业融资难的外部原因众多，简单概括为以下几方面：

首先，愿意为中小企业发展提供服务的金融机构很少，而且它们在提供资金时信用歧

视现象突出。长期以来，银行在选择信贷对象时偏重大型企业，主要因为选择大型企业，单位信贷业务成本较低。特别是贷款给一些大型国有企业，就算企业违约也可以通过资产重组等方式避免直接形成坏账。而中小企业信誉较差，贷款风险较高，有些看似很微小的决策失误对中小企业而言可能都是致命的。

其次，中小企业信用体系不健全。中小企业固定资产少的现象十分普遍。从押品属性来讲，中小企业有限的固定资产有些不足以抵押用以获得运作所需要的资金，有些甚至完全不符合押品属性。从抵押流程来看，抵押环节冗长、收费名目繁杂，很难符合中小企业对资金需求的短、频、快的要求。举一个最简单的例子，比如一般办理土地或房产质押，需要经过申请、勘测、评估等过程，诸多环节环环相扣，相互牵制，冗余繁琐，十分考验办理人的耐心和信心。再说担保，担保提供方与中小企业直接存在不匹配的问题，这是因为担保公司不愿为风险较大的中小企业提供担保，同时部分中小企业由于资质一般，其担保较难获得贷款提供方的认可。此外，中小企业之间的相互担保形同虚设，更加没有实际意义。

最后，对中小企业的发展形成直接或间接支持、保障的法律、法规体系不健全。在我国，中小企业按照所有制形式或者行业归属管理，这种依靠行政手段而非市场手段的管理模式容易造成中小企业管理工作机构的重叠，有时候出现多头共管的范围重复，有时候又会形成无人问津的管理真空。我国有关中小企业的法律法规有待进一步完善，导致中小企业在遇到法律问题时无法得到及时有效的保障。

（二）玻璃产业金融需求的新特征

随着产业发展速度加快，玻璃产业生产方式发生了很大变化，加上信息技术对玻璃产业的逐步渗透，我国玻璃产业金融需求呈现出新特征：首先是需求的内容综合化，玻璃产业金融需求正由传统的信贷资金需求，向包括存取汇兑等基础金融服务和投资、理财、保险代理、信用卡等高端业务在内的综合化服务需求转变。其次是需求主体的多元化，玻璃产业的金融需求主体除了传统玻璃企业外，产业园也成为玻璃产业金融服务的对象。最后是需求的规模扩大化，随着玻璃产业的发展和各类金融需求主体的壮大，金融体系在为玻璃产业提供多样化服务的同时，其融资规模、支付结算等服务的总量也在不断扩大。

上述“老问题新变化”都迫切需要玻璃产业金融理论与实践的支持，要适应近年来玻璃产业的新形势、新变化，玻璃产业金融理论也应进行不断的创新与发展并且积极投之于实践，玻璃产业金融集市模式的产生与推广对于当前市域经济发展具有十分积极的意义。

（三）玻璃产业金融集市设立的意义

玻璃产业金融集市的设立意义主要包括以下几个方面：（1）为中小企业提供公开便捷的交易平台，大大扩展了企业融资的途径；（2）实现了投资机构、金融机构和中小企业资源聚集的功能；（3）实现市场的有效资源配置功能并通过市场对中小企业发展进行引导；（4）为资金供需双方直接联系和匹配创造了条件，降低了投资和中小企业获取信息的成本，提高了交易效率；（5）对传统的金融机构和市场形成有益补充，为建立健全市域金融体系，做大做强市域产业企业提供了有力支持。

二、玻璃产业金融集市合规性研究

（一）市政府金融办主要职能

在金融集市建立过程中，金融办对促进地方经济发展的金融规划、组织地方金融生态建设、掌控金融产业布局、监控地方金融运行具有引导作用。其具体工作职责主要包括：第一，贯彻执行国家金融法律法规和方针政策，并组织起草和实施相关地方性法规、地方金融业发展规划和政策等规章制度；第二，根据金融体系支持玻璃产业发展的战略定位和总体规划，拟定并实施推进金融支持产业发展规划、本地金融业发展的中长期规划和年度工作计划；第三，完善金融体系，引入金融机构，培育金融市场；第四，注重金融人才的培养和吸收；第五，培育上市企业，确保为企业提供其所需金融服务的渠道畅通；第六，牵头制定地方金融体制改革的政策和建议，整合地方银行、证券、信托等各类金融资本；第七，完善金融信用体系建设；第八，处理金融风险防控工作，维护金融环境稳定。

（二）市政府金融办负责平台搭建

由前文中金融办职能总述可知，金融办为建设金融集市的主要负责部门。金融办日常工作中的重要内容为负责本地金融市场的完善，并拓宽企业部门融资渠道；此外，金融集市的构建为企业部门尤其是中小企业和金融机构搭建了有效的对接平台，符合金融办为当地金融服务的职责需求。

第二节　金融集市相关理论研究

一、金融集市理论研究

（一）玻璃产业金融集市的特点

一是公众市场。玻璃产业金融集市的宗旨就是为广大市域经济群体服务，是公开的面向公众的开放型市场。

二是源于市场的市场。玻璃产业金融集市为各类金融交易提供制度安排，通过规定交易对象、交易流程、金融服务方式等保证集市内的金融交易有序进行。

三是提供服务的市场。金融集市为玻璃企业和金融机构提供对接和交易的平台，其自身并不直接参与交易，主要职能为交易双方提供金融服务。

四是平民化的市场。玻璃产业金融集市主要面向中小企业，为保证中小企业参加的积极性，降低了集市的准入门槛，并鼓励金融机构为玻璃企业提供定制化、专业化的金融服务。

五是金融市场的重要补充。传统的金融市场一般对大型企业给予了足够的关注，但对中小企业关注不够。

金融集市与传统金融市场不是竞争关系，也不是并行关系，它为传统金融市场不断培育筛选优质合格的上市资源，因而是重要的基础市场。

（二）"金融集市"与"金融超市"比较

金融集市由政府牵头成立，致力于将企业和金融机构通过金融产品实现对接，从而解决企业融资难问题。金融集市是在政府金融办的组织下定期开展的银企对接活动，交易仅在金融集市开展期间进行，为"面对面"交易和服务形式，无网络交易平台。此外，由于金融集市形式较为简单，其作为金融中介服务者，仅负责为银企搭建交易平台，并维护金融集市"开市"时的日常运作，因此标准化程度不高，风险也较为可控。

金融超市是指政府或金融机构牵头，通过对各种金融产品和服务进行整合，并与其他相关金融机构实现业务合作，向顾客提供"一站式"金融产品与增值服务的一体化经营方式。金融超市作为市场中介，其构建基于"一揽子需求、二体系设计、三平台建设"的设计思路，采用金融工程化思想，以金融产品体系、金融服务体系、金融信息交互平台为主要构建内容，致力于全方位满足个人、企业、政府的金融需求，分阶段将金融超市打造成为辐射面广，金融产品丰富，交易活跃，风险可控的金融服务中介。金融超市拥有固定的办公地点和专营网络平台，网上交易额占日交易额的主要部分，因此网络安全问题也成为金融超市的风险隐患。相较金融集市而言，金融超市处于更为高级阶段，因此金融超市更应注重资金安全、流动性风险以及金融产品合规性等金融业中易出现的风险的防范。金融集市与金融超市的比较见表 5.1。

表 5.1　**金融集市与金融超市比较**

比较内容	金融集市	金融超市
组织性质	金融服务中介	金融服务中介
成立主体	政府金融办	政府金融办或银行等金融机构
交易期限	周期性撮合成交	全天候一站式服务
设立形态	较初级	较高级
网络交易	一般无网上交易	网上交易活跃
风险程度	风险较低	风险较高

二、市域金融理论综述

市域金融理论是金融发展理论的重要组成部分，主要包括产业资金工程理论、产业金融市场理论和小额信贷理论等。

（一）产业资金工程理论

产业资金工程理论是基于产业链发展而来，该理论认为应根据上中下游产业链所存在的不同特点及其所处的生命周期特征向其提供信贷。分析产业链各个环节资金流的特点及产业生命周期所需要的资金支持服务的特点，通过搭建包括政府、企业内外部、银行、保险、各类金融机构、各类产业相关的中介机构、投资者的平台来实现产业中资金的融通、资源和各类金融服务的整合。通过资金全程支持流程来实现产业价值增值及产业链的升级。①

据此，政府作为金融体系中不可或缺的领导人和牵头人，需建立非营利性和独立性的企业与金融机构对接的平台和市场，实行低于其他产业的贷款利率，并引入政府贴息贷款。

（二）产业金融市场理论

从金融市场发展理论来看，对于金融市场与经济发展的关系存在两种相互矛盾的观点。当经济处于初级发展阶段时，金融市场并不能促进经济发展。这是由于金融机构不完善，金融制度欠发达，金融市场上供给较为短缺，因此需要大量资金的产业倾向于内部融资，这将导致金融市场对经济的促进作用有限。与之相反的观点认为，金融市场与经济发展是相互促进相互发展的。金融市场的完善有利于稳定市场价格，进而为资金供需双方提供稳定的交易平台，加速其成长。

两种观点均体现了金融市场自由发展，若调和以上观点，需将政府干预作用纳入考虑范围。在市场发育初期，政府加强对金融市场的培育，使得金融市场与经济发展的促进作用成为可能。政府主要调节方面如下：

（1）约束金融市场中的投机行为。在金融市场化背景下，投机行为出现的频率大大增加，该现象的出现不利于金融环境的稳定。因此，政府应加大监管力度，削减该现象对经济发展的影响力。

（2）加强经济发展中基础建设。社会基础设施建设需要的资金量巨大，且工程持续期较长，导致投入资金难以在短时间内全部收回，因此金融市场中一般的金融机构均不愿将资金投入该领域，但社会基础设施建设会对社会带来正面效益，因此政府需引导部分资金流入该领域，并承担此类项目的管理事务，对基础建设给予支持。

（3）引导对接平台的搭建。政府应引导产业整合发展所需的资源，为产业发展提供金融支持，促进产业在风险控制的前提下实现价值增值。此外要整合金融资源，并通过金融资源引导其他资源进入产业，以实现产业链的增值。

（三）小额信贷理论

小额信贷理论的核心观点为通过资金需求方的联保机制、互助监督等机制的设计，增

---

① 叶永刚，宋凌峰，张培．产业金融工程．北京：人民出版社，2012.

强其信用级别，为其解决信息不对称和抵押品不够级等问题，拓宽企业和个人的资金来源。此外，小额信贷理论认为政府应对小额贷款给予政策支持，因为小额贷款对中小企业和个人的支持度较高，能有效实现金融资源向中小群体倾斜，提高金融资源的利用效率。

三、中小企业融资理论综述

中小企业融资理论中最具代表性的是信贷配给理论和关系型贷款理论。

（一）信贷配给理论

企业向银行等金融中介申请贷款时，成本最低、风险最小、收益最高等原则固然是银行的第一考虑，但出于对信息不对称、风险定价技术水平以及资金安全等因素的考虑，银行普遍采用信贷配给策略，即在互斥业务间实施总额控制，如：批发或零售业务，大集团、大客户或中小微企业客户，环保类或高能耗类业务等。此时，中小企业相对于大企业处于明显弱势地位，受到十分严重的信贷歧视。

古典经济学认为，当信贷交易双方掌握了充分信息，并且信息对等时，信贷市场的资金价格——利率会自发调节信贷资金的供给和需求，信贷市场将出清资金直至形成均衡利率。

然而，现实情况是，即使借款人愿意支付较高利率获取资金，同时银行也有提供信贷资金的能力，但银行仍不愿意提供信贷，特别是向中小企业提供信贷。理论界用信贷配给理论（Credit Rationing Theory）这一概念来解释银行的这种行为。

西方学者斯蒂格利茨和韦斯（Stiglitz and Weiss）曾在 1990 年对信贷配给作出如下定义：信贷配给是指由于报出的贷款利率低于瓦尔拉斯均衡利率，市场存在对贷款的超额需求。两人建立了 S-W 模型，引入信息不对称和道德风险要素对信贷配给现象进行分析，在理论上较好地解释了银行的信贷配给行为。

（二）关系型贷款理论

关系型贷款理论主要研究的是资金供给方在挑选借款人时采用的策略。伯杰和尤德尔（Berger and Udell，2002）认为，关系型贷款是指银行在进行贷款决策时，主要依据与企业长期和多渠道接触所积累的关于借款企业及其业主的相关信息。对于以上信息，银行除了可以通过为企业办理存贷款、现金结算、商业咨询等业务直接获得，还可以从企业的利益相关者，例如：债权人、供应商、客户等处及企业所在社区间接获得。这些信息包括企业的财务数据、抵押状况、订单情况、上下游企业等硬数据，还涉及企业行为、企业信誉和业主品行等软信息。关系型贷款理论最突出的地方在于银行在评估信贷申请时，不强制要求企业提供合格的财务报表和足值的抵押品。这点十分符合中小企业的客观情况，因而在讨论中小企业融资问题时该理论被引用的概率相当高。然而，关系型贷款理论的不足之处也不可回避。由于关系型贷款的前提条件是银行和企业间有着长期、紧密且相对排他的交易关系，许多新创建的中小企业在申请贷款时就无法适用该理论。

关系型贷款之所以有助于缓解信贷市场的失灵现象，是因为银行通过和企业建立长期、稳定的关系，能够获取多渠道、多角度的“软信息”，在较大程度上替代了企业的财务分析指标、经营现金流量等“硬数据”。这样的做法能够部分弥补中小企业因无力提供合格的财务信息或足值的抵押品所产生的信贷缺口（Credit Gaps），能帮助中小企业改善不利的信贷条件。

国内学者张捷深化了伯杰等人的研究成果，他提出由于关系型贷款很大程度上依赖于基层信贷员对企业的专有知识与贷款决策权的匹配，因此与大银行的集约化、流程化管理模式相比，中小银行的决策分权化更有利于获取软信息，中小银行发展中小企业信贷业务具有比较优势。

必须指出的是，与银行建立长期、良好业务关系的企业，在“贷款的可获得性”上有了明显的改善，但融资成本，即贷款利率所受影响不大，没有明显的下降。

第三节　金融集市建设模式研究

一、玻璃产业金融集市发展定位

金融集市应发展成为覆盖本市，辐射本省的集玻璃企业、政府金融服务为一身的大型金融服务平台，最终成为在国内具有影响力的专业服务玻璃产业的金融集市，致力于逐步建立起享誉河北省、华北地区乃至全国的“玻璃产业政府金融服务中心”。

二、玻璃产业金融集市的基本思路

玻璃产业金融集市作为市域金融工程的创新型手段，是市域金融工程的具体实践。玻璃产业金融工程是运用宏观金融工程的原理和思想，通过整合各类资源，形成以金融资源为主导、各类生产要素充分发挥作用的经济金融体系，对玻璃产业金融体系进行结构化设计，采取多层次工程化规划模式，构造可持续推进的整体经济金融规划，从而实现建立健全市域金融支持体系，做大做强核心产业和龙头企业，促进市域经济跨越式发展的最终构想。

玻璃产业金融集市是为玻璃产业中小企业打造的银企信息翔实、相关政策汇聚、融资途径便捷、服务功能强大的绿色平台和快速通道。企业与金融机构可以定期在这个特殊集市上面对面交流，一方面地方政府向金融机构推介具有较好成长性的优质企业；另一方面，银行经过考察，提供担保、典当融资、财务管理、评估拍卖、咨询策划、股权投资、企业上市等金融服务项目，构造产权质押、股权质押、贷投结合等创新信贷产品，通过专业性针对性创新性的金融安排，突破信息阻碍，向中小企业授信，解决企业个人贷款难等问题。

三、玻璃产业金融集市的战略规划

（一）金融集市规划思路

玻璃产业金融集市战略规划分为三个阶段，第一阶段（2013—2015 年）：稳固发展期。此阶段，玻璃产业金融集市将着重建立金融信息平台，平台将着重对接各类个人、企业和政府的金融需求。玻璃产业金融集市将逐渐吸纳众多优质金融产品，并按照产品和服务的属性安放在“货架”。第二阶段（2016—2018 年）：快速发展期。此阶段，玻璃产业金融集市将逐步建立起单个产品、组合产品、混合产品在金融超市平台上的市场价格，形成高效、迅速、准确的定价体系。玻璃产业金融集市货架上的产品和服务将被逐一定价，且价格能根据市场供求动态调整。第三阶段（2019—2020 年）：扩张发展期。此阶段，玻璃产业金融集市将逐步构建金融产品的自主深加工平台，逐渐在基础产品之上开发出针对性更强、适用范围更广、各方成本更低的金融产品，最终形成金融产品的整合、开发和设计产业链。

（二）玻璃产业金融集市的战略目标及其主要任务

1. 第一阶段战略目标及主要任务

玻璃产业金融集市首要战略目标为搭建起玻璃产业与银行性金融机构的对接平台，并逐步吸纳符合玻璃企业需求的各类金融产品，初步在金融集市内形成完备的产品体系。

参与金融集市的机构有：区域内现有银行性金融机构、中介服务机构（如担保公司、律师事务所、会计事务所、评级公司、征信公司等）。

2. 第二阶段战略目标及主要任务

第二阶段玻璃产业金融集市战略目标是建立起华北地区有重要影响的金融信息交互平台。发挥玻璃产业金融集市的信息发布功能，为符合玻璃产业融资需求的金融产品提供推广平台，同时也为急需资金流通的玻璃企业提供融资渠道。

所需搭建的网络信息交互平台：玻璃企业金融需求交互平台，金融产品发布平台。

3. 第三阶段战略目标及主要任务

玻璃产业金融集市的最终目标是建立华北地区有重要影响的专业化服务于玻璃产业的金融集市和信息发布中心，体现出华北地区作为玻璃产业重要产区的地位，并逐步引入国际性金融战略合作机构和创新型金融战略合作机构，完善当地的金融体系。

所引入的国际性金融战略合作机构：高盛、花旗、摩根大通、摩根士丹利、瑞银、东亚银行、法兴银行、日本瑞穗集团、韩国国民银行、德国巴莱克银行、安盛集团和英国劳合社等。

所引入的创新型金融战略合作机构：小额贷款公司、再担保公司、征信公司、P2P 网络借贷公司和第三方支付公司。

第四节　金融集市架构研究

一、玻璃产业金融集市参与者及其职责

玻璃产业金融集市的参与主体包括县政府部门、金融机构、玻璃企业。

政府金融办作为主导部门，负责拟定金融集市的运作规则，积极协调金融集市的相关

关系，全面监管、防范和处置金融集市的风险，协助其他相关部门推荐成长性优质企业，鼓励和支持各类金融机构进行业务拓展和产品创新。

金融机构包括银行类金融机构、小额贷款公司、融资担保公司、融资租赁公司、证券公司、期货公司、金融要素市场等的派出驻点等。其中，银行类金融机构除了代理传统的存款贷款业务，还应当积极推出创新性多样化组合型的金融产品和服务，通过整合多项服务制订综合方案，让客户共享综合服务。融资担保公司、融资租赁公司、证券公司、期货公司等机构的业务职责在于一方面要积极与银行机构配合，外包服务，分担风险，另一方面要积极开发多元化融资模式，盘活企业资产，疏通资金渠道。金融要素市场的进驻对于建立健全金融集市具有重要意义。以湖北通山为例，现有湖北省金融要素市场包括武汉股权托管交易中心、武汉农畜产品交易所、金融资产交易所等几个市场，通过对中小企业进行股权托管、挂牌上市、质押融资，开展农业订单交易，建立信用交易平台等多种模式和途径，帮助企业获得短期资金以及制订长期发展规划。

玻璃企业作为资金的需求者，应当按需提供翔实的资料，包括财务信息、经营状况、发展规划等。其中，一些具有持续经营能力和潜在竞争实力但短期资金短缺的企业，应当详细指出项目的发展前景和未来效益，争取及时的资金支持。

二、玻璃产业金融集市的功能板块

金融集市下设三个服务区，包括行政主管部门服务窗口、市域金融集市交易中心服务区和县、区金融服务中心驻点。金融集市交易中心服务区设在市区内，其信息交互和交易功能应覆盖全市范围。

（一）行政主管部门服务窗口

行政主管部门服务窗口由县政府金融办负责，并指派专员进行办公，主要职能为负责玻璃产业金融集市的整体运作、后台监管，同时推介优秀企业与相关金融机构进行洽谈，在双方签订合作协议后发布信息公示和存档。

（二）市域金融集市交易中心

市域金融集市交易中心下设交易窗口、业务咨询窗口和信息发布中心，其中交易窗口和业务咨询窗口为金融机构和资金需求企业对接窗口，即在以上两个区域内，资金需求方与资金提供方实现“面对面”咨询和交易。交易窗口提供资金服务，按功能划分包括一般存款/贷款窗口、信托/租赁委托窗口、债券窗口、典当/担保窗口、金融市场窗口（区域或全国要素交易市场）。业务柜台并不提供直接资金服务，主要帮助有需要的企业在金融衍生产品及保险业务方面进行咨询和开户，实现金融服务的广度和深度的扩展。业务咨询窗口按照业务种类可分为股票经纪业务、期货经纪业务、保险业务的营业部展台。此外，信息发布中心将有资金需求的企业信息与金融产品相关信息发布于信息平台上，对资金供需双方进行撮合，有助于金融集市成交量放大，同时解决中小企业融资难问题，并提高资金利用效率。

（三）县、区金融服务中心

市域金融集市的下派机构，如县、区金融服务中心驻点，办公地址设在县、区内，但此类下属机构仅提供咨询服务和信息交互服务，并不提供金融产品交易服务，若企业有资金需求，则应在金融集市交易中心内实现交易。县、区金融服务中心驻点服务专区内设银监办、县央行、高校研究机构等派驻的专业人员，一方面为来访企业提供专业的咨询服务，并联系相关金融机构进行合作。另一方面下设服务专区，服务专区包括民间借贷中介业务咨询区、创新类金融产品展示区等，主要是进行创新类产品和服务的培训和指导，增强客户的金融知识和实践操作技能。

各功能板块的具体设计要根据所在市域的企业规模、经济财政实力、产业结构、金融需求等因素确定。

三、玻璃产业金融集市的交易流程

（一）推介咨询阶段

这一阶段主要针对政府部门与其交流密切，并对其充分了解的玻璃企业，此类企业可直接或在政府部门的推介下与市域金融服务中心进行交流。企业提出具体的需求，并提供相应的资料，市域金融服务中心专业人员根据企业具体情况联系相关金融机构，企业负责人随后可以到指定的单个或多个营业窗口和业务柜台办理业务和洽谈项目。

（二）初步洽谈阶段

企业与相关金融机构进行面对面洽谈，确定可能的合作方式，包括产品形式和服务形式，明确后续的审查流程和进一步的准备措施。

（三）后续审查阶段

之后进入企业/客户与金融机构后续接触的阶段，双方就合作的细节进一步展开会谈，实行专业化的“一站式”服务，即所涉及的金融服务，如信贷审查、审批等均在现场同步进行，便于提高资金投放效率。

（四）协议签订阶段

合作双方基本明确项目的总体方案和合作细节后，确认权责关系，双方正式签订协议。

（五）信息发布/存档阶段

在双方签订合作协议后发布信息公示和存档，为后续进行绩效考核提供依据。

（六）绩效考核阶段

金融集市建立切实有效的激励约束机制，充分调动金融机构的积极性，按照“权责利”相结合和风险防范激励约束对称的原则，制定工作目标考核办法，将营销业绩、利息收入、风险控制等目标实行量化考核，与各机构绩效挂钩，在季度末和年末进行多次考核，并给予相应奖励。

玻璃产业金融集市交易流程见图 5.1。

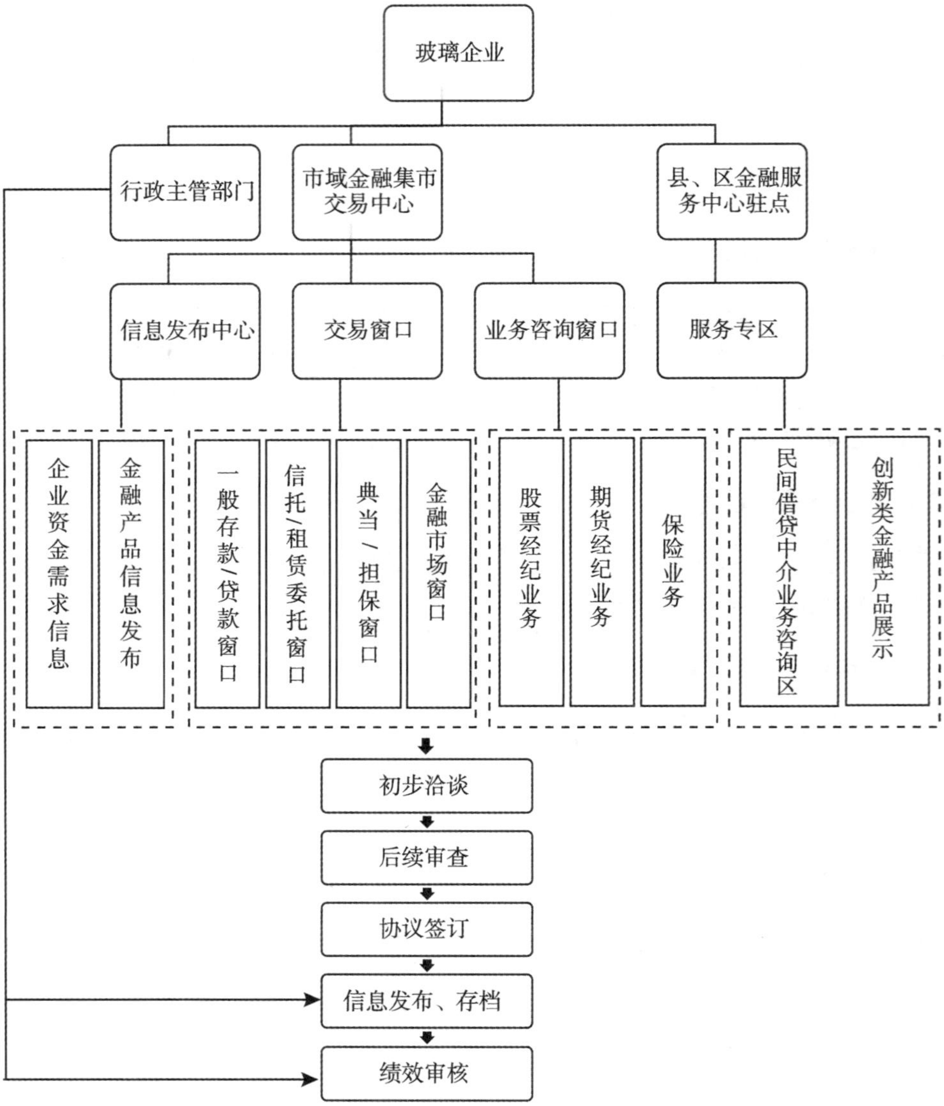

图 5.1　玻璃产业金融集市交易流程

第五节　金融集市风险管控研究

一、市域金融集市风险识别

（一）资源整合风险

金融集市设立的关键在于金融资源的整合，因此金融集市通过将银行、证券、保险、金融交易所等机构聚集起来，组合服务，需要融合各类金融资源，为企业和金融机构的合作提供更大的空间。若金融机构间竞争过于激烈，将导致不合理竞争现象的出现，机构之间可能会利用价格战争取客户，增加机构的参与成本。因此金融集市在将金融资源整合在一起时，需注意机构之间的竞争风险。

（二）市场监管风险

金融集市将所有金融资源融合，导致集市内金融结构复杂度攀升，增加了监管机构对交易产品合规性的辨识难度，同时可能造成监管重复或监管空白，金融监管风险加剧。金融集市的产生为玻璃产业中小企业融资提供了新思路和新契机，激发了本地金融市场的活力，显示了区域资金融通的新气象。

（三）金融创新风险

由于金融集市将区域内金融机构集中，实现了金融交易的便利性，但同时也带来金融创新的风险，尤其表现在金融集市中创新型的金融安排会突破银行传统的信贷投放模式，造成金融机构潜在的风险。

二、市域金融集市风险管控

（一）完善金融集市信息披露制度

为保证金融集市的顺利运行，防范企业违约风险，参与金融集市交易的玻璃企业应披露的内容包括：

（1）公司名称、注册地、注册资本、业务范围、法人代表等基本情况；

（2）公司建立的各项内部控制制度；

（3）金融机构在进行借贷活动时所需的资料。

公司应在入场交易前以书面形式提供材料交予金融办，进行资料备份。对于拒绝提供完善信息的公司，金融集市监管部门应在考虑是否允许其进入市场时谨慎决策。

（二）定期提供金融集市风险报告

与企业为防范自身风险所制作的风险报告类似，金融集市风险报告中也应包括预设时限内市场所经历的风险种类及应对方案，提供全面且较为清晰的市场风险概况。此外，金融集市应对资金规模、流向进行监管防控，设定风险提示和预警信号，定期梳理信用不良企业及自然人名单并公布。

金融集市风险报告的制定，可使市场参与者和监管者对金融集市的风险有较全面的了解，同时也为金融集市自身提供自律机制，若金融集市的风险处理方案不得当，将会影响集市交易的活跃程度和参与度。

金融集市风险报告的定期提供也是信息披露机制中的重要环节。

（三）金融集市提供信用查询服务

在信用查询上，金融集市可与人民银行的征信系统合作，资金出借者经当事人授权可以直接在中心窗口查询借款方征信情况，内容包括借款方在全国范围内的贷款信用记录等信用信息。

（四）加强对参与方的事前检查

在进行资金配对时，金融集市可根据需要，协助资金借出方对资金借入方进行必要的资格审查，防止借贷用途违法违规，至于借贷利率则是由借贷双方直接协商，在同期银行贷款基准利率的4倍以内。

（五）加大金融监管执法力度

首先，应充分发挥本地金融办的职能，抽调专门人员对金融集市进行定期监督和检查，防微杜渐，进而强化金融办的监管力量。其次，应充分利用金融行政执法部门，贯彻执行国家颁布的《银行业监管法》、《人民银行法》、《行政处罚法》等相关法律，完善奖惩机制。再次，针对市场对金融执法的要求，对于骗贷和经济诈骗的犯罪嫌疑人，执法部门要及时立案查处，提高金融案件的审理效率和质量；对于因信贷审查不严或违规操作所造成的收贷困难的案件，金融监管机构需加强核查。最后，发挥民主监督作用，鼓励个人或组织对金融监管和执法行为进行监督，具体措施有建议、申诉、控告、检举等方式。

第六节　本章小结及相关政策建议

一、本章小结

金融集市为金融体系与玻璃产业对接平台的具体形态，同时也是政府为主引导搭建的平台，是政府在玻璃产业金融工程中的职能的具体体现。金融集市建设目的在于为玻璃企业与金融机构搭建面对面交流和沟通的平台，让金融机构更为直观地了解玻璃企业的金融需求，并为其设计专门化的玻璃金融产品，在交流过程中可加深玻璃企业对金融体系的认识，提高其对金融工具的利用率。本章在对金融集市的现实可行性和理论进行研究的基础上，设计出玻璃产业金融集市的建设模式，同时对集市内部的架构进行搭建，此外对金融集市建设和运行过程中可能出现的风险进行防控。

二、相关政策建议

考虑到市域玻璃产业金融集市模式在我国刚刚建立起来，相关理论研究还不够成熟，配套运作机制还不够完善，如何在业务拓展服务深化的同时积极防范潜在的风险还需要进一步的探索。现提出以下几点政策建议：

（一）完善市域金融服务中心建设

玻璃产业金融集市具有快捷、灵活、方便的优势，但由于是定期定点举办，受到时间和地点的限制，不能随时随地为企业提供服务，还不能充分满足市域资金需求，因此，县政府部门需要尽快划分片区，建立多个金融服务中心或者金融超市等常驻的市域金融服务机构，实现金融服务全市域覆盖。

目前，结合沙河市现状，玻璃产业金融集市初级形态已逐步形成，在此基础上，应专注于完善玻璃产业金融集市，增加相关金融产品，摆脱单一的贷款业务，使玻璃产业金融集市更具吸引力。此外，应逐步在各县、区内设立玻璃产业金融服务中心，提供相关金融产品和金融市场信息咨询服务，增强民众金融意识，扩大金融集市知名度和影响力。

（二）建立中小企业贷款风险分散机制

金融集市的持续发展和效应发挥需要政策的支持。对具有成长性的玻璃中小企业，财政应给予一定补贴，缓解玻璃企业的部分资金紧张局面，但仅靠财政资金供给，资金有限，并不能从根本上解决玻璃企业融资难问题。可建立财政性入股的担保公司为玻璃产业项目贷款提供担保，以财政资金为引导性资金，带动社会资金入股，组建担保公司，提高符合标准的玻璃中小企业信用评级，助其获得银行机构贷款。此外，当地保险公司或保险公司分支机构应针对玻璃产业提供专业的“玻璃贷款保险”，免除玻璃企业和相关贷款机构后顾之忧，形成金融机构与玻璃产业的良性互动，建立增强金融机构支持当地玻璃产业发展功能的长效机制，真正实现金融支持实体经济发展的功能。

（三）形成玻璃产业金融集市特色

金融集市的广度和深度取决于入驻的金融机构的数量和服务的多样性，在金融集市模式的初期实验阶段，应当尽快准确定位，科学决策，展示优势，综合营销，做大做强有特色的市域金融集市，吸引更多金融机构进驻，实现良性循环。如兴业银行针对企业节能减排，提高原材料利用率，降低二氧化碳排放量等环保项目，设计出“能效项目贷款”，即为具有成长潜力但缺乏资金支持的技改项目重点领域企业提供贷款。该产品特色在于，支持对象为技改项目重点领域的中小企业，为符合标准的企业降低贷款门槛，并适当延长其贷款时间。

对于沙河市而言，可将专业化的玻璃产业金融集市作为其特色，促使金融机构专门为玻璃企业提供融资，并让金融机构为玻璃企业设计的金融产品拥有集中展示的平台，吸引全省甚至全国玻璃企业和金融机构参与至金融集市中，为玻璃产业金融集市提升知名度，进而扩大沙河市玻璃产业在区域和全国范围内的影响力，实现沙河市玻璃产业做大做强的目标，为玻璃产业顺利实现转型和升级保驾护航。

（四）加强玻璃产业金融集市监管

为促进玻璃产业金融集市规范运行，政府可出台措施引导玻璃产业金融集市健康有序发展。措施应主要针对参与玻璃产业金融集市的金融机构和玻璃企业，可概括为：开展玻璃产业金融集市登记服务中心试点；规范玻璃产业金融集市中介行为；规范注册登记程序，严防超范围经营；建立综合评价激励机制；完善扶持政策；理顺监管体系，强化监管力度；健全应急预案，做好风险处置。

对于集市中的可疑交易相关部门应加强审查，对参与玻璃产业金融集市的金融机构账户及相关人员账户中资金的流向应加强动态检测，对违法违规的资金借贷行为应及时认定并予以立案查处。当发生重大风险事件或非法集资案件时，应启动应急预案，及时开展善后处理工作。

第六章　玻璃期货金融工程研究

期货为新兴金融衍生工具，目前市场上在微观层面利用率较高，但从宏观层面来看，期货依旧能为我们提供产品增值和保值的空间。本章主要研究如何利用新上市的玻璃期货，在控制风险的前提下，为玻璃产业提供增值机会。

第一节　玻璃期货金融工程研究背景

一、玻璃期货特点

（一）全厂库交割

玻璃期货是我国首个采用全厂库交割的期货品种。厂库交割是指现货生产企业签发实物提货凭证，即仓单，用于期货交割。厂库交割优势在于成本可控、风险较低，这是因为若采用仓库交割，交易所为控制交割风险，一般采用梯度限仓和梯度保证金模式，增加了期货交割成本。此外，玻璃产品自身特点也决定了玻璃期货不能采用仓库交割模式，玻璃产品质地易碎，在频繁的物流运输过程中会造成产品的破损，若储存不当也会对玻璃产品质量造成影响，因此只有玻璃生产企业为玻璃储存的最佳仓库。

（二）升贴水制度

玻璃期货基准交割地选择在华东地区，根据不同厂库和品牌以及与基准交割地的距离等，设置相应的升贴水。期货价格与现货价格类似，整体呈现“南高北低”的态势。这是因为南方的玻璃产品需求较北方而言更为旺盛，根据供给与需求关系可知，南方玻璃产品价格会随之攀升。此外由于南方人力成本、材料费用等价格较北方高，因此南方玻璃产品价格整体高于北方。为体现期货的公平性和标准化，提高企业参与积极性，需按照现货价格走势采用“基准价+升贴水”的期货价格制定方式。

二、玻璃期货发展现状

据郑交所统计数据，目前全国已有 1677 家企业进入玻璃期货市场实现交易，玻璃期货日交易量达 2000 万吨，在新品种中表现良好。玻璃期货的作用主要表现在：一是期货市场价格可作为现货市场的信号灯，对未来价格的走势和预测具有指导性作用，虽然玻璃供给具有刚性特征，但生产企业可根据未来价格走势适当调整库存，缓和刚性供给与季节性需求之间的矛盾。二是玻璃生产企业主要利用玻璃期货进行套期保值交易，用于锁定较高的销售价格，降低生产成本，争取利润空间。现阶段，玻璃期货市场利用程度处于初级阶段，玻璃生产企业应探索如何高水平地利用期货市场，充分发挥金融资源对玻璃产业发展的促进作用。

由于玻璃需求季节性较强，期货合约出现 1 月、5 月、9 月合约活跃，其他月份合约交易低迷的现象。这导致期货价格不连续，进而影响玻璃期货市场的运行质量。这是由于期货价格的不连续将导致期货价格发现功能无法正常实现，影响生产企业对玻璃产品进行套期保值，从而降低玻璃期货交易的活跃度。

三、发展玻璃期货金融工程的重要性

从理论上看，玻璃期货金融工程重视对于各类金融资源的整合和利用，且将政府的制度安排也作为一种重要的金融资源。此外，玻璃期货金融工程强调创新，包括金融工具自身的创新和解决方案的创新，目的在于解决玻璃产业发展中所面临的各类问题。玻璃期货金融工程主要解决的问题有两方面，即资金需求问题和风险管控问题。产业在发展过程中离不开资金的支持，在使用资金的同时如何控制风险也是产业实现可持续发展的重要一环。

玻璃期货金融工程能解决企业在使用玻璃期货进行套保或套利时自身所无法解决的问题，也能拓宽生产企业融资渠道。此外，玻璃产业龙头生产企业可起到带头作用，带动其余厂商成立厂库，形成厂库聚集区，扩大企业存货吞吐量，降低企业融资成本，形成规模经济。

（一）玻璃产业面临产能过剩

目前国家将玻璃产业定性为产能过剩型行业，这对于玻璃产业而言表现出一定的宏观风险。玻璃产业几乎 70% 的产品用于建筑行业，因此房地产行业需求的改变对于玻璃产业也有较大的影响。近年来房地产行业受宏观政策调控，影响了市场需求，虽然房地产投资与新楼盘开放数量显现出稳定增长，但由于此类数据主要反映市场对于未来的房地产市场的预期，对未来 3 ~4 个月的玻璃市场需求量影响力较为明显，但对现阶段玻璃产业影响力较弱，因此玻璃需求量主要仍受刚性因素影响。

至于汽车玻璃方面，据中国汽车工业协会统计，汽车产业对玻璃的需求属于稳步增长趋势，虽然豪华轿车销量有所下降，但由于我国高档汽车销售长期处于供不应求的状态，因此对于汽车产业的需求无太大影响，进而导致汽车行业对于玻璃产业影响较小。

此外，玻璃产业供给量持续增加，如河北沙河安全实业有限公司浮法四线（600t/d）点火。供给与需求增长规模的不匹配表明玻璃产业的产能过剩和库存压力依旧存在。

（二）玻璃行业价格波动频繁

玻璃产品价格具有较强的季节性，冬季为产品的存储季节，产品销量降低，这是因为受寒冷天气的影响，建筑等项目基本处于停滞状态，下游需求降低导致玻璃生产企业开工率降低，进而导致冬季对玻璃需求量下降，库存增加。随着天气变暖，玻璃产品的需求逐步回升，存货量有所下降，直至 6 月份左右，由于天气呈现高温多雨的状态，导致玻璃产品需求出现波动，产品价格处于震荡调整时期。此后，8 ~ 10 月，玻璃价格突破调整震荡时期，出现反弹，该趋势于 11 月停止，产品价格出现回落。

因此玻璃期货的产生能助玻璃生产企业达到套期保值目的，根据预期的价格季节性波动，进行玻璃期现套保，防止由于玻璃产品价格的波动而造成损失，此外对于玻璃贸易商而言，玻璃期货也可助其降低贸易成本。

除玻璃产品外，是否需要对玻璃原材料实现套期保值？对于玻璃市场而言，产品价格的波动主要受限于玻璃需求的波动，供给一直处于饱和状态，玻璃生产企业面临的不确定风险较高，因此重油、纯碱等生产原料价格的波动对于玻璃生产企业而言具有致命的影响。但鉴于南北玻璃生产企业所利用的原料并不一致，且现阶段生产原料价格大致呈现下降趋势，导致玻璃原料成本占总成本的比例有所下降，因此现阶段针对玻璃生产原材料推出新型期货的需求并不突出。

第二节　玻璃期货金融工程概述

一、玻璃期货金融工程的基本概念

玻璃期货金融工程，是将期货与产业相结合，注重期货这类新型金融产品在产业中的作用，利用金融工程思想推动期货在产业中所实现的价值增值，解决玻璃产业的发展问题。具体而言，是指创造性地利用金融工具、金融工序、金融制度建设等各种金融手段解决玻璃产业发展过程当中面临的各种问题，其核心是在控制产业风险的前提下实现产业价值的增值，推动玻璃产业的跨越式发展。

二、期货金融工程相关理论研究

由于玻璃期货金融工程在国内属于新的研究领域，因此理论研究部分较少，相关理论研究基于如何利用期货这一新型金融工具展开。

从理论方面来看，杨峰（2002）从风险角度展开研究，通过比较海外股指期货市场风险管理和期货市场结算中心风险管理之间的异同，总结出适合我国股指期货市场发展的风险防范措施。江健健、夏清等（2003）为提升电力产业链价值，针对现有的电力期现交易间缺少连续性而导致价格风险偏大的特点，提出了“以期货交易为主，期货与现货市场结合”的新型电力交易模式。

对于期货的实证研究主要从期货的主要功能角度进行，华仁海、仲伟俊（2002）利用上海期货交易所铜和铝的价格数据，通过协整检验、Granger 因果检验、GS 模型以及误差修正模型对期货的价格发现功能进行实证，发现期货价格与现货价格之间确实存在一定的协整关系，这进一步证实了期货具有价格发现功能。肖辉、鲍建平、吴冲锋（2006）使用脉冲响应和一般因子分解模型检验国际股指现货市场和期货市场之间的价格发现过程，发现期货市场在价格发现过程中占主导地位，该作用随着期货市场的完善逐步扩大。华仁海、陈百助（2004）对国际与国内期货市场关联性进行了研究，发现国际期货价格与国内期货价格具有协整关系，表明国际期货市场对国内期货市场影响较大。针对期货套期保值功能，吴冲锋、钱宏伟、吴文锋（1998）利用最小方差风险套期保值策略和最大效用套期保值策略，提出了考虑交易费用情况下各套期策略的变化，并利用上海金属交易所期铜的数据对经典套期比、最小方差套期比及最大效用套期比之间的关系进行了比较。

目前国内外有关期货理论研究主要集中于对期货功能的研究，如价格发现、规避风险、套期保值，且以实证分析居多。而研究中关于期货对产业的支持作用及其给产业链带来的价值增值等尚属空白，玻璃期货金融工程的提出填补了国内关于期货与产业间联系的研究空白。

三、期货金融工程功能研究

（一）期货市场提升产业利润

资本市场是国民经济发展的重要工具之一，作为新型金融工具的期货在经济和金融发展过程中呈现出越来越重要的角色，因此期货市场的发展要融入产业经济发展之中。对企业而言，可利用期货市场提前锁定所需成本和利润，更为高效地利用闲置资金，最大程度提高企业利润率。与此同时，生产企业可利用期货与现货进行期现套利。期现套利风险较小，因为生产企业拥有现货多头，仅当市场上出现期货空头的套利空间时，企业才会选择进入期货市场，如果期货市场上价格并不十分理想，则企业可选择现货市场销售，这为企业开辟了一条获取利润的新路径。

（二）期货市场优化资源配置

期货市场优化资源配置的功能主要从期货特点方面进行分析，期货有规避风险、价格发现、实物交割等特点。

期货市场的产生主要基于现货持有者规避现货市场上过于频繁的价格波动的需要，期货市场规避风险直接导致相关资源在全社会范围内实现有效配置。首先，投资者进行套期保值，提前锁定商品价格，规避市场价格波动风险，因而厂商能维持产业链上中下游环节的正常运行，从而使得产品能按照社会需求进行生产。其次，期货市场参与者根据期货的价格发现机制，确定商品未来价格，有利于资源在产业链中合理配置。再次，期货市场特有的结算、交割等风控机制的设置有效保障了期货在交易过程中信用和产品质量等外部因素造成的风险，同时也促进了现货在地区之间的流转，并根据市场机制实现了资源在地区间的优化配置。最后，为平衡期货市场与现货市场之间的价格，根据商品在不同地区的生产成本以及现货价格之间的升贴水等因素设计出期货价格在地区间的升贴水，保证资源在地区之间的配置符合市场需求原则，降低投机、套利等因素在市场中的作用，实现了资源在地区间的优化与配置。

除期货市场自身机制设计能促进社会资源实现有效配置外，投资者作为期货市场参与者，也能直接或间接促进资源优化配置。期货市场由于投资者的加入而更具流动性，使得期货市场的价格发现与风险规避功能更为有效，间接优化了社会资源配置；同时，具有闲余资金的投资者将资金投入玻璃期货市场，以期获得一定收益，本身已是一种资源优化配置行为；此外，玻璃期货的推出集中了一批玻璃行业专家与投资专业人士，实现了人才资源向玻璃行业的倾斜和配置，有利于玻璃产业的发展。

第三节　玻璃期货金融工程研究框架

一、玻璃期货金融工程运作模式

（一）纵向发展支持产业链转型与升级

位于玻璃产业链中上游的玻璃生产企业，可利用玻璃期货进行套期保值交易，利用期货价格调节冬季玻璃库存量，防范季节性需求对玻璃市场价格造成的冲击。玻璃生产企业应谨慎进行玻璃期货市场投机活动，虽然玻璃生产企业拥有期货现货作为隐性支撑，但过度参与投机活动会导致期货价格偏离现货价格，不利于期货市场的健康稳定发展，同时也对生产企业的流动性资产带来了较大风险。

对于玻璃产业链中下游的玻璃加工企业而言，利用期货市场实现“期转现”是拓宽销售渠道的重要方式。“期转现”是指持有相同玻璃期货合约的空头和多头双方达成现货交易协议，将所持有的期货交割合约转换为现货交易。多空双方向郑交所提出申请，并得到批复后，其期货合约由郑交所代为平仓，同时双方按照协议价格在现货市场上进行与标的物品种、数量均保持一致的玻璃现货交易。期货合约的多头持有者为现货买方，空头持有者为现货卖方。

“期转现”可拉动整条玻璃产业链运转，为其注入活力。其交易模式为：“生产企业—加工企业”、“加工企业—经销商”以及“生产企业—经销商”（见图6.1）。生产企业持有玻璃期货空头，将玻璃期货头寸转为现货头寸，降低仓单占有额，可以从一定程度上缓解厂库库容不够用的现状。对于加工企业而言，“期转现”可为其提前锁定利润，对于非来料加工企业，可选择交割期为玻璃需求淡季的期货合约做多头，待旺季持有下游经销商订单时，利用“期转现”进行玻璃现货交割，此时加工企业购入的玻璃原片价格较低，有效控制了加工企业成本，同时也缓解了玻璃生产企业淡季产品滞销的状况。同样对于产业链下游玻璃经销商而言，也可选择持有价格较低的玻璃期货合约多头，控制其进货成本，扩大收益空间。

（二）横向发展完善金融工程支持体系

除利用期货纵向发展玻璃产业链外，同时也应注重金融体系及其相关配套设施的完善。应促进银行体系与金融中介相结合，政府加以辅助，从而吸引其他银行和非银行金融机构进驻，完善金融体系，维持玻璃产业的可持续发展模式。为使玻璃产业链实现快速转

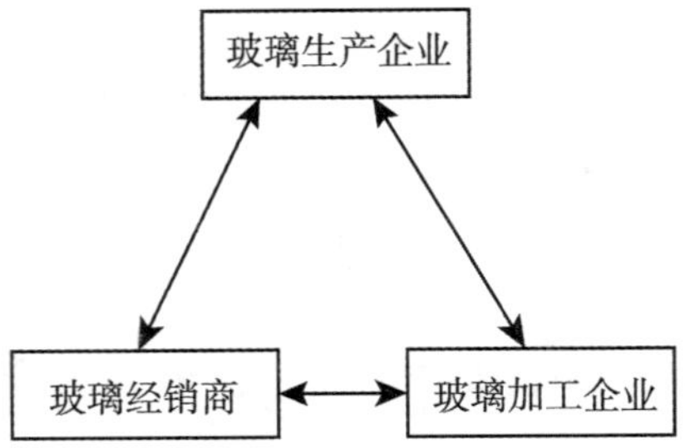

图 6.1　“期转现”的交易模式

型与升级，玻璃期货应成为其重要突破口。玻璃期货不仅可用于套利或保值，还可将资金带入企业，拓宽企业融资渠道。

对于玻璃企业自身而言，应充分利用期货市场这一优质新兴资源，首先结合所需人才、技术、物流、资金等专业资源，大力发展本地期货市场；其次，在标准化期货市场发展良好的情况下，实现场外交易，以规避交易所限制。沙河市玻璃企业的最终目标将是进驻国际市场，实现国际期货交易，扩大沙河玻璃在国际市场上的知名度和影响力。

二、玻璃期货金融工程运作平台

（一）中国玻璃交易中心

玻璃产业为主导，且经济较为发达地区可利用自身优势，自行成立玻璃交易中心，可涵盖现货交易、期货场外交易与电子商务功能。由此可拓宽玻璃现货与期货的销售渠道，摆脱渤海交易所的限制，更大程度地增强市场灵活度。

玻璃交易中心作为场外交易平台，为玻璃产业综合性发展平台，其业务范围涉及玻璃产品现货及衍生品（主要为玻璃期货）交易、原材料开采权交易、玻璃科技成果或项目转让、股权及债券交易、订单抵押贷款、项目招商和信息咨询服务。①

（二）玻璃产业金融集市

玻璃产业金融集市是为玻璃企业打造的银企信息对接、相关政策汇聚、融资途径便捷、服务功能强大的绿色平台和快速通道。企业与金融机构可以定期在集市上进行面对面交流，通过专业性、针对性、创新性的金融安排，突破信息阻碍，获得授信，解决融资难等问题。玻璃产业金融集市与金融超市类似，但金融超市一般以银行为组建主体，即在银行内部组建金融超市，进行银行产品的纵向整合，或在各个银行的不同产品中进行横向整合，即并非在某个银行进行所有的金融业务，而是进行跨银行联合业务。与金融超市中的银行为服务主体所不同的是，玻璃产业金融集市是由政府所提供的企业与金融机构对接的

① 玻璃交易中心建设相关内容，详见第 6 章。

平台。

玻璃产业金融集市内设有“业务柜台”，业务柜台并不提供直接资金服务，而是向有需要的企业在金融衍生产品及保险业务方面提供咨询和开户服务，实现金融服务的广度和深度的扩展。业务咨询窗口按照业务种类分类，可包括股票经纪业务、期货经纪业务、保险业务的营业部展台。①

第四节　沙河市玻璃期货金融工程研究

一、沙河市玻璃期货存在的主要问题

沙河市是我国重要的玻璃生产基地，同时也是玻璃期货交割厂库所在地，分析其在运用玻璃期货时所面临的主要问题，对于期货市场的顺利运行具有重要意义。

沙河市目前有500余家玻璃企业，投产优质浮法玻璃生产线32条，平板玻璃年产量达到1.05亿重量箱，占全国总产量的16%，享有“中国玻璃城”的盛誉，因此沙河市形成期货交易中心具有较为成熟的条件，且沙河市玻璃期货经过进一步发展，可形成对全国甚至全球玻璃产业具有影响力的“期货场外市场”。

我国批准郑州商品交易所推出玻璃期货，促进了玻璃产业金融体系的进一步完善。郑州交易所指定沙河市3处玻璃交割厂库，沙河市玻璃产业迎来重要发展机遇。但玻璃期货作为新推出品种，在制度设计上存在一定程度的不完善，沙河市在利用玻璃期货市场时遇到了以下问题：

（一）交易所配给交割限额较少

由于郑州商品交易所对厂库的配额，主要依据该企业本身的产量制定。对于沙河玻璃企业而言，其销售市场为全国，且产量为全国产量的20%，因此交易所制定的配额较小。厂库配额较小，影响企业参与玻璃期货市场的积极性。若企业需要进行套期保值，但由于厂库有限额，且仅为企业3～5日的产量，则企业无法进行有效的套保。此外，由于厂库配额有限，因此相对于现货市场而言，期货市场规模较小，对现货市场价格难以造成有效影响，从而期货价格与现货价格出现脱节，价差风险暴露。针对沙河市而言，玻璃价格偏低，但由于在期货市场上所占份额小，话语权分量不足，因此无法对期货市场产生对自身有利的影响。

（二）玻璃期货贴水较高

目前郑州商品交易所考虑区域市场的稳定性，将沙河市玻璃期货每吨贴水设定为170元。对于玻璃期货基准价格的设定，考虑到现货市场的价格需求以及区域间生产成本的差异，将华东地区的价格定为期货价格的基准价格，在此基础上根据南北现货价格的差异设

① 金融集市相关内容，详见第15章。

定玻璃期货价格的升贴水。

（三）玻璃期货投机性较强

由于玻璃期货为新兴产品，对现货市场影响不大，且沙河市玻璃厂商的厂库配额较小，未能对玻璃期货市场造成一定的影响，玻璃期货价格与现货价格脱离现象较严重，易出现基差风险。因此作为玻璃生产厂商，在无较优的风险管理策略下，不会选择以套期保值的方式进入市场，更多的是进行玻璃期货投机操作。若玻璃期货市场中投机者的占比增加，则会导致玻璃期货价格与现货价格偏离，期货市场风险进一步增大，最终造成恶性循环，甚至导致玻璃期货市场崩溃。

综上所述，玻璃期货市场现阶段主要面对的难题是郑州商品交易所对于玻璃期货产品设计具有局限性。

二、沙河市玻璃期货金融工程的收益性分析

玻璃期货金融工程会给各方带来显著的收益，尤其是作为核心的生产厂商。整个盈利模式可以概括为，改变现有龙头企业等收购价及销售模式不合理现状，整合各方资源，提高玻璃期货生产效率，实现玻璃期货生产价值增值，同时保证较为合理的收购价格，通过期货市场和现货市场的运作获得合理利润，并且充分挖掘现存的但是被不合理占取的利润，以调整利益分配模式，做强做大玻璃期货产业。

对于玻璃期货这一新兴事物，各企业也根据自身发展需求，制定了不同策略，旨在充分利用这一资源，拓宽融资渠道，增加企业流动资金供给。大光明企业目前采取较为保守的实物交割策略，未涉及套期保值，因为期货市场与现货市场价格出现脱节，利用期货市场难以实现套保目标。而安全实业目前以套期保值为主，且有着较为完善的风险控制制度。作为备选库的德金实业，未进行套期保值，这是由于其自身无交割库，交割需进入其他厂库，且交割量上限为厂库上限的40%，受到了较大限制。德金目前采取的是对冲式套期保值，其交易仅限于空头合约，以隐性的现货作为支撑。

（一）量化套利空间

为了更好地进行经济核算，从存量收益和增量收益两个方面考虑，可以得到玻璃期货产业价值增值方程。

对主要玻璃套利空间进行计算，利用持有成本模型及无风险套利思想，可得到如下公式：

$$F_{t,T}^{*}=S_{t}e^{(T-t)r}$$

$$A=\frac{F_{t,T}-F_{t,T}^{*}-C(t)-M}{S_{t}}$$

其中，S_t 为现货市场价格，t 为当期，T 为到期日，r 为无风险利率，$F_{t,T}^{*}$为合约理论价格，$F_{t,T}$为合约真实价格，$C(t)$ 为持有成本，M 为交割费用，A 为套利空间，即期现套利收益率。

利用有期货交易品种的主要玻璃期货市场、现货市场数据，可以发现有期货交易的玻璃普遍存在套利空间。

关于玻璃期货的仓储成本，郑州商品交易所规定仓储费为 0.25 元/吨/天。夏季仓储成本略高，本书中 $C(t)$ 按 0.25 元/吨/天进行计算。

交割费用 M 主要包括三个部分：（1）银行保函成本期货价格（向上百位取整）×130%×0.25%×1/2（银行保函年费 0.25%；一般注册仓单到期货交割为 3～6 个月不等，以 6 个月计算）；（2）交割手续费 1 元/吨（交易所规定买卖双方均为 1 元/吨）；（3）交易手续费 0.5 元/吨（期货公司手续费 5 元/手，每手 20 吨，开平仓双向收取）。因此，如果按玻璃期货价格 1500 元/吨计算，那么拥有玻璃交割库企业交割每吨货物需支付交割费用=1500×130%×0.25%×1/2+1+0.5=3.9375（元/吨）。

期货市场中基准交割品为符合《中华人民共和国国家标准平板玻璃》的 5mm 无色透明平板玻璃（不大于 2m×2.44m）一等品，同时，符合国标规定的 4mm 无色透明平板玻璃（不大于 2m×2.44m）一等品，可无升贴水成为交割品替代品。因此针对两种标的物，分别计算其套利空间，走势如图 6.2 所示。

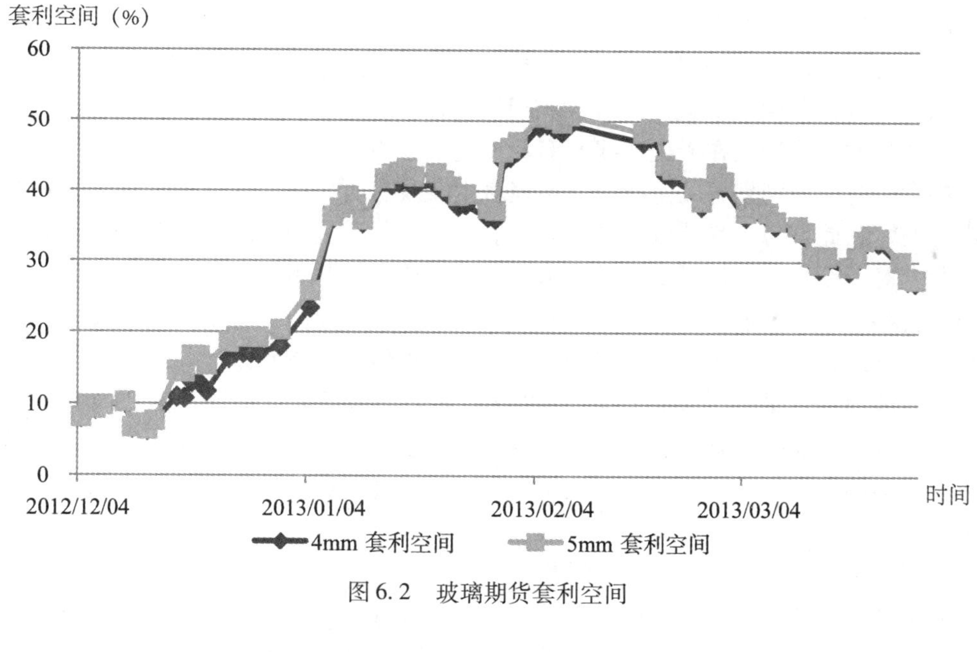

图 6.2　玻璃期货套利空间

分析可得，玻璃期货套利空间大致呈现出上涨态势，峰值高达 50.84%，这表明玻璃期货市场从较为保守发展到日益活跃了。后期玻璃期货套利空间缓慢下调，表明市场在经过对于玻璃期货产生的热烈反应后，情绪逐渐冷静，未来玻璃期货套利空间依旧存在，但套利空间绝对额会逐步萎缩。经计算，玻璃期现套利空间平均值为 31.73%，即当持有头寸为现货多头和期货空头时，可获得约 31.73% 收益率。对沙河市玻璃企业来说，可利用 3 月、5 月和 9 月三个活跃月份合约对现货进行保值，并在控制风险的前提下，动用专项资金在玻璃期货市场上进行套利。

（二）促进产业发展

1. 实现产值增加

进一步计算玻璃期货市场能为沙河市玻璃产业带来的效益。目前沙河市玻璃企业每日生产浮法玻璃24000吨，其中作为玻璃期货交割厂库的河北安全实业有限公司每日生产总量5350吨，河北大光明实业集团嘉晶玻璃有限公司日产平板玻璃1400吨，沙河市德金玻璃有限公司日生产量2700吨。沙河市原片玻璃生产产值约为200亿元，预期未来可实现250亿元产值，充分利用该期现套利空间，可实现约79.325亿元产值的增加。

玻璃期货金融工程支持体系，可以金融资源为支撑对产业链进行整合，通过财政手段和市场化机制相结合建立利益分配机制，拓宽玻璃企业的获利空间。沙河市玻璃龙头生产企业可起到带头作用，带动沙河市其余厂商成立厂库，形成厂库聚集区，扩大企业存货吞吐量，降低企业融资成本，形成规模经济，解决沙河市玻璃产品存量和增量问题。

2. 促使沙河市玻璃产业升级

目前我国玻璃产业面临“三多一少”的局面，“三多”是指玻璃中小企业过多、产量较小的生产线过多以及中低端产品过多，导致产业内无法形成规模，实现规模经济；“一少”是指具有高附加值的玻璃产品种类和规模均过少。

玻璃产品的生产特点在于生产线开启和关闭成本均较高，一旦开启生产线开关，生产线就会持续运行，若频繁开关生产线，不仅对生产线有所损伤，同时也会对企业的生产成本造成影响，因此该特点易造成玻璃产业产能过剩的状况进一步加剧。继续留在市场上的玻璃企业，对于新技术提出了更高的要求，有的企业开始利用现有资源向其他获利空间更高的领域转移。产业衰退期价值创造空间大幅度缩小，企业的技术创新能力决定了其能否开启新的生命周期，也决定了这一时期潜在的产业价值创造空间。

沙河市玻璃总产量占全国的1/5，在全球玻璃生产市场中也占据一席之地，但产品主要为平板玻璃，产品技术含量较低，产业发展空间较大。因此利用玻璃期货金融工程对中小企业融资问题进行研究，能有效解决融资问题，以此促进玻璃企业的转型与升级，规避产能过剩的问题。

3. 加快玻璃产业形成“产业集聚”

沙河市玻璃企业大多处于小而分散的状态。未来沙河市玻璃行业若想要实现跨越式发展，必定需集中整个产业的力量，扩大玻璃产品种类，引入高新技术。最为有效的方式，是收购与兼并有发展潜力的企业，形成“产业集聚”形态，将分散的资金、人力、技术等资源集中，实现资源的合理高效利用。通过收购和兼并，进一步培育出龙头企业，提升沙河市玻璃产业的竞争力及其全国市场上的话语权。玻璃期货金融工程的实施，能充分利用玻璃期货的资金融通功能，促进玻璃产业转型和升级，帮助沙河市经济实现跨越式发展。

（三）生态效益评价

新技术难以突破和节能减排等因素也是行业发展面临的阻力。目前国家倡导节能减排，若玻璃企业不改善自身生产技术，将导致玻璃企业在废气排放问题上受到阻碍。玻璃企业进行技术改革需要资金支持，如果无足够资金支持，则将导致玻璃企业与宏观政策相违背，发展举步维艰。

在金融工程理念支持下，可以解决企业融资问题，帮助其引入先进生产设备，改进传统生产技术，有效缓解由于工业污染而日趋严重的环境污染问题，减少生产中的“三废”（废水、废气、废渣）及各种噪音，提高沙河市人民的生活生产质量。

三、沙河市玻璃期货金融工程融资体系

（一）玻璃期货金融工程融资需求分析

从玻璃期货上游生产要素的整合到玻璃产品生产过程以及玻璃产品的深加工、销售都需要资金。利用玻璃期货金融工程进行融资能有效缓解玻璃企业面临的成本。

玻璃期货融资困难的根本原因在于玻璃产业生产效率较低，资本回报率较低。资金的注入必然能大力推动玻璃期货的发展。玻璃产品生产企业购买玻璃产品生产与深加工所需的技术、设备及其他生产要素，需要资金支持。良性的玻璃生产发展将需要大量资金注入来完善生产经营设备、提高生产能力。

高新科技产业因为具有前期投入小收益大等特点，对资金支持的需求也不同于传统行业。高新技术产业一般来说要快于其他产业的发展，行业发展的各个阶段进展快，对资金的不同需求需要及时跟上，对支持产业发展的融资体系的要求也更高。不能只局限于一般的银行贷款，需要构建集合政府、金融机构、民间借贷、各层次的资本市场、各类金融、技术监管机制的融资支持平台，同时该平台还要为产业提供专业的信息市场服务、培训体系支持和健全的法律法规监管等服务。我国高新技术产业的融资体系还很不完善，同时有关这类产业的金融、技术类法律法规还很不健全，大大限制了产业的发展。对刺激高新技术前期发展的小额贷款和创业基金的建设还很不完备，大大限制了高新技术行业的发展，在中后期对高新技术企业的专项资金支持也不多，为企业提供的资金支持渠道和形式都非常有限，没有充分利用各类金融资源对行业进行有力的支撑，限制了行业发展。

（二）玻璃期货金融工程融资体系

玻璃期货金融工程可帮助玻璃企业充分利用金融资源，从金融市场上获取资金，可以着重解决玻璃企业在生产、运输、加工等方面的资金问题。具体采取的融资形式为：

1. 信用担保融资

银行信贷对于玻璃企业而言，是最为可靠的融资渠道，但对于银行而言，中小企业风险控制较为薄弱，财务制度并不完善，因此中小企业凭借自身信用直接获得银行贷款的难度较高，中小企业希望担保机构能为其提供信用担保，并助其获得银行资金支持。

能为中小企业提供信用担保的中介机构是信用担保公司，它们通过按照一定比例抽取所担保额度的保证金作为收入来源，并以反担保等相关风险防控措施为中小企业信贷风险进行担保。若中小企业出现信用违约，无法偿还银行所贷款项，则由信用担保机构替中小企业还款，由于信用担保机构主要服务对象为违约风险较高的中小企业，因此其自身所面临的风险也较高。在我国，根据成立性质可将信用担保机构划分为政策担保机构、商业担保机构以及互助担保机构。

玻璃企业在利用信用担保机构实现信用融资时，信用担保机构以保证的方式为其提供担保，提升玻璃企业的信用级别，促使银行向玻璃企业直接提供资金，或对客户在有关经济活动中的信用向第三方作出保证的行为，以满足玻璃企业资金需求。

我国对于担保机构的支持为一次性支持，即担保机构在运行后难以获得足够的后续资金支持，导致担保机构面临代偿风险较大，资金链断裂的潜在风险不容忽视。此外，我国玻璃中小企业数量庞大，若助其全部利用银行资金，对银行流动性要求较高，不符合资金利用效率最大化原则。

鉴于此，政府应带头组建以政府资金为主导的政策性信用担保机构，以财政资金为信用担保机构提供持续资金投入，保证信用担保机构的可持续运营，有效促进当地玻璃产业的发展。

政府在加大投资力度的过程中应明确，中小企业融资担保体系的设计和完善应建立在市场化的基础上，对于发展过程中所遇到的问题应采取市场化方式予以解决，逐步减弱对政府的依赖性，发挥市场对资源配置的功能。政府作为监管部门，应从健全法制、完善管理体系、适当减免担保机构税收等方面着手，创造良好的信用担保融资环境。

此外，鉴于信用担保融资面临较大风险，担保机构应积极寻求协作银行支持，通过收益共享、风险共担等方式，将部分担保风险转移至协作银行，由担保机构和协作银行共同承担信用担保融资的违约风险。与此同时，应建立与完善再担保体系，通过再担保模式分担担保机构的经营风险。

2. 仓单质押融资

我国《担保法》规定，汇票、本票、仓单、提单等权证可作为有价证券，用于质押获取资金融通。持有仓单企业可凭借仓单质押，向银行等金融机构获取流动资金、综合授信、信用证等。

仓单质押融资与信用担保融资的不同之处在于，仓单质押融资可实现全额到款。以玻璃期货为例，仓单质押是指质押由郑州商品交易所指定的在交易所注册后可用于实物交割的标准化仓单。

对于玻璃中小企业而言，由于企业实力和资本结构不成熟，资金短缺的现象较为常见，尤其是商贸型玻璃企业，将其自有资金几乎全数投入玻璃产品购买和销售环节，能用于抵押的资产较为有限。若缺乏担保机构对其进行担保，获得银行资金支持，则易出现企业资金链断裂的现象。因此位于产业链中上游的玻璃生产企业可凭借所持有仓单向银行机构获取流动资金，降低由存货积压而带来的流动性不足；位于产业链下游的玻璃经销商同样可凭借仓单质押融资，提高自身收益，避免由于流动性不足而造成资金链断裂。

随着玻璃期货的开展，玻璃企业可在郑州商品交易所注册后，获得标准化仓单。郑州商品交易所出于风险防控考虑，对于能出具标准仓单的企业在企业实力、行业知名度等方面均有严格要求。标准化仓单与一般企业所开具的非标准化仓单相比，融资风险相对较小，流动性更高。因此参与玻璃期货交易的企业，应充分利用标准化仓单，获得流动性资金或授信，拓宽融资渠道。

3. “保函—仓单—抵押”创新融资模式

依据郑州商品交易所对标准仓单注册的相关规定，玻璃企业注册仓单成本较高。对于交易所指定的玻璃厂库，应用最新玻璃期货结算价格的100%的货款或130%的银行保函向交易所申请注册标准仓单；对于非交割厂库的其他企业，应按双方商定的现货价格向厂库提交100%的资金，由厂库按前款方式向交易所申请注册仓单。因此仅仓单注册一项就占用了玻璃企业尤其是玻璃交割厂库大量的流动资金，造成企业流动性压力加剧。

在现有限制下，玻璃产业竞争力受影响。为解决融资问题，河北安全实业有限公司在此方面有所创新，利用低成本的保函进行仓单注册，再抵押标准化仓单，从而获得流动资金。

保函又称“担保”，是银行应申请人（即玻璃企业，下同）的要求向受益人（即交易所，下同）开出的、保证申请人履行与受益人签订的合同项下义务的书面承诺。保函开具后，由银行凭借其自身良好的信誉为玻璃企业提供信用担保，保证交易的顺利执行。

具体而言，在“保函—仓单—抵押”的融资模式下（见图6.3），对玻璃企业自身的财务状况和信用条件有一定的要求，如企业应为经营状况和财务状况良好的大中型玻璃企业、在行业内具有竞争力的玻璃企业等。满足银行规定的玻璃企业方能获得授信额度，在授信额度内，玻璃企业可向银行申请开具保函，在此过程中企业仅需缴纳相关手续费用。获得保函的玻璃企业可按照郑州商品交易所相关规定申请注册标准化仓单，注册成功后，企业可将仓单抵押获得流动资金。

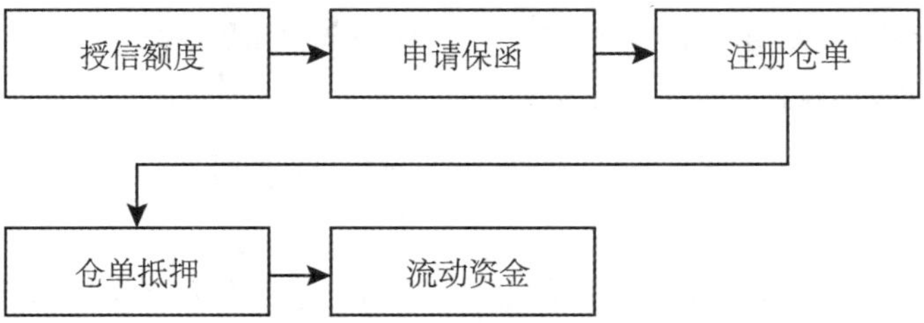

图6.3　“保函—仓单—抵押”融资模式

在此过程中，企业凭借授信额度和手续费用获得仓单，与缴纳100%的现金相比较，成本更为低廉可控，对流动性资金占用额度影响不大。此外，企业可抵押标准化仓单获得流动资金，拓宽其融资渠道。

四、沙河市玻璃期货金融工程风险控制体系

（一）基差风险

基差风险是指玻璃期货价格与玻璃现货价格之间由于波动不同步而带来的风险。基差即现货成交价格与交易所期货价格之间的差，其金额不是固定的。基差风险的出现给需要进行期现套期保值的玻璃企业带来了无法回避的风险，直接影响企业的套期保值效果。

以沙河市现货价格和期货价格为例，由图 6.4 可知，1305 期货合约与玻璃现货价格随着到期日的临近，已呈现出价差缩小的态势，表明期货市场运行总体有效，但基差风险依旧不容忽视。期货价格与现货价格基本呈“此消彼长”的关系，基差总体上也呈现出“先扩大，后缩小”的趋势，其中，2013 年 1 月 17 日出现 1305 合约与现货价格基差的最大值，高达 446 元/吨。因此对于沙河市玻璃企业而言，利用玻璃期货市场进行套期保值时，需防范基差风险。

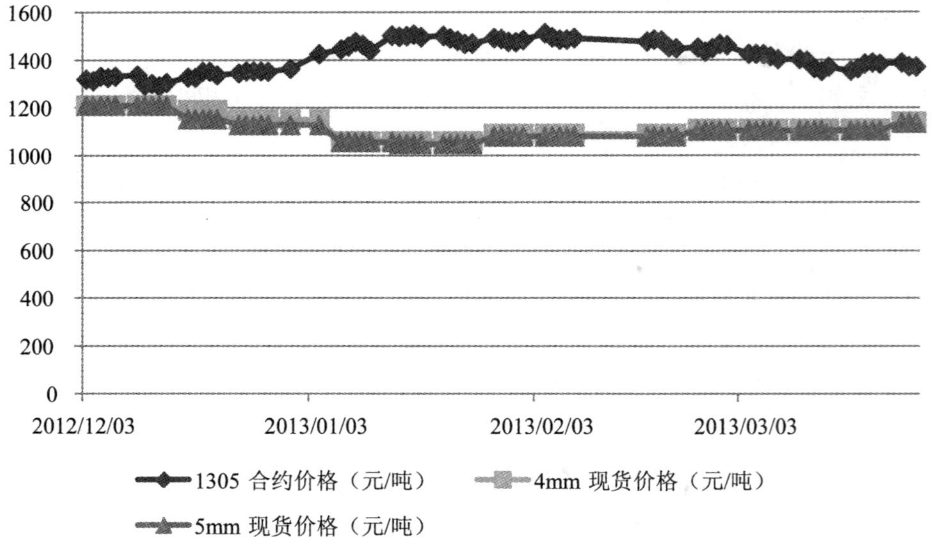

图 6.4　沙河市玻璃期现价格走势图

期货市场上基差风险的出现主要有两个原因。首先，玻璃企业利用期货市场对所持有的现货进行套保，目的在于利用期货和现货市场相似的价格走势，通过做相反的头寸抵消玻璃现货价格波动对其利润的影响。如果期货市场的价格与现货市场的价格在到期日并未实现收敛，则会出现一定的套利空间，此时套利者会进入市场。若套利成本过高，会阻止套利者进入市场，导致期货市场价格与现货价格无法收敛，对套期保值者带来风险。由于玻璃期货市场为新兴市场，其相关制度设计仍处于试验阶段，因此交易成本的设计是否合理仍有待进一步观察。

其次，期货市场的活跃程度和交易量对期货的套保功能具有重要影响。这是因为在交易量较为清淡的市场上，机构投资者或者资金量较大的套利者交易会造成市场价格巨大波动，导致期货市场潜在价格风险加大，市场参与者交易成本增加。

鉴于此，为有效防范玻璃期货价差风险，在进行套期保值前，玻璃企业应根据现货价格与期货价格之间的联动关系，选取合适的时机进入市场，并在利用玻璃期货进行保值的过程中，对基差风险进行谨慎研究和跟踪分析，以便在基差出现极端波动时，能有效及时实施风险管控措施。

此外，应鼓励玻璃产业链下游经销商参与期货交易。经销商为锁定利润，可提前对交割期处于淡季的玻璃合约做多头，此类合约价格较低，经销商持有合约至到期交割可有效控制成本，同时增加玻璃期货市场的活跃程度。从河北德金玻璃有限公司提供的数据来看，该公司下游经销商有 20 家，仅 5 家开设了玻璃期货交易账户，表明经销商对玻璃期货认知程度不够，参与期货的积极性不高。因此，玻璃经销商的加入将对完善玻璃期货市场起到至关重要的作用。

（二）交割仓库问题

沙河市期货厂库交割采取“全厂库”交割模式，是一种较为新颖且效率较高的模式。该模式目前面临的困难有两个，一是对于非厂库生产商，其所生产出的玻璃无法直接用于交割，一定程度上影响了厂库以外生产厂家对玻璃期货的参与热情。二是由于玻璃期货仍处于在实践中逐步调整的阶段，并未完全成熟，因此郑交所对沙河市玻璃期货厂库所给予的份额较少，厂库厂家自身存在“吃不饱”的问题，更无暇辐射周边非厂库厂家进行期货交易。

郑交所可在充分考量风险的情况下，对沙河市玻璃厂库进行扩容，将 3 天产量增至 10 天产量，即从 2. 4 万吨的仓单限额增至 8 万吨，使交割厂库在满足自身期货交易的同时，辐射沙河市内其他玻璃生产企业。此外，由于玻璃企业对玻璃期货认识逐步深化，参与玻璃期货的热情逐渐高涨，因此郑交所可对有潜力成为交割厂库的玻璃生产企业进行培训，待条件成熟时，将其发展成为玻璃交割厂库，将沙河市玻璃交割厂库增至 4 ~5 库，满足沙河市日益增长的交易需求。

从实际操作层面分析，若增加厂库数量，郑交所除对申请企业进行严格的财务审查、资信审查、风险评定外，还需对其进行日常管理与风险防范，总体而言成本较高、潜在风险扩大。郑交所为控制期货市场的宏观风险，考虑适当扩容厂库限额的可能性较大。对于玻璃企业而言，除向郑交所争取提高仓单限额外，还应充分利用金融资源，如“期转现”，扩大相对库存量，发挥自主创新能力，降低交割厂库制度所带来的风险。

五、沙河市玻璃期货金融工程的政策支持

（一）玻璃期货市场所需政策支持

1. 降低玻璃期货贴水额度

由于期货新品种上市机制等一系列原因，我国期货市场玻璃期货种类较少，而我国玻璃期货发达、玻璃丰富，因此玻璃期货市场很难满足玻璃期货发展降低风险的需求。在我国玻璃市场逐步放开的情况下，可以考虑增加新的玻璃期货品种。

2. 扩大玻璃厂库交易容量

玻璃期货市场参与者主要有两类，即玻璃的生产者以及玻璃期货的投资者，主要是机构投资者。一方面，可以通过加大对农民参与期货市场的培训力度来提高农民的市场意识，引导其通过期货市场来有效规避生产中的市场风险。另一方面，大力培养玻璃期货的机构投资者，充分发挥机构投资者在增强市场活力方面的影响。

（二）对金融工程平台建立的政策支持

在金融工程平台，即玻璃交易中心与金融集市的建立过程中，政府应制定必要的优惠政策，包括减免税优惠政策、玻璃期货鼓励补贴等。由于金融工程平台是新式玻璃期货平台，其盈利性和可操作性还有待实践检验，在其运行过程中尚存不确定性，在其创立初期应该有相应的优惠政策，以支持平台的发展。

玻璃产业若要实现产业转型与升级，最根本的解决途径在于玻璃产品技术的提升，因此政府对创新型玻璃企业和高技术含量玻璃企业进行奖励或补贴，能提高玻璃生产厂商的积极性，增加玻璃产量，拓展市场宽度。

此外，对已加入金融工程平台中的企业，给予其参与期货市场的宽松政策，比如较低的保证金比例等。如果能根据玻璃期货的风险适当调低企业所缴纳保证金比例，则会增加金融工程平台的盈利水平。具体操作方案为对资信良好，且已在政府组建的金融工程平台中顺利运行一段时间的玻璃企业，在其有意愿加入玻璃期货市场时，可根据其资信评级，由政府管理的投资公司为其提供部分保证金。这将在一定程度上使金融工程平台与玻璃期货市场的运行实现联动，增加企业参与金融工程平台与期货市场的积极性，不仅能为市场的运作提供流动性，同时也能培养企业充分利用金融资源的意识。

（三）资金支持政策

首先，玻璃期货生产需要大量资金，并且玻璃期货生产周期比较长，还贷压力较大，需要银行宽松的贷款条件。对于以玻璃产业为支柱产业的地区，当地银行机构可适当放松对玻璃企业的贷款条件，如提供较低的贷款利率，适当延长还贷期限等。

其次，政府可利用政策手段鼓励金融机构支持利润率较低的玻璃期货信贷。政府应通过政策倾斜支持玻璃期货信贷，鼓励更多的金融机构参与玻璃期货信贷。玻璃期货生产的风险较高，玻璃期货信贷的风险也较高，因此更需要政策保障机制来鼓励信贷资金流入玻璃期货生产领域。

最后，建立玻璃期货贷款风险补偿机制。政府可以建立财政风险补偿基金来对玻璃期货贷款面临的自然性风险进行补偿，以确保玻璃期货生产的顺利进行，主要有两个方面内容：一是由各级财政共同出资建立玻璃期货贷款风险补偿基金，比例上以中央财政为主，同时体现出政策取向。二是由财政部门根据全年新增玻璃期货信用贷款平均余额的一定比例进行风险补偿。具体贷款风险补偿可以是资金，也可以是由优质资产置换等非资金方式。

（四）风险管理政策

1. 担保机构的设立

构建完善的中小企业信用评估体系和信用担保体系。鼓励中小企业参与玻璃期货市场，建立完善的信用评估体系和担保体系很重要。一是建立中小企业信用评估体系，二是建立中小企业信用担保体系。由于我国的国情和玻璃期货发展形势特殊，可以考虑设立从国家层面到省级再到地方的中小企业信用担保机构，覆盖不同层面，分工明确，层层担保。

2. 培养经销商金融意识

鼓励产业链下游经销商加入，需加强对其金融意识的培养，可通过组织培训、开展讲座等形式，让其了解玻璃期货等金融工具对玻璃产业的促进作用。鼓励其利用期货实现价格锁定、控制风险，从而拓宽企业盈利空间。经销商承销全国各地生产的玻璃产品，其所掌握的信息量较玻璃生产企业而言，更为广泛和全面，因此经销商的加入必然会对玻璃期货带来新的活力，从而引导玻璃期货价格发现、套期保值功能进一步完善，降低市场风险。

第五节　本章小结

本章基于玻璃期货这一新兴金融工具，对如何利用其促进玻璃产业发展进行了系统性的研究。从玻璃期货金融工程产生的背景入手，结合相关理论研究，建立了玻璃期货金融工程研究框架，对玻璃期货金融工程的运作模式进行了详细探讨。与玻璃产业金融工程的分析思路紧密相连，玻璃期货金融工程运作模式依旧从两方面展开，即横向发展完善金融支持体系和纵向发展支持产业链转型与升级，搭建了利用玻璃期货推动玻璃产业发展的框架。

第四节在前文理论分析基础上，结合沙河市玻璃期货应用实例，摸清其所面临的问题，并利用当地玻璃现货价格与期货价格计算出玻璃期货收益空间。与其他期货研究不同，玻璃期货金融工程的目的在于促进玻璃产业的发展，产业的发展归根结底需要资金融通，针对沙河市的实际情况，我们设计出玻璃期货金融工程融资体系，这也是本书创新之处。

作为玻璃产业金融工程中的重要一环，玻璃期货金融工程模式的设计不仅结合了现实需求，同时也填补了国内期货研究中如何促进产业发展的空白。

第七章　玻璃产业投资基金研究方案

产业投资基金为近年来新推出的创新型金融工具，其主要目的在于运作基金内较大规模的资金，对产业进行扶植。与一般的风险投资基金不同在于，其主要投资方向为基础设施建设和部分风险可控的项目，由于产业投资基金具有一定的社会效应，因此政府的支持和辅助在产业投资基金的顺利运行中具有重要意义。

第一节　玻璃产业投资基金可行性研究

一、玻璃产业投资基金建设的意义

（一）解决区域经济发展的资金需求

以沙河市为例，沙河市区域发展规划为在四年内产值突破千亿元，并将沙河市玻璃产业建设成为辐射全国甚至全球的重要玻璃生产基地，对全国玻璃价格具有影响力和话语权。上述目标的实现以及在玻璃产业实现转型与升级的过程中，需要大量资金的支持。若单独依靠政府的财政资金支持，无法对整个区域及玻璃产业的平稳健康发展起到完善的支撑作用。此外，在区域及玻璃产业的发展过程中对资金需求数量巨大，且多以长期投资为主，而当地金融市场相对而言不完善，融资渠道较窄，所能提供的资金大多为来自金融机构的短期有限资金，无法满足区域开发对巨额长期资金的需求。因此，发展产业投资基金，募集社会各方面资金来投资于区域内亟待发展的支柱产业、新兴产业以及基础设施是必要之举。

（二）加速产业升级和结构调整

由于历史地域及生态环境等因素的影响，沙河市形成以玻璃产业和机械加工业等为主导的经济发展格局，生态产业、高新产业以及现代服务业发展滞后。若将富余资金以玻璃产业投资基金的形式投资于玻璃产业基础设施建设及相关物流、旅游、金融等服务业，将有利于调整地方产业结构，转变经济增长方式，带动区域就业，促进经济增长方式的转变和区域经济的平衡发展。

（三）解决玻璃企业融资难问题

我国玻璃产业与金融面临着资金充裕度高而投融资渠道狭窄的矛盾困境，即玻璃产业与金融发展不匹配，玻璃企业融资难的问题并存。玻璃产业投资基金这一创新金融模式的使用可以很好地实现储蓄向投资的转变，将社会闲余资金募集起来，进行具有针对性和专业性的投融资活动，增加玻璃企业的融资途径，尤其是能较好地解决玻璃企业融资难的问题。

（四）完善多层次的区域资本市场体系

我国大部分地区已经形成了以四大国有控股商业银行和城市商业银行为主的金融体系，但该金融存贷投资格局较为单一，多层次的资本市场体系较为缺失。在区域开发中，发展玻璃产业投资基金有利于扩大区域产业发展投融资渠道，改变单一的银行存贷格局，是完善区域资本市场体系的重要内容；有利于建立地方场外交易市场和民间金融市场，促进多层次的资本市场体系的建立。

二、玻璃产业投资基金法律合规性研究

（一）玻璃产业投资基金相关法律研究（见表 7.1）

表 7.1　**玻璃产业投资基金相关法律**

<table>
<tr><th></th><th>法律法规条款</th><th>合规性分析</th></tr>
<tr><td rowspan="4">《信托法》</td><td>第二条　本法所称信托，是指委托人基于对受托人的信任，将其财产权委托给受托人，由受托人按委托人的意愿以自己的名义，为受益人的利益或者特定目的，进行管理或者处分的行为</td><td>该条款对信托型产业投资基金运作模式进行限定</td></tr>
<tr><td>第六条　设立信托，必须有合法的信托目的</td><td rowspan="3">规定信托成立时所必需的条件：合法目的、确定财产、并应采取书面形式设立</td></tr>
<tr><td>第七条　设立信托，必须有确定的信托财产，并且该信托财产必须是委托人合法所有的财产。本法所称财产包括合法的财产权利</td></tr>
<tr><td>第八条　设立信托，应当采取书面形式。书面形式包括信托合同、遗嘱或者法律、行政法规规定的其他书面文件等。采取信托合同形式设立信托的，信托合同签订时，信托成立。采取其他书面形式设立信托的，受托人承诺信托时，信托成立</td></tr>
</table>

续表

	法律法规条款	合规性分析
《信托公司集合资金信托计划管理办法》	**第五条**　单个信托计划的自然人人数不得超过50人，合格的机构投资者数量不受限制	规定信托型产业投资基金组成成分
	第六条　前条所称合格投资者，是指符合下列条件之一，能够识别、判断和承担信托计划相应风险的人： （一）投资一个信托计划的最低金额不少于100万元人民币的自然人、法人或者依法成立的其他组织； （二）个人或家庭金融资产总计在其认购时超过100万元人民币，且能提供相关财产证明的自然人； （三）个人收入在最近三年内每年收入超过20万元人民币或者夫妻双方合计收入在最近三年内每年收入超过30万元人民币，且能提供相关收入证明的自然人	规定信托型产业投资基金的投资者，即受益者群体
	第二十九条　信托计划存续期间，受益人可以向合格投资者转让其持有的信托单位。信托公司应为受益人办理受益权转让的有关手续 信托受益权进行拆分转让的，受让人不得为自然人 机构所持有的信托受益权，不得向自然人转让或拆分转让	该条款对信托型产业投资基金在存续期内的转让流程进行规范
《合伙企业法》	**第二条**　本法所称合伙企业，是指自然人、法人和其他组织依照本法在中国境内设立的普通合伙企业和有限合伙企业 有限合伙企业由普通合伙人和有限合伙人组成，普通合伙人对合伙企业债务承担无限连带责任，有限合伙人以其认缴的出资额为限对合伙企业债务承担责任	规定有限合伙制产业投资基金组成成分
	第三条　国有独资公司、国有企业、上市公司以及公益性的事业单位、社会团体不得成为普通合伙人	该条款表明不属于以上类型的基金管理公司可成为普通合伙人
《公司法》	**第三条**　公司是企业法人，有独立的法人财产，享有法人财产权。公司以其全部财产对公司的债务承担责任 有限责任公司的股东以其认缴的出资额为限对公司承担责任；股份有限公司的股东以其认购的股份为限对公司承担责任	公司型产业投资基金中投资人按照出资额对基金承担责任，并获得收益
	第四条　公司股东依法享有资产收益、参与重大决策和选择管理者等权利	该条款表明股东大会为公司型基金的最高权力组织

注：《信托法》于2001年10月1日开始执行；《信托公司集合资金信托计划管理办法》于2007年3月1日起执行；《合伙企业法》自2007年6月1日起施行；《公司法》自2006年1月1日起施行。

（二）法律合规性研究总结

以上法律规定和约束分别对公司型、有限合伙型和信托型产业投资基金部分职能、权限进行圈定。相关条款表明信托型产业投资基金成立时应具有合法目的，明确信托财产，并采取书面形式设立，且信托型产业基金应对其经营的业务范围严格规定，以保障基金所涉及各方的合法权益。

对于有限合伙型产业投资基金，《合伙企业法》中对其组织成员构成、人数、合伙协议等细节均有详细规定，以期规范合伙企业的行为，保护合伙企业及其合伙人、债权人的合法权益，维护社会经济秩序，促进资本市场的顺利发展。

公司型产业投资基金在设立过程中参照《公司法》章程即可，与普通公司设立流程类似。

第二节　玻璃产业投资基金相关理论研究

一、产业投资基金理论研究

（一）产业投资基金的含义

《产业投资基金暂行办法》中对产业投资基金的定义为："通过向多数投资者发行基金份额设立基金公司，由基金公司自任基金管理人或另行委托基金管理人管理基金资产，委托基金托管人托管基金资产，从事创业投资、企业重组投资和基础设施投资等实业投资。"该办法根据所涉及投资领域的不同，将产业投资基金划分为创业投资基金、基础设施投资基金等类别。

产业投资基金以某一个产业内非上市企业的股权为主要投资对象，且将基金内资产进行分散化投资，以期在控制风险的前提下获取投资收益，实现资本增值。由此可见，产业投资基金虽表现为连接资金需求双方的对接机制，但从本质上看是实体资产证券化的机制。同时，产业投资基金的实现也对当地产业发展带来了实质促进作用。产业投资基金运作流程见图 7.1。

（二）产业投资基金分类

产业投资基金根据设立方式可分为公司型产业投资基金、有限合伙型产业投资基金、信托型产业投资基金和契约型产业投资基金。

1. 公司型产业投资基金

公司型产业投资基金是指产业投资基金以股份公司的形式设立，基金出资人均为公司股东，股东对产业投资基金的投资方向等宏观战略决策具有一定决定权，因此即便公司型产业投资基金聘请第三方为独立管理者，也无法实现真正意义上的所有权和经营权分离，这使得公司型产业投资基金在风险管控方面出现一定的制度约束。

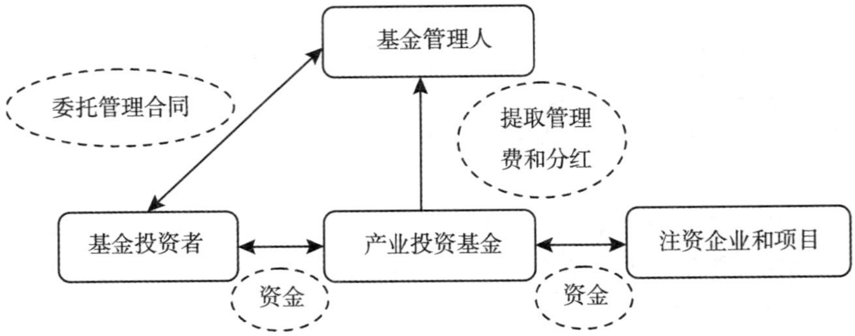

图 7.1　产业投资基金运作流程

此外公司型产业投资基金中仅股东具有收益分配权，第三方管理者无权参与收益分配，仅获得一定的管理费用，因此这对基金管理者而言不具有任何激励作用，可能导致代理成本问题的出现，但投资者可利用其股东权限对管理者行为进行约束。为维持公司型产业投资基金的业绩表现，股东通常会对管理者进行管理分红，以维持对他们的激励作用。

公司型产业投资基金在一定程度上可通过制度设立规避公司注册所需缴纳的 20% 的现金头寸，即基金设立初期可以较小的资本规模完成注册，待基金规模整体扩大时再进行资本扩充，变更注册资本。

2. 有限合伙型产业投资基金

有限合伙型产业投资基金是指由合伙人出资组建，并注册成为合伙企业的投资基金，基金合伙人分为普通合伙人和有限合伙人，其中普通合伙人对基金的运作和决策具有完全决定权，对基金收益具有分配权，同时也需承担基金的无限连带责任，有限合伙人只承担以其出资额为上限的有限责任，并不对基金的具体运作负责，也不具有收益分配权。普通合伙人以其专业管理和专业技能为资本，出资额较少，一般不超过 1%；有限合伙人以资金为出资条件，认缴绝大部分资金。

《合伙企业法》规定，“国有独资公司、国有企业、上市公司以及公益性的事业单位、社会团体不得成为普通合伙人”。因此不属于以上公司类型的基金公司在发起有限合伙型产业投资基金时，可以普通合伙人身份出资并参与基金管理。

该种组织形式在国外被认为是分工明确且运行效率较高的产业投资基金模式，但结合国内实情可以看出该模式对合伙人约束力较弱。首先，合伙制没有法人主体，普通合伙人虽承担公司无限连带责任，但因为中国目前并没有建立自然人的破产制度，合伙人的诚信问题无法保障，责任很难追溯。其次，合伙制在很大程度上是事前协议约束，在后期对其管理与监督较难实现。此外，在基金初设的融资时期，合伙制形式造成的融资成本和难度也可能相应增大。鉴于有限合伙制产业投资基金对合伙人信用程度依赖较高，该模式可在公司制发展良好的基础上实现，或在可信赖合作伙伴之间建立。

3. 信托型产业投资基金

信托型产业投资基金与信托型基金较为类似，主要募集方式为发行凭证筹集资金，利用所筹资金对企业实现股权投资，通过股权持有可获得资本所得与红利。为隔离风险，可将资产交由外部机构如商业银行负责保管，保证信托资产与信托公司其他资产实现隔离。

基于信托的组织模式的优势在于，它通过集合资金的功能，在一定程度上可以限制风险投资者的违规行为。在我国，向社会筹集资金受到严格限制，信托公司利用其信托功能筹集资金，并通过风险防控机制与监管机制的设计，以保护投资者，即信托受益人。

信托型基金的组织架构易形成“重复信托机制”，该机制会导致基金在运行过程中增加经营成本，包括管理费用、激励费用、托管费等。这是因为基金投资者出于对基金经理人的信任，将其资产委托给基金经理人进行运作，但为了保障基金内部资金的安全，基金管理人会选择信托公司平台进行投资活动，该制度的安排无疑会为基金增加不必要的成本。

信托型产业投资基金在我国较为罕见，主要原因在于发起产业投资基金的机构自身资金充沛，或有能力在市场中获得足够额度的融资，且风控体系较为完善，因此不需要聘请外部机构对基金进行运作和管理。针对规模较小或不具备专业知识的产业投资基金，则可组建合伙型投资基金或公司型投资基金。

4. 契约型产业投资基金

一般而言，契约型产业投资基金由投资者、信托人（一般为基金管理公司）和保管人（一般为基金托管机构）三方组成。其中，投资者即受益者不直接参与基金的运作与管理，信托人主要收取基金管理费用，不参与基金收益的分配，不承担基金风险，保管人主要对信托财产进行托管。

但无论是国外还是国内信托基金中均出现三方未完全独立的现象，即信托人与保管人合二为一，如我国的渤海产业投资基金将基金保管人直接作为信托人。此外，我国部分私募基金的信托人为信托投资公司，即投资者与信托人为同一机构，同时雇佣专门基金管理公司对基金进行管理。

契约型产业投资基金在某种程度上解决了公司型产业投资基金的不足。投资者在契约型投资基金中属于出资方和受益方，无权参与投资基金管理决策。该种投资基金需委托第三方为管理机构，出资方无权参与基金决策，风险实现隔离，受益方的收益可以得到完全保证。

由于契约型产业投资基金不具有独立的法人资格，因此其是否能进行投资在法律上仍存在争议。虽然在证券投资基金中，契约型基金可进行交易，但由于其不具备法人资格，因此在成为公司股东方面有待商榷。为防止风险，一般建议契约型基金注册公司成为法人进而实现投资，这将导致契约型产业投资基金从某种程度上转化为公司型产业投资基金。

（三）产业投资基金特点

1. 金融创新性

产业投资基金在提升投融资双方效率以及改善社会融资结构方面具有显著优势。首先，产业投资基金的出现为产业内部资金需求方与大规模社会资金供给方之间提供了对接平台，对于产业而言解决了资金需求难的问题，对于投资者而言，为其所拥有的长期资金提供了稳定的融资通道。其次，该投融资渠道风险可控，产业投资基金聘请专业基金管理人对基金进行日常管理，利用其专业技能消除非系统性风险，补充了社会融资结构中长期且稳定的融资渠道。同时，产业投资基金将部分资金从银行等正规金融机构中分离出来，缓解了资金等金融资源过度集中的境地，通过金融工具和制度的创新优化了社会融资结构。

2. 实现规模化投资

产业投资基金将产业和金融资本相结合，通过吸收大量社会闲置资本投资于产业中，可对产业内的基础设施建设等进行彻底的改善。产业投资基金若进驻产业内部，可利用其庞大资金规模，对产业内的资源实现再优化。我国产业目前普遍面临产能过剩、技术落后、公司管理结构不合理等问题，因此产业转型与升级过程中需要资金的大力支持。产业投资基金不仅具有资金规模大的优势，同时其所采用的股权融资方式，便于基金管理人深入企业内部实现企业管理和改革，资金的投放更为有效和准确，同时也可实现产业链上、下游的重组和同类企业之间的并购，通过对产业内部微观企业的改善，将促进产业集群实现转型和升级。

3. 获得综合效应

综合效应是指从企业生产、技术、管理等多方面，综合实现产业的改进。通过对企业生产结构的完善、生产技术的提高，提高企业的生产效率；同时，对企业所用的各类经济金融资源进行重组，如企业品牌、管理、市场等；此外，打破由政府垄断投资基础设施建设项目的格局，将社会资金引入，改善基础设施建设格局，提升基础设施建设配套服务。

4. 青睐高额收益

产业投资基金在拥有大规模资金优势的同时，也具有追逐利润的特点，这是由金融资本的天然逐利性所决定的，而该特性从某种程度上有碍于产业投资基金助产业升级的初衷。为获得高额收益，产业投资基金在选取投资对象时，可能会偏离政策导向，选取高回报的企业进行投资，导致“扎堆”投资的现象出现，金融资源未实现最优化配置。

5. 选取投资组合

为控制投资风险，产业投资基金在进行投资时将所持有资金实行“分散式投资”，投资于不同类型的企业。与此同时，《公司法》对基金投资额度有上限规定，即投资额度不得超出净资产的50%，这限制了基金对于投资对象的支持力度。企业若要获得足够资金支持，仍需拓宽其融资渠道。

6. 基金退出机制

产业投资基金需要通过退出机制获得收益，但资本集中退出可能会对资本市场造成冲击。一般的退出方式有上市和股权转让，基金在实现退出时需选择流动性较强的市场进行，避免对金融市场造成震荡。

二、国内相关文献综述

我国理论界关于产业投资基金的研究还有待深入。陈宗胜、曹文炼、黄毅等（2007）

认为我国市场条件与国外成熟的金融市场和金融环境相比具有较大差异，因此国外关于建立产业基金的经验不能全盘照搬，需结合我国实情进行改进。针对我国渤海产业基金的情况，戴相龙（2006，2007）指出渤海产业基金的建设能有效改善我国民营企业融资难的问题，助其拓宽融资渠道。为进一步研究我国所适用的产业投资基金，部分学者对国外产业投资基金的运行经验和模式进行了探究，叶翔和李宇龙（1998）研究了美国和日本的产业投资基金的组织运作模式，而鲍志效（2003）对美国产业投资基金模式的研究表明，有限合伙制为适合我国国情发展的产业投资基金模式。曹文炼（2007）研究了产业投资基金的退出机制，认为我国产业投资基金不能仅仅强调退出机制的完善，有关红利分配途径的考虑也不容忽视。对于倾向于市场化运作的产业投资基金而言，需要加强对其监管，陈洪元、穆荣平（2005）提出政府应从制度和公共服务方面对产业投资基金给予支持，提升基金的运营效率，同时，窦尔翔（2006）也指出我国虽然具有成立产业投资基金的强烈需求，但需克服大量困难。

三、国外相关文献综述

国外对产业投资基金的研究始于20世纪80年代，主要研究内容集中在基金构成、风险管控、投资组合、退出机制等方面。Gompers 和 Lerner（1979）指出产业投资基金的运营需要专业知识，否则投资风险将抑制资金按照市场化原则配置流动，因此专业的基金管理人对产业投资基金而言具有重要作用。Lerner（1995）基于 Fama 和 Jensen（1983）、Williamson（1983）的研究，从产业投资基金对企业促进作用的角度进行实证研究，结果表明产业投资基金有助于企业提高对金融工具和金融资源的利用效率。Kaplan 和 Stromberg（2001a，b）的研究进一步证实了该结论，他们的研究表明产业投资基金对创业型企业的管理层具有一定的筛选作用。此外，Kaplan 和 Stromberg（2000）对十家产业投资基金进行的研究表明，产业投资基金在选择投资对象时，注重其产品市场、所拥有的技术、战略发展目标等。由于企业管理层对公司所承担的风险和责任高于外部进入的产业投资机构，Smith（2000）认为其对公司的估价一般均高于投资机构评估价值。关于产业投资基金的退出机制，Tykvova（2002）认为产业投资基金若要实现安全退出，最佳退出时机为企业边际利润为零时。此外，Bygrave 和 Timmons（1992）、Peng 和 Wells（2000）的研究也表明产业投资基金采取 IPO 方式退出，能获得高额收益。

第三节　产业投资基金设立模式研究

一、国外产业投资基金模式研究

（一）风险偏好模式

英国和美国为目前全球范围内产业投资基金发展最为成熟的国家，主要原因为其国内发达的金融市场为金融创新工具的发展提供了良好的环境，此外，国内庞大的养老金为产业投资基金的主要来源，这也决定了两国产业投资基金需对风险进行严格管控，以保证养老金本金的安全。英国在金融管制限制放松后，允许银行资本进入产业投资基金，这也导致产业投资基金有效吸纳了大量资本市场内的资金，进一步扩大了其资金来源和资金池规模。

产业投资基金的重要特点是其自身为阶段性投资，即其本身需要完善的退出机制。对于英国和美国而言，其资本市场较为发达，无论是证券一级市场还是二级市场，其流通性均得到投资者认可，有利于产业投资基金退出。因此，较为丰厚的资金来源、灵活的退出机制使得产业投资基金的活跃度大大高于新兴发展国家，有利于国内高新技术产业的发展。

（二）风险厌恶模式

德国和日本由于受历史文化因素影响较深，因此国内金融市场处于较为谨慎的氛围，形成了以银行为中心的产业投资基金发展模式，其投资目的在于保证产业投资基金中本金的安全。由于德国银行机构为全能银行，即其几乎涵盖所有的金融活动，因此利用银行机构资金进入产业投资基金，能确保本金来源的稳定性。而对于日本而言，与英美相反，其养老金不能进入产业投资基金中，因此资金池丰厚的银行成为产业投资基金的首选。

与英美国家以证券市场为主的氛围不同，作为主要资金来源的德日银行机构，对本金的安全性要求较高，因此产业投资基金向风险较高的高新技术产业投资较少，同时对处于发展初期的企业也持有较为谨慎的态度。德日两国的产业投资基金侧重于发展较为成熟的产业，如需对高新产业进行支持，则将产业基金分散投资于多个产业内，以期分散投资风险，保障本金的安全。

由于对金融市场持有较为保守的态度，因此德国和日本的证券市场不如英美国家发达，这导致产业投资基金无法自由在证券市场上退出，主要退出机制为原始企业（即被投资企业）回购，或大型企业对中小企业进行并购。

（三）政府主导模式

政府介入产业投资基金所采取的方式为政府直接出资创办产业投资公司，投资于商业性产业投资公司或投资基金所谨慎涉足的创业初期阶段，发挥着引导社会投资的领头羊作用和弥补社会资本投资缺陷的拾遗补缺作用。但是产业投资基金需借助市场力量发挥其资源配置作用，因此政府应尽量避免过多干预产业投资基金的经营管理，并需借助市场的力量助产业投资基金获得既定的利润目标。政府主导模式主要适用于新兴市场和国家，如以色列等。以色列政府在引导产业投资基金建设中，会适当借助外部资源，如吸收美国产业投资基金中的资金。

二、国内产业投资基金模式研究

（一）公司型产业投资基金模式

目前在中国运行的各类投资公司可分为三类：第一类是非金融性国有投资公司，主要由财政和费用专收资金发起募集设立，是地方政府和行业主管部门投资和资产管理手段的一种补充。第二类是一般性投资公司，是由民间发起，以特定某种投资领域为投资方向的投资公司。第三类为新兴的，类似于投资基金型的投资公司，主要是以热门的科技创新和资本成长为目标的创业投资公司。

第三类投资公司在投资过程中灵活性最大，且市场化程度较高，符合金融市场的发展方向，在此类产业投资基金中作为典型代表的为中科招商。中科招商的发展已初具产业投资基金模式和规模，其作为一家投资公司，主要从事风险较高的产业投资活动，实现了由一家基金管理公司对多家基金进行管理的模式，资本也在该投资过程中被放大。

中科招商设立的特点在于，其先成立基金管理公司，其后再由该公司联合资金规模庞大的企业集团与机构发起公司型产业投资基金。基于此种模式，中科招商已成功发起并管理了三支产业基金，分别为：综合产业基金、教育产业基金和交通产业基金，这三支基金分别对应的三家投资公司为：中科招商创业投资有限公司、中科天地软件人才教育有限公司和中科招商交通产业创业投资管理有限公司。① 对于公司型产业投资基金而言，基金管理公司同时兼具基金投资者与基金管理者双重身份和职责。

（二）政府主导的公司型产业基金

政府主导的公司型产业基金与一般的公司型产业基金的不同之处在于，其设立方为政府，而非一般的基金管理公司。公司在设立产业投资基金的过程中，容易受到宏观政策影响，且在进行投资过程中若得到政府当局的支持对产业投资基金的顺利运营具有正面影响。但是若政府全额出资，则会将政府推到基金运行的前台，这对于政府的宏观风险管控是一项较为严峻的挑战，同时会使产业基金蒙上浓厚的政治色彩，政企难以实现完全意义上的分离，使得产业投资基金无法全力发挥其市场资源支配职能。因此，设立政府主导的公司型产业基金为政府与企业合作的运行模式。此类产业投资基金主要分为两种模式，一种为“官办民营”，即由政府作为大股东出资设立产业投资基金，在基金成功设立后聘请专业化基金管理公司实行日常管理；另一种运行模式为“合资管理”，即基金的设立和管理均由政府和企业共同进行，若出资企业为国有企业或政策性银行，则从某种程度上而言，也可称为“官办官营”。

1. “官办民营”型

“官办民营”型基金成功设立的例子为中比基金，其中很大一部分原因是其争取到了原国家计委的支持，顺利获得筹建批文。中比基金注册资金为 1 亿欧元，其中中国政府（财政部出资）、比利时政府、海通证券、富通基金分别以 3∶3∶2∶2 的比例出资，而相关的日常管理则由海通证券和富通基金共同进行。

产业投资基金将日常管理进行“外包”，具有一定的优势。首先，缓解因政府出面进行管理所造成的宏观风险；其次，利用金融机构的专业知识和研发优势，能有效提高产业投资基金的运作效率，同时规避证券机构在投资实业方面的政策限制。

---

① 刘昕．产业投资基金及其管理机构的模式选择．财经问题研究，2004（10）．

2. “合资管理”型

国家开发银行和瑞士联邦对外经济事务秘书处以 33∶67 的比例共同出资，注册 1000 万元人民币成立中瑞创业投资基金管理有限公司，在此基础上设立中瑞合作基金。

中瑞合作基金为“合资管理”型基金的代表，其在资金的注资和管理上均为中瑞双方共同进行。此外，由于合作双方均为国家政策性机构，因此基金具有“官办官营”的特性。

（三）信托型产业投资基金模式

目前随着我国金融市场的逐步完善，信托公司将其业务进行拓展，逐步尝试股权投资业务，这意味着信托型的产业投资基金模式已经建立起来。此外，银监会 2008 年 6 月 27 日发布了《信托公司私人股权投资业务操作指引》，使信托产业基金在运营时有法可依。如中信信托公司发行“中信锦绣 1 号股权投资基金信托计划”，投资于金融领域企业，同时基金内剩余资金用于稳定投资，如投资于货币市场、债券市场等。

（四）混合基金模式——公司型与契约型结合

2007 年我国渤海产业基金成立，依照国家发改委的批复，该基金设立模式为契约型产业投资基金。为便于基金管理，成立渤海产业基金管理公司，大股东为中银国际控股有限公司，持有 48% 的股份，同时委托交通银行进行资产托管。渤海产业投资基金首期募集资金 60. 8 亿元，基金以封闭方式运作，存续期为 15 年。

从渤海产业基金的组织结构上看，渤海基金管理公司参与到基金投资中，这与一般契约型基金所定义的基金投资者与管理者分离所不同。这是因为渤海产业投资基金所涉及的资金数量庞大，因此为降低风险，借鉴公司型基金的运作模式，投资者部分参与到基金日常管理运营中。渤海产业基金选择此类运作模式，也与我国基金管理人监督机制缺乏有关。

第四节　玻璃产业投资基金构建架构

一、玻璃产业投资基金设立模式

（一）产业投资基金模式比较

从理论上讲，产业投资基金有四种模式，其中我国对契约型产业投资基金的设立存在一定的法律空白，且该模式从某种程度上讲与信托型产业投资基金和公司型产业投资基金有所重叠，因此只将公司型、有限合伙型与信托型进行比较（见表 7. 2），从而选出符合玻璃产业发展现状的基金模式。

表 7.2 **产业投资基金运作模式比较**

	公司型产业投资基金	有限合伙型产业投资基金	信托型产业投资基金
基金管理人决定权	公司股东大会或董事会	普通合伙人	信托合同规定
参与重大决策	股东	投资者	信托合同规定
资本退出决定权	公司股东大会或董事会	普通合伙人	资本可较为自由流动
基金收益分配权	股东	普通合伙人	信托合同规定
基金终止与清算	公司股东大会	全体合伙人	信托合同规定

从税收角度考虑，公司型产业投资基金面临“双重纳税”的困境，明显处于不利地位，即基金公司盈利需缴税，此后基金管理人所获得的红利需再次缴税。此外，从资金筹集持续性考虑，公司型与有限合伙型产业投资基金能为基金提供持续的后续资金支持，但信托型产业投资基金难以保证。对于产业投资基金最为重视的退出机制，有限合伙型更为灵活，而公司型在退出时面临较高的法律风险。对于产业投资基金的监管，公司型与有限合伙型产业投资基金均拥有完善的制度安排，信托型在此方面尚缺失。

从投资者的角度来看，信托型产业投资基金所给予基金投资人的权利较少，无法涵盖其决策需求，因而有限合伙型和公司型基金设立模式为较优选择。但公司型产业投资基金导致基金管理人无法根据市场形势进行灵活的自主决策，受限于基金投资者的意愿和决策。相较而言，有限合伙型产业投资金为最优选择，不仅可以避免“双重纳税”的问题，同时也可控制基金的管理成本。

产业投资基金组织形式应根据投资目标、投资策略以及投资地区税收减免政策等限制条件进行选择，将资金引入急需资金支持的领域，这对于产业投资基金的运作效率和资金使用效率具有决定性作用。

（二）玻璃产业投资基金模式

结合上述模式分析可知，由于玻璃产业属于国家产能过剩型产业，争取免税区的可能性较低，若依靠当地政府对该类公司型产业投资基金实现税收减免，则在一定程度上会损害当地政府的税收收入，且该政策并不具有持久性，因此结合产业特征可知，对于玻璃产业而言，公司型产业投资基金并非为最优投资基金模式。

此外，由于有限合伙型对于合伙人间的信用程度要求较高，因此为使玻璃产业投资基金具有较强适应力，可参考渤海产业基金组织模式，构建混合模式产业投资基金，即公司型和契约型相结合的组织架构。以契约型模式为基础，构建玻璃产业投资基金体系，由投资者、信托人和保管人三方组成，其中投资者同时也成为受托管理人的股东，即投资者与信托人交叉。

该混合模式的优势在于，通过契约型产业投资基金可有效规避公司型产业投资基金所带来的“双重纳税”困境，同时利用公司型产业投资基金的股东大会制度，让投资者参与到基金投资决策中，降低投资者自身风险。该混合模式解决了公司型产业投资基金赋税繁重的问题，同时又可利用其优点对基金进行管理。此外，该混合模式需注意风险机制的建设和完善，避免股东为自身利益而偏离基金设立的初始目标。玻璃产业投资基金运作模式设计见图7.2。

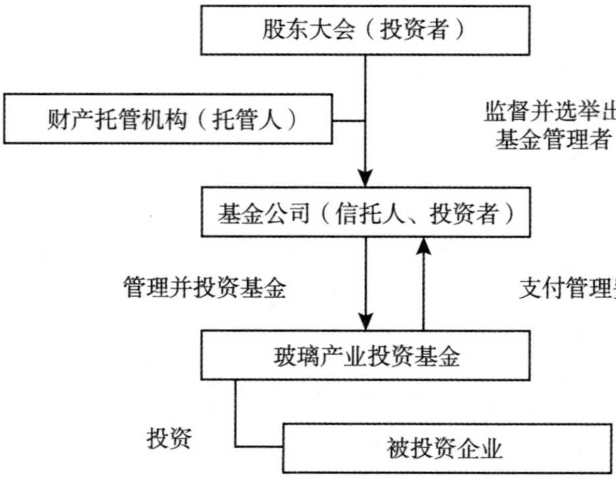

图7.2 玻璃产业投资基金运作模式设计

二、玻璃产业投资基金构建细则

（一）基金发起制度

1. 基金发起人

基金发起人一般为发起基金的金融机构，而根据《证券投资基金管理暂行办法》的规定，基金发起机构应为证券公司，信托投资公司及基金管理公司，并且数量为两个以上。

在选择玻璃产业投资基金发起人时，应根据实力、业绩、经验等标准进行衡量，选择信誉较好、实力较强的发起人。结合沙河市本地情况，可选择金汇通投资控股有限公司为基金主要发起人。

2. 基金发起方式

基金发起方式分为公募与私募两种，其中我国公募基金主要集中于证券投资基金，面向不特定投资者公开发行受益凭证。采用公募方式能广泛吸收社会闲散资金，既能提高社会资金的使用效率，同时也为产业基金提供了较为庞大的资金支持。但该方式对社会信用程度和相关法律体系的完善程度要求较高，因此并不适用于产业投资基金设立的初级阶段。

私募基金主要在数量较少且关系密切的机构间进行，由于产业投资基金的资金量庞大，风险管控机制完备，因此其自身风险较少，可支持尚处于发展初级阶段的产业以及需要实现转型和升级的产业。

鉴于产业投资基金投资方向较单一，对投资者成熟度和专业性要求较高，因此选择公募与私募结合，但以私募为主的基金发起方式较为适合。

（二）基金开放程度

考虑到产业投资基金对于资金稳定性要求较高，因此选择以封闭式为主，在条件成熟时可以实行“半开半闭”的方式，即认购为封闭式，回购为开放式，只可在二级市场上进行流转，无法向基金经理方套现。

（三）基金组织形式

结合前文分析，考虑到投资者避险程度，选择公司型与契约型相结合的混合型产业投资基金组织形式。

（四）基金资金筹集

1. 基金规模设计

玻璃产业投资基金规模设计应以对风险的分散程度为标准，若基金规模过小，则易出现大部分资金集中投资于某一个项目或企业的情况，一旦出现系统性风险，易导致整个玻璃产业投资基金陷入困境。因此为保证基金实现“分散投资，降低风险”的目标，基金规模在 10 亿元较为合理。

2. 股东最低出资额

考虑到产业投资基金筹集资金规模较大，对于单个投资者而言，应将最低出资额限定为 3000 万元。

3. 基金管理者出资额

为满足基金设立需求，同时对基金管理人具有激励机制，管理人出资份额应占募集规模的 1%，即 1000 万元。

（五）基金资金投向

1. 基金资金投向选择

在玻璃产业投资基金的投向选择上，首先，需对玻璃产业发展所需配套设施进行建设。其次，为加速玻璃产业转型与升级，玻璃产业投资基金应促进高新技术企业的发展。最后，应支持产业实现“走出去”的战略目标，支持产业实现国际化。

2. 量化投资标准

玻璃产业投资基金在投资项目或企业时，应充分考虑玻璃产业政策、投资目标、投资者收益性等限制性因素。主要选择预期收益率在 25% 以上，急需实现产业调整、资金支持不足且其产品具有地区垄断特征的玻璃企业。

（六）基金投资期限

1. 基金存续期

为保证基金投资的稳定性和持续性，基金存续期一般为 7 ~ 10 年。对于玻璃产业投资基金，考虑其投资回报期较长，将基金存续期限设定为 10 年。

2. 投资承诺期

基金一般在获得投资承诺的 3 ~ 6 个月内实行投资，以期能保证资金使用效率和收益性。

（七）基金管理费用

每年基金管理费一般固定为资本额度的 1.5% ~ 2.5%。

（八）收益保障机制

1. 基金基准收益

为保证基金投资者能获得基本收益，设定只有当基金收益超出基准收益时，基金管理人才能按比例获取超额收益。

2. 基金限制条款

鉴于玻璃产业投资基金对流动性、收益性、安全性均有限制，因此某些资金投入量较大、风险较高的投资不能仅由基金管理人决定，需经股东大会同意，以期控制风险，保障投资者利益。

（九）基金退出机制

对于产业投资基金而言，若退出机制不完善，将影响其可持续运营。目前我国资本市场尚处于初级阶段，若单独依靠企业上市以实现基金的退出，可能面临流动性不足的问题，影响市场的正常运行。因此政府应主导多层次资本市场的完善，促使各类企业的股权能在市场上有效转让和退出，鉴于此，三板市场和四板市场等门槛较低的场外交易市场的建立和完善就成为产业投资基金顺利退出的关键环节。

第五节　玻璃产业投资基金风险管理研究

一、玻璃产业投资基金内部风险管控

（一）承诺制基金投资方式

对于投资者自身而言，若在期初将所有的资金一次性投入产业投资基金中，其所承担的风险较大，因而也会从某种程度上限制投资者对基金的认可程度。为有效防范投资者风险，并扩大产业投资基金的认可程度，在基金发售期允许投资者认购基金总额的 25% ~ 30%，剩余资金可在基金进行实际投资时，按照认购比例进行分批注入。由于产业投资基金总额并未完全实现实际支付，仅为承诺资金总额，因此此类基金支付模式为承诺制基金支付。通过承诺制基金支付，投资者可以根据基金的实际运行状况决定是否进行下一步资

金注入。此模式对基金管理者进行约束，具有一定的监督和审查作用。

（二）基金管理者激励机制

基金管理者负责产业投资基金的日常运营，建立适当的激励机制，对于产业投资基金的正常运行具有重要意义。管理者的回报通常由两部分组成，一为定额的管理费，二为管理业绩回报。管理费通常为基金承诺金额的2%～2.5%，而管理业绩回报通常为所实现回报的20%。业绩回报制度能有效地激励管理者进行投资活动，实现基金价值的增值。

（三）强制性分配基金利润

对于基金在运行过程中所实现的利润，管理者被要求将其逐年分配给投资者，这种强制要求的条款削弱了基金管理者对于基金的控制程度，保证了资金的安全性，同时对于基金管理方而言也增加了对资金回报的约束。

（四）行为限制性基金条款

投资者在购买产业投资基金份额时，需要与管理人签订投资合同，合同中对于基金管理者的部分行为进行限制，目的在于集中基金管理者的注意力以及基金内部的资金，更好地实现基金既定目标。限制的项目主要有：限制单个项目的投资比例、限制投资于金融衍生品市场的行为、限制基金管理人的管理项目等。

二、建立产业投资基金信息披露机制

基金在运行过程中普遍存在的问题为信息披露不完善。对于非上市公司而言，由于其并不需要对投资者进行信息披露，因此在经营状况、财务制度等方面往往透明度不够，对产业投资基金对投资对象的选择造成一定的信息阻滞。相对而言，产业投资基金若信息披露机制不完善，可能导致基金管理者为实现预定收益率而进行条款所禁止的私募证券投资工作等，这将给投资者资金的安全性带来隐患。

因此，基于产业投资基金的可持续发展，应在产业投资基金的设立初期建立一套完善的信息披露机制，约束被投资公司的行为，避免逆向选择等风险。此外，玻璃产业投资基金除需对外进行实时有效的信息披露外，基金管理者也需定期向投资者报告基金资产的价值及基金的投资与控制过程，实行内部监控和管理，从而实现社会资金的合理流动和配置。

三、加强高新技术行业风险管控机制

玻璃产业若要实现转型与升级，应专注于玻璃产业中高新技术的研发与应用，力争带动区域经济实现跨越式发展。因此，玻璃产业投资基金除应加强玻璃产业配套基础设施建设外，还应将玻璃产业中的高新技术项目或企业作为投资重点。在高新技术领域中，风险投资是较为成熟的融资方式。目前高风险、高回报的特征为风险投资在这个领域的运用创造了可能。

成功实现风险投资的必要条件为资金充足性、项目优良性与风险资金的成功退出机制，其中最为核心的条件为退出机制的完善。鉴于此，首先，可建立玻璃产业投资基金的柜台交易系统或二板流通市场，为其提供完善的退出机制。其次，设立资产管理公司，以防玻璃产业投资基金的投资项目失败，导致无法收回前期投资成本。可由资产管理公司将股权收回，降低产业投资基金的资金损失程度。成熟地推出基金有助于金融机构的资金向处于创业期的玻璃高新技术企业或项目流通，从而推动玻璃产业的快速发展。

第六节　本章小结及相关政策建议

一、本章小结

本章首先对金融创新工具——玻璃产业投资基金进行研究，阐述了玻璃产业投资基金对玻璃产业的促进作用以及法律合规性。其次，从理论和实例两方面对现有产业投资基金进行研究，探究适用于玻璃产业的投资基金建设模式，最终确立与渤海投资基金相类似的混合基金模式，即公司型与契约型模式相结合，为玻璃产业投资基金设立模式。此外，本章还设计了玻璃产业投资基金的构建细节，包括发起、组织、资金筹集与运营、推出等机制。由于玻璃产业投资基金筹集资金规模庞大，因此对其进行严格谨慎的风险防控是必不可少的。在风险可控的基础上，实现玻璃产业的转型与升级是玻璃产业金融工程的研究宗旨。

二、相关政策建议

（一）引导产业资金流向

玻璃产业投资基金利用其资源优势以及庞大的信息通道，可以获得比一般金融机构更为直接有效的信息，因而产业投资基金的投资走势将作为玻璃产业的投资指向标。鉴于产业投资基金具有分散投资风险的要求和限制，因此其无法在玻璃产业中做到面面俱到，但其可以利用自身的资源优势，为具有良好发展潜力的玻璃企业或项目提供其他的资金来源。相反，若玻璃产业基金不愿涉足某些项目，则表明它认为该项目并非最优选择，将引导个人投资者的投资意愿和投资方向。因此玻璃产业投资基金应充分利用该优势，引导社会资金流入行业中急需资助的有发展前途的企业或项目，优化配置社会资源，节约社会成本。

（二）专业基金管理机构

玻璃产业投资基金拥有庞大的资金，因此需要专业化的基金管理机构对其进行日常管理。基金管理人对于产业投资基金而言具有非常重要的意义，若产业投资基金不愿将基金委托给专业的投资机构进行管理，将导致基金面临非规范运行的风险。由于产业投资基金所运营的资金规模庞大，因此应对风险采取格外谨慎的态度。

（三）降低财政资金占比

政府在玻璃产业投资基金组建过程中，应将组织资金方的角色向监管方转换。政府应逐步将有限的财政资金运用到更为有效的地方，提高财政资金的使用效率，同时逐步形成政府引导、监管，吸纳民间资本进入的市场化玻璃产业投资基金。对于产业投资基金的支持，政府可在其职能范围内，给予政策支持和适当资金支持，如税收优惠政策，或对玻璃产业技术创新和产业投资基金给予环境支持等。

（四）完善产业投资基金相关法律

产业投资基金相关法律体系应在政府的牵头下尽快设立和完善，并将其细化，保证基金在运行过程中有法可依。目前，由国家发展和改革委员会牵头起草的《产业投资基金管理暂行办法》已提交国务院，目前正在审查修改过程当中。若该办法颁布与实行，必将对我国产业投资基金的运作提供更为规范的依据，这将有利于我国打造稳定的多层次资本市场，有利于我国建设健康有序的金融环境。

第八章　玻璃产业互助基金研究

中小企业融资难问题一直以来是国内外专家学者所研究的对象，也是实际工作中经常面对的难题。利用外部资源为中小企业拓宽融资渠道不失为一种可行的方法，但往往受外界因素影响，若利用中小企业自身的资源优势，则可使得融资具有更多的自主性。玻璃产业互助基金基于玻璃产业集群中的中小企业而建立，集合中小企业的信用获得银行等金融机构的贷款，同时也可集合各企业内部的闲余资金，在产业集群内部进行短期资金头寸运作。

第一节　玻璃产业互助基金可行性研究

一、玻璃产业互助基金建设现状

（一）玻璃产业园集聚中小玻璃企业

以沙河市为例，沙河地区浮法玻璃生产线有 34 条，较大的企业有 11 家，为配合沙河市提出的打造“千亿玻璃产业基地，力争全国第一家”的目标，德金玻璃有限公司建立了河北德盛玻璃工业园。沙河市政府计划建立千亿元玻璃产业，而目前沙河的浮法玻璃年产值不到 200 亿元，仅靠发展浮法玻璃不可能达到目的，德金玻璃在沙河市政府的政策支持下建立了德盛玻璃工业园。园区集中了一批具有高新技术产业的中小玻璃企业，目前工业园已投资 8 亿多元，全部投产后，年产值将达到 30 多亿元，效益会非常可观。目前该工业园已入驻企业 23 家，其中不乏来自上海、浙江、哈尔滨的拥有高新技术的深加工玻璃企业，园区已建立 24 个生产基地、20 多个车间，在全国玻璃深加工工业园区项目中处于领先水平。目前该工业园区内生产的玻璃品种多为高科技、污染小、高附加值的创新产品，如 LOW-E 镀膜、彩镜银镜、雕刻玻璃和地板砖玻璃等，这些产品备受行业商家的青睐。寻求高附加值、降低生产成本对于处于微利时代的玻璃行业来说，已经成为新的趋势。在德盛玻璃工业园区内，已经形成了上下游“联姻”的局面，深加工玻璃产品已远销东南亚、欧洲和南非等地。行业人士表示，产业链的延伸不仅有助于解决玻璃生产企业当前面临的困境，更有利于推动国内玻璃产品走向国际市场。

（二）产业园助中小企业获资源支持

工业园根据中小企业发展特点，按照行业、产业链特征，把松散的玻璃行业中小企业以及其他相关小微客户整合成一个有组织的经济体，帮助中小企业抱团发展、抵御风险，享受政府与金融机构所提供的全方位的金融服务。

沙河市现已成立多家工业园，园区内中小企业借助大企业优质资源，在资金、生产车间、销售渠道等方面获益良多，体现出“以大带小”的产业发展模式。该模式对大中小企业具有双赢优势，进驻工业园的中小企业能利用大型企业所提供的各种资源，实现自身企业的快速成长，同时工业园发起企业能获得相应的租金收入，也可利用企业集中优势向政府争取优惠政策或政策支持。

（三）中小企业融资难问题日益凸显

一般来说，中小企业规模较小，经营活动透明度差，财务信息具有非公开性，可用于抵押质押的资产不足，信用可得性较低。由于在资本市场和债券市场得不到融资便利，大多数中小企业寄希望于银行贷款，但银行受困于信息不对称，普遍要求中小企业提供担保抵押，致使这个瓶颈问题难以突破。在中小企业资金融通困难的同时，银行存贷比不断膨胀。在这种情况下，市场组织对信用担保制度产生了强烈的需求。

以工业园为基础，设立产业互助基金，能解决玻璃行业中小企业在产品研发等阶段所需的短期或长期大量资金。可由产业园区内龙头企业牵头，并按照一定比例缴纳资金成立产业互助基金。会员中若有资金缺口，可从产业互助基金中获得直接支持；若资金需求过大，凭借企业自身力量无法获取信贷时，产业园可为中小企业提供信用担保，从银行等金融机构获取流动资金。由此可见，产业互助中心的成立可扩大玻璃行业中小企业融资渠道，同时也可缓解基金牵头企业的资金压力。

二、玻璃产业互助基金法律合规性研究

（一）玻璃产业互助基金相关法律研究（见表 8.1）

表 8.1　　**玻璃产业互助基金相关法律**

	相关条款	合规性分析
《中小企业促进法》①	第十二条　国家设立中小企业发展基金。中小企业发展基金由下列资金组成： （一）中央财政预算安排的扶持中小企业发展专项资金； （二）基金收益； （三）捐赠； （四）其他资金。 国家通过税收政策，鼓励对中小企业发展基金的捐赠	该条款表明产业互助中心资金来源渠道较为广泛，可寻求政府财政支持，以扩大互助基金资金规模，增强其影响力
	第十六条　国家采取措施拓宽中小企业的直接融资渠道，积极引导中小企业创造条件，通过法律、行政法规允许的各种方式直接融资	此条款为产业互助中心的设立提供了法律依据

① 2003 年 1 月 1 日开始执行。

续表

	相关条款	合规性分析
《中小企业促进法》	第二十条　国家鼓励各种担保机构为中小企业提供信用担保	产业基金的设立可为中小企业提供信用担保
	第二十一条　国家鼓励中小企业依法开展多种形式的互助性融资担保	产业基金的设立可发挥中小企业集群作用
《证券投资基金法》①	第五十一条　公开募集基金，应当经国务院证券监督管理机构注册。未经注册，不得公开或者变相公开募集基金。 前款所称公开募集基金，包括向不特定对象募集资金、向特定对象募集资金累计超过二百人，以及法律、行政法规规定的其他情形	产业互助中心若满足私募条件，则需使募集对象不超过200人
	第九十五条　非公开募集基金募集完毕，基金管理人应当向基金行业协会备案。对募集的资金总额或者基金份额持有人的人数达到规定标准的基金，基金行业协会应当向国务院证券监督管理机构报告。 非公开募集基金财产的证券投资，包括买卖公开发行的股份有限公司股票、债券、基金份额，以及国务院证券监督管理机构规定的其他证券及其衍生品种	私募基金需报备基金行业协会，若达到一定标准需受证监会监管
	第一百二十条　违反本法规定，未经批准擅自设立基金管理公司或者未经核准从事公开募集基金管理业务的，由证券监督管理机构予以取缔或者责令改正，没收违法所得，并处违法所得一倍以上五倍以下罚款；没有违法所得或者违法所得不足一百万元的，并处十万元以上一百万元以下罚款。对直接负责的主管人员和其他直接责任人员给予警告，并处三万元以上三十万元以下罚款	由于产业互助中心基于合作社设立，且采取私募形式募集资金，因此未违反该规定
	第一百二十三条　基金管理人、基金托管人违反本法规定，未对基金财产实行分别管理或者分账保管，责令改正，处五万元以上五十万元以下罚款；对直接负责的主管人员和其他直接责任人员给予警告，暂停或者撤销基金从业资格，并处三万元以上三十万元以下罚款	产业互助中心中会员资金账户、风险准备金账户、保证金账户需实行分账管理
	第一百三十四条　违反本法规定，未经登记，使用“基金”或者“基金管理”字样或者近似名称进行证券投资活动的，没收违法所得，并处违法所得一倍以上五倍以下罚款；没有违法所得或者违法所得不足一百万元的，并处十万元以上一百万元以下罚款。对直接负责的主管人员和其他直接责任人员给予警告，并处三万元以上三十万元以下罚款	能使用“基金”名义，在未登记情形下进行证券投资活动

① 经中华人民共和国第十一届全国人民代表大会常务委员会第三十次会议于2012年12月28日修订通过，自2013年6月1日起施行。

续表

	相关条款	合规性分析
《企业所得税法》①	第二十六条　企业的下列收入为免税收入： （一）国债利息收入； （二）符合条件的居民企业之间的股息、红利等权益性投资收益； （三）在中国境内设立机构、场所的非居民企业从居民企业取得与该机构、场所有实际联系的股息、红利等权益性投资收益； （四）符合条件的非营利组织的收入	为合理规避“企业所得税”，提高产业互助基金运作效率提供指导
《企业所得税法实施条例》②	第八十二条　企业所得税法第二十六条第（一）项所称国债利息收入，是指企业持有国务院财政部门发行的国债取得的利息收入 第八十三条　企业所得税法第二十六条第（二）项所称符合条件的居民企业之间的股息、红利等权益性投资收益，是指居民企业直接投资于其他居民企业取得的投资收益。企业所得税法第二十六条第（二）项和第（三）项所称股息、红利等权益性投资收益，不包括连续持有居民企业公开发行并上市流通的股票不足12个月取得的投资收益 第八十四条　企业所得税法第二十六条第（四）项所称符合条件的非营利组织，是指同时符合下列条件的组织： （一）依法履行非营利组织登记手续； （二）从事公益性或者非营利性活动； （三）取得的收入除用于与该组织有关的、合理的支出外，全部用于登记核定或者章程规定的公益性或者非营利性事业； （四）财产及其孳息不用于分配； （五）按照登记核定或者章程规定，该组织注销后的剩余财产用于公益性或者非营利性目的，或者由登记管理机关转赠给与该组织性质、宗旨相同的组织，并向社会公告； （六）投入人对投入该组织的财产不保留或者享有任何财产权利； （七）工作人员工资福利开支控制在规定的比例内，不变相分配该组织的财产。 前款规定的非营利组织的认定管理办法由国务院财政、税务主管部门会同国务院有关部门制定	

① 中华人民共和国第十届全国人民代表大会第五次会议于2007年3月16日通过，自2008年1月1日起施行。

② 2007年11月28日国务院第197次常务会议通过，自2008年1月1日起施行。

续表

	相关条款	合规性分析
《企业所得税法实施条例释义》①	其他取得收入的组织。除了上述所列企业、事业单位、社会团体之外，还有不少类型的经济组织也能够依法取得各种收入，他们当然也是企业所得税的纳税人，应当依照新企业所得税法和本实施条例的规定缴纳企业所得税。实践中，这些经济组织主要包括：……(3) 商会，包括中国商会和外国商会，中国商会是国内企业组织的非营利性行业协会团体，外国商会根据《外国商会管理暂行规定》是指外国在中国境内的商业机构及人员依照本规定在中国境内成立，不从事任何商业活动的非营利性团体。(4) 农民专业合作社，根据《中华人民共和国农村专业合作社法》，是指在农村家庭承包经营基础上，同类农产品的生产经营者或者同类农业生产服务的提供者、利用者，自愿联合、民主管理的互助性经济组织。……	表明无论是以商会还是合作社形式设立互助基金，只要有盈利，就需缴纳企业所得税
	根据《社会团体登记管理条例》第二条规定，社会团体是指由中国公民自愿组成，为实现会员共同意愿，按照其章程开展活动的非营利性社会组织。社会团体也属于公益性或非营利性组织，也可能通过经营或接受捐赠等行为取得收入。根据企业所得税法第二十六条规定，符合条件的社会团体的收入可以享受免税优惠，但是如果社会团体的收入不符合免税条件，仍然应当依照新企业所得税法和本实施条例的规定缴纳企业所得税	表明产业互助中心需满足《企业所得税法》相关税收减免政策，才能有效规避“企业所得税”
《非法金融机构和非法金融业务活动取缔办法》②	第三条　本办法所称非法金融机构，是指未经中国人民银行批准，擅自设立从事或者主要从事吸收存款、发放贷款、办理结算、票据贴现、资金拆借、信托投资、金融租赁、融资担保、外汇买卖等金融业务活动的机构。 非法金融机构的筹备组织，视为非法金融机构	在玻璃工业园互助中心制度设计过程中，需规避“贷款”等敏感字眼，以“申请中心资金支持”等替换
	第四条　本办法所称非法金融业务活动，是指未经中国人民银行批准，擅自从事的下列活动： (一) 非法吸收公众存款或者变相吸收公众存款； (二) 非经依法批准，以任何名义向社会不特定对象进行的非法集资； (三) 非法发放贷款、办理结算、票据贴现、资金拆借、信托投资、金融租赁、融资担保、外汇买卖； (四) 中国人民银行认定的其他非法金融业务活动	由于仅针对“德盛工业园”内中小企业进行投融资活动，因此玻璃工业园互助中心所从事业务不属于“非法金融业务活动”

① 2007年12月24日刊载于中国税务报。

② 1998年6月30日国务院第5次常务会议通过，1998年7月13日起施行。

（二）法律合规性研究总结

根据《中小企业促进法》的规定，产业互助中心可寻求中央财政预算安排的扶持中小企业发展专项资金、基金收益、捐赠及其他符合法律法规规定的资金来源支持。

（1）由《证券投资基金》的规定可知，未经注册，不能以“基金”名义进行证券投资活动，且私募基金中募集对象不得超过200人。此外，非投资类的基金与投资类的基金的法律要求不尽相同。投资性质的基金将不可避免地受到投资相关的法律规范制约，比如证券投资基金必然会受到《证券法》、《证券投资基金法》及其相关配套法规的管辖，股权投资基金则会受到《公司法》、《反垄断法》等法律的管辖。

（2）为合理规避“企业所得税”，根据《企业所得税法实施条例释义》的规定，不能设置如商会、合作社等头衔，因此将名称设置为“玻璃工业园互助中心”，中心组建目的在于解决中小企业融资难问题。

（3）《企业所得税法实施条例》规定，有经济收入的社会团体也需缴纳“企业所得税”，但符合免税政策的除外。根据免税政策：国债收入、居民企业间的权益性投资收益均可享受免税优惠政策，因此产业互助中心对会员将以“投资于优良项目或具有成长性企业”的名义实行注资。

（4）为规避双重征税，可在第二重税收“个人所得税”中进行合法规避，该行为被称为“节税”，属于合法行为，是指纳税人依据税法规定所作出的符合税法宗旨的旨在减轻纳税义务的各种正当行为。

对于由投资收益所产生的利润，互助中心可依据出资份额向会员进行分红。同时，可采取合法手段对“个人所得税”进行适当规避，如“零利率投资回报”、财政对支柱型产业实施税收减免政策等。

（5）由《非法金融机构和非法金融业务活动取缔办法》可知，由于仅针对“德盛工业园”内中小企业进行投融资活动，因此玻璃工业园互助中心所从事业务不属于“非法金融业务活动”。但在玻璃工业园互助中心的制度设计过程中，需规避“贷款”等敏感字眼，以“申请中心资金支持”等替换。

（6）《中国人民银行关于严格金融机构审批的通知》中指出，具有独立法人资格的金融机构的筹备和设立，均由省、自治区、直辖市、计划单列市人民银行审核，报总行批准和核发《经营金融业务许可证》。因此玻璃工业园互助中心在设立过程中，规避“独立法人”的条件，可有效将自身排除在“非法金融机构”范围外。

第二节　产业互助基金设立经验研究

一、中小企业融资难问题文献综述

中小企业融资难，究其原因是多方面的，但无外乎资金需求方、中介服务方及资金供给方未能实现协同互动发展。

（一）国外文献综述

中小企业融资难的成因来自于多个方面。Ronald（1973）和 Edward（1973）认为在金融环境并未完全市场化的国家中，政府会按照自己的偏好引导金融资源的流入方向，主要为收益较大的项目与国有部门，而流入中小企业和私营企业的资金不足，导致中小企业的融资需求难以满足。Carpenter 和 Petersen（2002）认为中小企业的信息不对称问题与大企业相比更为严重，因此中小企业获得银行融资难度更大。相对应的，Dewatripont 和 Maskin（1995）认为中小企业信贷中所产生的“预算软约束问题”，使得银行更偏向于经营“大客户”的业务。

但并非所有银行都倾向于对大企业发放贷款，Berger、Miller 和 Petersen 等人（2002）认为，虽然大银行对信息不透明、财务记录不正规的中小企业比较不愿意发放贷款，但由于小银行比大银行更善于处理“软信息”，与借款人之间的交往也更具人性化，因此小银行更倾向于向中小企业发放贷款。Cole 等（2004）的研究结果也支持了 Berger 等人的结论，Cole 等人利用 1993 年美国中小企业融资数据进行了实证研究，表明大银行更倾向于向规模较大、财务记录正规、存续时间较长的借款人提供贷款；小银行则更为依赖与借款人事先存在的关系，对借款人的财务指标赋予较少的权重，有利于中小企业进行贷款活动。此外，Degryse 和 Ongena（2003）利用一家比利时大型银行 1975—1997 年的数据进行研究发现，银行与借款人之间的地理空间距离没有增大，表明资金需求双方的频繁接触能加强“软信息”的收集，加深双方的了解，降低交易成本。商业银行在进行信贷审核和发放时，尽管在具备网络等技术条件的前提下，交易双方的空间距离并不会进一步增加，但银行依然更重视地理空间距离更近的企业。

另外，从企业信用角度来看大多数中小企业的信贷历史较短，信贷的历史信用不充足，中小企业势必面临商业银行的信贷约束，从而面临融资难、担保难的困境。由此看来，中小企业融资难问题主要表现为其信用程度较低和银企之间的信息不对称导致担保难问题。根据信贷交易成本担保理论、逆向选择与道德风险担保理论、信号传递与资信评价担保理论以及关系贷款担保理论，现代经济学家与金融学家们就此进行了深入研究。

Barrow（1976）提出了信贷交易成本担保理论，认为在现实环境中存在担保影响，并基于此分析得出担保对资金需求双方的贷款利率有所影响，且担保有助于提高资金需求方的还款积极性。若资金需求方能使所提供的担保品变现能力加强，则会导致贷款利率下降，贷款成本缩减。Stiglitz 和 Wes（1981）提出了“不完全信息市场信贷配给模型”，表明资金借贷市场中逆向选择和道德风险的存在，导致资金供给方需要提高贷款利率以覆盖自身所承担的风险。

关系贷款担保理论提出商业银行与企业的长期合作有利于缓解银企的信息不对称问题，其认为银企双方在长期业务往来中所构成的关系为强有力的担保机制。Berlin 和 Mester（1998）将银行贷款分为市场交易型贷款和关系型贷款，关系型贷款是指贷款人根据以往与银行的贷款关系所获得的贷款。中小企业对于关系型贷款的依赖程度较高，主要是其自身的财务制度等必要因素的限制，导致长期形成的关系能为中小企业在贷款时进行担保，关系型贷款可获得性较高。Petersen 和 Rajan（1995）认为此类关系的牢固性与市场的集中度有关，基本呈现出正相关关系，即相对而言集中的市场，资金需求双方对关系型贷款的倾向性较高。Boot 和 Thankor（1994）则从关系形成的时间长短角度研究关系型贷款，他们认为资金需求双方形成的关系时间越长，双方了解程度加深，违约风险降低，因此关系型贷款所要求的利率适当降低。

（二）国内文献综述

张杰（1999）认为中小企业贷款出现违约时，国有银行需承担资产损失责任，因此国有银行倾向于向国有企业贷款，导致中小企业融资难度较大。何德旭（1999）等人认为中小企业由于自身存在一定的财务缺陷，且基于竞争角度考虑可能会出现隐瞒事实的情况，导致银行对中小企业贷款采取谨慎的态度。

相对于国有大银行，中小银行在更大程度上成为中小企业的资金供给方。林毅夫、李永军（2001）认为与大银行相比，由于中小银行与中小企业接触更多，具有良好的长期合作关系，导致银行对中小企业了解程度较高，因而能成功获得关系型贷款。张捷（2003）认为既然中小银行在向中小企业提供贷款的过程中更具有优势，那么可以建立中小金融机构体系，为中小企业提供充足贷款来源。许进（2009）通过研究表明中小企业在融资过程中所面临的主要是交易成本过高所带来的困难，因此通过中小企业建立的信用担保体系，可提高中小企业的信用程度，有效降低担保成本。

近些年来，为了解决中小企业融资难、担保难的问题，部分研究者将注意力转移至企业集群对融资的影响。郑秀杰、徐莉芹（2007）认为产业内部的企业通过聚集，可以降低资金提供方与中小企业之间的信息不对称，进而降低资金供给方的风险，进一步缩减交易成本。朱坤林、张洪（2008）利用博弈论说明了中小企业与银行金融机构之间对成本和收益的权衡，表明中小企业需要提高自身的竞争力才能在银企博弈之间占据一定的优势，因此通过产业集群提高中小企业自身的综合实力，为获得银行贷款的可行的途径。宋华、于亢亢（2008）对处于产业集群中和非产业集群中的中小企业分别进行实证研究，结果显示处于产业集群中的中小企业能获得质量较高的贷款，而非产业集群中的中小企业所获得的融资质量相对较低。

对于资金供给方而言，资金作为一种稀缺资源，出于风险及收益的考虑，银行更倾向于给大型企业发放贷款。此外，由于银行等金融机构属于国家严格管制的机构，因此专门为中小企业提供融资的金融机构较为稀缺。结合目前国内通胀压力不断增大的宏观环境，银行的借款利率逐步攀升，导致中小企业贷款规模进一步缩减。

二、国外中小企业融资模式研究

企业融资方式根据金融手段一般可分为财政融资方式、银行贷款融资方式、股票融资方式、债券融资方式、商业融资方式以及内部留存收益和折旧融资方式等。融资模式通常以一种突出的融资方式为主，其余融资方式为辅，多种融资方式相辅相成。根据融资模式的监管主体，融资模式可以分为自由主义模式、政府扶持模式与多样化支持模式。

（一）自由主义模式

美国金融市场中市场经济体系发达，且为自由的市场竞争模式，因此其金融服务主要倾向于利用市场解决中小企业融资问题，政府所参与的行政干预较少。企业在金融市场上融资时以自有资金为主，并且偏向于直接融资方式。在金融管理体系中，美国主要通过小企业管理局（SBA），即主要负责制定和执行小企业政策的部门进行管理。与此同时，SBA 也充当着金融中介的角色，为中小企业提供创业准备、行政管理等一系列相关金融服务，经国会授权拨款后可向中小企业提供资金支持。对于中小企业而言，受限于股东资金规模，直接融资方式无法满足资金运作需求，因此主要采取外源性金融支持，以银行商业信贷为主，同时兼顾场外交易市场与风险投资。为保证中小企业融资渠道畅通，美国金融市场形成了全国性和区域性的中小企业信用担保体系，同时健全的法律法规也为中小企业联合担保体系的完善提供了保障。

（二）政府扶持模式

政府在中小企业扶持过程中占主导地位，尤其是在信用担保与融资过程中表现最为突出的国家日本。在金融管理方面，日本在中央设立中小企业厅，并下设中小企业局，国家行政管理特色明显。中小企业在进行融资过程中，多选择外源性资本，且多具有政府与市场相结合的融资特色。日本金融市场中政府的比重较大，如在各地设立了多家政策性信用保证协会，主要服务于中小企业，并利用国家信用为中小企业担保提供支撑。同时，由于日本生产模式的特殊性，大企业与中小企业之间经常有业务往来，因此企业之间产生了合作互助的动力，有助于产业互助合作体系的建设。

（三）多样化支持模式

德国政府对于中小企业的发展持支持的态度，对于中小企业融资管理主要体现在设立中小企业局等中小企业管理机构，此外，政府还设立专项科技开发基金，鼓励中小企业进行科技创新和开发，同时和银行共同建立企业发展基金对具有发展潜力的中小企业予以资助。相较于其他国家而言，德国在对中小企业减免税收的优惠政策上力度较大，其对大部分中小手工业企业免征营业税，并对中小企业盈利用于再投资部分免征财产税等。对于中小企业的信用担保体系的构建，政府融资担保的比例较高，提供担保的方式主要有两种：一是通过银行实现担保，即政府出资对政策性银行提供低息贷款，进而由银行将该贷款提供给具有资金需求的中小企业；二是政府直接对部分项目进行担保，利用国家信用作为支撑。虽然德国政府在对中小企业的扶持中起着重要作用，但其同时也利用和整合了金融市场中的多项资源，为中小企业的发展保驾护航。

三、国内产业互助基金设立模式研究

目前，我国大部分中小企业担保机制为政府出面设立，诸多地方政府和担保机构为保证更为有效地支持中小企业发展正在探索担保体系构建的新型道路。

（一）各级财政建立互助基金

政府型互助基金由政府牵头建立，基金启动资金也由各级财政共同出资组建。此模式在集聚中小企业过程中具有效率，但需防范政府对基金运作干预过度风险。

我国最大规模的政府型中小企业担保基金为上海市财政共同基金，该基金由上海市和区县两级财政共同出资，并委托专业机构——中国经济技术投资担保有限公司上海分公司实施日常管理。同时，一部分区县还建立了小规模财政担保基金作为共同担保基金的补充，为一些微型小额贷款提供担保。

政府与管理公司签订委托管理协议，建立合理的利益分享和风险分摊机制。在基金日常运行过程中，政府负责提供被担保企业的资信证明，但项目是否担保的最终决定权由管理公司掌握。财政部门不参与担保项目的决策，主要负责服务和监管，参与制定担保基金管理和运作规则，通过规范互助基金的运作机制来实现扶持中小企业发展的政策目标。

基金的担保责任由各级财政部门共同承担。以上海市财政共同基金为例，当一般中小企业发生担保代偿时，各级财政平摊责任；高新技术企业出现违约时，由于违约金额较一般中小企业而言更为庞大，因此由市财政承担主要的代偿责任，而下一级财政承担次要责任。根据利益与风险对等原则，按照各级财政所承担的风险比例分配担保保费收入，盈余部分用于提取坏账准备金。

（二）委托专业机构代理担保

为保证互助基金运作的专业性与安全性，出资方聘请专业机构作为“第三方”代为进行日常管理，一般互助基金选取当地规模较大的银行作为“第三方”。但该模式也存在部分缺陷，因为互助基金存在合作银行，会使得基金收益仅限于担保费及银行利息收入，基金资本规模无法实现及时有效的补充，导致基金所面临的风险和收益严重不成比例。此外，若一味靠政府资金及合作企业的一次性投入，未能充分利用社会资金，使基金在外部补充机制方面存在严重不足。内外部补偿机制不健全使基金缺乏可持续发展能力。

（三）分层次再担保运行模式

分层次再担保模式是指当互助基金无法对违约贷款进行偿还时，债务清偿后仍不足以补偿贷款银行的部分由再担保机构代偿。该模式使得产业互助基金违约风险得到进一步控制，可获得银行机构更大规模的授信额度。

以安徽省中小企业信用担保中心为例，除少量担保业务外，其主要与其他担保机构合作进行再担保。再担保业务的开展具有条件，即担保机构资不抵债时，由省担保中心代为偿付。

与安徽省中小企业信用担保中心不同，上海市财政共同基金是由两级财政共同出资成立，按比例分担违约风险，因此，其再担保机构由两级财政组成，若获得贷款的企业出现违约，首先由担保机构予以偿还，超出其资产所能承担的部分则由市财政和区财政按照比例承担损失。

（四）集投资和担保于一体

为保证产业互助基金规模，使基金内部有充足流动资金贷给中小企业，产业互助基金同时开展担保和投资业务，投资业务可使互助基金获得一定收益。

在进行担保时，产业互助基金有一定股权要求，类似风险投资基金运作模式。互助基金管理层有权要求被投资的目标公司将其股权进行转换，实施股权退出。互助基金管理层应针对互助资金成立专门机构对其进行运作，保证资金池内的资金实现保值。

（五）财政资金补偿机制

该模式中政府利用财政为基金“兜底”以表明政府对互助担保基金的支持，但若无法真正做到市场化运作，不能做到所有权和经营权的绝对分离，就难以避免政府干预过多的现象。在基金运作过程中，政府往往享有一票否决权，甚至部分金融机构高管即是政府官员兼任，更难以避免政府干预担保决策的情况发生。

第三节　玻璃产业互助基金理论研究

一、产业互助基金的定义

产业互助基金是指以“自愿互助、风险共担、利益共享、抱团取暖”为原则，根据一定比例缴纳资金成立互助基金。该基金由指定第三方进行管理，旨在帮助会员企业解决流动资金周转困难。产业互助基金能为中小企业提供无抵押融资渠道，且能依靠互助基金作为担保基金向银行获取贷款。

二、产业互助基金的特点

（一）有助于中小企业实现产业集群

对于地理上较为分散的中小企业，产业内部信息和人才等资源在企业间的流动较为缓慢，导致金融机构对企业的了解程度有限，出现信息不对称，金融机构对企业提供贷款有限。

若形成产业集群，将会使企业间的联系大大增强。首先，产业集群内部的企业由于地域上的优势，会获得大量非正式信息，有助于商业银行便捷快速地收集有关中小企业的信息，将款项及时有效地注入企业。这将减少银企间的信息不对称现象，缓解银行因为信息缺失而面临的违约风险。其次，处于产业集群内部的企业由于信息交流顺畅，会逐步形成相互监督的机制，注重企业内部与产业集群的信誉和信用，借此争取到担保公司或银行的信任，有助于资金流入集群内部。

产业集群利用产业链与价值链将企业联系起来，建立企业间的信息交流机制，信息透明度较高以及内部所设立的特有的惩罚奖励机制将降低中小企业的违约率。因此产业集群的形成为产业互助基金创造了较为稳定的基础、良好的信用环境和相对良好的社会秩序，而且也使得银行与企业间的信息较为对称，减少了银行信贷的逆向选择。

（二）有助于中小企业解决融资难问题

1. 融资成本低

银行若产生信贷风险，将导致不良资产比例增加，同时核心资本比例下降，这将使银行的资金流动性受限，因此银行对贷款的违约风险采取审慎的态度。在中小企业分散化的状态下，由于企业间合作有限，因此当价格波动、成本攀升等影响利润的因素出现时，会给中小企业的资金链造成冲击，进而蔓延至整条产业链，增加银行的信贷风险。

但是在产业集群中，中小企业之间以及企业与产业链之间的相关度提高，企业的发展会带动整个产业链的进步，产业链的升级也会促进企业的转型，因而产业链和企业的风险紧密相关。银行和担保机构可以根据产业风险预测未来企业所面临的风险，分散信贷风险，减少损失。此外，由于产业集群有利于中小企业根据产业链条实现上、中、下游的连接，因此有利于地方政府对其进行规划与扶持，保证中小企业日常运营的稳定性，有助于信贷风险的分散。

在产业集群基础上形成的产业互助基金能充分利用产业集群的优势，免除中小企业融资过程中的担保费用，降低中小企业融资成本。产业互助基金中的会员企业以互助基金为贷款担保运用互助基金弥补可能发生的信贷损失，使得风险补偿有保障，降低了银行的信贷风险。当银行信贷风险降低时，其要求的报酬率也就降低了，会在一定程度上降低中小企业的贷款利率，加之贷款担保免收担保费及手续费，只收运行成本，这就降低了中小企业的融资成本。

2. 融资效率高

产业集群内的互助担保实现了处于同一产业内部的企业间的信用互助，基金对每一个会员的经营及资产状况了如指掌，信息较为对称，因而降低了银行为中小企业提供资金时，进行资信调查所耗费的成本，进一步提高了基金中会员企业的融资效率。

此外，由于产业集群内部的中小企业均处于同一产业，将同质的中小企业集合起来，可向银行等金融机构争取额度较高的贷款，能实现规模经济，降低银企之间的交易成本，同时也可获得担保公司担保，降低担保成本。

3. 信用程度改进

中小企业大多处于起步阶段，其资产规模较小，管理不够完善，财务制度不够健全，因此无法满足银行的放贷条件，限制了其资金来源。同时，中小企业存在信用体系缺失或信用不足的问题，更进一步恶化了担保机构和银行对其的风险评估。

由于在产业集群条件下，内部企业的信用程度会影响整个集群的信用环境，同时某一企业对银行等金融机构的违约会影响其与周遭企业的合作关系，因此对于处于产业集群内部的企业而言，存在内生和外生因素来约束企业完善自身的信用体系。因而信用对于产业集群内部企业而言有着十分重要的意义，一旦某一个企业与金融机构或其他企业之间出现诈欺行为，鉴于集群内部信息传递的快速性，会导致企业在产业集群内部的信誉丧失，甚至被逐出集群。这种企业间的信用约束提高了企业的违约成本，进而提升了企业的信用程度，有利于银行等相关金融机构向中小企业提供贷款。

在产业集群内部所组建的互相担保模式中，集群内部处于同一产业的企业组成“贷款团体”，以团体的信用向银行申请信贷，因此若团体内部某一企业出现违约，团体中其他企业将资助出现问题的企业，以保证团体的信用。若企业经营不善，长期出现违约，将面临被排除在团体之外的风险。因此，“贷款团体”的出现也能有效解决中小企业信用程度不高的问题。

4. 基金放大比例高

互助合作基金可最高以 1∶5 的比例放大，即每 1 元中小企业专项资金就可以拖动增加 5 元的中小企业贷款投放，使专项资金的作用发挥出最大的社会效益。

5. 借款人承担有限担保责任

互助合作基金担保贷款的借款人（基金会员）不承担无限连带责任，仅以自己的出资额为限，承担所认缴部分的有限责任，有效防止风险扩散。

6. 基金灵活性强

可通过政府财政补贴、专项资金等各种形式参与互助合作基金的运作，且借款人可以随时加入、随时借款。

7. 双层代偿机制

基金设置了风险准备金和互助保证金双层代偿机制，代偿按照先风险准备金、后互助保证金的顺序扣款，各基金成员按其互助保证金所占总额的比例承担代偿责任，代偿后仍可通过相关法律程序进行追偿。

三、产业互助基金模式研究

（一）产业集群内部组建

1. 大冶市矿业商会

大冶市集合矿产行业中各企业资源，牵头构造了以“担保公司、行业协会和投资基金”为一体的大冶市矿业商会。对于大冶市矿业而言，国内矿产供给不足，约 50% 需靠进口质量不高的矿产。大冶市矿业为本地带来数万个就业岗位，矿业企业有 500 ~ 600 家，仅矿产贸易便对当地财政税收贡献 5.7 亿元。在大冶矿业发展过程中，银行等金融机构对产业支持力度较强，其中农业银行对其支持最为有力，通过“铜单质押”为大冶市矿业企业提供了约 7.8 亿元的资金。但新进金融机构由于对矿业企业了解程度有限，因此无法向企业提供立即有效的资金支持，导致企业资金受限。

在此现状上，大冶市矿业商会规划出“三步走”的战略。首先，针对矿业内部资金短缺问题，会员若对长期资金有需求，可依靠商会的担保公司，向银行获取低息贷款；若矿业企业缺乏急需的短期资金，则可以从矿业商会旗下的投资公司直接借款。根据目前法律规定，与担保公司相关联的投资公司，其投资规模仅为担保公司的 20%。其次，积极组建集物流园和矿业大厦于一体的矿业总部中心，矿业大厦集采购、研发、销售、金融服务于一体，实现了服务效率的对接与提升。最后，发挥矿业商会的带头作用，将本地矿业继续做强做大。矿业商会将成立项目部，主推矿山项目、优质企业上市项目以及房地产项目。由于矿业受到自身资金、能力以及国家政策的限制，易失去优质项目的实施权与控制权。因此为防止优质项目从本市矿业企业中流失，矿业商会作为后援支持，可以整合当地资金与技术资源，将资源优势变为资本优势，将矿山资源尽量留存，以期能保持大冶市在全省甚至全国矿业产业中的领军地位。在项目部成立时，可让银行进入，利用银行资金进行对接，矿业商会利用自身人力资源优势，组建专家团队对项目进行支持。对于优质项目，尤其是矿山项目，商会出资购入，并留存部分股份给予原矿山持有者。由于该项目资金需求量较大，因此需要投资公司的介入与参与，为保证本地矿山资源不外流，可在购入矿山时，无偿给予政府15%～30%的股份，由政府介入，设置矿山交易门槛。

2. 湖北广水商会资金互助中心

湖北广水商会资金互助中心于2013年1月19日正式成立。湖北广水商会资金互助中心是依法开展资金互助合作服务的非营利性机构，符合法律法规，没有政策性风险。互助中心确定了“认筹自愿、退资自由、民主管理、自我服务、利益共享、风险共担”的原则，组织会员开展资金互助合作。中心主要为会员提供互助合作贷款供求信息，协调互助合作资金的贷放与回收，对互助合作借贷活动进行风险管理，以调剂会员之间的临时性资金余缺为服务目的。

（二）银行发起设立基金

在产业集群内部组建的互助基金发展成熟，运行良好的基础上，为寻求规模更大的资金支持，可与银行机构合作，实现专业化管理和运行。

1. 民生银行

企业仅需少量保证金，即可获得金额达到其10倍的融资。国内首创的中小微企业融资模式由老河口市政府、企业以及中国民生银行三方合作。民生银行武汉分行首支政府引导型小微产业互助基金，首次发放共计3540万元小微企业扶助贷款，初步预计基金规模可达10亿元。

2. 平安银行

“昆明官渡园大商圈汽配行业共同基金”由平安银行昆明分行发起，昆明汽配行业有威望的十堰商会作为基金牵头人，基金为成员企业自主管理、平安银行协助参与的非社团、非营利、非法人、非公益的合作形式。

（三）产业互助基金设立模式比较（见表8.2）

表8.2　**产业互助基金设立模式比较**

	产业集群内部组建	银行发起设立基金
放款周期	放款周期短，可实现隔日拆借	获得贷款期限较长，银行放款时间一般为7天左右
融资便捷程度	资金融通便捷	对企业自身条件有一定要求，需经过评级，通过方能授信

续表

	产业集群内部组建	银行发起设立基金
申请手续	申请资金使用手续简便	手续较为繁琐，给尚处发展初期，财会制度并不明晰的小微企业造成门槛
管理费用	低廉	需缴纳一定额度的基金管理费用
专业化管理	专业化管理缺失	获得银行专业化管理
资金池规模	资金池规模受限	可使用银行资金池，资金放大比例较高
风控机制	风控机制需进一步加强	风险管控措施完善

四、产业互助基金及产业投资基金比较

产业投资基金为较高级别的金融发展产物，且对当地的金融体系结构和金融环境成熟度要求较高。玻璃产业投资基金设立的目的在于，从宏观角度对玻璃产业实施投资，解决产业层面所面临的资金紧缺问题。产业互助基金和产业投资基金比较见表 8. 3。

表 8. 3 **产业互助基金和产业投资基金比较**

	产业互助基金	产业投资基金
涉及范围	中小企业，较微观	产业层面，较宏观
业务结构	较为单一	较为复杂
资金规模	以民生银行武汉分行小微产业互助基金为例：10 亿元	以渤海产业投资基金为例：200 亿元
组建模式	（1）产业集群内部组建 （2）银行发起设立基金	（1）公司型产业投资基金 （2）政府主导的公司型产业基金 （3）信托型产业投资基金 （4）混合基金模式
发展程度	较为初级	较为高级

第四节 沙河市玻璃工业园互助中心设计构想

通过以上分析，结合沙河市金融体系发展程度以及玻璃产业面临的主要问题，针对中小企业融资难问题，我们认为应构建“政府支持、企业互助、银行配合”的玻璃工业园互助中心。

一、沙河市玻璃工业园互助中心设立模式及名称

（一）发展初期模式设计——“玻璃工业园互助中心”

由政府引导组建的互助基金一般以地区为单位，鉴于沙河市玻璃企业“小而分散”的特点，可在玻璃产业园基础上建设玻璃工业园互助中心，将本市的互助中心组织增加至多个，以扩大中小企业受益面。

结合沙河市玻璃产业建设现状和金融体系发展程度，由于产业互助基金覆盖范围较窄，主要为园区内中小企业，且为了合理规避繁重税收和基金行业协会监管，在玻璃产业基金发展初期，可在产业园下设置资金融通平台——“玻璃工业园互助中心”。若将其命名为“玻璃工业园互助基金”，未在国务院证券监督管理机构注册，且未在基金行业协会备案，则无法进行证券投资活动。

根据对玻璃工业园互助中心的合规性研究可知，具有独立性法人的金融机构需经人民银行总行批准和核发经营金融业务许可证。由于玻璃工业园互助中心属于工业园下属部门，不具有独立法人资格，因此玻璃工业园互助中心的设立不需要报批人民银行。鉴于小额贷款公司的设立需县级主管部门初审、市主管部门审批，因此“德盛工业园”下属的玻璃工业园互助中心需沙河市金融办审批，若沙河市金融办无此权限，可向邢台市金融办报批。

（二）发展成熟期模式设计——“玻璃产业互助基金”

随着沙河市金融体系的逐步发展和完善，多样化的金融机构逐渐进驻沙河市，并在当地开展金融创新业务，且授信和贷款权限有所放宽。此外，中小企业对玻璃工业园互助中心的接受程度提升，对资金池内资金需求量进一步扩大。在此基础上，沙河市玻璃工业园互助中心由发展初期跨步进入发展成熟阶段，鉴于“玻璃工业园互助中心”资金池中资金有限，无法充分满足中小企业日益扩大的资金需求，玻璃工业园互助中心应以更为成熟的形态出现，即由开展“中小微企业互助基金”业务的银行（如民生银行）牵头，组建“沙河市玻璃产业互助基金”。

由于工业园区内中小企业已经过了“玻璃工业园互助中心”的培育，财务制度、信用情况等资信材料齐全，违约风险较低，因此能获得银行机构较高额度的贷款，使基金具有较高的放大倍数，中小企业融资难的问题得以切实解决。

二、沙河市玻璃工业园互助中心组织架构建设

（一）外部组织体系建设

由于沙河市近年来进驻了较多金融机构，其对玻璃企业了解程度有限，因此无法向企业提供立即有效的资金支持，导致企业资金受限。在此现状上，以德金玻璃有限公司组建的“德盛工业园”为试点，建设“玻璃工业园互助中心”，针对玻璃企业，尤其是中小企

业内部资金短缺问题，采取“委托专业机构代理，集投资与担保为一体，并争取政府政策与资金支持”的混合运作模式。

沙河市玻璃工业园互助中心无独立法人资格，为工业园下属部门，其业务范围仅涵盖工业园区内中小企业。中心的日常运作受沙河市金融办监督和管理。

（二）内部管理体系构建

1. 工业园管理委员会

工业园管理委员会是互助中心的筹建者，负责中心的筹集和管理，其主要职责如下：

（1）负责互助中心的筹集和清算；

（2）审议通过中心监管会工作报告和财务预决算报告；

（3）组织和实施会员活动；

（4）审议和决定会内重大事项。

2. 中心监管会

负责互助中心的监管和审批工作，中心监管会由德金玻璃有限公司负责人及银行行长和客户经理等组成。

中心监管会的主要职责如下：

（1）对会员的资格条件进行审核，受理企业入会申请；

（2）向产业园负责，按民主决议对互助中心进行运作和管理；

（3）审批会员企业的借款申请，决定会员企业借用互助中心资金的具体额度和期限；

（4）协调贷款银行与企业之间的关系，推进落实有关合作事宜。

3. 中心管理人

中心管理人受工业园委托并按照中心监管会的要求，具体进行互助中心的操作和调度，对互助中心财务进行独立核算，接受相关政府机构和中心监管会监督。

三、沙河市玻璃工业园互助中心业务运作模式

（一）短期资金融通——申请中心资金

加入玻璃工业园互助中心的中小企业任何时候都可以从中心得到一定期限的资金使用额度，根据其信用等级设定额度，并且额度与企业缴纳的会费额度成正比，企业在申请资金时，并不需要抵押或担保。

由于会员企业在申请使用资金时需缴纳一定利息，因此中心会获得利息收入。此外，企业所得税税率为25%，为使玻璃工业园互助中心运作更为畅通，为会员企业提供更为有效的帮助，需合理规避“企业所得税”。

根据《企业所得税法》，国债利息收入以及符合条件的居民企业之间的股息、红利等权益性投资收益均属于免税收入，因此，将中小企业向“玻璃工业园互助中心”申请资金使用，并付给中心一定利息的过程设计为“约定式股权回购”。因而中心所获得的利息收入，可合理归并至“居民企业间股权投资收益”项下，合理规避“玻璃工业园互助中

心”的“企业所得税”。

借用证券交易所场内交易标准化产品——约定购回式证券交易，可设计出产业互助中心合理规避企业所得税的资金融通模式“约定式股权回购”。约定式股权回购是指“玻璃工业园互助中心”的会员企业以约定价格（即所需融资规模）向产业互助中心卖出一定股权，并约定在未来某一日期（即还款期限）按照另一约定价格（即融资规模和利息总额）购回股权的交易行为。在交易过程中，会员企业不需要卖出实际股权，仅基于会员间信用进行交易。因此，会员企业可在不放弃自身股权的前提下，获得由中心提供的短期资金融通。

会员企业可通过以上途径从中心内获取一定额度的短期资金融通，但会员企业对长期大额资金有需求时，产业园可为其担保，申请长期银行贷款。由于银监会规定严禁银行理财产品进行股权投资，且强调不得进入项目资本金，《关于进一步规范商业银行个人理财业务投资管理有关问题的通知》中已明确规定，严禁理财资金直接或间接投资于未上市公司股权和上市公司非公开发行或交易的股份，因此银行资金不能进入“玻璃工业园互助中心”，为会员企业提供约定式股权回购融资。

（二）长期资金融通——申请银行信贷

会员企业若对长期资金有需求，可由工业园为其担保，从银行获取低息贷款。此外，寻求政府政策与资金支持，能进一步扩大互助基金资金来源，并降低基金违约风险，以此向银行等金融机构争取更大规模的授信额度。

（三）业务运作流程

沙河市玻璃工业园互助中心运作原理为：产业集群（如产业园）内所有中小企业均处于同一产业领域的条件下，中小企业产业互助中心向有融资意愿的中小企业进行信用评分，达标企业可加入产业互助中心，并且接受定期的资格审查。沙河市玻璃工业园互助中心运作流程图见图 8.1。

四、沙河市玻璃工业园互助中心资金运作和管理

（一）中心运行初期的资金筹措

玻璃工业园互助中心运营资金来源主要有：

（1）产业园内龙头企业（如河北德金玻璃有限公司）提供引导资金 500 万元；

（2）产业园内已加入产业互助基金的会员企业每年需按时缴纳会费，会费额度为该企业年产值的 5%；管委会有权对下一年会费缴纳比例进行适度调整。

（二）中心内资金运用和管理

（1）玻璃工业园互助中心主要解决产业园内中小企业融资难问题；

（2）会员企业有短期资金需求，且单笔借款未超出中心资金池内余额（不包括保证

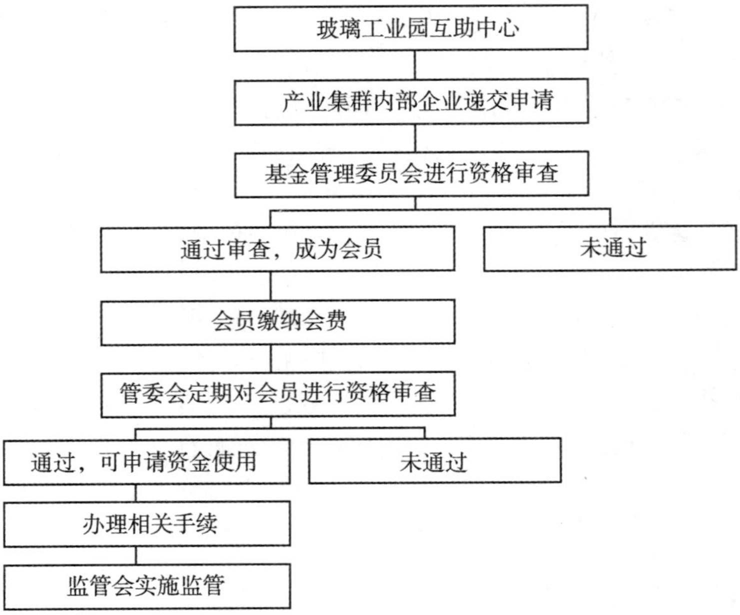

图 8.1　沙河市玻璃工业园互助中心运作流程图

金和风险准备金）的 50%，经中心监管会审批并通过后，由玻璃工业园互助中心直接提供借贷；

（3）会员企业有长期资金需求，或所需资金超出玻璃工业园互助中心规模时，经中心监管会审批并通过后，可由中心担保，向银行申请贷款；

（4）为充分利用资金资源和进一步扩大中心资金池规模，在玻璃产业资金需求淡季，可委托第三方管理人使用资金池内闲置资金（不包括风险保证金）进行产业投资活动：①对玻璃产业内成长性优良且风险可控的项目投资，投资期限不能超过三个月；②投资于风险较小，且有稳定回报的短期债券市场。

（三）缴纳保证金及风险准备金

（1）会员企业需按每次授信额度的 20% 缴存保证金；

（2）会员企业需按照每年授信额度的 1% 一次性缴存互助风险准备金（授信额度为半年的，一次性收取授信金额的 0.5%）；

（3）保证金和风险准备金应设立专门账户单独管理。

（四）资金池内资金使用成本

（1）资金使用利率。小贷公司年利率约为 18% ~30%，4 ~5 天内可完成放款；银行对中小企业放款年利率为 8%，但银行放款时间一般为 15 ~30 天，且具有贷款门槛。因此申请基金资金用于短期头寸调节时，资金使用利率可由基金管理会与会员商议确定。为保证互助基金切实起到帮助中小企业拓宽融资渠道的作用，利率可定在10%左右。

（2）所需缴存的保证金与风险准备金。

（五）资金池内引导资金的退出

在玻璃工业园互助中心进入正常运行阶段后，由河北德金玻璃有限公司所提供的500万元引导资金可逐步撤资。为防范大规模撤资导致的流动性风险，引导资金可采取“分期撤资”模式，即河北德金玻璃有限公司和中心事先商定撤资期限，在该期限内由中心分期向企业归还引导资金及相应利息，还款日期和金额均事先在“分期撤资”契约中写明。

（六）中心收益来源与分配

玻璃工业园互助中心收益来源有：（1）会员企业在申请使用资金池内资金时，所缴纳的利息；（2）利用闲余资金投资所获得的收益。

玻璃工业园互助中心采取有偿使用原则，其“互助救急、信用管理、资金安全、透明规范、专业管理”等特点决定了其保本微利的特性。但为了保护出资人利益，激发其积极参与，同时吸引更多产业园内中小企业加入互助基金，在扣除运营成本、风险偿还金和弥补未收回资金及使用费后，如果有剩余收益，可按照出资比例进行分配，从而实现多方共赢。

五、沙河市玻璃工业园互助中心风险管理

（一）中心自身风险把控机制

玻璃产业园互助中心采取结构化设计，风险准备金为第一级损失补偿，互助保证金为第二级损失补偿，可平滑中心运行过程中保证金部分的频繁波动。风险准备金积累到一定程度，互助保证金部分可用于投资，用投资收益来补充风险准备金，中心结构具有相当的扩展性。依据大数定律，随着互助中心成员数的增加，风险逐渐分散，成员数越多，中心担保能力越强。

除中心自身风险防控机制外，还应在内部建设完善的风险内控机制，按照风险管理的阶段设置相应的负责部门，如担保业务部、风险管理部、综合管理部。其中，担保业务部门为负责业务的前台部门，风险管理部门承担对业务风险的审查，综合管理部门则对中心内部运行章程等进行管理。在产业互助中心建立风险评价体系，对申请贷款的会员企业进量化的风险评价，以此作为是否对会员进行贷款的重要依据。此外，对于会员企业风险的评价不能单纯由风险指标决定，还应结合会员企业的实际情况，将定性分型和定量分析相结合，谨慎评估企业风险，但同时需注重评估效率，避免耽误贷款发放的情形出现。

（二）中心设立“三权分立”制度

玻璃工业园互助中心设立德盛工业园管理委员会、中心监管会、中心管理人，将中心

的日常运行与中心决策分离，重大事项需中心管理人向管委会与监管会申报并通过民主评议，方能获得通过资格。

此外，为保证“第三方”的专业性，应建立“中心管理人责任制”。聘请基金管理人对基金内的资金进行日常运营，并控制会员企业贷款风险，同时设立完善的激励机制与问责机制，对项目经理的行为进行监督与管理。

（三）借助银行机构谨慎进行风险评估

玻璃工业园互助中心潜在风险在于会员企业的信用程度具有差异，信用程度良好的企业拥有脱离互助中心、单独运营的动力，这是因为互助中心内信用较差的企业可能会拉低互助中心的信用评级。相反，信用差、实力弱、缺资金的企业则会偏好加入互助中心。鉴于此，玻璃工业园互助中心可利用银行专业的评审团队，严格把控每一位借款人的经营风险，观察会员企业的信用和实力的变化，及时更新不合格的会员企业，为中小企业互助中心成员提供银行最为专业的风险控制服务，在满足每一位借款人资金需求的同时保障其经济利益。

第五节　沙河市玻璃工业园互助中心筹建章程

一、沙河市玻璃工业园互助中心成立步骤

（一）中心管理人确认

寻找具有中心管理专业知识与经验，且信誉优良的银行或相关金融机构作为专业中心管理人，行使独立管理权。

（二）中心监管委员会成立

需成立中心监管委员会，对中心成员负责。监管会委员人数为奇数，不少于 5 人，设主任 1 名，主任由德金玻璃有限公司负责人担任，副主任若干名，由中心成员选举产生，设独立副主任 1 名，由银行机构负责人担任。

（三）中心会员申请

会员阅读互助合作中心章程，填写《河北省沙河市德盛工业园玻璃工业园互助中心入会申请书》，签名后上交中心。

（四）中心会员资格审核

（1）中心监管会确认会员资格并同意后，方可加入互助中心；

（2）中心会员提交相关材料，由中心或者银行通知借款人获批授信额度。

（五）中心入账

（1）中心管理人在银行开立一般结算账户、互助保证金账户、风险准备金账户；
（2）中心管理人与银行签署《中小企业互助中心业务合作协议》；
（3）中心入账。保证金及风险准备金分别存入结算户下的定期保证金账户及活期风险准备金账户，直至所有中心会员缴存完毕。

（六）出具担保确认函（若为小额短期，直接从中心放款，则该步骤可适当减免）

（1）经办银行机构在中心会员足额缴纳保证金及风险准备金后，登记明细台账，根据台账内容向中心管理人出具《中心会员情况核实书》，内容包括中心会员（借款人）名字、身份证号、授信金额、保证金金额、风险准备金金额等，并由经办机构负责人签字确认；
（2）中心管理人根据《中心会员情况核实书》，并核对保证金及风险金账户金额与银行授信要求总额一致后，与银行签署《最高额质押合同》。
（3）中心管理人向银行出具《互助合作中心担保确认函》。

（七）申请资金发放

（1）中心会员（借款人）与银行签署授信合同、其他担保合同；
（2）借款人在《中心会员名单确认书》上签字确认；
（3）放款条件落实后，银行正式放款，会员签署个人借款凭证。

二、沙河市玻璃工业园互助中心新会员申请

（1）中心采用开放模式，可吸纳新会员入会，一般经老会员推荐入会；
（2）申请人向产业园管理委员会提交《互助中心入会申请书》，产业园管理委员会对拟申请入会成员名单进行公示，公示期限不少于7个工作日，全体会员无异议后方可入会。可采用的公告方式包括但不限于网站公告、短信通知、书面送达等，采用书面送达公示方式的应取得成员面签回执。如会员名单存在异议，由中心监管会合议后裁定，监管会合议同意后方可加入。

三、沙河市玻璃工业园互助中心借贷条件

（1）借款人或其企业已加入“德盛工业园”；
（2）家庭或企业实物净资产不低于50万元；
（3）借款人从业年限3年（包括3年）以上，企业成立年限2年（包括2年）以上，有固定经营场所；
（4）借款人及其企业均无不良信用记录，无人民法院强制执行记录。

四、沙河市玻璃工业园互助中心违约惩处办法

中心管理委员会将会员企业的履约情况记入档案，作为下一年使用资金的计分基础。中心管理委员会对互助中心成员每次资金使用及履约情况可按百分制实行5档计分。违约企业会员，除按合同约定承担有关法律责任外，还将给予下列惩罚：

（1）按规定支付使用款项金额1%的违约金，同时从逾期之日起按未能还款额的1‰每日支付延迟利息；

（2）记入黑名单，对有恶意违约、严重违约行为的责令退出；经多次催缴不还的，则降低其信用等级、除名、通报所有会员企业；

（3）通过媒体曝光；

（4）通报各金融机构，建议降低其信用等级；

（5）通过法律途径追收欠款等。

五、沙河市玻璃工业园互助中心代偿流程

在中心会员（借款人）借贷资金欠息超过90日，或本金逾期超过30日以及出现其他重大风险事件时，中心管理人在告知产业园管理委员会和中心监管会并获得批准后，应时启动互助合作中心代偿程序，从质押在银行的保证金账户中直接扣划，代偿扣划顺序为：

（1）先行扣划违约会员自身缴纳的保证金余额；

（2）剩余部分优先从风险准备金中扣划，扣完为止；

（3）风险准备金扣划不足部分，继续从保证金账户扣划。各中心会员按代偿时其互助保证金所占总额的比例承担代偿责任。

代偿过程中的资金扣划需由经办机构通知中心监管会，由监管会通知全体成员。

六、沙河市玻璃工业园互助中心会员的转让和退出

（一）中心会员的转让

为保持中心的稳定性，中心存续期间原则上不允许中心会员清退认缴的保证金。但对于参与中心期限已满2年的会员，在满足下列情形下允许会员转让：

（1）会员信用良好，经营规模快速成长，合作银行授信金额不能满足其需要，在中心会员结清中心项下债务后，允许将其持有的保证金余额转让给新会员。

（2）会员在存续期内出现可能危害银行与中心资金安全的情况，不满足银行授信条件且不能改善的，在结清银行中心项下债务后，允许将其持有的保证金余额转让给新会员。

（3）符合规定的其他允许转让的条件。

会员转让金额可参照出让方保证金余额，并由出让方与受让方协商确定，转让手续由中心管理人按照中心章程规定办理。受让方以新会员身份参与贷前调查和入会公示。

（二）中心会员的退出

当中心的风险准备金部分达到一定规模后（不低于借贷资金总额的2%），对于主动退出的风险客户，经中心管理人与产业园管委会审议通过，中心会员在结清中心项下债务后，可允许其提前清退保证金，以减少客户纠纷。

七、沙河市玻璃工业园互助中心清算流程

全体中心会员在中心项下债务全部清偿后，经会员大会审议，至少2/3会员表决同意后，可对中小企业互助中心进行清算。清算资金为互助保证金账户及风险准备金账户的资金余额。

互助保证金账户资金按照会员的保证金余额进行清算。

风险准备金账户资金在扣除剩余的其他机构捐赠或政府奖励、补贴以后，按照每个会员在中心存续期间累计缴纳的风险准备金比例计算清算时的分配金额。捐赠或奖励、补贴部分的分配按照捐赠或奖励、补贴时的约定执行。出现以下情形，需办理中心提前清算程序：

（1）中心会员总数不足初始设定人数的75%；

（2）中小企业互助保证金不足授信总额的5%；

（3）其他由于不可抗力、政策调控、中心管理人破产解散等原因导致提前清算的情形。

提前启动清算程序应采取以下流程：

（1）当中心达到上述提前清算条件时，中心管理人需与银行机构共同发起中心提前清算；

（2）召开中心会员大会，通知中心全体会员到银行办理提前还款手续；

（3）全体中心会员在中心项下债务全部清偿后，正式启动中心清算工作。

第六节　本章小结及相关政策建议

一、本章小结

玻璃产业互助基金与产业投资基金均为创新型金融工具在玻璃产业内的实际运用，但互助基金与投资基金的不同之处在于互助基金着重解决玻璃中小企业融资难问题，投资基金则着眼于玻璃产业宏观层面，从玻璃产业发展角度，集合社会资金对产业进行投资。本章从玻璃产业互助基金可行性研究着手，从理论与实例两方面对产业互助基金进行探究，在此基础上结合沙河市实际情况，建议其将沙河市玻璃产业互助基金建设为“玻璃工业园互助中心”，并对该中心的建设及运作模式进行设计。

二、相关政策建议

（一）地方政府予以政策支持

1. 以产业园为基础设立玻璃工业园互助中心

由于我国玻璃产业中小企业数量较多，且企业间了解程度不够，因此若建设覆盖面较广的玻璃产业互助基金难度较大。但以产业园为单位构建玻璃工业园互助中心，鉴于产业园内企业间了解程度较高，风险可控，因此玻璃工业园互助中心能真正发挥其解决中小企业融资难问题的功能。相关部门需配合中小企业产业集群的建设，并注重产业链横向和纵向的延伸，实现产业链价值增值。

2. 发挥财政资金的引导和激励作用

在玻璃工业园互助中心建设过程中，应由当地政府牵头，做好引导和规范工作，在玻璃工业园互助中心筹建过程中提供财政资金作为引导资金，或对运行良好的玻璃工业园互助中心提供财政奖励或补贴。此外，还可对积极建设玻璃工业园互助中心，并取得一定成效的产业园实施税收优惠政策。

3. 完善法律保障体系

玻璃工业园互助中心融资模式的发展需要法律的支持。政府部门应参照《中小企业促进法》，结合当地实际，建立和完善支持玻璃工业园互助中心的法律体系，保障中小企业互助融资模式的顺利运行。

（二）产业园积极设立玻璃工业园互助中心

我国玻璃中小企业具有小而分散的特征，按照产业链结构将各中小企业集聚起来，能使集群中的中小企业获得外部溢出效益，因此产业集群是中小企业融资模式的重要前提。

鉴于金融环境、产业园规模等相关因素，建议先在各地开展“玻璃产业互助中心”试点工作，不断完善中心运行机制和风险防控体系，在中心运行步入正轨后，总结其运行模式，并在有融资需求的玻璃产业园内实现推广。因此政府应鼓励有实力的企业拿出一定比例资金，在不影响本企业营运的前提下组建互助中心，解决中小企业融资难问题，这具有现实需要且可行性较强。

（三）加强中小企业信用体系建设

玻璃工业园互助中心融资模式需建立在信用互助的基础之上，因此重视并且加强信用体系的建设对于玻璃工业园互助中心的顺利运行以及解决中小企业融资难的问题十分重要。同时，相关监管机构需提高对金融机构和企业的监管力度，建立和完善中小企业信用评级制度。

此外，玻璃工业园互助中心有利于中小企业自身信用体系的构建和完善。在工业园内部若有中小企业申请中心资金融通的需求，应向中心管理委员会提出加入中心的申请。玻璃工业园互助中心则应分析企业的违约风险，判定其是否属于可融资对象，当评级合格时，批准该企业加入玻璃工业园互助中心。加入玻璃工业园互助中心的企业成员可以在任何时候申请资金使用并且无需实物抵押或担保。简而言之，信用等级越高的企业，可申请获得的资金额度越高，该机制在一定程度上激励中小企业完善“信用自我审查”制度，对改善沙河市玻璃中小企业信用环境给予内生动力，有利于银行等金融机构对中小企业信贷门槛的适度降低。

第九章　玻璃金融业务和产品创新研究

第一节　引　　言

随着我国玻璃产业的快速发展，玻璃企业对于资金的需求也越来越大。但与此同时，资金紧张、融资困难一直是制约我国玻璃企业发展的主要因素之一。在面临外国跨国玻璃公司压力、国内玻璃市场竞争日益激烈的大环境下，玻璃企业规模要想趋向大型化和国际化，就需要大量的资金支持，而这些资金只靠玻璃企业自身的原始积累是远远不够的。纵观全球金融市场，即使在资本市场非常发达的国家里，为企业提供金融服务也一直是国际大银行业务发展的战略重点，包括为企业提供信用卡服务、存贷服务、理财及保险服务等。然而，由于我国玻璃产业相对国外较为落后，研发技术水平跟不上，无力引进高端的专业人才，我国的玻璃企业一直没有受到银行的青睐，由于资金缺乏，玻璃企业减缓了经营升级和规模扩大的步伐。因此，融资难不仅阻碍了我国玻璃企业的发展，同时也不利于我国玻璃产业的转型升级。

沙河市作为我国玻璃生产与销售中心，其玻璃产业同金融业的互助发展对于全国玻璃企业具有借鉴作用。近年来，沙河市把发展金融业作为支撑玻璃产业发展的重要工作来抓，不断优化金融环境，出台激励政策，鼓励金融机构创新产品，加大信贷投放力度，全市金融业发展迈出了新的步伐，为沙河市玻璃产业的转型升级提供了良好的支撑。

在金融工程支持沙河市玻璃产业发展的框架中，金融产品及业务同玻璃企业的联系最紧密，也是最具有操作性的一环。对于玻璃金融业务和产品的创新研究有助于沙河市玻璃企业更好地利用金融资源，同时也有助于沙河市金融业的发展和金融结构的优化。

第二节　金融业务和产品研究综述

由于产业金融工程的研究开始时间不长，国内外将金融同产业发展有机结合起来的研究相对较少，目前对于金融业务及产品的研究还主要集中在银行内部，主要针对金融创新的实务性、技术性或是针对某些具体的银行金融产品或业务创新进行研究，而对于将金融产业和业务同企业经营、产业发展相结合的研究则相对缺乏。目前对于金融产品及业务支持企业发展的研究主要集中在物流金融以及供应链金融两个方面。

一、物流金融研究综述

（一）物流金融概念研究

邹小芫、唐元琦于2004年最早提出了“物流金融”这一概念，认为物流金融是通过开发并运用各种金融产品与服务，对物流过程中的货币资金，即存贷款、投资、抵押、保险、租赁、信托以及有价证券的发行与交易等，进行有计划的组织和调节，物流和金融的衔接性和可容性是物流金融发展的关键。梁虹龙、欧俊松（2004）认为物流金融是物流企业在供应链运作中，通过运用金融工具，对供应链上企业间货币资金的运动进行有效组织和调剂，从而使物流活动产生价值增值的融资活动。唐少艺（2005）从狭义的角度定义了物流金融，即物流供应商在物流业务过程中向客户所提供的结算和融资服务。而谢鹏（2007）则认为狭义的物流金融是金融机构和第三方物流服务供应商在供应链中向客户所提供的相关金融增值服务。储雪俭（2006）认为委托代理和交易成本是物流金融的两大理论基础，通过促进供应链上的委托人和代理人等各参与方的共同合作，降低交易的整体成本和风险，实现合作的共赢。

（二）物流金融模式研究

仓单质押融资，是企业首先在银行指定或认可的仓库中存储货物，随后凭该仓库开具的相关凭证向银行申请贷款，银行根据所存储货物的价值以一定比例向企业提供贷款。仓单质押融资是物流金融的典型模式之一，其理论研究始于1997年张平祥等对粮棉油贷款的仓单质押研究。此后，随着物流理论的不断发展，对仓单质押的研究逐渐走向成熟。

对仓单质押融资的研究主要集中在其操作流程及如何降低借贷双方的信息不对称的难题上。吴英杰（2004）研究了商业银行在开办仓储质押贷款业务过程中所面临的主要难题，并讨论了仓储质押贷款业务的客户类型及其质押物选择。曾文琦（2005）认为商业银行在推广仓单质押贷款业务时应强化对其相关风险的研究和管理，并在此基础上提出了仓单质押贷款的流程设计及开展方式。王文辉、冯耕中等（2008）分别从信息对称和不对称两种假设前提出发，分析了分散决策条件下存货质押融资业务受利率、贷款限额等的影响，在此基础上设计了银行最优的信贷合约，并研究了如何消除信息不对称的条件。曹斌（2008）在对仓单质押模式进行分析的基础上，设计了仓单质押贷款业务的操作流程，并对借款人授信、审批程序周期及质押折扣率等问题提出了新的研究思路。

融通仓是一种物流和金融的集成式的创新服务，其物流服务可代理银行监管流动资产，而金融服务则为企业提供融资及其他配套服务。罗齐、朱道立、陈伯铭（2002）创新性地提出了这种推动质押贷款，促进中小企业发展的融通仓模式，并研究了将融通仓融入采购供应链和分销供应链的情况，分析了融通仓获得金融机构的授信额度和成立独特的信用担保体系两种运作模式。

陈祥锋、朱道立、石代伦（2004）建立了融通仓的理论框架，在此基础上阐述了融通仓的概念、发展、结构、运作模式以及应用，认为融通仓是一种物流和金融的集成式创新，其内容包括物流服务、金融服务、中介服务和风险管理服务，其核心在于对各种资源流动的整合与互补。李碧珍（2005）研究了融通仓的含义及其在中小企业融资过程中所发挥的功能，并在分析中小企业通过融通仓融资的制约因素的基础上，对我国中小企业开展融通仓业务提出了相关建议。徐鹏，王勇（2008）从委托代理理论出发，研究了银行对第三方物流进行激励和监督的问题，实证表明银行采用激励和监督相结合的手段与仅用激励手段相比，会增进第三方物流的工作效率，并实证给出了最优激励系数、最优固定支付及最优努力水平等数值的确定方法。

二、供应链金融研究综述

（一）供应链金融概念研究

供应链金融的概念最早由 Timme（2000）较为明确地提出，他认为当企业在供应链中同提供金融服务的主体建立了为实现供应链目标的协作关系，并且对供应链中的物流、信息流以及资金流的运作进行统筹管理时，供应链中的参与主体就共同形成了供应链金融。这里供应链金融的定义是特定目标和环境下的一种协作关系。Hofmarnn（2005）在此基础上对供应链金融的概念和功能进行了进一步的发展，通过研究各组成要素的行为特点以及供应链金融中的协作特性，他将金融供应链理解为供应链中包含外部服务的组织，是一种通过计划、实施和控制金融资源流动从而创造共同价值的途径，其组成因素包括机构参与者、供应链管理特性以及金融功能。以上两种定义将供应链金融描述成某种组织系统，反映的是供应链金融中各组成因素间的静态关系。

供应链金融也被其他学者认为是为供应链中企业融资所提供的一种解决方案或者相关金融创新产品组合。TowerGroup（2006）将供应链金融定义为以供应链中商业交易价值为基础的一系列解决方案，这些方案的目的是为供应商提供流动资本融资和现金流。陶凌云等（2009）认为供应链金融是金融机构从供应链管理出发，为企业在获取订单、采购原材料、生产制造和销售货物等环节提供的金融产品组合，包括融资、担保、账款管理、结算、风险管理等，其本质是一种基于信用的金融创新。

还有一部分学者认为供应链金融是一种新型的融资模式。张晓涛等（2008）等将供应链金融定义为商业银行通过提供金融产品和服务，将核心企业同上下游企业联系在一起的一种融资模式。

以上三种定义从不同角度揭示了供应链金融的静态特征，但是供应链金融的核心在于其动态特征。张环等（2009）将供应链金融定义为由企业间商品交易项下的应收应付、预收预付和存货融资等所衍生形成的融资服务，其本质在于控制供应链网络流或将相关联方责任进行捆绑，从而为核心企业上下游的供应商及经销商提供相应的融资服务。鲍旭红（2009）指出供应链金融是通过创新性地运用信用组合、互保等方式，为供应链中单一企业或上下游多个企业提供的全面融资服务，其基础在于对供应链结构特点以及商品交易细节的把握。胡跃飞等（2009）深入分析研究了供应链金融创新业务产生的背景，在此基础上将供应链金融定义为人们为适应供应链生产组织体系的资金需要而开展的资金与服务定价以及市场交易活动等。

（二）供应链金融模式研究

何涛等（2007）、闫俊宏等（2007）、毕家新（2010）等分别对供应链金融的运作模式做了相关研究，认为供应链金融主要可以细分为以下三种：

第一，基于货权的供应链金融。基于货权的供应链金融融资模式是指银行将企业存货作为质押，并借助于第三方物流企业的监管和供应链核心企业的担保，向存货所属企业进行授信的融资模式。生产经营企业首先将其货物存入银行所指定的第三方物流监管企业形成货权的质押，从而取得银行所授予的贷款，并以质押物在未来的销售变现偿还相关贷款。该模式充分利用了银行授信所忽视的货权资产，将中小企业资产中占有较大比例的存货转换成为容易被银行所接受的授信抵押资产。

第二，基于预付账款的供应链金融。基于预付账款的供应链金融融资模式是指买卖双方以贸易合同为基础，买方从银行获得授信并向产品卖方支付货款，而卖方则按约定将货物发至授信银行所指定第三方物流企业。预付账款融资模式使得买方能够在不具备授信抵押资产时凭其贸易从银行获得授信额度，并通过分批提货的方式缓解企业短期资金紧缺的压力，同时还能扩大企业采购规模，从而使其获取相应规模的折扣。

第三，基于应收账款的供应链金融。基于应收账款的供应链金融融资模式是指授信企业通过将未到期应收账款转让或质押给银行，从而以此为基础获得还款来源，该融资模式又可分为保理融资方式和质押融资方式。基于应收账款的供应链金融融资模式通过充分利用供应链上游企业的应收账款资产，使得银行能够以核心企业的资信为依据对中小企业进行授信，从而降低授信相关风险。

尽管供应链金融的运作模式在理论研究中被划分为以上三种，但在企业实际经营过程中，由于供应链上的生产经营活动相互交织并且随时间不断变化，因此各种融资模式并不是完全独立，而是在一定的条件下可以相互转换或组合在一起使用的。

第三节 玻璃金融业务和产品创新研究

在本书之前的章节中，我们已经通过玻璃产业金融工程支持体系的各个方面，对其中一些玻璃金融业务及产品创新做了简要的介绍，由于在之前的章节中对玻璃金融业务及产品的介绍主要侧重于其在玻璃产业金融工程体系中的地位，而对于业务或产品本身及其如何应用到玻璃产业中的研究相对较少。本节主要从业务及产品本身的角度对之前章节中的玻璃金融业务和产品进行介绍，并对其应用及创新做了探索性的研究。

一、玻璃期货

与玻璃产品的现货交易不同，玻璃期货是以玻璃产品为标的的标准化可交易合约，是玻璃金融产品中具有重要意义的品种。我国的玻璃期货于 2012 年 12 月 3 日起在郑州商品交易所开始上市交易，其首批上市交易的合约为 FG303、FG304、FG305、FG306、

FG307、FG308、FG309、FG310、FG311。玻璃期货标准合约如表 9.1 所示。

表 9.1　**玻璃期货标准合约**

交易品种	平板玻璃
交易单位	20 吨/手
报价单位	元（人民币）/吨
最小变动价位	1 元/吨
每日价格波动限制	上一交易日结算价±4%及《郑州商品交易所期货交易风险控制管理办法》相关规定
最低交易保证金比例	合约价值的 6%
合约交割月份	1—12 月
交易时间	每周一至周五（北京时间　法定节假日除外）上午 9：00—11：30 下午：13：30—15：00
最后交易日	合约交割月份的第 10 个交易日
最后交割日	合约交割月份的第 12 个交易日
交割品级	见《郑州商品交易所期货交割细则》
交割地点	交易所指定交割地点
交割方式	实物交割
交易代码	FG
上市交易所	郑州商品交易所

由于玻璃产品的期货上市相对较晚，对于我国玻璃企业而言尚属于新领域的金融产品，加上玻璃期货与现货市场差异、企业自身资源以及发展战略等因素，目前玻璃期货产品的应用尚处于尝试性阶段。以沙河市玻璃企业为例，大光明企业目前采取较为保守的实物交割策略，未涉及套期保值；安全实业目前以套保为主；而作为备选库的德金实业由于其自身无交割库，目前尚未进行套保，而是采取对冲式套期保值，其交易仅限于空头合约。

玻璃期货的上市对于我国玻璃市场具有重大意义，由于玻璃期货是公开进行的远期玻璃商品交易，玻璃期货的买卖能反映市场中各个主体对于玻璃产品未来价格的预期，这种价格发现的功能有利于增加玻璃市场的透明度，提高资源的配置效率。同时，对于玻璃期货的交易还能产生套期保值以及投资等功能。玻璃企业作为生产型企业，应充分利用玻璃期货在玻璃市场上价格发现的功能，同时利用玻璃期货市场及玻璃现货市场的反向交易措施，发挥其套期保值功能。玻璃期货的套期保值应注意以下几点：

第一，套期保值额度的申请。申请玻璃期货套期保值交易的客户和非期货公司会员必须具备与玻璃相关的生产经营资格。客户（通过期货公司会员申报）和非期货公司会员，可以选择以电子方式（通过会员服务系统）或纸质方式向交易所提交套期保值申请要求的相关材料。一般月份套期保值持仓额度申请应在套期保值合约交割月前两个月的第20个日历日之前的交易日提出，可以一次申请多个合约的一般月份套期保值持仓额度。临近交割月份套期保值持仓额度的申请应当在套期保值合约交割月前两个月的第1至第20个日历日之间的交易日提出。

第二，套期保值额度的审批。对于一般月份套期保值持仓额度的申请，交易所套期保值审核委员会自收到申请之日起5个工作日内，按照主体资格是否符合，套期保值品种、交易部位、买卖数量、套期保值时间与其生产经营规模、历史经营状况、资金等情况是否相适应进行审核，确定其一般月份套期保值持仓额度；对于临近交割月份套期保值持仓额度的申请，交易所套期保值审核委员在申请截止日后的5个交易日内集中审批。按照会员或客户的交易部位和数量、现货经营状况、对应期货合约整体持仓情况、可供交割商品在交易所指定交割厂库库存数量以及期现价格是否背离等，确定其临近交割月份套期保值持仓额度。同时，全年各合约月份临近交割月份套期保值持仓额度累计不超过其当年生产能力、当年生产计划或上一年度该商品经营数量。

第三，套期保值额度的转化。申请并获批临近交割月份套期保值持仓额度的会员或客户，在进入合约交割月前一个月和交割月时，其一般月份套期保值持仓额度按照批准的临近交割月份套期保值持仓额度执行，转化为临近交割月份套期保值持仓额度；未申请或未获批临近交割月份套期保值持仓额度的会员或客户，其一般月份套期保值持仓额度在合约交割月前一个月和交割月份，按照一般月份套期保值持仓额度与该合约同期限仓量取小的原则，转化为临近交割月份套期保值持仓额度。一般月份套期保值持仓超出临近交割月份同期限仓量部分，自动转化为投机持仓。

第四，套期保值额度的使用。获批套保持仓额度的会员或客户，应当在套保合约交割月前一个月的最后一个交易日收市前，按获批的交易部位和额度建仓。规定期限内未建仓的，视为自动放弃套期保值持仓额度。获批套保持仓额度的会员或客户，可通过交易指令直接建立套保持仓，也可通过对历史持仓确认的方式建立套保持仓。同时，套期保值持仓额度自交割月第一个交易日起（含该日）不得重复使用。

第五，套期保值的监管。交易所对会员或客户的套保额度申请和使用情况进行严格的监督管理。会员或客户在进行套保申请和交易时，存在欺诈或违反交易所规定行为的，交易所有权不受理其套保申请、调整或者取消其套保持仓额度。交易所有权根据市场情况和套保企业的生产经营状况对会员或客户套期保值持仓额度进行调整。交易所强制减仓的，套期保值持仓与投机持仓适用相同原则和程序。

位于玻璃产业链中上游的玻璃生产企业，可利用玻璃期货进行套期保值交易，利用期货价格引导冬季玻璃库存量，防范季节性需求对玻璃市场价格造成的冲击。玻璃生产企业应谨慎进行玻璃期货市场投机活动，虽然玻璃生产企业拥有期货现货作为隐性支撑，但过度参与投机活动会导致期货价格偏离现货价格，不利于期货市场的健康稳定发展，同时也对生产企业的流动性资产带来较大风险。玻璃期货的风险管理制度主要包括保证金制度、涨跌停板制度、限仓制度、大户报告制度、强行平仓制度以及风险预警制度等，下面主要介绍前三种风险管理制度：

第一，保证金制度。玻璃期货合约的最低交易保证金标准为期货合约价值的6%。交易所根据玻璃期货合约处于“一般月份”、“交割月前一个月份”、“交割月份”的不同时间段，执行不同比例的交易保证金标准。随着交割期限的临近，保证金比例不断提高。具体规定见表9.2。

表9.2 **玻璃期货合约保证金标准**

品种	一般月份	交割月前一个月份			交割月份
		上旬	中旬	下旬	
玻璃	6%	6%	15%	25%	30%

第二，涨跌停板制度。玻璃期货合约每日涨跌停板幅度为前一交易日结算价的±4%。新期货合约上市当日，涨跌停板幅度为期货合约实际执行的涨跌停板幅度的2倍。出现连续同方向涨跌停板单边市时，涨跌停板幅度和交易保证金标准调整方法与现有品种相同（见表9.3）。

表9.3 **玻璃期货合约出现连续同方向单边市的风险控制措施**

交易日	涨跌停板幅度	交易保证金标准	同方向单边市情况
D1交易日	±4%	6%	出现第1个单边市
D2交易日	扩大50%，即±6%	提高50%，即9%	出现第2个单边市
D3交易日	维持扩大后水平，即±6%	维持提高后水平，即9%	出现第3个单边市
D4交易日	暂停交易一天，并决定D4交易日闭市后强制减仓或D5交易日采取相应风控措施		

某合约按结算价计算的价格变化，连续四个交易日累计涨（跌）幅达到期货合约规定涨（跌）幅的3倍或者连续五个交易日累计涨（跌）幅达到期货合约规定涨（跌）幅的3.5倍的，交易所有权提高交易保证金标准，提高幅度不高于期货合约当时适用的交易保证金标准的3倍。

第三，限仓制度。玻璃期货交易对期货公司会员、非期货公司会员和客户投机持仓按单边计算实行限仓管理制度，以控制市场风险。

在玻璃期货合约上市交易的“一般月份”（交割月前一个月份以前的月份）、“交割月前一个月份”、“交割月份”三个期间，对于期货公司会员的持仓限制统一规定见表9.4。

表 9.4　　玻璃期货会员限仓制度

	某一期货合约市场单边持仓量（N）	期货公司会员该合约单边总持仓限仓比例（M）
玻璃	$N \geq 20$ 万手	$M \leq 25\%$
	$N < 20$ 万手	不限仓

期货公司会员持仓达到或超过持仓限额的，不得同方向开新仓。

在玻璃期货合约上市交易的“一般月份”、“交割月前一个月份”、“交割月份”三个期间，对于非期货公司会员、客户的持仓限制（含跨期套利持仓）规定见表 9.5。

表 9.5　　非玻璃期货会员限仓制度

限仓数量（手）／交易时段	非期货公司会员及客户最大单边持仓量（含跨期套利持仓）		
一般月份	5000		
交割月前一个月	上旬	中旬	下旬
	1500	1200	900
交割月份	300		

非期货公司会员或客户超过持仓限额的，交易所按有关规定实行强行平仓。进入交割月自然人客户限仓为 0。

二、玻璃企业产权交易业务

产权是指一定经济主体依法对一定经济客体所有、使用、处分以及获得相应收益的权利，产权的基础是财产的所有权，并由所有制实现形式所决定。产权交易是指资产的所有者将资产所有权和经营权进行有偿转让的一种经济活动，是一种以实物形态为基本特征的财产权益的全部或部分卖出的行为。目前，我国产权交易的实际运作主要有两种方式，一种是通过直接有形产权交易市场进行的企业兼并等，另一种是通过股票买卖所进行的企业控股或兼并。

本章所研究的玻璃产权交易是以河北省沙河市玻璃交易中心为平台进行的，其主要产权交易范围包括物权、股权、债权、矿权以及知识产权等，如图 9.1 所示。其中物权是指玻璃生产器械、厂房、玻璃产品等实物的转让、租赁等业务；股权、债权交易业务是指玻璃企业意向将其股权或债权出让，通过沙河市玻璃交易中心进行交易的业务；矿权是指玻璃原材料的开采权交易业务，通过交易中心完成委托人的玻璃原材料开采权的出让或转让；此外，还包括玻璃相关的知识产权，即玻璃相关的专利、商标、技术等交易。

产权交易的主要步骤有以下几点：（1）转让产权的玻璃企业先向玻璃交易中心提出产权转让申请，并出示相关资料；（2）玻璃交易中心或会计、审计公司在对相关资料进

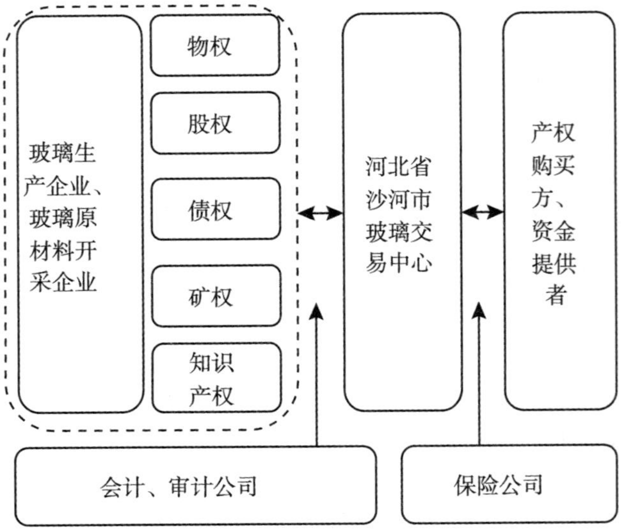

图 9.1　玻璃企业产权交易业务市场组织架构

行审核的基础上，对所转让产权进行挂牌公示，对其相关内容按法律要求进行披露；(3)挂牌公告期满后，若产权标的只有一家购买，可以采取协议转让的方式进行交易；若出现多家购买，则可以采取招投标、竞价或拍卖等方式进行产权的转让；(4) 在产权交易双方就交易各项条件达成一致并签署产权转让合同后，玻璃交易中心对该产权交易进行审核，并办理交易的结算、过户等手续。

目前沙河市金融发展起步较慢，玻璃企业对于产权交易的意识不强，玻璃企业中进行产权交易的相对较少。玻璃企业产权对于沙河市玻璃产业以及金融业的发展具有重要的意义：首先，产权交易中心能够将玻璃企业所有产权交易的信息进行汇集，通过“集中、公开、公正、规范”的形式构建玻璃产权交易的市场，从而降低了玻璃企业信息搜寻成本以及交易成本，同时形成了较为规范的价格；其次，玻璃产权交易通过不同资产在不同企业间的转让，使资源流向发展较好、运营效率较高的玻璃企业，促进玻璃产权市场的流动性与公平性，提升玻璃产业整体的发展速度；最后，由于玻璃产权交易过程中还包括审核、结算、担保等委托代理业务，能够促进相关金融中介服务机构的发展。

三、玻璃设备租赁

租赁是指资产的所有者授予另一方使用该资产的专用权并获取相应租金报酬的一种经济行为。玻璃企业在经营活动中需要使用大型的固定资产，而这些固定资产既可以通过购置获得，也可以通过租赁的方式获得。由于对于玻璃企业而言，购置生产设备的目的是获得其使用权进行相关生产，而不是获得其所有权，因此玻璃企业可以通过租赁公司的租赁业务获得相关玻璃生产加工设备。

对于玻璃企业而言，租赁决策的核心问题是“买还是租”，企业应在有获取相关玻璃生产加工设备的意向时，分析以何种形式获得更为经济。一般而言，当拥有和运营某玻璃生产加工设备的平均年成本高于其租金时，玻璃企业就可以选择租赁的形式。

租赁是一种双边交易，其业务手续也相对较为简单，其主要步骤如下：（1）玻璃企业选定自己所需的生产加工设备的名称、规格和型号，并准备相关材料向租赁公司提出申请；（2）租赁公司对玻璃企业的相关材料及信用状况进行审核，在通过审核后对玻璃设备的租期、租金以及支付方式等合约条款进行协商；（3）租赁公司同玻璃设备供应商签订买卖合同，购买玻璃公司所指定的玻璃生产加工设备；（4）租赁公司将设备交予玻璃公司并提供出租设备的维修服务，玻璃公司定期向租赁公司交纳租金；（5）租赁公司到期时与玻璃企业协商，若玻璃企业有续租意愿则进行下一时期租赁业务协商，若玻璃企业无续租意愿则收回玻璃设备。玻璃设备租赁模式见图 9. 2。

图 9. 2　玻璃设备租赁模式

同传统的购买设备模式相比，租赁有以下三点优势：首先，由于租赁公司一般规模较大，其所处的税率级别较高，由租赁公司购买相应设备所获得的折旧和利息抵税益处要大于一般的玻璃企业，租赁公司同玻璃企业一起获得因税率差别而引起减税的好处；其次，由于租赁公司可以同多家玻璃企业签订租赁合约，通过向设备供应商大批量购置某种玻璃设备，能够获得价格上的优惠，同时，租赁公司在租赁设备的维修以及旧设备的处置方面比玻璃企业更具有经验；最后，由于租赁业务对于短期现金流的要求比购置设备小很多，同时企业租赁设备的风险同自行购置相比而言较小，对于一些无法获得大量短期资金或在财务上难以增加资产负债率的玻璃公司而言，租赁业务更具有灵活性。

四、玻璃产业园统一授信

统一授信模式能够充分体现玻璃产业园的作用和意义，在这种融资模式下，玻璃产业园在玻璃企业的融资过程中扮演着十分重要的角色（见图 9. 3）。银行根据产业园的规模、经营状况、业绩、资产负债比例以及信用状况等指标，对玻璃产业园授予一定的信贷额度，玻璃产业园再向园区内长期合作的玻璃企业提供灵活的质押贷款，其中质押贷款业务由玻璃产业园金融服务中心进行审批和直接监控，银行则不再参与其具体运作。

玻璃产业园金融服务中心先要同园区内需要融资的玻璃企业进行接触和沟通，代表园区内整体企业同银行签订质押贷款合同，一方面为玻璃企业提供存货质押、订单质押融资等业务，另一方面还要对玻璃企业所质押的存货、订单等进行审核和管理。该模式与传统的银行同企业一对一的模式不同，它是银行在综合评估玻璃产业园整体财务状况和风险的基础上，核定授信额度并与其签订授信协议，再由产业园金融服务中心同园区内企业签订贷款合同，并监督企业分期还贷。同时，由于在存货质押期间，玻璃产业园代替银行对玻

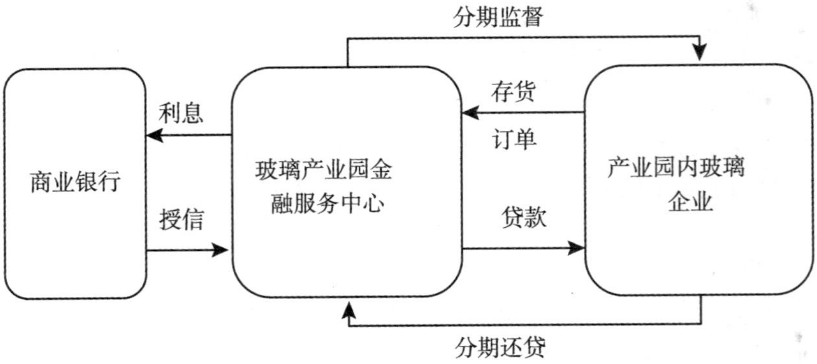

图 9.3 玻璃产业园统一授信模式

璃企业的出库单进行审核和批准，保障了企业的正常生产，节省了银行对出库单进行确认、通知和处理等诸多环节，缩短了企业存货的出库时间，在对银行授信风险进行一定控制的情况下，提高了玻璃企业的运营效率。

五、反担保模式

反担保模式同统一授信模式一样，是以玻璃产业园为核心来进行的。由于银行基于风险考虑不直接对借款的玻璃企业以质押物担保进行贷款，而是通过玻璃产业园中牵头的龙头企业信用担保来贷款，龙头企业则以借款的中小玻璃企业的质押物进行反担保，也可以借款玻璃企业自身资产、控股股东担保等其他形式进行，银行借助于信用状况较为良好的龙头企业能大大降低贷款风险，同时也降低了龙头企业同借款玻璃企业合谋的可能性；龙头企业通过自身资本实力更深入地参与产业园内中小玻璃企业的融资行为，有助于龙头企业提高市场竞争力和盈利能力。

受前期发展的规模、资金限制，玻璃产业园内一些中小企业无法拥有自身的仓库，而是将货物寄存在产业园公共仓库或龙头企业的仓库中，当某些中小玻璃企业难以以寄存在这些仓库中的货物向银行申请仓单融资时，可以通过反担保模式得到所需贷款。反担保模式需要产业园内龙头企业牵头建立并完善中小玻璃企业的信用担保体系，龙头企业可以中小玻璃企业寄存的玻璃货物作为反担保抵押物，通过担保实现对银行的贷款，或是直接为中小玻璃企业申请仓单质押贷款提供担保，间接提供中小玻璃企业信用，具体操作如图 9.4 所示。

六、玻璃企业联保模式

企业联保是指玻璃产业园区的各个企业，在产业园金融服务中心登记自愿组成联合担保团体，或是由产业园金融服务中心牵头组建。每一个联保团体按照多户联保、互相监督、按约还款、责任连带的管理原则，由 3～7 个玻璃企业组成，共同向商业银行申请授信，商业银行在考察联保相关企业后给予其一定的授信额度，若一个企业无法如期归还贷

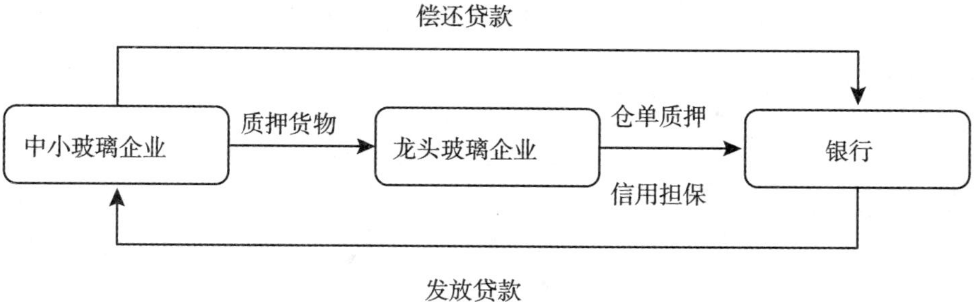

图 9.4 反担保模式

款，那么整个联保团体内的企业共同为其还款。玻璃企业联保的具体操作如图 9.5 所示。

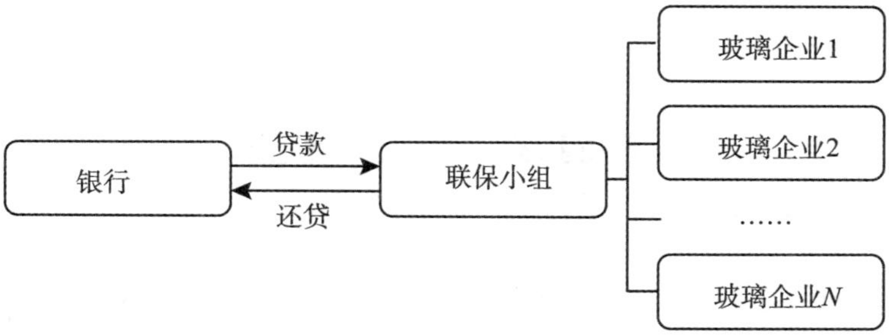

图 9.5 玻璃企业联保模式

首先，玻璃产业园有意愿进行贷款业务的玻璃企业应自愿组成联保小组，并对企业联保贷款中的相关条款进行协商和约定，例如企业联保中各企业的贷款规模、贷款银行、支付方式等，最终签订企业联保协议。

其次，联保小组内的玻璃企业应协商并确定贷款风险的分担方式。例如，联保小组内所有玻璃企业都应对企业联保所获贷款承担责任，若某一玻璃企业无法到期偿还贷款，则联保小组内的其他玻璃企业应按各自贷款规模进行偿还。

最后，联保小组内玻璃企业还应建立相关的风险管理及控制体系。联保小组内的玻璃企业应在贷款后相互监督与敦促，并建立集中及分散的风险度量系统，同时还要制定相关风险管理制度，例如当某一玻璃企业无法到期偿还银行贷款时，银行能够直接从联保小组内玻璃企业的风险准备金中进行扣除。

七、其他玻璃国际金融业务和产品

（一）减免保证金开证

减免保证金开证是指商业银行应玻璃外贸企业要求，免收或部分免收其开证保证金，为其进出口货物开出信用证的一种融资业务。由于在该模式下，银行承担敞口风险，玻璃外贸企业可利用银行信用扩大业务规模，同时降低贸易成本，提高企业资金的使用效率。

（二）国际贸易汇款项下应付款融资

国际贸易汇款项下应付款融资，是当玻璃企业进行进口原材料的汇款时，银行根据其需求代其支付进口应付款项的一种有追索权的短期融资业务。其手续相对简便、快捷，玻璃企业可在银行直接办理而无需到外汇管理局办理外债登记手续。同时，玻璃企业可视资金情况在融资额度内周转使用，随借随还。

（三）信用证项下进口押汇

信用证项下进口押汇是指商业银行在玻璃企业的授信额度内，为解决其付汇时的资金需求，先将信用证款项对外付清，过后再向企业回收本金利息的一种短期融资服务。该业务可使玻璃企业取得短期融资便利，在销售完进口货物并收妥货款后，再偿还进口押汇的本息。

第四节　本 章 小 结

本章先从物流金融和供应链金融两个方面对金融业务和产品研究进行了简要论述，并就玻璃期货、玻璃产权交易、玻璃设备租赁等多种玻璃金融产品和业务进行了相关研究。由于目前我国玻璃产业的发展同国际发达国家相比还较为落后，玻璃产业整体同金融产业发展的联系还不够紧密，玻璃企业的主要融资渠道还局限于银行信贷，对于其他融资方式的了解和利用还相对不足。本章从创新的角度对玻璃金融产品及业务进行了探索性的研究，以期为玻璃产业更好地利用金融资源做出一定贡献。

第十章 玻璃产业园金融支持体系研究

第一节 引　　言

我国玻璃产业发展正处于转型升级的关键时期，中低端平板玻璃市场因国家宏观限制产能过剩政策引导而出现增速放缓现象，同时高新技术玻璃市场日渐成为玻璃企业新的竞争领域。在这一竞争过程中，各地纷纷出现大型玻璃企业通过以大带小的玻璃产业园模式逐步控制玻璃产业链，形成以园区为核心、以大企业带动中小企业联动发展的方式，通过聚集玻璃企业形成规模优势，在提升玻璃产业规模的同时，加强对高新技术玻璃的研发与生产，提升产业链价值。国内部分玻璃产业园建设概况见表 10.1。

表 10.1　　国内部分玻璃产业园建设概况

地区	开工日期	投资金额（亿元）	发展方向
福建东山	2011 年 8 月	192	光伏及玻璃新材料
山东巨野	2010 年	60	镀膜玻璃、低辐射双层镀膜玻璃、超白光伏玻璃、太阳能光电超白玻璃
河南驻马店	2012 年 9 月	30	电子基板玻璃、仪器及仪表玻璃、医学玻璃
安徽蚌埠	2007 年 1 月	25	节能玻璃、电子信息玻璃、石英原料深加工
湖北咸宁	2011 年 9 月	25	光伏玻璃、节能玻璃及浮法玻璃

目前在我国玻璃产量中，河北、山东、广东、浙江以及江苏五个省份共占全国玻璃总产量的近 60%。近年来国内玻璃产业园的建设也主要集中在东部沿海区域，例如，漳州东山县在大力支持旗滨玻璃龙头产业园建设的同时，还加快推进光伏及玻璃新材料产业园建设，计划耗资 192 亿元建成全国乃至亚洲品种最全、品质最优、技术最先进、规模最大的光伏玻璃新材料精深加工基地。此外，在浙江宁波，河南驻马店，江苏铜山县、巨野县等全国各处矿产资源较丰富的区域，玻璃产业园如雨后春笋般纷纷落户，且均以高新技术玻璃为产业园的主要发展方向，同质化发展较为严重，高新玻璃市场面临全国范围的激烈竞争。同时，大量玻璃产业园还普遍停留在通过良好的基础设施建设吸引玻璃企业入驻的阶段，缺乏对产业园管理、产业园支持模式等机制的科学设计，金融工具在产业园中的运用更是相对较少。

本章主要从产业园的层面研究金融工程在玻璃产业园支持体系中的运用。玻璃产业园是沙河市玻璃产业发展中重要的一环，是促进中小玻璃企业发展、培育大型玻璃企业上市的催化剂，对于玻璃产业转型升级具有重要意义。

第二节　产业园理论研究

一、产业园的概念

产业园，也称为企业创新中心或企业创业中心，是通过构建基础设施以及产业园服务体系，为中小企业发展提供管理支持和相关资源，促进中小企业成长和发展的一种运作模式。尽管目前世界上产业园总量已经颇具规模，在国家、区域以及地方的经济发展中具有重要的意义，但目前理论研究并没有对产业园形成一个统一的概念。

虽然各国对于产业园的看法不同，但基本上对于产业园概念有一个共识，即把产业园看成一种新型的社会经济组织，产业园通过构建研发、生产、经营的场地以及通信、网络、实验室等共享设施，并为园区内企业提供系统的培训和咨询以及政策、融资、法律等方面的支持，能够有效降低园区内中小企业的创业风险和创业成本，提高中小企业的成活率和发展空间，最终将中小企业培育为具有良好市场竞争力的成熟企业。

二、产业园的功能

（一）微观层面功能

首先，产业园有利于中小企业的成长。与传统的创业模式相比，产业园能够帮助中小企业节约进入成本、创立成本以及学习成本，同时将中小企业取得要素和信息等市场性交易转换为内部组织过程，为中小企业节省了交易时间、空间以及中介费用，既让中小企业更易于创立，也使得其在创立初期更易于发展，提高了中小企业的“成活率”。

其次，产业园还有利于创业者的培养。企业在进驻产业园之后，一方面能够通过产业园的社会支持网络广泛联系各方人士或团体，扩大企业家的知识面和见识，为创业和未来发展打下良好基础，另一方面还能通过园区内企业间既竞争又合作的关系培养企业家的竞合精神，克服传统企业家培养模式存在的缺点。产业园在培育企业的同时，还能为企业家提供管理、金融、投资、市场等方面的业务和技能培训，为企业家提供良好的成长环境。

最后，产业园还有利于促进科技成果的转化。科技成果的转化不仅是社会各界关注的重大理论问题，同时也是关系到国民经济优质发展的实践问题。由于高校和科研机构对于商业传统及市场运作普遍缺乏充分的认知，通过产业园提供科技成果转化必需的工作场地等硬件设施，同时提供创业必需的资金、人才以及宽松的政策措施等软件设施，能够使高校和科研机构的科研成果获得有效的转移途径。

（二）中观层面功能

首先，产业园有利于形成更有效的创新网络。通过政府、科研机构以及企业组成全新的创新网络，是有效培育企业和发展经济的制度性手段。政府、科研机构、企业以及其他市场组织作为区域创新系统的主体，而产业园作为网络中连接性的中介机构，是促进各个主体间沟通对接的特殊节点。

其次，产业园有利于促进区域产业结构的调整。如何改造传统产业并促进产业结构的转型升级，是当前我国地区或产业在经济发展中的重点，而产业园的创建能够利用高新技术改造传统产业，促进产业结构的调整与升级：一方面，产业园通过培育出大量高科技型企业，形成了一批与传统产业不同的高科技、高质量企业群体；另一方面，产业园还通过转移企业技术成果和推广高科技产品，带动了传统产业的技术改造和产品升级。

最后，产业园还有利于推动区域经济成长。由于产业园的建设能够成为区域经济发展的亮点和品牌，利用发展较好的产业园作为名片对外进行招商引资以及人才引进的作用将有所增强。由于产业园还具有区域性的示范、辐射以及带动作用，能够通过优化及配置当地资源，提供对高新技术项目的一体化服务。同时，由于从产业园毕业的企业一般会留在当地，能够提高地区的科技创新能力，并提高当地的税收和就业，成为当地经济发展的新增长点。

（三）宏观层面功能

首先，产业园有利于促进知识服务业的发展。知识服务业是以服务社会为目的，以提供和运用知识为主要途径的一种产业，其发展能够有效降低知识资源的使用成本并提高其利用效率。目前知识服务机构分散且规模相对较小，而产业园作为中介组织能够为知识用户和知识服务机构搭建知识服务平台，促进服务需求和服务提供的有序化和规范化。

其次，产业园有利于提升地方就业。随着我国市场经济体制改革的不断深化，传统的统包统配就业模式被打破，同时随着一些传统产业压缩生产力、就业人员下岗分流以及大量大学生毕业等，我国失业问题开始逐渐凸显。产业园能够通过孵化企业并促进企业的发展，从而为地方经济增加新的就业机会，促进社会稳定。

最后，产业园还有利于区域生态环境的改善。由于产业园作为一种整体的组织模式，其对园区内企业的生产流程、污染物排放以及节能指标等均会有所要求，因此产业园能够成为城市中生态、经济以及社会效益相结合的新兴高科技产业景观。产业园的生态环境示范作用能够为我国探索出一条经济、生态、社会相协调的经济发展道路。

三、产业园发展的理论基础

虽然在世界上各个国家和各个地区都建立了不同产业或不同形式的产业园，各个产业园间也具有较大的差别，但产业园本身作为一种经济组织形式，具有一些共同理论基础和基本规律。对产业园发展的理论依据进行研究，是对产业园金融支持体系进行分析、构建的前提。

（一）比较优势理论

比较优势理论是经济活动中分工的理论基础，根据比较优势理论，当一个经济体集中自身资源提供在生产效率上具有比较优势的产品或服务，并同其他经济体进行交换后，能够使双方所获得的收益比各自单独生产而不进行交换时更大。一方面，中小企业在创业初期具有前景较好的技术或创意，但缺乏资金及企业管理方面的经验，在社会上缺乏知名度，在银行所享有的信用额度较小，难以对市场进行有效的开拓；另一方面，由于产业园一般是由政府、研究机构以及龙头企业等带头构成，在社会上具有较高的知名度，能够为园区内企业提供良好的孵化环境以及丰富的管理经验。产业园通过营造良好的企业发展环境以及提供优质的企业培育服务，能够使中小企业的创业者将精力集中于产品生产、技术开发以及市场营销等活动，从而提高创业者创业的成功率，促进中小企业的初期发展。

（二）规模经济理论

规模经济是指企业长期平均成本随着其生产规模的扩大而逐渐下降的情况，其实质是企业劳动生产率随着生产规模的提高而得到增长。这种劳动生产率的提高可以来自企业内部，即随着企业生产规模的不断扩大，企业通过采用更加先进的技术和设备提高生产效率，最终降低了产品成本；同时这种劳动生产率的提高也可以来自企业外部，即由于企业在空间上集中后，企业间通过密切协作，综合利用资源和其他生产要素等，提高公共基础设施的使用效率，从而使产品成本下降。产业园能够部分或全部地对园区内企业的行政、人事、财务、后勤等工作进行统一管理，通过形成规模效益提高管理效率和资源利用率，降低企业管理的总费用。

（三）生命周期理论

生命周期理论是指企业的长期发展会经历一个“初创期—成长期—成熟期—衰退期”的过程。生命周期理论揭示了企业发展过程中不同因素的影响，进而说明如何针对企业所处生命周期而采取相应措施促进企业的健康和稳步发展。

企业在不同的发展阶段具有不同的特征，例如：初创期的企业由于尚未建立健全的企业经营和管理制度，企业管理人员往往身兼数职，职责不清，缺乏科学合理的管理制度，同时由于企业规模较小，其抗风险能力相对较弱，难以获得资金上的支持；而处于成熟期的企业更需要的是产业相关信息，通过调动相关资源来对新产品进行研发，延缓企业衰退期的到来。由于产业园汇聚了不同企业的项目及技术，对于如何管理不同阶段的企业并为其提供相适应的服务具有丰富的经验和资源，能够为中小企业提供资金筹集机会或为大企业提供招商引资平台等。因此，产业园对处于不同生命周期的企业来说具有巨大的现实意义。

四、产业园管理模式

根据不同标准，产业园的经营管理模式也可以分为诸多样式。本章主要以投资或管理的主体对产业园管理模式进行划分，将其分为政府管理模式、高校管理模式、企业管理模式以及市场管理模式。

（一）政府管理模式

产业园的政府管理模式是指产业园由政府或政府所委托的机构等来投资主办，其设立是为了在促进科技机构成果转化的同时，鼓励当地创业并提高就业水平，最终推动当地经济及税收的发展，提升社会效益和公共服务水平。政府管理模式下的产业园不以盈利为目的，其所得租金和收入等全部投入产业园的发展之中。政府主导型产业园管理模式见图10.1。

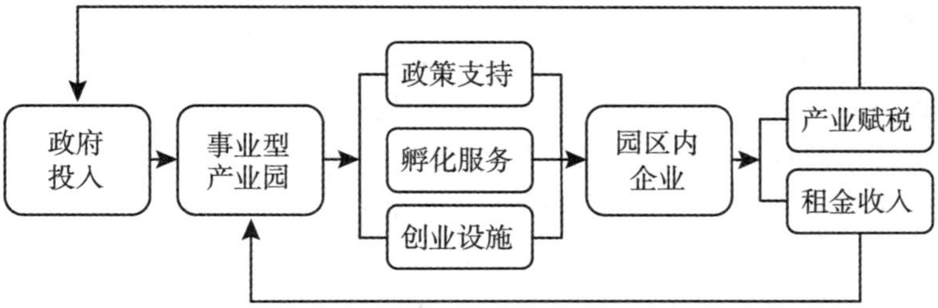

图 10.1　政府主导型产业园管理模式

政府管理模式的产业园采用的是行政管理模式，具有准政府和事业单位性质，其宏观目标为向园区内高新技术企业提供综合化的服务，培育园区内企业和企业家，促进企业研发产品的市场化；其微观目标是使毕业企业与入驻园区企业数量的比例达到一定标准。政府管理模式的产业园主要为园区内企业提供创业设施、孵化服务和创业环境三个方面的服务，其主要收入来源于企业租金、产业赋税以及政府拨款。

（二）高校管理模式

高校管理模式的产业园是指由高校主办或同其他社会群体筹资共建的产业园模式，通过充分利用高等院校的智力、科技及文化优势，促进产业实践与学术理论的相互结合，并将研究成果市场化、产业化，逐步形成积极创新、以人为本的产业园文化理念，促进产业园的发展。

高校管理模式的产业园主要通过依托高校强大的科研实力和丰富的智力资源，采用同社会良性互动的机制进行运作，以大学科技园区作为主要平台，在发展产业园、培育企业的同时，形成产研结合的产业基地，并通过实践培养高素质的人才，从而为社会经济的发展贡献力量。高校主导型产业园管理模式见图10.2。

（三）企业管理模式

企业管理模式的产业园一般是大型企业在其多元化发展战略或集中化战略中所采用，

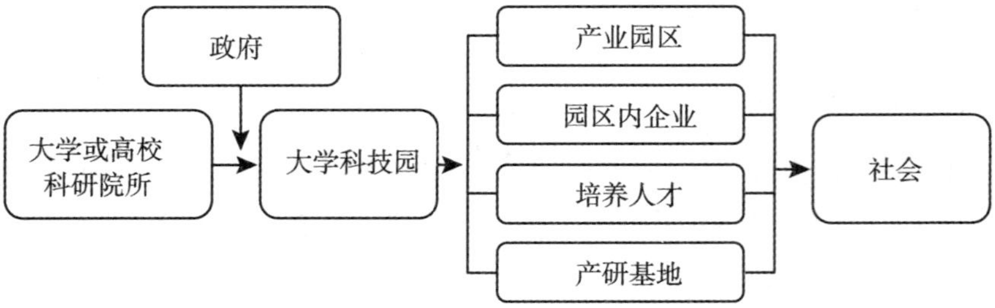

图 10.2　高校主导型产业园管理模式

成熟企业或高成长企业为迅速进入或占领相关市场，通过构建企业管理模式的产业园，加强对于技术研发、项目创业、人才培育等投资力度，通过共享场地等方式同园区内中小企业一起成长。大型企业能够以这种方式加快进入相关市场的速度，在发展过程中逐步整合资源，并达到兼并中小企业或上市的目的。

企业管理模式的产业园的业务结构相对较为完善，一方面能够为园区内企业提供基础设施、政策咨询、技术服务等一般性的创业服务，另一方面还向企业提供创业资金、风险投资、营销策划等多方位的专业服务。同时，为明晰产权、分清权责，企业管理模式的产业园以市场主体的身份进行公司制运作。同时，由于企业管理模式的产业园的运作目的带有盈利性，产业园通过为园区内企业提供场地、设施以及服务等获得相应的收入和利润，并根据产业园股东的出资比重进行利润分配。企业主导型产业园管理模式见图 10.3。

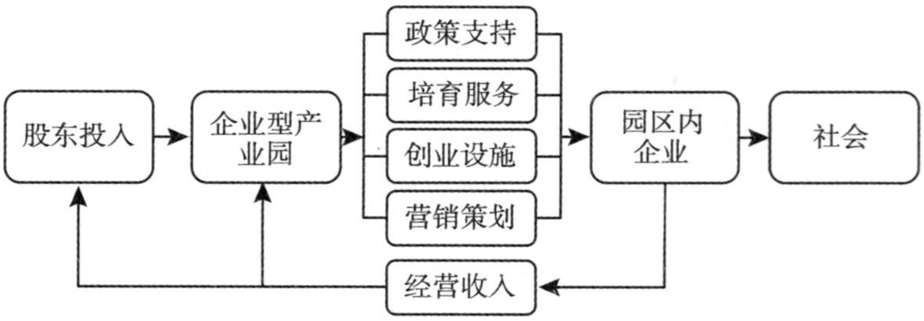

图 10.3　企业主导型产业园管理模式

（四）市场管理模式

市场管理模式的产业园也被称作投资型产业园，它将产业园与市场投资结合起来，并发挥产业园服务以及市场投资组合的协同作用，通过降低企业投资成本和发展过程中的相关风险，快速获得资本利得，提高产业园内企业的存活率及发展程度。市场管理模式的产业园通过与投资资金相结合发展自己，获得高科技的回报与收益，以市场经济的方式解决企业发展中的资金瓶颈。

市场管理模式的产业园是由产业园在提供综合服务功能的基础上，通过成立专门的投资部门，在科学评估及筛选的基础上向发展前景较好的公司、项目以及产品等进行投资，并运用科学的方式增加投资资本的附加值。由于此时产业园的投资是一种股权投资，其目的是通过投资和提供增值服务发展并壮大企业，最后通过上市、兼并收购以及股权转让等方式退出，在产权流动过程中实现投资的回报，从而实现产业园培育企业和市场投资的功能。市场主导型产业园管理模式见图 10.4。

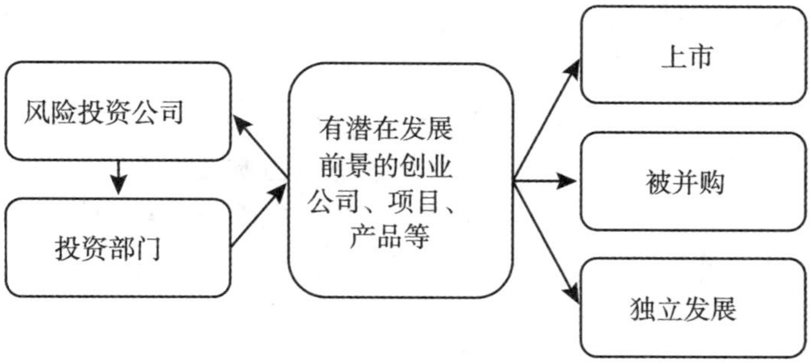

图 10.4 市场主导型产业园管理模式

第三节 国内外产业园金融支持经验

一、国外产业园发展经验

国外发达国家政府经过多年的探讨与摸索，对制造产业园的基础设施投资运营体制进行了一系列以私有化为主的改革，虽然各国运营模式因本国特点不同而有所差异，但基本上采用了市场化的方式。例如，英国政府通过制定引入私人竞争机制政策，允许企业在规定期限内回收投资，而对于不宜进行回收的项目则通过购买服务方式给予财政补贴，帮助企业回收投资；新加坡政府将园区开发公司作为融资活动的主体，委托园区开发公司进行融资、征地以及配套等活动，而政府则出让土地并将土地出让金用于支付征地成本、财务费用以及回购基础设施资产等，并通过构建完善的金融支持体系解决产业园及其入驻企业所面临的各类资金问题。

（一）美国硅谷高新技术产业园

硅谷作为全球首个高新技术产业区，是当今世界上最重要、最具创新能力以及最有活力的产业园区。美国硅谷成功的主要因素在于其成熟的风险投资机制，这一方面是由于硅谷敢于承受风险的创业精神和容忍失败的创业环境，另一方面也受益于其成熟的高新技术股票和证券市场等。具体而言，硅谷产业园区金融体系主要有以下特点：

1. 风险投资推动

硅谷是现代风险投资的起源地，其风险投资额约占美国风险投资总量的1/4以上，而硅谷中的科技型中小企业充分利用了风险投资资源，使其成为中小企业发展的重要推动力。一方面，风险投资能够在企业的创业初期提供资金上的支持，另一方面还会参与到初创企业的运作之中，为企业提供经营以及管理方面的经验。

2. 投资银行指引

目前在硅谷已经汇集了全球规模较大的投资银行，一方面是以摩根斯坦利、高盛等为代表的美国本土投资银行，另一方面是以德意志摩根建富、瑞士联合银行为代表的欧洲跨国投资银行。各投资银行在硅谷的激烈竞争能够为硅谷高科技公司提供优质的服务，并为中小企业上市开拓新的融资渠道。

3. 硅谷银行服务

硅谷银行于1983年初创，并于1993年通过制度创新及积极转型，成为世界上第一个商业化运作的创业银行。硅谷银行将其客户定位为受风险投资支持但资金较为匮乏的未上市中小企业，高科技企业通过硅谷银行能够直接获得贷款支持或天使投资，并在并购、上市以及开拓海外市场时得到硅谷银行提供的资金和咨询服务。

（二）日本产业园

与美国对产业园企业的融资支持不同，日本的融资支持方式着重于对产业园企业本身的扶持，通过政府财政拨款的方式建立为中小企业提供信贷服务的专门金融机构。日本产业园的融资体系主要包括：

1. 政策性金融公库系统

在日本产业园中小企业的长期资金来源中，政府直接投资的比例在发达国家中处于最高水平。日本政府通过出资建立政策性金融公库系统，包括中小企业金融公库、国民金融公库以及商工组合中央金库等三家金融机构。由于政策性金融公库的资金由财政拨款或由财政担保发债所募集，受经济形势的制约程度较少，能够为产业园企业提供较为长期和稳定的低成本资金。

2. 健全的信用担保体制

日本当前的信用担保模式是由地方担保和政府再担保所共同构成的。一方面，日本政府通过全额出资的形式建立了“中小企业信用保险公库”，另一方面日本政府还全额对52个地方信用保证协会进行再担保。日本的双重担保机制能够增强产业园企业从商业银行获得贷款的成功率，有效改善银企间的信贷问题。

3. 中小企业投资育成公司

日本政府为支持产业园企业融资，逐步引导并发展了中小企业投资育成公司。中小企业投资育成公司的业务分为一般投资和创业投资两种：一方面，中小企业投资育成公司针对从事科研开发以及高科技成果转化等行为的企业提供融资支持；另一方面，中小企业投资育成公司还针对初创并且对于地区经济增长具有重要作用的企业提供融资支持。

同时，日本通过借鉴美国的经验，建立了全国性交易中心东京证券交易所、大阪、名古屋等7家地区性证券交易中心以及店头证券市场和店头股票市场所构成的场外交易市场等三层次资本市场，为产业园内企业的经营提供了更为完善的金融服务体系。

（三）印度班加罗尔软件园

印度作为人口众多且经济落后的发展中国家，其基础相对较差，但其软件业发展却在世界处于较高水平。印度班加罗尔在相对落后的条件下，通过集中改善局部投资环境和提供服务来吸引外资，发展优势产业并形成增长极，以发挥区域的辐射作用。

1. 政府政策支持

印度政府为支持其软件产业发展，先后成立了国家信息技术与软件发展委员会和信息产业部等，并制定了《计算机软件出口、开发和培训政策》和《印度 IT 行动计划》等，在税收、财政、贷款、进出口以及基础设施方面为软件企业提供了特殊优惠，同时为鼓励社会与科研机构合作，以优惠价格提供了厂房、办公楼、水、电、气和通信等基础设施。

2. 软件知识产权保护

由于印度政府高度重视软件行业的知识产权保护，制定和修改了一系列法律法规，如《版权法》、《信息技术法》等，对非法入侵计算机网络和数据库、传播计算机病毒等行为规定了严厉的惩罚措施，为电子合同、电子文书和数字签名提供了可靠的法律依据。目前，班加罗尔软件园拥有大量的知识产权，为班加罗尔软件园企业进行创新研发提供了良好的环境。

3. 完善的金融服务体系

班加罗尔聚集了各类金融机构，例如班加罗尔证券交易所、印度工业发展银行、印度工业财务公司、卡纳塔克邦小型工业企业发展公司、印度工业信贷投资公司、印度出口信贷担保公司和印度进出口银行等。丰富的金融机构为软件园日益增长的投融资需求提供了条件。班加罗尔除了大力吸收跨国风险投资之外，还在主要的政策性金融机构设立了软件产业风险投资基金，为软件企业提供信贷扶持，大力推动符合条件的软件企业公开上市集资。

二、国内产业园发展经验

（一）台湾地区新竹科学产业园

台湾地区新竹科学产业园于 1980 年成立，目前已形成集成电路、计算机及外围、通信、光电、精密机械、生物科技六大支柱产业。新竹科学产业园的发展壮大以及在对高科技中小企业融资支持方面有以下特点：

1. 政府主导作用

由于新竹科学产业园的兴建带有较强的计划性，政府在整个园区的发展中参与程度较高，影响程度较大。政府在扶持园区内高科技中小企业方面制定了一系列优惠政策。同时政府还提供了各种税收优惠、科技创新奖励以及基金，不仅吸引了创业者，还吸引了投资者，而且在一定程度上降低了高科技企业创业的风险。

2. 中介协同作用

以科学同业协会为代表的大量的中介服务机构在新竹科学产业园内具有重要的协同作用，其在规划管理、进出口作业、金融财务管理、人力资源培训与分享等方面都有所涉及。同时，还有律师事务所、会计师事务所、管理顾问公司、银行金融机构等其他为园区内企业提供专业性服务的中介机构。这些专业的中介机构不仅为园区内的企业提供资金、技术、人才、信息等各方面的帮助，还在企业与企业之间、企业与政府之间、企业与投资者之间的沟通协调方面发挥了积极有效的“桥梁”作用。

3. 多元化的融资体系

新竹科学产业园内企业不仅能拿到交通银行等提供的低息贷款以及各种税收优惠返还、奖励资金等，还能够通过创业投资公司或上市等形式吸引大众资金等。同时，高新技术产业中风险投资的比例占到企业总投资的87%左右，对台湾地区高技术产业的发展也具有重要的意义。

（二）贵州产业园

1. 金融参与园区规划及项目筛选

针对贵州产业园资金瓶颈，贵州金融机构一方面积极向总部争取资金和政策支持，另一方面还逐步建立以政府投资为引导，业主、金融及社会资金共同支持的多元化融资体系。同时，贵州金融部门还参与到园区规划编制工作中，根据本地经济发展水平、财力状况以及负债水平等情况，共同制定产业园区建设投融资规划。此外，金融机构还参与到入园项目的筛选中，通过对项目收益和现金流进行准确评估，合理搭配项目各种资金来源、规模和偿还期限，建立项目多渠道、多层次的偿债机制。

2. 创新融资模式和规模

贵州产业园一方面整合具有稳定现金流的国有资产，另一方面还加大对于社会资本的吸纳力度，通过财政补贴、注入资本以及资产重组等方式提高企业信贷融资能力。同时，贵州产业园还鼓励金融机构加大对于产业金融服务模式的探索力度，加快推行统一授信、统一担保以及“统贷统还”、“联贷联保”等融资模式，利用银团贷款、信托、租赁以及票据融资等多种创新方式缓解产业园内企业融资难题。另外，贵州产业园还支持园区内企业上市融资，推动企业发行短期融资债券、中期票据以及中小企业集合债等；对于科技含量较高或市场前景较好的园区内企业，鼓励其开展股权融资业务。

3. 金融机构提供周全服务

贵州金融监管部门为支持贵州产业园区的发展，通过引导金融机构建立相适应的信贷评估、审批及管理制度，加大对于重点产业园区基础设施建设，提高对于园区骨干企业的培育力度，鼓励各类金融机构在产业园设立分支机构。同时，政府还为担保机构、小额贷款公司以及典当等金融机构入驻产业园提供融资服务制定了相关的财政税收优惠政策。此外，贵州产业园还建立了入驻企业的信息库及融资对接平台，定期向当地金融机构提供企业信息、园区发展进度和资金运作等情况，建立金融与入园企业之间稳定的交流机制。

第四节　玻璃产业园金融支持体系

一、玻璃产业园金融支持体系建设思路

目前我国的玻璃产业园大多由同类型的玻璃企业或者相互关联的玻璃企业所组成。在研究金融支持产业园发展的相关理论时，由于产业园的发展受到地域和产业园发展阶段的影响，金融支持手段对于不同玻璃产业园的效果也存在很大差别。本书在研究金融支持玻璃产业园发展的过程中，将不同的金融支持手段同产业园及园区内企业发展阶段结合起来分析。

以金融支持的来源和方式为标准，企业的融资方式主要有以下四种分类：一是直接金融支持、间接金融支持以及政策性的金融支持；二是内源性融资和外源性融资；三是债务性融资和权益性融资；四是正规金融支持以及非正规的金融支持。在以上四种融资方式的分类基础上，可以对金融支持方式进行更进一步的细分，包括银行贷款、证券市场融资、风险投资、信用担保、融资租赁、民间金融以及政策性贷款等。

不同的金融支持手段对于产业园及园区内玻璃企业的作用及力度不同，融资方式应与玻璃企业的具体发展情况相结合。Weston 和 Brigham（1970）提出了著名的企业金融成长周期理论，将企业的金融成长周期划分为初期、成熟期以及衰退期三个不同阶段。Weston 和 Brigham（1978）在之前研究的基础上对其理论进行了扩展，将其更具体地细分为创立期、成长阶段Ⅰ、成长阶段Ⅱ、成长阶段Ⅲ、成熟期以及衰退期共六个不同的阶段，根据处于不同阶段企业的资本结构特点分析了企业在不同发展阶段下所适合的融资方式，如表10.2 所示。

表 10.2　**企业金融成长周期及融资来源**

企业阶段	融资来源	潜在问题
创立期	创业者自有资金（C_1）	低资本化
成长阶段Ⅰ	C_1+留存利润、商业信贷、银行短期贷款、租赁（C_2）	存货过多、流动性危机
成长阶段Ⅱ	C_2+来自金融机构的长期融资（C_3）	金融缺口
成长阶段Ⅲ	C_3+证券发行市场融资（C_4）	控制权分散
成熟期	C_4	保守的投资回报
衰退期	金融资源撤出、企业并购、股票回购、清盘等	下降的投资回报

资料来源：转引自张捷．结构转换期的中小企业金融研究［M］．北京：经济科学出版社，2003：70.

根据以上企业金融成长周期理论，本章将结合我国玻璃产业园及园区内企业的发展情况，按照玻璃产业金融工程支持体系的整体思路，通过构建以玻璃产业园金融服务中心为

核心平台，产业园担保、企业联保以及产业互助基金等为主要组织形式，整合政府的政策性资金以及银行信贷等资源，并充分引入风险投资、债权融资、股权融资、保险以及租赁等多种新型金融工具，将玻璃产业园内企业分为微型企业、小型企业、中型企业以及大型企业四种，以不同企业在资产规模及结构、信用情况以及信息透明度等方面的不同特点为依据进行相关的金融支持体系的建设，如图 10.5 所示。

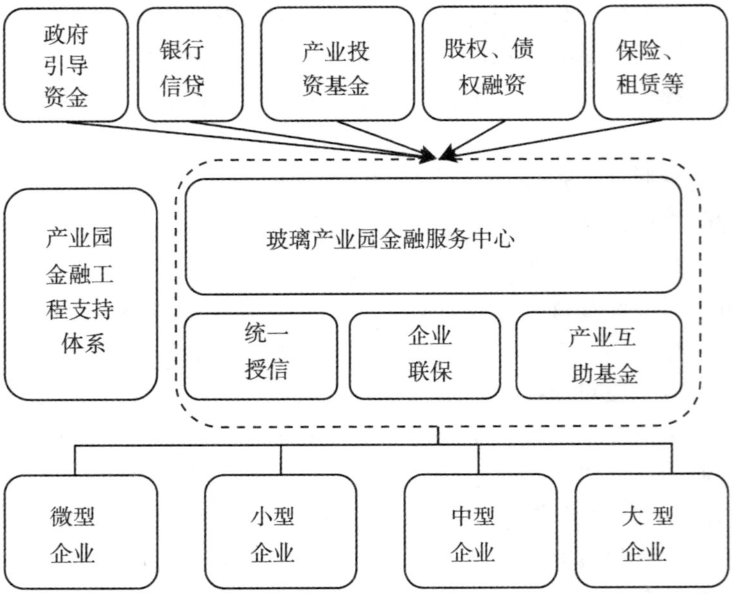

图 10.5　玻璃产业园金融支持体系框架

二、玻璃产业园模式选择

在对产业园的政府管理模式、高校管理模式、企业管理模式以及市场管理模式进行介绍和分析的基础上，结合目前玻璃产业发展的现状和特点，本书认为玻璃产业园应选择以企业管理模式为主进行构建（见图 10.6）。

由于在目前市场经济的大背景下，玻璃企业间通过市场进行公平竞争成为推动玻璃产业发展的主要力量，虽然我国政府能够在一定程度上引导和推动区域玻璃产业的发展，但其干扰了市场竞争机制，难以形成玻璃企业的核心竞争力，不利于玻璃产业的长期发展；同时，由于玻璃产业作为我国传统的支柱产业，其规模较大，且与其他相关产业联系较为密切，虽然目前对于高新技术玻璃的研发需求不断增大，高校管理模式下的玻璃产业园能够有效促进科技成果的转化，但无法长期引领玻璃产业的发展；考虑到目前我国玻璃产业的集中度还不高，区域玻璃产业大部分是由龙头玻璃企业带动其他中小玻璃企业共同发展的格局，企业管理模式下的玻璃产业园能够更加紧密地将不同规模的玻璃企业联系在一起，通过产生集聚效应和规模效应使玻璃企业发展所需资源能够得到更为有效的配置，一

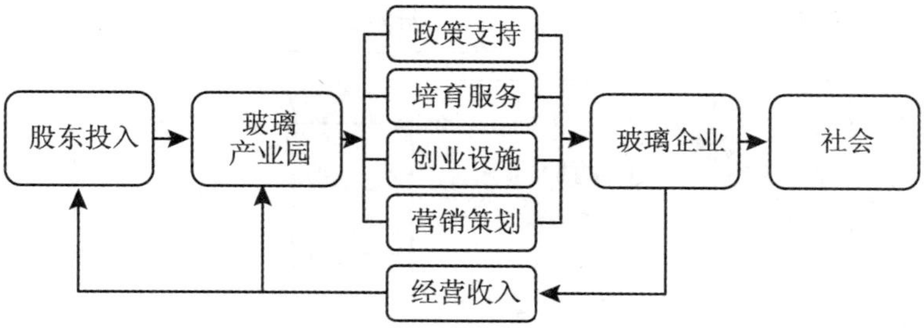

图 10.6　玻璃产业园模式

方面能够鼓励中小玻璃企业的创新发展，另一方面能不断扩大龙头玻璃企业规模，提高产业集中度，加快玻璃产业整体的转型升级。

三、玻璃产业园金融支持体系构建

（一）玻璃产业园金融服务中心

玻璃产业园金融服务中心是整合产业园各方资源并将资源合理分配给园区内玻璃企业的平台，是玻璃产业园金融支持体系构建的核心。中心按产业园不同的管理模式，可以由不同的方式进行组建，目前我国玻璃产业园主要是由成熟的大型企业创办，通过新技术项目以及共享场地等方式引进小企业入驻，同园区内小企业一起成长，属于典型的企业主导型管理模式。玻璃产业园金融服务中心的组建主要由园区的龙头企业牵头组建，并由产业园内所有企业组建管理委员会，对金融服务中心的运行起到监督作用，防止龙头企业利用服务中心对中小企业的利益造成侵害。总体来讲，产业园金融服务中心应起到以下作用：

（1）推进金融机构创新面向中小企业的融资产品和服务，撮合银企合作；

（2）发挥政府扶持资金的引导作用，推动银行放大对获得财政扶持的中小企业的融资规模；

（3）推进中小企业对接创投公司、产权交易中心等资本市场要素部门；

（4）对接小贷公司、担保公司等相关金融机构，拓宽中小企业的融资渠道；

（5）推进园区中小企业的兼并重组、股份制改造等。

（二）统一授信模式

统一授信模式能够充分体现玻璃产业园的作用和意义。如图 10.7 所示，在该模式下，银行根据产业园的总体规模、运营现状、资产负债比例、经营风险以及信用程度等，统一授予玻璃产业园一定的信贷额度，产业园金融服务中心能够直接利用这些信贷额度向园区内的玻璃企业提供质押贷款、仓单贷款等金融服务，同时由产业园金融服务中心对贷款业务进行审批和监督。

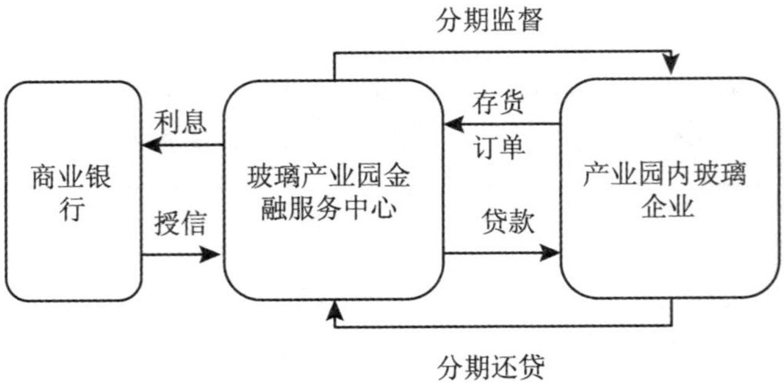

图 10.7　统一授信模式

（三）风险投资引入

风险资本是一种以私募方式进行资金筹集，并以公司等组织形式所设立的资本形式，其投资对象是一些具有新思想或采用新技术生产的中小型企业，因此具有高风险、高回报的特点。

玻璃产业园引入风险资本对于园区内中小型玻璃企业具有重要的意义，它不仅能向中小型玻璃企业提供其初期所急需的资金，同时还能帮助玻璃企业制定市场战略，培养玻璃企业在组织和管理方面的能力。由于风险投资是一种复杂而严谨的资本运作方式，玻璃产业园在引入时应注意其运作过程的科学化与规范化。风险资本运作模式见图 10.8。

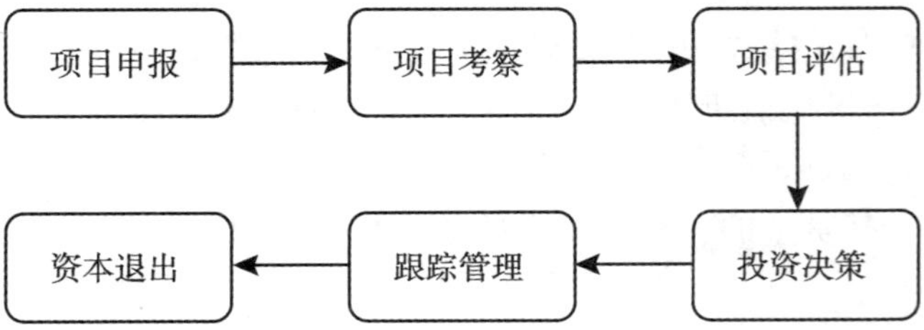

图 10.8　风险资本运作模式

园区内玻璃企业首先应将有风险投资需求的项目向产业园进行申报，即填写产业园风险投资项目申请表，同时收集并整理项目的相关材料，包括项目名称、时间长度、所需资金量等信息；在玻璃企业提交项目申请后，玻璃产业园金融服务中心相关部门应及时对其资料进行审查，并进行实地考察，有计划地对项目的技术、管理及相关产品进行调研，并进行技术和市场情报的检索；玻璃产业园在对项目进行充分考察的基础上，应对备选项目进行详细的评估，具体包括玻璃企业资产负债、生产经营、投资产权关系等企业发展状况以及项目的技术水平、实施条件、市场分析等，并对投资的成本、现金流量、盈亏平衡以及风险等进行分析，在此基础上完成对于项目的评估报告；在完成对项目评估报告的论证后对投资决策进行研讨，对于投资决策通过的项目，在完善投资合同或合作协议的基础上，依据项目的进展情况分批注入投资；在风险投资进入玻璃企业后，玻璃产业园还应定期对玻璃企业的资金使用及经营状况进行跟踪管理，确保企业对风险资金的正确及有效使用，同时为玻璃企业提供科学的管理指导和发展决策建议等；在风险资本的退出阶段，一方面可以靠玻璃企业自有资金的逐步积累和信贷部门的资金支持而逐步收回投资，另一方面，对于发展前景较为良好的投资对象，还可以吸收其他法人股或个人股进行增资扩股，同时玻璃产业园也可转部分投资为股份，不仅能够分散产业园投资风险，还可以对完成创业阶段进入成长期的企业继续进行追踪，寻找资本退出的最佳时机。

（四）产业互助基金

产业互助基金是指以“自愿互助、风险共担、利益共享、抱团取暖”为原则，根据一定比例缴纳资金成立互助基金。该基金由指定第三方进行管理，旨在帮助会员企业解决流动资金周转困难。产业互助基金能为中小企业提供无抵押融资渠道，且能以其作为担保基金向银行获取贷款。

在产业集群条件下，中小企业产业互助基金对有贷款意向的中小企业进行信用评分，合格的企业则批准其加入产业互助基金并定期进行信用评级。加入产业互助基金的中小企业任何时候都可以从该基金中得到一定期限的无息贷款，贷款额度在其信用评级的等级划分基础上，与缴纳的会费数额成正比，而且不需要抵押和担保。

沙河市近年来进驻较多金融机构，但对玻璃企业了解程度有限，因此无法向企业提供立即有效的资金支持，导致企业资金受限。在此现状上，以德金玻璃有限公司组建的“德盛工业园”为试点，建设“玻璃产业互助基金”，针对玻璃企业，尤其是中小企业内部资金短缺问题，采取“委托专业机构代理，集投资与担保融为一体，并争取政府政策与资金支持”的混合运作模式。

首先，委托专业机构代理能使基金运作具有专业性和安全性。其次，投资与担保融为一体，确保产业互助基金收益，保证产业互助基金的内部资金充足。园区内企业若对长期资金有需求，可依靠基金为担保，向银行获取低息贷款；若园区企业缺乏急需的短期资金，则可以从互助基金直接借款。此外，寻求政府政策与资金支持，能进一步扩大互助基金资金来源，并降低基金违约风险，以此向银行等金融机构争取更大规模的授信额度。

（五）中小企业上市培育

当小微企业经过一段时间的发展后，其规模有所成长，资产负债结构趋于稳定，进入快速发展的成长阶段，对于资金的需求量更大，可以通过股权融资的方式从市场中获取资金。产业园金融服务中心在这一过程中应扮演企业培育的角色，一方面从企业自身运作的角度明确企业的发展思路，完善其治理结构，规范其管理模式；另一方面从金融支持体系的角度为其提供多样化的金融服务。

四、玻璃产业园机制设计

（一）企业筛选机制

玻璃产业园应建立严格的企业筛选机制，保证产业园内玻璃企业的整体质量，提高对于园区内资源使用的效率。一般而言，玻璃企业进驻玻璃产业园应满足以下条件：

1. 从事高新玻璃产品生产

目前我国玻璃产业中的平板玻璃产能严重过剩，国家也相继出台政策明确提出要不断淘汰落后产能、促进玻璃产业的转型升级。仍进行传统玻璃产品生产的中小型玻璃企业不仅会在宏观产业政策上受到一定阻碍，同时随着传统玻璃产品利润空间被不断挤压，其经营环境也将不断恶化，最终被市场所淘汰。在此背景下，入驻产业园的玻璃企业应以研发或生产高附加值的新型玻璃产品为主。

2. 具备玻璃生产行为

入驻玻璃产业园的玻璃企业必须具备玻璃生产行为，而不是只是一个咨询部门、中介部门或玻璃贸易商。虽然中小玻璃企业在创立初期一般无法完成整个玻璃生产过程，一些玻璃生产的工序要同其他玻璃企业进行合作，且在生产玻璃产品的同时也会从事一些玻璃贸易、玻璃技术的服务及咨询等业务以积累资金，但玻璃企业不能抛开成果转化、生产高新技术产品这个最基本的特征，必须具备玻璃产品的产出行为。

3. 企业拥有规模前景

规模前景是指玻璃企业的开发项目具有技术含量高、市场潜力大的特点。玻璃企业必须具备批量生产的能力以及较强的技术开发实力，能够不断开发并生产出新的玻璃产品；同时，玻璃企业的管理层还应具备较强的进取心，有志于玻璃企业的规模发展。

4. 适应玻璃园区条件

玻璃产业园能够为玻璃企业提供优化的共享空间，而这种空间应从整体利益出发对玻璃企业作出要求。一方面，玻璃企业应适应玻璃产业园在供电量、供水量、楼板负荷、噪音与污染标准、允许设备高度等方面的硬件标准；另一方面，还应在运营过程中严格遵守产业园所规定的其他制度。

（二）申请审批程序

1. 企业申请

玻璃产业园应事先拟定“产业园进驻指南”，在其中明确该玻璃产业园的性质、任务以及对进驻玻璃企业的要求、需要提交的文件、租金标准等。符合“产业园进驻指南”的玻璃企业可向玻璃产业园提交入驻申请，并附以企业的基本资料，包括企业技术水平、项目开发状况、市场前景、法人情况等以及对玻璃产业园在用水、用电量、场地面积、楼板承重等方面的要求等。

2. 评估企业

玻璃产业园应根据申请企业所提交的材料，对玻璃企业在技术、经济、财务、市场以及法人等方面进行科学评估。其中技术评估包括项目的技术含量、科技成果的成熟程度、科技成果知识产权纠纷情况等；经济评估包括企业有无适当注册资金、有无补充资金渠道等；财务评估包括评审玻璃企业财务规划、项目投产后的年产值及利润等；市场评估包括拟开发产品的市场需求、销售渠道及价格情况等；法人评估包括玻璃企业法人简历、管理能力、道德品质等。

3. 进驻签约

在通过玻璃产业园评估的基础上，获准进驻的玻璃企业同玻璃产业园签订入驻协议。协议文本一般包括入驻协议书、房屋租赁协议书、安全责任书等。双方签约后，申请方照章付费，玻璃产业园将场地交付企业使用并提供相应服务，进驻玻璃企业开始正式运营。

（三）企业毕业机制

1. 企业毕业标准

玻璃产业园的主要任务是对高科技型的中小玻璃企业进行培育扶植。当玻璃企业的开发、生产和经营步入正轨，其规模不断扩大并能够在市场中自立时，玻璃企业可以离开玻璃产业园进一步扩大其企业规模；同时，玻璃产业园也可以重新吸纳一些新建的中小玻璃企业。目前，国内外的玻璃产业园都没有对玻璃企业标准进行定量规定，一般考虑以下几个方面：

第一，企业的培育时间。由于在现行的产业状况下，中小玻璃企业从具有科研成果到形成玻璃产品需要一个开发过程，包括产品研发、市场反馈、产品完善以及企业内部管理完善等，一般需要至少 2 年以上的时间。考虑到玻璃企业从入驻到发展的过程，因此玻璃企业在玻璃产业园内的培育时间一般以 3 ~ 5 年为宜。

第二，玻璃产品的商品化。在玻璃产业园内进行培育时，玻璃企业应完成科技成果的转化，使得其玻璃产品能够成功商品化。同时，玻璃企业内的技术人员在完善产品的过程中能够进一步加深对于玻璃市场的认识，在企业未来的发展过程中能够开发系列玻璃产品或其他新型玻璃产品，使玻璃企业能够不断有新的玻璃产品投入市场。

第三，玻璃企业拥有相对稳定的市场。玻璃企业在离开玻璃产业园之前应在某一玻璃产品领域或某一地区拥有一定的知名度，其玻璃产品拥有较为固定的销售渠道，玻璃企业初步建立了自身的玻璃产品销售网络。

第四，玻璃企业的管理基本完善。经过一段时间的经营后，玻璃企业的管理层能够掌握玻璃生产及销售相关的法律法规，同时基本建立了企业的财务制度、用工制度等，并对玻璃企业在离开产业园后的发展制订了切实可行的战略计划。

第五，玻璃企业拥有充裕的资金。玻璃企业在产业园内经过几年经营后能够积累一定的资金，或拥有通过固定资产进行抵押贷款等其他有效筹资渠道，能够为玻璃企业离开产业园后扩大企业发展规模准备条件。

2. 毕业企业关注

在玻璃企业从玻璃产业园毕业后，玻璃产业园还应对其进行跟踪管理服务。一方面，玻璃产业园通过跟踪管理为其进一步提供成长所需要的服务，如依靠玻璃产业园的网络关系继续为其提供咨询和寻找合作伙伴等，促进毕业玻璃企业更好更快地成长，而成功的毕业玻璃企业也是玻璃产业园的一个品牌；另一方面，对毕业玻璃企业的跟踪管理服务也是玻璃产业园完善自身测评系统和整体服务的有机组成部分。玻璃产业园对毕业玻璃企业的持续关注一般采取以下几种方式：

第一，股权式跟踪。由于玻璃产业园在对园区内玻璃企业进行培育的过程中，通过为玻璃企业提供资金及相关服务而对玻璃企业进行了入股，玻璃产业园能够以股东的身份对毕业玻璃企业进行跟踪管理，了解毕业玻璃企业的实时发展动态。

第二，无股权式跟踪。如果玻璃产业园在毕业玻璃企业没有股份，则可以通过建立一套跟踪程序，对毕业玻璃企业进行持续的跟踪管理，了解毕业玻璃企业的成长状况和进展。例如对玻璃企业实行一系列优惠政策，继续为毕业玻璃企业提供有针对性的相关服务等，通过这些措施来吸引毕业玻璃企业，从而与其保持联系。

第五节　本章小结及相关政策建议

一、本章小结

玻璃产业园是玻璃产业在发展中的一个新的组织形式，是联系中小玻璃企业同龙头玻璃企业之间发展、推动玻璃产业转型升级的重要环节。本章首先对产业园的概念、功能、理论基础以及管理模式进行了简要研究，并总结了国内外产业园的发展经验，在此基础上对玻璃产业园金融支持体系进行了阐述，包括金融支持体系的建设思路、产业园模式选择、金融支持体系构建以及产业园相关机制的设计等四个方面。

虽然产业园的发展已经经过了一段时间，但其与金融的联系还是相对不足，仅仅停留在对一些零散的金融资源进行引入的基础上，没有系统地从产业园的角度发挥金融的杠杆作用。以产业园金融服务中心为平台，构建产业园内统一授信、风险投资、产业互助基金、中小企业培育上市等符合产业园运作特点的金融支持模式，一方面能够有效促进产业园内不同规模企业的发展，另一方面还能够推动产业园管理及服务的拓展和深化，丰富产业园培育企业的内涵。

二、政策建议

（一）加强产业园服务建设

对于高科技玻璃企业的培育，玻璃产业园只提供场地和物业管理是无法满足企业需求的，应对玻璃企业进行包括技术研发、成果转化、产品生产、市场销售以及信息服务在内的全方位的培育。加强玻璃产业园内服务体系的建设能够提高产业园对企业的培育力度和深度，而其中金融服务体系由于其杠杆作用更应引起足够重视。玻璃产业园应尽快完善金融服务体系的构建，加强对于各种金融资源的重视和利用程度，同时加快金融与企业对接平台的建设，提高金融对于企业培育的支持力度。

（二）强化产业园培训功能

由于中小型玻璃企业在初创期缺乏对于管理者的培训和人才的引进，在市场开发以及企业管理方面相对缺乏经验。玻璃产业园应从法律、财务、企业文化等方面加强企业人才的培育，同时注重在金融专业知识，例如资产定价、利率、汇率、衍生工具等方面对企业管理层的强化，加强企业管理层对于金融资源的重视程度，通过人才培训提高玻璃企业同金融业结合发展的力度。

（三）强化政府的推动功能

在目前我国玻璃产业转型升级的发展趋势下，中小玻璃企业的发展和规划都处于相对弱势。政府作为我国推动产业发展的重要力量，能够通过政策的扶持和引导以及资金投入对产业发展产生引导作用，吸引更多的相关资源。玻璃产业园应争取政府的政策支持及资金投入，加强对于相关优惠政策的落实，定期同政府召开相关玻璃企业的座谈会、研讨会等，鼓励玻璃企业向政府反映问题、争取政策及资金等。

第十一章　玻璃产业核心企业融资方案研究

对于玻璃产业中的核心企业而言，其资金需求量往往较庞大，即便其拥有良好的财务制度和完善的会计账簿，也往往会受限于资金供给无法满足其自身的资金需求量。鉴于此，本章按照玻璃产业链上、中、下游的分析框架，针对处于不同产业链环节上的核心企业的特点，设计出相应的融资方案。由于部分企业发展较为成熟，其所涉业务往往覆盖多个产业链环节，因此研究混合型企业如何融资具有现实意义。

第一节　玻璃核心企业融资问题背景及意义

一、金融资源利用效率较低

玻璃产业现存众多的可利用资源，但资源分散化程度较高，整合各环节资源时初期投入成本较大等原因，导致金融资源利用效率低下，产业链连而不紧，各方主体收益受到不同程度损失的局面出现。玻璃产业的发展离不开政府政策的支持，财政政策、扶持政策的引导能够使社会资金向具有发展前景的玻璃核心企业流动。银行信贷、保险资金的运用能有效促进企业资产规模的扩大，解决企业资金的紧张状况。具有相当规模的企业对债券市场、证券市场的利用，能够为企业进一步扩大发展快速提供大量的资金。玻璃产业的发展离不开庞大的资金链的支持，金融工程支持体系通过整合这些分散化的资源，将各环节连接成一个统一的经济发展产业链，形成一个完整的系统，根据不同环节的特点和问题，制定相应的解决方案。应基于产业链上中下游环节，运用合适的金融资源支持企业生产、扩大规模、促进发展，提高金融资源利用效率，让整个体系有序顺畅运行。

二、现有融资体系对产业支持力度有限

融资体系仍然制约着企业的成长。一些新进金融机构由于对玻璃企业了解程度有限，因此无法向企业提供立即有效的资金支持，导致相关玻璃企业资金受限。金融支持玻璃产业发展存在以下不足：

（一）金融体系不健全，金融市场严重缺乏

金融体系主要由银行等金融机构及金融市场组成。以沙河市为例，金融机构基本由银行类金融机构与小额贷款公司组成，证券公司、信托投资公司等覆盖率较低，企业直接借贷渠道基本依靠银行借款，对银行机构造成较大压力，不能解决企业普遍存在的资金缺口

问题。此外，金融中介机构的缺乏也是金融市场不发达的原因及表现之一。

（二）融资规模小，渠道单一

企业集中于银行贷款，造成银行贷款需求压力较大，此外，国家将玻璃产业划分为产能过剩型产业，导致银行等金融机构对玻璃企业缩紧信贷规模，融资难问题凸显。此外，限于金融体系的成熟度不足，玻璃企业基本寻求银行机构以获得贷款支持，融资渠道较为单一，金融资源利用率不高。

三、融资机制不完善，未形成有效的产业链融资模式

从宏观背景来看，玻璃产业被归类为产能过剩型行业，因此玻璃企业若想在此宏观背景中有所突破，只能通过优化产品结构，提高生产技术，搭建完善的玻璃供需销售平台等措施实现自身的转型与升级。但在发展过程中，企业需获得大量资金支持，尤其对玻璃核心企业而言，融资规模较大，因此研究和设计玻璃核心企业融资方案具有十分重要的现实意义。

此外，鉴于自身主观因素，大部分玻璃企业对金融手段认识不足，不能自觉利用各种融资工具解决资金问题，企业自身金融素质不高。从宏观产业角度来看，玻璃企业还未形成有效的产业化形态，其产业链主要是由不同企业对各环节分别覆盖而形成，且各环节之间联系不够紧密，未能形成全面系统的产业链融资模式，不能有效地为玻璃产业各个环节的发展提供有力的金融支持。

第二节　核心玻璃企业融资理论研究

一、融资优序理论

（一）信息对称条件下融资优序理论

融资优序理论为西方资本结构理论中影响最为广泛，且被理论界和实务界所接受的理论。Myers 和 Mujluf（1984）在经典资本结构理论——MM 理论基础上，吸收了权衡理论、代理成本理论以及信号不对称理论发展出了融资优序理论，该理论又被称为啄食理论，其核心结论为：企业最佳融资顺序应为内部融资、债务融资、股权融资。

Myers（1984）首先提出由于投资者和企业管理者之间的权衡而导致企业所选择的融资顺序为内部融资、债务融资、股权融资。假设企业所需筹集资金为 N，新发行证券（股票或债券）价值为 N_1，利用所筹集资金投资于项目能获得净现值 Y。证券价值被高估或低估可用 ΔN 进行衡量，$\Delta N=N_1-N$，$\Delta N>0$ 表明企业所发行证券价值被低估，投资者会大量购入该证券，但是企业管理层宁愿放弃投资机会，也不愿发行价值被低估的证券；若 $\Delta N<0$，企业证券价值被高估，管理者愿意通过发行证券进行融资，但是站在投资者角度来看，需分情况讨论：若企业发行证券为股票，投资者不愿购买价格高于其实际价值的股

票；若企业发行证券为债券，由于债券相较股票而言风险较低，且更有收益保障，投资者购买债券的意愿相较而言更高。因此企业管理者在进行外部融资中，需考量 ΔN 的设定值，使其绝对值保持较小值，使证券发行能安全有效地进行。

综上分析可知，企业管理者在筹集资金过程中，首先偏好于内部融资渠道，该途径不需要考虑投资者的购买需求，但内部融资无法解决企业大量的资金需求；企业在筹集大量资金时，有效途径为外部融资，但在外部融资选择中，债务融资优先于股权融资，这是因为债券发行风险相较股权融资而言较小。

（二）信息不对称条件下融资优序理论

以上结论是基于投资者与管理者信息对称情况，若投资者与管理者出现信息不对称情况，融资优序理论结论又如何？Myers 和 Mujluf（1984）进一步提出了三期模型用于解释信息不对称条件下的新融资优序理论。①

假设：$t-1$ 时刻，投资者与管理者所得信息相同；t 时刻，管理者获得信息，投资者未获得；$t+1$ 时刻，投资者获得管理者于 t 时刻所得信息。考虑一个利用发行股票筹资，而后利用所筹资金进行投资活动的例子：企业流动性资产价值为 S，项目所需投资额为 I，所发行股票价值为 $E=I-S$，原有股东所持有股票的市场价值为 V_{old}，管理者对现有资产价值预期估计值为 a，对所投资项目净现值预期值为 b，不发行新股情况下原有股东所持有股票的市值为 P，发行新股情况下原有股东所持有股票的市值为 P'。若无投资活动，也无需发行股票以筹集资金，则 $V_{old}=S+a$；若有投融资活动，则 $V_{old}=\frac{P'}{P'+E}(E+S+a+b)$。因此，若股票成功发行，则须满足下式：

$$S+a\leqslant\frac{P'}{P'+E}(E+S+a+b)$$

化简得：

$$\frac{E}{P'}(S+a)\leqslant E+b$$

由上式能较为直观看出，当 a 越小，b 越大时，股票发行成功率越高。这是因为管理层对企业现有资产 a 估值越小，则其发行价格为 P' 的意愿越高；而资产净现值预期值 b 越大，则企业盈利性越高，越能吸引投资者购买该企业股票。

将上例拓展到一般情形中，通过发行股票筹集投资资金，原股东所持有股票价值为：

$$V_{old}=I+a+b-E_1$$

其中 E_1 为 $t+1$ 时刻所发行股票的市值。由于 $E=I-S$，因此上式等价于：

$$V_{old}=S+a+b-(E_1-E)$$

令股票持有者在 $t+1$ 时期所得资本利得为 $\Delta E=E_1-E$，可得：

---

① S C Myers, N S Majluf. Corporate financing and investment decisions when firms have information that investors do not have [J]. *Journal of Financial Economics*, 1984.

$$V_{old} = S+a+b-\Delta E$$

与上例相同，若企业股票顺利发行，所需满足条件为：

$$S+a \leqslant S+a+b-(E_1-E)$$

即：$b \geqslant \Delta E$，企业投资项目的净现值应不低于股票资本利得。

若企业发行债券，令投资回报 $\Delta D=D_1-D$。同理可得，企业顺利利用债务融资的条件为，所投资项目的净现值应不低于债券收益，即 $b \geqslant \Delta D$。由于债券风险小于股票，由无风险定价可知，股票资本利得应大于债券收益，即 $\Delta E>\Delta D$，因此对于管理者而言，$b \geqslant \Delta D$ 成立较为容易，所以债务融资应优于股权融资。

二、企业金融成长周期理论

企业融资结构是指企业所需资金来源组成结构，其与企业内部因素和外部因素有关，内部因素主要包括企业治理结构、融资偏好和资金需求等，外部因素是指银行体系、资本市场等金融资源。20 世纪 70 年代，Weston 和 Brigham 根据企业不同成长阶段融资来源的变化提出了企业金融生命周期的假说，将企业划分为创立期、成长阶段（包括Ⅰ、Ⅱ、Ⅲ三个阶段）、成熟期和衰退期。（1）创立期：企业在创立初期，由于资源不成熟，获得外源性融资的可能性较低，主要依靠内源性融资，即企业创业者资金。（2）成长阶段：企业处于成长阶段，可利用自有资金、留存收益内源性融资，同时企业可逐步利用银行机构的外源性融资，如银行短期贷款、长期融资，但需防范由于存贷过多而出现的流动性缺口。经过一段时间运营和发展，随着企业财务审计等企业信息制度的逐步完善，企业可将融资渠道向非传统融资市场拓展，如寻求证券市场上市融资，此时企业需防范控制权分散而带来的管理风险。（3）成熟期：企业处于成熟期时可利用以上所有内源性融资方式和外源性融资方式，由于企业拥有较为完善的资源和信息，其业务记录和财务管理趋于完善，具备进入公开市场发行有价证券的资产规模和信息条件，因此可根据自身需求选择银行机构借贷、上市融资、债券融资等融资途径，融资渠道多样化，债务融资比例逐渐下降，股权融资比例逐渐上升。在此期间，有潜力的中小企业将成长为龙头企业。（4）衰退期：金融资源逐步从衰退期企业中撤出，主要集中于企业并购、股票回购和企业清盘等。由以上周期理论可知，外源性融资方式多元化的企业，融资渠道较宽；反之亦然。

企业金融成长周期理论是对融资优序理论的完善和补充，也可以对企业在不同成长周期选择不同的融资方式有所指导。将信息因素纳入企业融资结构研究中，符合中小企业现实情况。

三、产业金融工程理论

叶永刚、宋凌峰、张培（2012）将金融工程理论由微观拓展到宏观产业层面，发展出产业金融工程理论。该理论认为应从两个方面进行产业融资方案的构造，一是产业链上中下游各环节的金融支持，二是根据企业金融生命周期，将产业划分为创立期、成长阶段、成熟期和衰退期。处于产业不同环节和生命周期不同阶段的企业，其价值创造空间及其影响因素均存在差异。

不同产业链环节所需金融资源支持和要素投入也不同，而在生产领域中产出价值远高于投入价值，即投入一单位生产要素，所获得产出将高于一单位。对于处于同一产业链上的环节而言，鉴于产业链具有协同效应，因此在某一环节投入生产要素，会推动整条产业链上的资源进行优化配置。

对于生产活动而言，产出的价值创造主要体现在产业链上、中、下游，即供应环节、生产加工环节和销售环节三个方面。

（一）产业链上游价值创造

从产业链上游的价值创造角度来看，产业链上游的供应企业和下游的需求企业之间的关联性，使得企业集合之间的价值活动呈现出一定的同步化趋势。产业链上游的价值创造过程充分反映了上下游各企业集合间的供求关系，相关的价值活动也基于这一供求关系进行，价值创造包含以下两个方面：第一，产业链上游供应企业为中游生产加工环节企业提供原材料，带来的产出价值增值。第二，供应企业通过充分利用财务资本实现的企业自身的价值增值。

（二）产业链中游价值创造

产业链中游主要为玻璃产品的生产和加工环节，通过一定范围的规模化生产来增加产出或降低成本，扩大价值增值量差额，从而获得价值创造，该价值增量差额主要通过标准化劳作和专业化分工获得。在标准化生产活动中，生产活动可实现“模块化”，即企业根据自身优势（主要为技术优势和资源优势）负责产品某一块的生产活动，通过不同模块的集合，实现产品的生产和加工。模块化生产的优势在于，标准化和专业化的生产方式可以实现规模效应，从而降低生产成本。同时，集合中小企业的力量有利于并购的实现，从而扩大集合的市场份额，获得产业中的垄断地位。

因而对于生产企业而言，通过“模块化”的方式实现价值创造的三个途径为：首先，通过集合各企业所拥有的资源，提高资源的利用率，实现规模效应；其次，分工协作和专业化合作能提高生产企业的生产效率；最后，创新性的制度和规则的设计为有效提高产业链生产环节的价值的主要途径。

（三）产业链下游价值创造

产业链下游的价值创造可通过横向和纵向合作表现出来。从横向合作来看，产品销售企业之间的合作能降低销售成本，通过交流和沟通提高企业的经营管理能力，从而提高销售企业的价值增加额。从纵向合作来看，销售企业与加工企业进行联合，可形成最具潜力的价值创造环节。就销售环节本身而言，其无法创造价值，但可通过提高产品和服务的附加值，同时降低消费者的价值损耗，实现相对价值额的扩大。

因此，产业链下游环节进行价值创造的途径有：第一，生产企业与销售企业进行纵向战略合作，加快产品流转速度，降低产品库存成本，实现价值增值；第二，就销售企业自身而言，可通过提高产品与售后服务的质量，实现附加值增加；第三，可在合理范围内适当合并销售渠道，提高销售效率，降低销售成本。对于企业个体而言，销售渠道存在一定的差异性，这也是企业获得超额收益的关键所在。

第三节　核心玻璃企业融资模式研究

一、直接融资渠道

直接融资是指资金供求双方直接进行交易，交易过程不经过金融中介机构等“第三方”的融资模式。资金需求方通过直接与资金供给方签订融资协议，或通过发行证券募集资金盈余方的资金。此种融资方式对资金供求双方而言自由度较大，且融资成本较低。由于金融中介机构未参与，因此融资模式可由资金供求双方商定，同时减免了金融机构所收取的交易费用，降低了融资成本。

（一）上市融资渠道理论研究

1. 玻璃交易所

目前国内暂无专门交易玻璃产品及相关衍生品的专业市场，但该市场的建设对促进我国玻璃产业转型和升级，对金融资源的充分利用起着举足轻重的作用。玻璃交易所以交易玻璃现货及中远期产品为主体，同时为玻璃企业拓宽融资渠道而服务，具体涉及的业务有：玻璃产品现货及中远期交易业务、玻璃企业产权交易业务、玻璃企业资金拆借业务、玻璃企业质押贷款业务、玻璃信息咨询业务。

2. 产权交易市场

产权交易市场主要特点在于利用市场化方式对出售的资产和股权进行定价，能为资金紧缺的企业解决融资难问题。此外，产业交易市场交易标的为企业股权，因此可作为企业上市的“预演”，为企业在资本市场上的进一步运作打下基础。

3. 国内外证券市场

在国内外证券市场上市是重要的融资手段，不论在国内还是在国外上市都有一个复杂的过程，企业达到一定的规模就可以朝着上市的方向发展。

我国的证券市场除了主板市场与创业板市场以外，目前未上市股权交易市场也得到了长足的发展。武汉股权托管交易中心的建立为企业的上市提供了一个平台，企业在初期可以选择首先在武汉股权托管交易中心上市筹集资金，等到企业进一步发展后，再争取到创业板或者主板市场上市。

（二）集合债券融资渠道理论研究

与以往由单一企业发行债券的方式不同，作为缓解中小企业融资难的重要融资创新举措，集合债券是集合多家企业联合发债，实现联合担保的企业债券模式。中小企业集合债券融资过程为，多个中小企业组成集合发债主体，各自确定所发债券额度，使用同一债券名称发债，同时向投资者承诺到期还本付息。集合债券与普通债券类似，在发行过程中需要担保机构、律师事务所、会计师事务所等相关机构参加，对发债企业进行辅佐。

集合债券作为新型融资工具，其发行具有一定的要求。首先，集合债券可选取产业园或工业园等产业集群内的企业作为发行主体，因为产业集群内的中小企业往往属于同一产业，关联程度较高，债券发行易于成功。其次，应设计合理的集合债券额度分配制度，各企业根据所获资金额度承担日后的债务偿还责任。最后，为保证集合债券的顺利发行，中小企业应联合提高其信用评级，进而寻求担保公司为其进行担保，以提高债券评级。

二、间接融资渠道

（一）银行信贷

银行信贷一直以来为企业资金需求的主要来源，这是因为银行能为其提供所需要的庞大资金量，且长期资金或短期资金均可提供给企业进行资本结构匹配。此外，银行信贷成本相对较低，仅需收取利息和手续费，较 IPO 市场、债券市场成本更低。但是，银行为控制风险需要企业在借贷时提供抵押品，限制了企业的融资额度和流动性。

由于银行信贷申请条件较为苛刻，在贷款品种方面，一般宜从小到大逐步升级，可先通过有效的质押、抵押或第三方保证担保等方式向银行申请流动资金贷款，等有了一定实力再申请项目贷款。贷款融资方式分类见图 11.1。

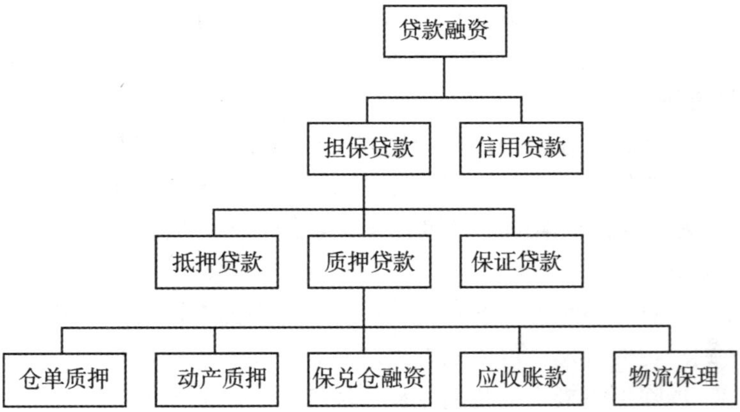

图 11.1　贷款融资方式分类

（二）资产证券化

资产证券化是指企业将自身资产抵押给投资银行，银行以该资产发行等价证券，将所募集的资金提供给企业。此类证券可在特定市场上进行交易。

三、代表性玻璃企业融资模式

福耀玻璃是一家专业生产汽车安全玻璃和工业技术玻璃的中外合资企业，1993 年，福耀集团股票在上海证券交易所挂牌，成为中国同行业首家上市公司，股票简称：福耀玻璃，股票代码600660。

2012年2月2日，公司获得中国银行间市场交易商协会《接受注册通知书》（中市协注［2012］CP8号）文件，中国银行间市场交易商协会接受公司短期融资券注册。2012年2月福耀玻璃成功发行6亿元短期融资券“12福耀CP001”，票面利率为5.01%；2012年6月发行6亿元短期融资券“12福耀CP002”，票面利率为3.89%；2012年9月发行6亿元短期融资券，票面利率为4.64%；2013年3月12日，公司在全国银行间债券市场公开发行6亿元短期融资券（简称“13福耀CP001”），发行利率为4.27%。公司募集资金主要用于偿还银行贷款和补充流动资金，降低融资成本。①

第四节　核心玻璃企业融资体系构建思路

玻璃产业金融工程中的重要一环是运用金融工程的思想，研究产业与金融的相互融合，为产业的发展提供整体资金的解决方案。通过分析处于玻璃产业链各环节企业资金流的特点及其所需要的资金支持服务的特点，搭建包括政府、企业内外部、银行、保险、各类金融机构、各类产业相关的中介机构、投资者的平台来实现产业中资金的融通、资源和各类金融服务的整合，为玻璃产业链注入资金，实现产业价值增值。

本章构建的玻璃产业核心企业融资体系，从两方面展开，其一为核心企业具体融资方案的设计，以产业链上、中、下游企业为基础，针对其所处产业环节特点，设计出可进行有效融资的方式；其二为企业融资模式的选择，即企业融资平台的构建，玻璃企业选择融资方案时，通过何种平台能最有效地获得融资，为主要研究内容。核心企业融资体系设计见图11.2。

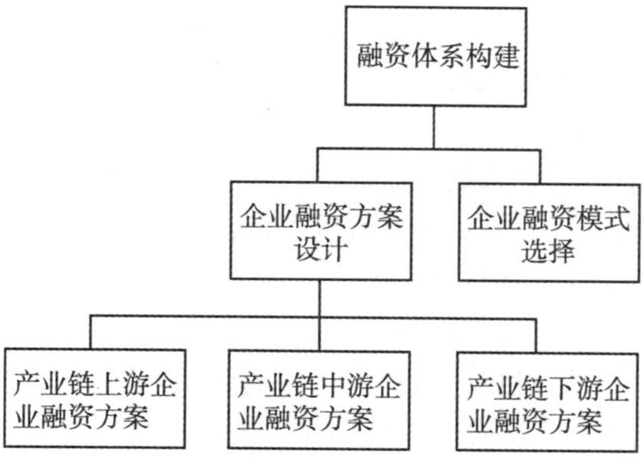

图11.2　核心企业融资体系设计

① 福耀玻璃工业集团股份有限公司2013年度第一期短期融资券发行公告。

一、产业链上游企业融资方案

（一）应收账款融资模式

应收账款融资模式适用于处于产业链上游的玻璃企业。玻璃上游企业将原材料通过物流企业运输，销售至中游玻璃生产企业，获得应收账款。企业需流动资金时，可将该笔应收账款作为质押，向银行获取贷款，贷款期限不得超过应收账款到期日。应收账款融资模式为短期融资渠道。

应收账款融资模式属于保理模式，为债权融资。急需资金的产业链上游企业将应收账款（债权）转让给银行，银行通过债权管理，降低应收账款违约风险，以期到期获得账款。

在债权转让过程中，为降低应收账款的违约风险，一般以位于产业链中游或下游的企业的信誉为贷款担保。因而对银行而言，贷款的质量与玻璃产品的市场认可度和盈利状况有关，贷款企业自身的财务状况和资信条件并非为获得贷款的首要因素。因此应收账款融资模式可有效地为产品销售良好，但银行融资渠道受阻的上游企业服务，较为灵活地调整上游企业短期资金头寸紧缺的问题。

（二）物流保理模式

物流保理模式本质与应收账款融资模式类似，不同之处在于其将进行保理业务的主体由银行转变为物流公司。物流保理模式涉及交易双方和物流公司，产业链上游企业将货物装箱后，即可获得由物流公司预付的货款；物流公司将货物存入仓库，同时获得应收账款债权；产业链中下游企业若从物流仓库提货，需结清应付账款。该模式与一般的应收账款融资模式相比，越过了银行等金融机构，将涉及玻璃产品供需企业、物流公司和银行机构四方的融资模式，发展成为仅涉及供需企业和物流公司三方的模式。

物流保理模式与一般的金融机构经营的应收账款融资业务相比优势在于：（1）有效降低风险。上游企业将货物运至物流仓库后，物流公司再提供融资，因此物流公司有货物作为支撑，企业违约风险可有效降低。此外，相对于金融机构而言，物流公司与企业具有业务往来，对企业的盈利状况具有更为详细的了解，因此在进行信贷活动时，可有效控制物流公司自身的经营风险。（2）提升融资效率。由于物流公司与玻璃企业直接交易，无银行等金融机构参与融资活动，因此货物与资金可实现实时交易，即货物入仓库时，玻璃企业可立即收到货款，减免通过银行机构而产生的繁琐程序，缩短放款时间，提高企业融资效率。（3）加速货物融通。还款期限到期时，若债务方出现违约，可能出现货物滞留仓库的情形，此时物流公司可直接对货物进行处置，由于物流公司在销售货物方面具有比银行等金融机构更为专业的渠道，因此货物变现和融通过程能更为畅通，货物滞留周期较短。

二、产业链中游企业融资方案

处于产业链中游的企业一般购买原材料对其进行加工，再将产品卖给下游经销商。为获得融资，产业链中游的生产企业大多采取质押融资模式，主要分为以下几种：

（一）仓单质押模式

仓单质押是指企业以仓单作为质押标的物，向银行获取贷款。仓单为仓库所有者在货物存入仓库后，向货物所有者开具的对所存货物进行说明的证明文件。

仓单质押模式对参与交易的三方（开展仓单质押的银行等金融机构、仓库所有者和货物所有者）均有益处。首先，银行开展仓单质押业务，增加了业务量，同时由于仓单有货物作为支撑，因此违约风险较小。其次，仓库所有者可利用帮助货物所有者办理仓单质押的优势，吸引众多货物业主选择其仓库进行储存。最后，货物所有者可利用存货开具仓单，进一步扩大融资渠道。

随着玻璃期货的开展，沙河市已有三家核心玻璃企业拥有交易厂库，鉴于此，玻璃产业链中游生产企业可利用该优势进行仓单融资，进一步拓宽玻璃企业的融资渠道。作为期货市场上的创新，仓单融资业务有利于缓解中小企业融资难，促进银行等金融机构通过期货市场进行业务创新和风险管理，实现银行、企业、期货公司、仓储公司等主体的共赢，对期货市场发展具有重要意义。

（二）动产质押模式

存货质押一般在资信体系不完善的中小企业中运用广泛，核心企业由于其自身资信状况良好，且资金需求量庞大，对流动资产需求旺盛，因此利用流动资产进行质押对于核心玻璃企业而言，并非上策。

三、产业链下游企业融资方案

下游企业主要负责销售环节，若向中游企业采购产品时自有资金不足，则需向银行贷款融资，但由于自身信贷以及抵押实力的问题，银行可能不予放贷，或贷款额度不足，此时下游销售企业可寻求生产企业为其做融资担保，助其顺利融资，以保证产业链的顺利运行，对于生产企业自身而言也具有重要意义。若下游企业由于资金链断裂而在销售环节出现停滞时，会阻碍生产企业的顺利生产，造成库存大量滞留，增加仓库保管成本。

产业链下游企业常用的融资方案是保兑仓融资模式，该模式是指在作为产业链核心企业的生产商承诺回购的前提下，由融资企业向银行申请以买方在银行指定仓库的既定仓单为质押获得银行贷款额度，并以由银行控制其提货权为条件的融资服务。保兑仓业务除了需要处于供应链上游的核心企业（生产商）、下游的融资企业（经销商）和金融机构参与外，还需要物流企业（仓储监管方）的参与，负责对质押品的评估和监管。

具体融资步骤为：（1）资金短缺的玻璃经销商向银行缴纳一定保证金后，银行对玻璃生产企业（即产业链中游企业）开出承兑汇票。（2）玻璃生产企业收到承兑汇票后，发货至银行指定的物流仓库，产品入库后将承兑汇票转为仓单质押。（3）物流企业对仓库内的玻璃产品进行保管，在接到银行《发货通知书》后，根据书面指示的发货额度予以发货。（4）玻璃经销商在提取货物并完成销售后，应及时将尾款存入保证金账户，使保证金账户与承兑汇票金额相等，完成保兑仓融资。（5）若步骤（3）中《发货通知书》指示的发货额度为货物总量的一定比例，则玻璃经销商需重复步骤（4），直至结清贷款。保兑仓融资模式见图 11.3。

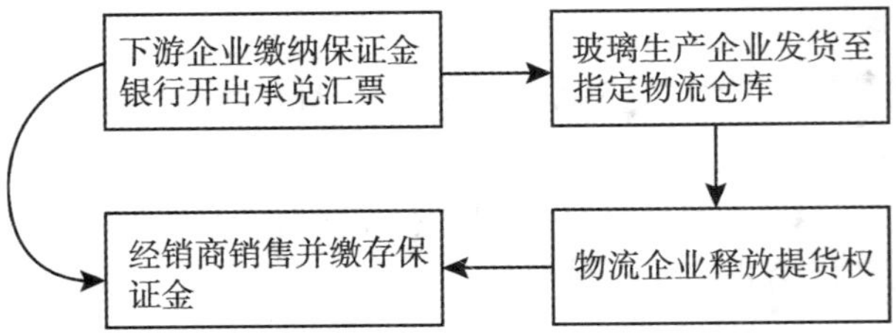

图 11.3　保兑仓融资模式

保兑仓融资模式的特点在于玻璃产业链下游企业，即玻璃经销商可以“先卖后买”，缓解了其全额购买的资金压力，且缴纳部分保证金即可购得全部货物，将杠杆效用运用至实体贸易中，增加了经销商的货物吞吐量，扩大其销售规模。玻璃产品价格受季节性因素影响，天气转冷，玻璃需求量下降导致玻璃产品价格普遍下跌。鉴于此，下游经销商可利用玻璃价格的季节性差异实现成本的下降，如经销商可在淡季与银行和玻璃生产企业签订订购协议，待旺季时从物流仓库中提货销售，实现“低买高卖”，拓宽收益区间。

对于产业链上游和中游企业而言，该模式有效地促进了下游销售量的扩大，平衡了季节性玻璃产品销量差异。银行等金融机构的加入，将生产企业的应收账款项转换为流动资产，有效降低了生产企业面临的呆账坏账风险。

此外，该模式除对产业链上下游企业有利外，还为银行、物流企业等中介机构带来了手续费、仓储费用等资费收入，增加了其业务量。

由此可知，保兑仓融资模式为“多方收益”的融资模式，但由于涉及的机构和企业较多，因此应在其开展过程中，对任何一方可能出现的风险予以监控和管理。

四、混合型企业融资方案

与投入于玻璃产品原材料采购和加工、玻璃成品生产和玻璃产品销售的专业型企业不同，许多大型玻璃企业倾向于直接从矿山采集原材料，并将其加工成为玻璃原品或其他玻璃产品，因此此类核心玻璃企业属于混合型企业，即其横跨玻璃产业链上游和中游环节。此外，玻璃产业龙头企业甚至拥有特定的销售渠道，如国际贸易，此类玻璃企业业务覆盖玻璃全产业链。

混合型企业与产业链上、中、下游企业相比，业务覆盖面更广，资金需求量更大，对新型融资渠道的接受度更高，且具有金融创新基础。因此，混合型企业在融资过程中，为控制融资成本，获得更大的融资规模，优先选择直接融资渠道。直接融资渠道分为股权融资和债券融资，股权融资主要包括公开上市发行和私募发售。核心企业公开上市募集资金可通过“玻璃交易中心挂牌交易——区域性股权交易中心挂牌交易——交易所上市”的路径实现，私募融资主要指企业吸引特定投资者或风险投资基金对企业进行股权投资，而不在公开市场向公众发售（有关玻璃企业上市公司培育和股权融资内容详见第四章）。

根据融资优序理论可知，债券融资优于股权融资，选择股权融资的企业需根据企业经营状况向投资者支付红利，而选择债券融资的企业仅需支付投资者本金和利息即可，对企业而言融资成本固定，不存在风险。因此对于核心玻璃企业而言，债券融资给企业带来了稳定的现金流，同时可以从资本市场上以较低的利率获得资金。相对于银行贷款而言，稳定性和低成本使债券融资途径更具有竞争力。

（一）我国企业债券融资现状

由表 11.1 可知，2009—2011 年银行贷款额远远高于股权融资和债券融资，甚至高于股权融资和债券融资之和，这表明企业在申请资金流通时，仍以银行贷款为主要资金来源，直接融资手段使用较少。此外，境内筹资额均高于债券筹资额，该现象显示出我国企业对股权融资手段的了解日益深化，并逐步尝试上市培育和股权融资，金融市场化的思想逐步加强，但企业对债券市场的认识仍不成熟，对债券工具的使用还停留在初级阶段。

表 11.1　**2009—2011 年筹资情况汇总①**

年份	贷款增加额（单位：10 亿元）	境内筹资额（单位：10 亿元）	筹资合计（单位：10 亿元）
2009	95940	5719.91	715.01
2010	79510.73	10190.93	1320.3
2011	74700	9649.29	1707.4

注：（1）境内筹资＝A 股 IPO+A 股再筹资+B 股筹资+债券筹资；（2）债券筹资＝可转债+可分离债+公司债+中小企业私募债；（3）A 股再筹资＝公开增发+定向增发（现金）+定向增发（非现金）+配股+权证行权；（4）因为 2009 年开始改动境内筹资额，因此统计数据从 2009 年起。

由表 11.2 可以看出，公司债占境内筹资比例基本维持在 10% 左右。由分析可知，中国企业的直接融资结构中，占比最高的为股权融资，其次才为债券融资，表明债券融资在我国融资体系中运用范围较为局限。此外，公司债在债券融资中占主导地位，基本可达到 50% 以上，表明债券市场中企业对公司债券的使用频率和重视程度较高。因此，对于融资需求庞大的混合型玻璃核心企业，需重视对公司债券的使用，扩大自身的融资渠道。

① 资料来源：中国证券期货统计年鉴（2011）．中国证券监督管理委员会网站，www.csrc.gov.cn.

表 11.2　　2009—2011 年企业债券占企业筹资比例

年份	公司债（单位：10 亿元）	公司债占债券筹资比例（%）	公司债占境内筹资额比例（%）
2009	638.4	89.29	11.16
2010	603	45.67	5.92
2011	1262.2	73.93	13.08

（二）玻璃企业债券融资模式

1. 企业债券种类

玻璃企业应根据自身的融资需求选择不同品种的债券进行发行，以保证融资效率和融资规模。而对于处于成长期的混合型玻璃企业，知名度不高，急需获得市场投资者的认可，在发行企业债券时，应适当提高投资者收益，吸引更多投资者对其企业债券的关注和认购，顺利完成企业债券的发行过程。

若玻璃企业需发行债券以获得较大规模的资金支持时，应选取信誉度较高的债券发行，如具有资产抵押或者保证人担保的抵押债券、保证债券等。此类债券评级较高，违约风险较低，投资者接受度较高，能在较短期限内成功募集大量资金，且由于担保债券持有者所承担的风险较低，因此发行企业所需支付的利率较低，融资成本可控。

对于资信良好、社会知名度较高、经营实力较强的核心玻璃企业，为降低因抵押或担保而增加的成本，可选择发行信用债券。信用债券属于无担保债券，企业仅靠自身信用发行债券，可减少企业因流动资产质押而带来的损失，但投资者对此类债券所要求的利息回报较高。

2. 企业债券期限

对于融资期限的选择应与资金需求相匹配，若企业需获得长期资金支持，则应发行中长期债券；若需满足企业短期资金需求，则应发行短期债券。但对于企业而言，债券发行期限越长，其所需支付的利息额度越大，成本越高。鉴于我国债券市场较为封闭，债券流动性较低，不利于持有长期债券的投资者及时变现，因此长期债券的接受程度较低，投资者倾向于购买短期债券。

若玻璃企业有长期资金需求，可发行多期短期债券，以期限相衔接的短期债券替换长期债券，获得较高流动性。例如，企业需要规模为 6 亿元的两年期资金，为提升债券的流动性和市场认可度，企业可连续发行多期期限为三个月的短期企业债券，在第一期企业债券即将到期时，发行第二期企业债券，依次循环下去，直至满足企业筹集两年期的长期资金需求。

五、玻璃企业融资模式选择

在玻璃产业融资方案确定的基础上，进一步研究和探讨如何构建企业和资金供给方之间的对接平台，即企业实现融资方案的平台。

在集合各类主体的平台上将金融渗透于产业发展的各个环节中。运作模式的选择主要有以下三种：第一种模式是将融资规划和基建规划并轨进行，将发改委、财政局和银行都纳入平台贷款的管理。第二种模式则另辟蹊径，通过信息公示的方式引入外部监督，确保平台公司所投项目能够还本付息。第三种模式则类似于统收统支，通过统一的融资平台融得资金，再将资金分配给各建设投资集团的具体项目。

这三种模式的区别主要在于：第一种模式主要针对地方财政收入丰厚，且政府融资平台运作经验丰富的地区而言，关键是解决信息不对称可能给银行带来的风险。通过类似银行审贷委员会的制度协商整体融资规划以及资金使用，能有效提高资金的使用效率。第二种模式针对地方财政收入不高，但资金使用额度较高的状况而设。在这种情况下，要确保能融到资金，并保证资金的使用效率，引入外部监督应是可行的思路。第三种模式旨在梳理平台公司多且混乱的状况，将融资功能和具体项目投资分立，明确资金来源和去向，便于参与银行抵质押手续的统一办理。这种模式适用前期发展比较混乱的产业，在产业资金工程的梳理下能够使资金的使用效率大大提高，避免重复建设，推进产业的发展。

鉴于玻璃产业的特殊性，其所需资金量较大，依靠政府力量会对政府造成资金压力，因此第二种模式并不适用。在玻璃产业发展初期可考虑第三种模式，即统收统支，若玻璃产业进入成熟阶段，则可利用第一种平台模式进行融资窗口的对接。

第五节　本章小结及相关政策建议

一、本章小结

本章对玻璃产业核心企业融资方案进行设计，融资方案不仅包括融资渠道，也包括融资平台。根据玻璃产业链将企业划分为上、中、下游企业，分别针对其生产经营及现金流特点，设计其所适合的融资方案。

核心企业融资方案与其他章节所设计的融资方案的不同之处在于，以玻璃产业链为基础，针对产业链各环节所遇到的融资难问题，设计出满足不同环节企业所需的融资方案。本章方案设计基础为已进入成熟发展阶段，财务制度完善，金融渠道健全，与银行等金融机构保持良好互动往来的玻璃企业。

二、相关政策建议

（一）建立金融集市，集中破解银企信息不对称

金融集市是为中小企业打造的银企信息翔实、相关政策汇聚、融资途径便捷、服务功能强大的绿色平台和快速通道。企业与金融机构可以定期在这个特殊集市上面对面交流，一方面主办方向金融机构推介具有较好成长性的优质企业；另一方面，金融机构经过考察，提供担保、融资、财务管理、评估拍卖、咨询策划、股权投资、企业上市等金融服务项目，构造产权质押、股权质押、贷投结合等创新信贷产品，通过专业性针对性创新性的

金融安排，突破信息阻碍，向中小企业授信，解决企业个人贷款难等问题。相关部门应该尽快构建金融集市，打通银企交流的障碍。

（二）选择潜力项目，招标选择信托公司

信托产品一定是以好的项目为支撑的，在目前的工作阶段，应尽快着手选择2~3个急需资金的中大型开发项目，拟建项目介绍书，在全国范围内选择产品设计和运作的信托公司。与信托公司签订合作协议后，还要经过前期项目调研、研发设计信托组合、报证监会审核批准、认购推销等阶段，产品方能成立，平均期限1~2年。

（三）快速着手集合债准备工作

首先，遴选出适合抱团发债的企业，企业间的资信情况良好，企业资产、融资需求相当，但是又不符合单独发债的条件，就可以纳入集合债的考虑范围。

其次，与全国范围内的证券公司接洽，考虑到相对实力、信誉、优惠条件等因素选择目标证券公司进行洽谈，签订合同后，由证券公司帮助进行发债准备。

集合债的发行准备最主要的是考虑信用增级，包括建立多个层次的担保体系，设计优先、次级证券结构，建立储备基金账户（专项偿债账户、风险准备金），争取政府贴息补助等，这都是在前期可以考虑的。

（四）整合企业股权，为质押担保做准备

需要通过股权质押融资的企业，拥有其他企业的合格股权的，可以与银行合作进行质押贷款；没有其他企业合格股权的，需尽快与股权托管交易中心对接，对自身的股权进行梳理和整合以及登记，做到股权明晰、合格，进而可以将自身股权进行质押贷款，并为将来转板上市做准备。

（五）促进担保公司快速完善

要想完善融资担保体系，当务之急是快速提高商会担保公司的影响力和话语权。一是加强与银行的交流协商，争取获得更多的准入权；二是加快完善担保公司的管理机制，规范公司治理，完善业务，发展除担保之外的贷款咨询业务；三是引进担保专业人才，至少有3年以上担保方面从业经验；四是加强与银行的挂职沟通，促进担保尽职调查顺利高效。

第十二章　上市公司培育与股权融资研究

对于玻璃企业而言，通过上市融资和股权融资可以在短时间内获得足够的资金，在资金的获得和使用上也具有较大的灵活性，因此走上市之路往往是企业较为偏好的选择。鉴于风险与收益相对应的原则，上市融资将面临较大的风险，若企业贸然进入股市，则会导致其自有资金面临亏损。本章从玻璃企业上市公司的培育与股权融资的角度出发，探讨如何在控制风险的前提下，一步步实现玻璃企业上市融资的目标。

第一节　企业上市培育和股权融资可行性研究

一、玻璃产业上市公司培育现实背景

（一）玻璃产业发展的现实需求

玻璃企业融资是玻璃产业发展升级的需要。玻璃企业的集中度相对较低，大多数企业存在规模小、资金缺乏、管理不规范等现象，这在一定程度上阻碍了玻璃产业的发展。通过并购重组加强玻璃整合，可以培养大型玻璃企业，推动相关资源持续、有序、科学地开发、合理地利用，从而促进玻璃产业发展升级，更好地应对未来的国内外挑战，获取更多的生存和发展空间。然而，玻璃产业升级需要大量的资金支持，需要玻璃企业进行大量资金融通用于自身发展。

玻璃产业本身具有良好的基础，发展前景广阔，但玻璃产业的金融支持却相对不足。在玻璃产业发展过程中，银行类金融机构为其提供了一定程度的支持，但明显不能满足相关玻璃产业的发展需求。由于玻璃产业在融资方面有着自身的特殊需求，如融资时间紧、融资额度大以及可供担保财产少等，加之对玻璃企业的了解程度有限，所以相关金融机构未能提供充分有效的资金支持。随着全国各地玻璃产业的转型升级，玻璃金融支持发展迅速，玻璃投资基金、资源产业补贴等新型金融形态相继出现，金融杠杆对各地玻璃产业发展作用日渐明显。

然而，我国大部分地区金融环境仍处于有待发展的状态，金融机构规模较小，种类不完善，无法产生金融集聚效应，玻璃企业融资局限于当地银行信贷和财政资金，不能充分利用各种融资手段，企业经营受到影响，产业发展也因此受到限制。为打破资金制约的瓶颈，将玻璃产业做大做强，促进玻璃产业走出国门，实现产业的转型与升级，必须依靠完善且具体的金融支持。

（二）玻璃产业发展的必然出路

鉴于银行信贷融资具有多重优势，我国企业多选取银行贷款作为首要融资渠道，导致融资渠道单一。单一的融资渠道给宏观经济带来一定的负面影响，企业通过银行获得资金的同时将违约风险转嫁于银行，导致违约风险全部集中于银行等金融机构，金融机构不良贷款率攀升，从而迫使金融机构提高放贷利率，加重了企业融资成本。因此选择多层次资本市场进行直接融资为企业拓宽融资渠道的必由之路，企业在资本市场上可获得有助于自身长足发展的长期资金，且该资本为股权资本，能有效降低企业的资产负债率。

目前，我国大多数玻璃企业的融资方式仍主要是银行贷款，融资渠道较为单一，使得企业发展受限。玻璃企业有必要进一步拓宽融资渠道，而有效利用资本市场则是一条必然出路。通过上市实现企业发展所必经的资产重组、转换机制、结构调整等过程，是今后玻璃产业发展的必然出路，也是其做强做大，走向世界的有效途径。事实上，资本市场除了能帮助企业募集资金外，也能促进企业实现体制、机制双重转变，加速资产重组。因此，玻璃企业应充分认识和利用资本市场，加快改制、重组和上市的步伐，推动玻璃产业实现转型与升级。

二、玻璃企业股权融资意义

玻璃产业的发展离不开资本市场的支持，充分利用资本市场融资的杠杆功能不但能有效解决玻璃产业发展的资金问题，同时还能解决玻璃企业的相关经营问题。基于此，本章研究意义主要包括以下几个方面：

（一）推动整合玻璃产业资源

玻璃产业集群的形成和发展对相关区域的经济发展起着重要的作用。在政府及相关玻璃企业的组织下，我国玻璃产业集群已经初步显现，但集群程度还不高。玻璃上市公司的培育能有效推动玻璃产业资源的整合，有目的地进行区域玻璃产业发展规划，聚集玻璃产业相关要素，促进玻璃产业集群的形成及发展，产生集群经济的效果。

（二）提供创新型的融资方式及策略

银行在玻璃企业融资中占据绝对主要地位，玻璃企业对银行的依附性十分明显。本章将在分析玻璃产业融资的发展现状及存在的问题，考察国内外玻璃资本市场的发展状况及玻璃企业在资本市场上的融资情况，并研究与借鉴国内外玻璃企业先进融资模式及策略的基础上，有针对性地研究与设计适合玻璃企业利用资本市场融资的上市路径，创新性地拓宽玻璃企业的融资渠道，有效推动玻璃企业的发展，提升其在国内外玻璃行业中的竞争力。

（三）培育龙头玻璃上市集团公司

无论从目前玻璃企业自身发展实现产业转型和升级的内在需求，还是从玻璃产业的整体发展战略角度看，设立、培育大型玻璃上市公司都是玻璃产业非常重要且急迫的阶段性发展目标。因此，在我国多层次资本市场建设稳步推进的大背景下，合理研究与设计适合玻璃企业的上市路径，能让有实力的玻璃企业通过上市实现资本融通，进而通过企业兼并提高玻璃领域的产业集中度，培育真正适应国际竞争的世界级玻璃上市集团公司。

第二节　上市公司培育和股权融资相关理论研究

一、股权融资理论研究

从理论研究角度来看，黄泰岩、侯利（2001）从发达国家和发展中国家中选取多组样本，对企业的融资模式进行分析，得出我国在经济发展水平相对还比较落后的阶段，股权融资应该成为重要的融资手段。但由于我国资本市场仍处于较为初级阶段，有待进一步完善，因此运用我国数据对西方经典理论，如融资优序理论等，进行检验会与预期结果产生一定的出入。郑荣鸣（2004）认为根据企业优序融资理论及发达国家企业的融资实践，企业优序融资的模式应为：内源融资、债务融资、股权融资，而我国企业的融资结构却是截然相反，显示出我国企业对股权融资的偏好。

黄少安、张岗（2001）通过对上市公司融资结构的描述，认为股权融资的成本大大低于债务融资的成本是我国上市公司股权融资偏好的直接动因，深层的原因在于现行的制度和政策。廖理、朱正芹（2003）利用家庭耐用消费品行业以及纺织和服装行业的上市公司数据，进行股权融资和债务融资成本比较，得出债务融资成本低于股权融资成本。这是因为企业进行多次股权融资后会导致自身市场价值下跌，损害股东利益。但陆正飞、叶康涛（2004）通过对融资成本、破产风险、负债能力约束、代理成本和控制权等因素研究发现我国上市公司的股权融资偏好行为并不仅限于融资成本因素。

从实证角度看，刘星、魏锋、詹宇、Benjamin Y. Tai（2004）在对 Myers 融资优序模型进行修正的基础上，对我国上市公司进行实证检验的结果表明：上市公司融资顺序首选股权融资，其次选择债务融资，最后选择内部融资。屈耀辉、傅元略（2007）利用中国上市公司数据对融资优序理论和股权融资偏好进行检验，结果显示中国上市公司既不完全支持也不完全否定优序融资理论以及股权融资偏好的说法。利用 Ordered-probit 模型分析可知，虽然我国上市公司整体上满足融资优序理论，但细分可知成长性高和规模大使公司倾向于权益融资，公司的成长性和现金需求影响融资方式的选择。

二、多层次资本市场

资本市场从广义范围来看，是指一年期以上资金进行借贷活动的市场，其中不仅包括证券市场，还包括非证券的长期信用资本的借贷与非证券的产权交易活动。无论是股权融资还是债券融资，均为多层次资本市场的重要组成部分。而多层次资本市场的建设有助于金融体系的完善，进而有助于对产业转型与升级的辅助作用。

徐洪才（2004）和辜胜阻、洪群联、张翔（2007）均认为多层次资本市场的建立有助于处于不同生命周期阶段和不同规模的企业获得最为有效的资金支持。这是因为企业自身条件的不同，对于所需的资金支持模式也不同，层次单一的资本市场不能满足企业发展日益增长的融资需求。因此构建包括主板、代办股份转让系统、债券市场等多个资本市场在内的多层次资本市场，对于完善我国金融体系，加强金融对产业促进作用至关重要。

与学术界理论相符合，玻璃产业有其自身的特点，不同阶段其所需要的融资方式与获取资金的渠道来源不同。国内外玻璃企业不乏通过利用多层次资本市场获取资金支持的实例，表明多层次资本市场对产业发展的重要性。多层次资本市场中企业利用率较高的子市场主要为两方面，一为短期融资的证券市场，二为中长期信贷市场。企业对多层次资本市场的利用状况见图 12.1。

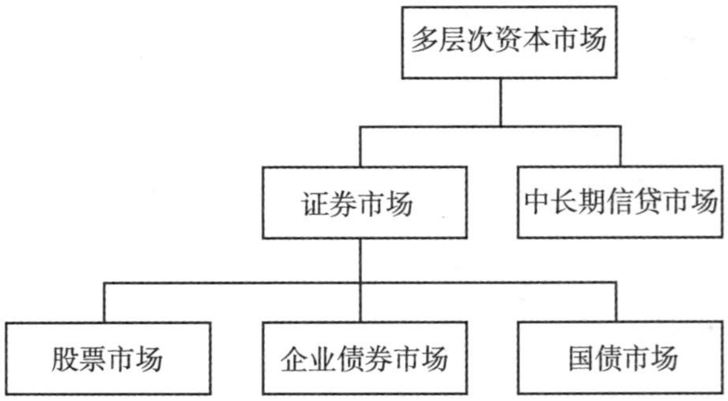

图 12.1　企业对多层次资本市场的利用状况

第三节　国内外上市公司相关模式研究

一、国际玻璃产业上市公司培育经验

国际资本市场近年来获得了迅速发展，并在经济全球化加速的过程中，呈现出新的发展变化趋势，为玻璃企业和资源公司的融资提供了重要场所，提供的融资额不断增加，玻璃上市公司的融资数量也不断增加，呈现出多元化的融资趋势。

（一）国际玻璃产业资本市场概述

国际玻璃产业资本市场主要是指那些能为不同国家的玻璃企业提供资金的资本市场，不同国别的玻璃产业公司只要符合规定条件均可筹集到玻璃产业发展资金。目前，国际上还未形成成熟的玻璃产业资本市场，玻璃企业主要在国内股票市场进行上市融资。如日本旭硝子公司（东证一部，股票代号 5201），在东京交易所上市，已发行 1186705905 股普通股用于融资。

（二）国际玻璃产业资本市场发展趋势

近年来，随着经济全球化进程的不断深化，国际资本市场获得充分发展，而随着玻璃市场的逐步成熟，建设国际玻璃产业资本市场的需求也愈发强烈。

首先，玻璃产业融资越来越依赖资本市场，大型跨国玻璃企业主导全球玻璃产业融资的趋势进一步加强。玻璃产品生产线等基础设施的建设需要大量资金支持，玻璃产业公司容易面临流动性不足的问题，银行融资额度有限，因而玻璃企业的融资活动越来越依赖于资本市场。随着玻璃产业融资活动和玻璃产业资本市场的发展，大型跨国玻璃企业主导全球玻璃产业融资的趋势进一步加强。全球玻璃企业的大规模联合和兼并，使得全球玻璃产业的集中度进一步提高，大型跨国玻璃企业在全球玻璃产业融资中的作用进一步增强。特别是发达国家的跨国公司凭借其雄厚的资金、先进的生产技术和管理经验，在新一轮的并购潮中，扩大规模，增强实力，对市场的控制力和影响力进一步扩大。

其次，创新型投资也逐步成为推动玻璃产业进入资本市场实现融资的重要途径和力量。资本市场中新兴金融工具，如私募股权基金、风险投资基金等也逐步进入玻璃产业中，为玻璃产业发展提供资金支持。

二、国内玻璃上市公司培育经验

（一）国内玻璃产业资本市场概况

我国资本市场经过了较大的发展和变迁，最终在投融资体制改革的背景下逐步发展起来，并经历了“计划经济体制下的政府财政拨款——转轨经济体制下的银行贷款——市场经济体制下的股市为主的多元化融资并存”的发展过程。目前，我国已出现了玻璃投融资主体的多元化、资金来源的多样化、融资方式的多样化、资本市场风险意识的加强等多种发展趋势。与资本市场的发展相适应，玻璃企业的融资方式也出现了新的发展态势，如：通过证券市场实现权益资本融资、通过银行实现长期负债（包括发行企业债券）融资、通过股市利用优先股和可转换证券融资等。通过多渠道的融资，我国玻璃企业在一定程度上从资本市场获得了资金，为解决玻璃企业普遍存在的资金短缺、资本结构不合理、融资方式单一化等企业融资问题创造了良好的条件和环境。

尽管国内玻璃资本市场及玻璃资本市场融资获得了较大程度的发展，但是，随着经济全球化与中国市场经济高速增长，玻璃企业对于融资及其他金融服务需求日趋多元化，我国玻璃资本市场的相关问题也逐渐显现。其中，最为突出的是，国内多层次资本市场发展缓慢，玻璃资本市场层次结构相对单一。对一般玻璃企业而言，沪、深主板市场门槛较高，类似场外股权交易市场的新三板市场和四板市场尚处于起步阶段，全国性的玻璃交易中心尚未形成。以上这些情况不利于玻璃企业的整体广泛筹资，形成了中小玻璃企业融资难，其资金链无法保障玻璃企业迅速发展壮大的局面。另外，玻璃企业的发展不单单要依靠资本市场，还要借助中介机构的帮助，而国内玻璃资本市场中经验丰富的专业服务于玻璃板块的交易所和公信力较强的中介服务机构较为缺乏。

（二）国内玻璃上市公司培育案例分析

现有资本市场融资对于广大中小型玻璃企业来说可望而不可即，门槛相对较高。但是，资本市场融资仍是中小玻璃企业，尤其是具有发展潜力的中型玻璃企业所应积极努力的方向。从另一个角度来说，在国内 A 股市场或其他国外市场上市发行的众多玻璃企业，都经历过一个从小到大、从弱到强的过程。

1. 福耀玻璃

福耀玻璃是国内最具规模、技术水平最高的汽车玻璃生产制造商，是中国唯一一家出口美国无须缴纳反倾销税的汽车玻璃企业。福耀玻璃主营业务为汽车用安全玻璃制品和浮法玻璃的生产和销售。1991 年，福耀玻璃在原企业基础上进行改制，以募集设立的方式成立股份有限公司，成为福建省第一家股份制改革和股票发行试点企业。1993 年福耀玻璃在上海证券交易所挂牌上市，发行股票 1159. 64 万股。从上市至今，经过 2 次配股、5 次送股、2 次资本公积转赠股本和 1 次增发。改制上市同时也给福耀玻璃带来了更大的发展空间。在 1991 年首发新股中，福耀玻璃募集资金 1739. 46 万元；1993 年和 1995 年分别通过配股获得融资 5218. 38 万元和 6200 万元；2003 年通过增发新股，获得资金 56043. 84 万元。

资本市场的融资，有力地支持了福耀玻璃发展，通过首发、配股和增发筹集来的资金进行大规模投资，使得福耀玻璃的规模不断发展壮大，经营业绩稳步提升。

2. 南玻集团

南玻集团主营业务为玻璃制造，在玻璃行业中具有较强的竞争优势，属于龙头企业。公司主要通过对各类玻璃产业资源的整合，将玻璃深加工产业发展至全国。

1984 年 8 月 17 日，经深圳市人民政府批准，中国南玻集团股份有限公司的前身“中国南方玻璃有限公司”成立。注册资金为 50 万美元。四家股东为：香港招商轮船股份有限公司、深圳市建材工业集团、中国北方工业深圳分公司、广东国际信托投资公司。1991 年 10 月 22 日，经深圳市人民政府批准，公司改组为股份有限公司。1992 年 2 月 28 日，南玻集团 A、B 两种股票同时在深圳证券交易所上市。

南玻集团 A、B 股同时发行主要目的在于向国内投资者募集资金的同时，吸收境外投资者的资金，拓宽集团上市融资的资金来源。A 股在 1991 年 IPO 首次实现融资 5911. 6 万元，并于 1991 年和 1997 年通过配股分别获得 28456. 01 万元和 21773. 18 万元资金支持，此外，南玻集团于 2007 年和 2008 年通过 A 股市场增发新股，再次融资 137200 万元和 42162. 12 万元。南玻集团在 B 股市场操作较为谨慎，除 IPO 获得首轮资金后，仅于 1993 年和 1997 年通过配股，分别获取 15600 万元和 17028. 38 万元资金。

南玻集团充分利用资本市场上资金支持，通过扩大生产和兼并收购，企业各项业务得到了持续快速增长。资本推动实业发展，实业支撑资本增长，其玻璃产业的发展路径为中国玻璃企业发展指明了方向。在当前资本全球化的背景下，玻璃企业只有摆脱“靠山吃山”的思想，着眼于未来长远发展，借助资本的力量，进行多元化资本运作，才能将企业做大做强，实现企业的可持续发展。

第四节 玻璃企业上市路径研究与设计

玻璃企业发展到成熟阶段，单一的银行信贷资金已经无法满足其日益扩大的融资需求，为适应玻璃产业的不断发展，玻璃企业应该从玻璃产业及自身企业的长远发展角度出发，在充分了解与分析相关玻璃资本市场状况的情况下，将企业上市纳入自身的发展战略规划当中，进行资源整合，培育大型玻璃上市公司，进而有效解决企业长期发展的资金问题，转变发展方式，更好地争取国内外玻璃产业话语权与提升国际竞争力。

一、玻璃企业上市培育需求分析

（一）玻璃企业上市培育现状

以沙河市为例，作为一座典型的玻璃产业城市，玻璃产业与全市的社会经济发展联系紧密，该产业的发展在其经济发展中起着重要作用，同时也为本地带来大量就业岗位。沙河市玻璃产业给全市带来巨大税收收益，其中大部分得益于玻璃原片的生产和销售，其经济发展对玻璃原片依赖程度仍然较高。然而，玻璃产业主要集中在玻璃原片生产，产业链条延展性较差，玻璃产业循环经济并未得到大规模推广，从而不能深入发展附加值较高的下游产业，未对产业价值进行深度发掘。

总体而言，沙河市玻璃产业整体公司治理水平及规范化程度不高，财务状况及企业管理多数未能达到相关证券市场上市条件，亟待进一步完善与培育。据了解，安全实业有限公司已逐步计划实施其“上市”发展战略，并且在股权结构、财务制度及企业规范化管理等方面的准备已较为妥当。然而，由于大部分玻璃企业对于企业上市的认识不足以及沙河市政府在玻璃企业上市方面的政策支持有所欠缺，沙河市的多数玻璃企业未能将企业上市列入企业未来发展战略之中，这在一定程度上不利于沙河市玻璃产业的整体跨越式发展。

（二）玻璃企业上市动因分析

1. 玻璃产业整合需求

沙河市玻璃产业基础良好，整体专业化水平较高，且在传统的玻璃原片生产经验积累上有着不可比拟的优势。然而，玻璃产业的不断发展对企业应对市场变化的能力以及专业技术的要求不断提高，导致一些规模相对较小、抗风险能力较差的玻璃企业的发展一直停滞不前，甚至面临淘汰。在这样的情形下，沙河市玻璃产业唯有进行优势资源整合，培育大型玻璃产业上市企业，以点带面，增强沙河市玻璃产业的整体发展实力与抗风险能力。

2. 玻璃产业市场建设需求

沙河市玻璃产业发展初期主要以碎玻璃为原料，采用小平拉生产工艺生产再生玻璃，产品主要应用于农村和小城镇的低层建筑，现阶段逐步由过去的单一建筑平板玻璃向多品种、深加工方向发展。然而，沙河市作为拥有全国20%的市场份额的典型玻璃产业城市，到目前为止却未能建成自身的玻璃产业交易市场，不能有效地促进当地玻璃产业相关产品贸易，增加流动性，进而推动玻璃产业更为迅速地发展。一方面，与沙河市政府在玻璃产业发展战略部署上有一定的关系；另一方面，与沙河市未能培育大型玻璃产业龙头企业、国际化玻璃产业上市公司有关。沙河市不能有效地产生资源聚集效应，在没有整合当地玻璃产业资源的同时，也未能吸引外地玻璃产业资源进入。所以，进行玻璃产业资源整合，进而培育玻璃产业上市公司，是促进沙河市玻璃产业市场建设，推动沙河市玻璃产业跨越式发展的有效途径。

3. 玻璃企业发展融资需求

由于玻璃产业自身的特殊性，玻璃企业进行生产线投资需要大量资金，同时也面临着一定的风险，而在玻璃销售过程中，玻璃生产企业融资需求量下降，因此玻璃企业需在不同的玻璃产业阶段选择合适的融资方式及渠道。资本密集型是现代玻璃产业的主要特征之一，上市融资已成为玻璃企业内源性发展的重要推动力，能有效解决玻璃企业发展资金的“瓶颈”制约，同时也是玻璃企业借助资本市场实现外延性发展的必由之路。

二、玻璃企业上市路径设计

（一）玻璃企业上市路径设计原则

1. 可行性

从沙河市玻璃企业发展现状出发，以玻璃产业特征和资源禀赋为节点，确立不同类型玻璃企业，科学规划和合理部署上市培育路径，并坚持以点带面、突出重点，培养战略性玻璃产业龙头企业。

2. 时效性

在充分了解与分析国内外资本市场特征与功能的基础上，根据沙河市玻璃企业的相关融资需求，进行合理的上市培育路径匹配，争取尽可能快地满足其上市融资需求，推动企业跨越式发展。

3. 可持续性

对玻璃企业上市融资的相关风险进行有针对性的研究，并建立完善的风险控制与管理体系，以实现沙河市玻璃企业上市培育的可持续发展。

（二）玻璃企业上市路径总体设计

1. 基本思路

根据金融工程理论的结构化思想，考虑到沙河市玻璃企业上市动因，并兼顾核心玻璃企业、中小型玻璃企业及其他玻璃企业不同的发展特色与融资需求，在恰当的资本市场融资机制下，运用金融工程手段，合理配置国内外多层次资本市场资源，促成在企业层面、对接层面及玻璃产业资本市场支持层面实现国内外金融资源的充分利用、风险严格控制的沙河市玻璃企业上市融资路径。

以上思路基本包含产业金融工程理论、股权融资理论、产业结构理论及要素禀赋理论等。产业金融工程是将金融工程的基本理论与思想运用到产业发展的问题研究当中。具体而言，是指创造性地利用各种金融手段（包括金融工具、金融工序、金融制度建设等）解决产业发展过程当中面临的各种问题（如资金需求、风险管理等），其核心是在控制产业风险的前提下实现产业价值的增值，推动产业的跨越式发展。依据沙河市玻璃产业自身的要素禀赋特点，因地制宜地运用资本市场（股权融资）这一金融手段来解决沙河市玻璃产业发展所面临的资金瓶颈，并合理设计不同发展程度的玻璃企业的上市培育路径，在控制相关风险的情况下，实现产业价值增值，推动沙河市玻璃产业发展。

2. 总体设计

基于玻璃企业上市培育需求以及当前国内外多层次玻璃产业资本市场现状进行玻璃企业上市路径总体设计。大体培育及上市路径初步设计见图 12. 2。

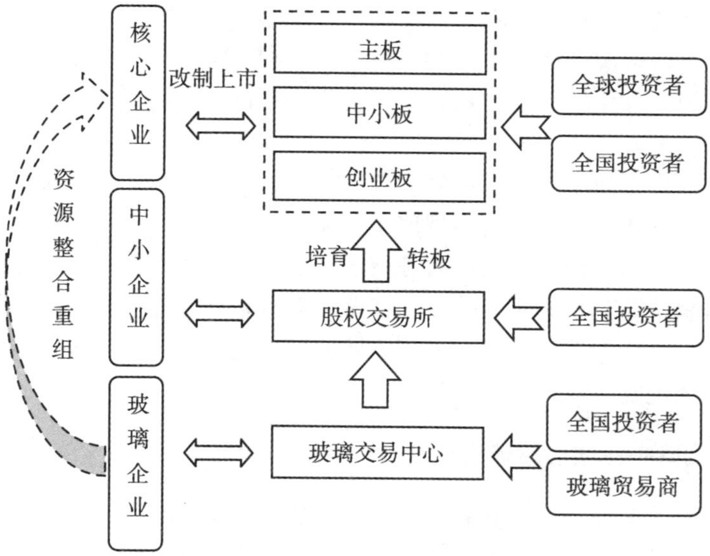

图 12. 2 玻璃企业上市路径

第一步：玻璃企业进行企业改制，并规范企业治理。

第二步：玻璃企业进行资源重组，组建大型规范化玻璃企业，为后期股权交易所挂牌、交易以及未来上市做准备。

第三步：选取 30 ~ 50 家合规性玻璃企业在区域性的股权交易市场进行托管、挂牌与交易，并打造“玻璃产业板块”，形成资源集聚效应。既能使得部分企业在短时间内有效解决其发展资金问题，又能推动玻璃产业的整体发展战略，实现玻璃产业的跨越式发展。

第四步：培育与转板：一方面，尽可能快地支持已经符合条件的玻璃企业在国内外选取合适的证券交易所创业板或主板进行上市融资；另一方面，选取符合要求的 3 ~ 5 家核心玻璃企业进行重点培育，在适当的时候启动上市安排。由此形成玻璃企业发展上市培育梯队，提升玻璃企业整体素质。

三、玻璃企业上市路径匹配分析

自身情况不同的玻璃企业需根据自身的具体情况与融资需求灵活选择好企业上市的融资路径。

（一）玻璃企业上市资源结构分层

针对玻璃企业进行上市培育，进而推动玻璃企业上市，可以帮助企业获得快速发展所需要的大量资金并规范企业的经营管理，促进其健康成长，进而带动地方经济发展。其中，对玻璃企业上市培育的主要方面在于，确定培育对象，建立梯队形态的上市后备资源库，从而实行分类指导和梯队培育。确定上市培育对象的主要步骤包括：设置筛选企业的条件，确定申报和遴选程序，建立上市后备资源库，并实行动态管理，即定期跟踪企业情况，对不符合条件的企业进行剔除，达到条件的及时补充。

对玻璃企业上市资源进行初步分类与筛选，基本可将其分为三个层次：

第一梯队，为条件比较成熟的核心玻璃企业，预计一年内可启动改制上市工作，第二年可上报材料。

第二梯队，为基本面不错，但需要培育才能开始改制工作的中小玻璃企业。

第三梯队，为密切关注的其他小型玻璃企业。

针对筛选出来的不同梯队的上市后备玻璃企业，建立梯队形态的上市后备资源库，在此基础上，根据相关玻璃企业所处的不同梯队，对其进行不同类别的上市路径设计与匹配以及分类指导与培育。当然，排列在上述不同梯队的企业情况，可能随着培育工作与上市路径实现进程的推进发生变化。

（二）第一梯队——核心玻璃企业

在玻璃企业中，部分企业已具有一定的规模，且各项条件已基本满足或接近于相关证券交易所的创业板或主板上市的条件，例如河北省安全实业有限公司。上市后备资源库第一梯队玻璃企业的相关筛选条件如表 12. 1 所示。

表 12. 1　**上市培育“第一梯队”玻璃企业筛选条件**

项目	筛选条件
总体要求	（1）境内上市需达到或初步达到中小板和创业板 IPO 上市条件；（2）境外上市需符合相应证券市场的上市条件和规则
产业要求	企业主营业务符合国家产业政策
行业地位	在地方玻璃产业中处于行业龙头地位，具有较高的成长性，信用记录良好等
上市计划	在近三年内有上市的设想和计划安排，并将制订上市计划和方案，进行改制，聘请中介机构等

对于这一类企业，应提早将上市发展筹划提上公司日程安排，明确自身定位、特点及长远发展目标，按照需求将其改制为股份有限公司，并综合各资本市场与企业自身的特点，选择合适的市场实现上市。最后，选择适当的中介机构进行上市运作。同时，应积极争取沙河市政府及相关机构的支持，以保证公司上市的顺利进行。可供选择的上市融资方式主要包括：国内直接上市融资、国内买壳上市融资、境外直接上市融资、境外买壳上市融资与境外造壳上市融资等。

（三）第二梯队——中小玻璃企业

由于相关历史原因，沙河市大部分玻璃企业的规模及规范化程度相对不高，所以其大多未能满足相关上市条件，甚至相差较远。上市后备资源库第二梯队玻璃企业的相关筛选条件如表 12.2 所示。

表 12.2　　上市培育“第二梯队”玻璃企业筛选条件

项目	筛选条件
总体要求	符合相关区域性股权交易所挂牌、交易条件
产业要求	企业主营业务符合国家产业政策
行业地位	在地方玻璃产业中处于行业中游水平，具有一定的成长性等
上市计划	有上市的设想和计划安排，募集资金有明确的使用方向

这部分企业可以选择在区域性股权交易所进行托管、挂牌及交易，以融得当前企业发展所需资金，并借助该平台规范企业管理，进行上市培育，通过中心平台向“新三板”和更高层级的创业板、中小板和主板输送一批上市或报辅企业，为“转板”上市做准备。

（四）第三梯队——其他玻璃企业

对于其他相对零散、规范化程度较低的玻璃企业，将其划分为上市后备资源库“第三梯队”。该类玻璃企业可以选择在“玻璃交易中心”进行挂牌和股权交易，该交易中心对于玻璃企业的产品贸易、产权交易、股权融资等有着积极促进作用，能高效率地实现玻璃现货、期货、产权及股权等玻璃产业相关产品的流转及其投资收益。相关玻璃企业在拓宽自身产品交易渠道的同时，还能通过“玻璃交易中心”这一平台，有效运用其他创新性融资工具（如私募基金、信托融资等）获得企业发展所需资金，从而进一步规范公司治理，使其发展壮大，并被列入玻璃企业上市培育梯队。

第五节　玻璃产业核心企业上市路径选择与设计

核心玻璃企业应明确自身定位、特点及长远发展目标，将上市发展筹划提上公司日程安排，以期尽可能快地成功上市融资。

一、核心玻璃企业上市实现路径设计

对于玻璃企业上市后备资源库中“第一梯队”的核心玻璃企业，由于其发展较为成熟，各方面已基本具备或接近在相关证券市场上市的条件，所以应尽快进入上市筹划与实施阶段。针对该类企业的相关情况，大致上市路径设计为：首先，通过直接上市、买壳上市与造壳上市等方式，选择在国内或境外的证券交易所特定板块内进行上市融资；其次，对于在证券交易所创业板上市的玻璃企业，在募得所需资金后，进一步加快发展，达到上市标准后，进行“转板”上市。具体实施进程如下：

第一步，进行企业上市相关的知识普及与专业培训；

第二步，制订3～5年的长远规划，并组建企业上市专门机构，负责企业上市相关事务；

第三步，组织相关活动，促进企业与中介机构的交流与合作，初步确认券商、会计师、律师中介机构等。召开协调会，在全面介绍公司情况的基础上，从行业发展方面分析企业上市的可能性，并选择确定企业未来上市融资市场。

关于相关中介机构的安排。首先，会计师与律师开展尽职调查工作，并分别就企业的法律与财务问题提出整改意见。其次，引进合适的战略投资人，在“股改”前增资扩股，借用外力来拓展市场。最后，在相关券商的帮助下，完成“股改”工作，并确定“募投项目”。核心玻璃企业上市实现路径见图12.3。

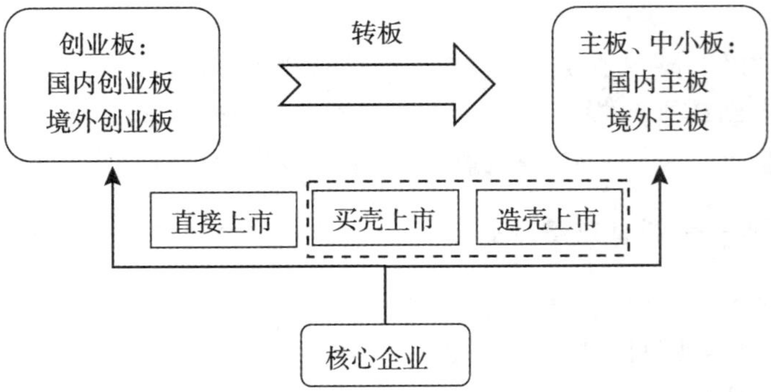

图12.3　核心玻璃企业上市实现路径

二、相关上市融资方式对比分析

（一）国内上市融资

1. 国内直接上市融资

国内直接上市融资是指玻璃企业根据国家《公司法》及《证券法》要求的条件，经过中国证监会批准上市发行股票的一种融资方式。

（1）国内发行股票的三种选择

①主板：主板市场是指传统意义上的证券市场，是一个国家或地区证券发行、上市及交易的主要场所。中国的主板市场包括上海证券交易所和深圳证券交易所。主板分为A股和B股，其中，A股是以人民币计价，面对中国公民发行且在境内上市的股票，B股则是以人民币标明面值，以外币购买，面向境外投资者发行，但在中国境内上市的股票。

②中小板：中小板是相对于主板而言的，主要在深圳交易所。中小板市场上主要是各行业的中小企业，而主板市场上是大中型企业。

③创业板：又称二板市场，即第二股票交易市场，是指主板之外的专为暂时无法上市的中小企业和新兴企业提供融资途径和成长空间的证券交易市场，是对主板的有效补充，在资本市场中占据着重要的位置。创业板的最大特点就是低门槛进入，严要求运作，有助于有潜力的中小企业获得融资机会。

其中，三个市场板块的相关要求见表12.3。

表12.3　**国内主板、中小板及创业板的相关要求**

市场	主板、中小板	创业板
经营时间	持续经营三年以上	持续经营三年以上
财务要求	（1）最近三个会计年度净利润均为正数且累计超过3000万元；（2）最近三个会计年度经营活动产生的现金流量净额累计超过5000万元，或者最近三个会计年度营业收入累计超过3亿元；（3）最近一期末不存在未弥补亏损；（4）最近一期末无形资产占净资产的比例不高于20%；（5）发行前股本总额不少于3000万元	（1）最近两年连续盈利，最近两年净利润累计超过1000万元，且持续增长；（2）或者最近一年盈利，且净利润不少于500万元，最近一年营业收入不少于5000万元，最近两年营业收入增长率均不低于30%；（3）最近一期末不存在未弥补亏损；（4）最近一期末净资产不少于2000万元
股东要求	发行后的股本总额不少于5000万元	发行后的股本总额不少于3000万元
业务经营	完整的业务体系，直接面向市场独立经营的能力	应当主要经营一种业务
企业管理	（1）最近三年主营业务、董事和高级管理人员无重大变动，实际控制人没有变更；（2）董事会下设战略、审计、薪酬委员会，各委员会至少指定一名独立董事会成员担任委员；（3）至少1/3的董事会成员为独立董事	（1）最近两年主营业务、董事和高级管理人员没有重大变动，实际控制人没有变更；（2）具有完善的企业治理结构，依法建立健全股东大会、董事会、监事会以及独立董事、董事会秘书、审计委员会制度，相关机构和人员能够依法履行职责

（2）国内股票直接上市分析

①上市流程（见图12.4）。整个股票直接上市发行的时间取决于企业质地，从策划、

改制到上市，在进展顺利的情况下可以在半年左右完成。

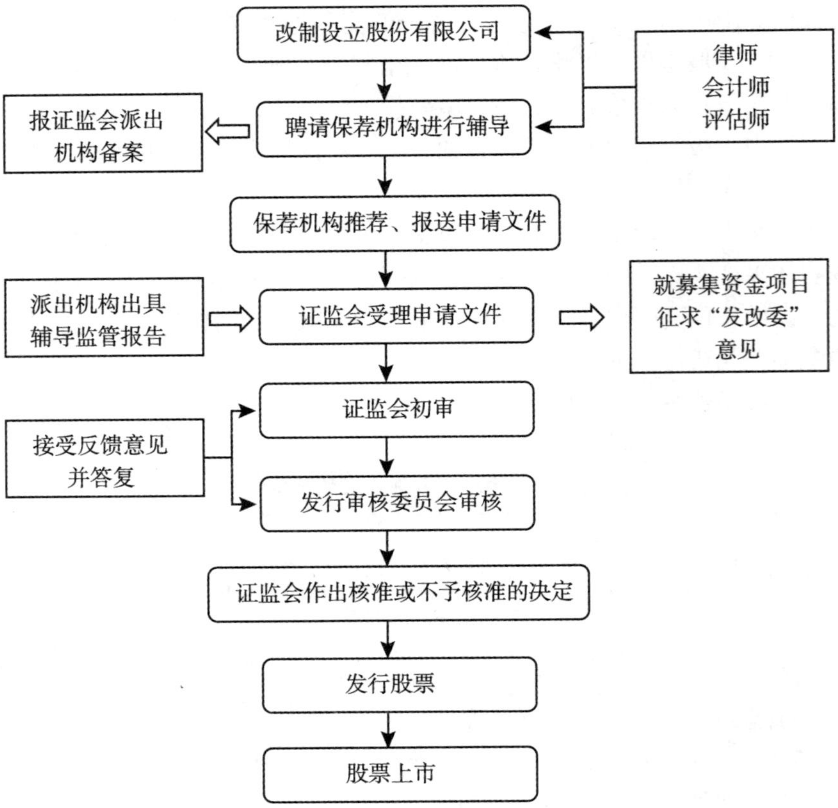

图 12.4　国内股票直接上市流程

②上市成本。中小企业板块上市公司发行费用平均为 1700 万元，占融资额的加权平均比例仅为 6.4%，远低于境外各主要市场，且占九成以上的费用（承销费）是在发行成功后才支付。然而，由于国内直接上市门槛相对比较高，非生产加工型玻璃企业上市融资难度比较大。另外，国内已上市的玻璃企业大多采用的是国内直接上市。照章纳税、规范运作与产权清晰的玻璃企业上市后可以获得更大的回报。

2. 国内买壳上市融资

国内买壳上市融资是非上市玻璃企业在国内资本市场通过收购控股上市企业来取得合法的上市地位，然后进行资产和业务重组并发行配股的一种融资方式。我国为防止金融体系泡沫化，保障证券市场的稳定，对企业经营历史、财务制度、盈利状况等有严格的规范化要求。

此外，国务院于 2005 年 2 月发布的《鼓励支持和引导个体私营等非公有制经济发展的若干意见》允许民营企业进入垄断行业。此后一段时间，由于大量民间资本的注入与各地政府的优惠政策，玻璃产业得到了迅猛发展。然而，玻璃产业在生产过程中对生产线的建设需要大量的资金投入，此外国内对于企业进行 IPO 有着严格的要求，许多玻璃企业短时期内难以达到，因此需借助“买壳上市”的途径获得上市资格。但是，在“壳企业”筛选上可能会面临一定的风险。国内一些中小型玻璃企业较适合采用这种方式进行融资，并且已有成功案例。例如西部资源（股票代码：600139. SH）就是一个典型的买壳上市案例。

（二）境外上市融资

1. 境外直接上市融资

境外直接上市融资是指玻璃企业根据国家有关法律、政策规定及境外资本市场的法律法规及上市规则，在境外资本市场上市融资的一种融资方式。目前，国家有多项政策鼓励具备条件的各类企业到境外上市融资。

（1）实际可选择的境外资本市场

①香港交易所主板、创业板股票市场；②加拿大多伦多股票市场；③新加坡交易所股票市场；④美国纽约交易所和纳斯达克股票市场；⑤英国伦敦交易所股票市场等。目前，香港交易所主板和创业板股票市场是国内玻璃企业境外上市融资首选证券市场。

（2）上市成本

在上市周期上，境外上市融资周期为 3 ~9 个月，较国内上市融资时间相对缩短。

另外，在上市成本上，以香港创业板上市为例，成本主要包括 100 万 ~200 万港币保荐人顾问费、120 万 ~150 万港币上市顾问费，130 万 ~150 万港币企业法律顾问费，70 万 ~150 万港币会计师及核数师费用，合计大约为 1000 万港币。此外，企业上市之后每年还需缴纳维持费用，小企业要 100 万港币，大企业需要 200 万至 300 万港币。

2. 境外买壳上市融资

境外买壳上市融资是非上市企业在资本市场通过收购控股境外上市企业来取得合法的上市地位，然后进行资产和业务重组并配股的一种融资方式。

境外买壳上市有着手续简单、节省时间以及规避复杂的财务、法律障碍的优势。有些企业如果采用新股上市，会有更多财务、法律障碍，要花较大成本才能规范企业。

3. 境外造壳上市融资

境外造壳上市是指玻璃企业在香港、百慕大、开曼群岛等地注册企业（或收购当地已经存续的企业），用于控股境内资产，而境内则成立相应的外商控股企业，并将相应比例的权益及利润并入境外企业，以达到上市目的。玻璃企业采取境外造壳上市，主要有两方面的原因：一是为了规避政策监控；二是利用避税岛政策，实现合理避税。

综上所述，由于直接上市程序繁复，成本高、时间长，所以为了避开国内复杂的审批程序，玻璃企业可以选择以间接方式在境外上市。境外买壳上市融资和境外造壳上市融资是比较理想的方式。

（三）玻璃企业上市融资市场选择

以下就各大证券交易所的上市要求及相关情况进行概要性的对比分析，以找到最适合核心玻璃企业上市融资的资本市场。

1. 美国证券市场

通常而言，中国公司进入美国的资本市场可以采取以下 3 种方式：

（1）普通股 IPO

境外公司与美国本土公司一样，需要以同样的方式向监管部门——美国证券委员会（SEC）和普通投资者披露相同信息。由于美国的财务披露和会计准则比我国更为严格，因此将导致玻璃企业进驻美国市场出现不适。SEC 为保证境外公司在美国证券市场上的稳定性和适应性，将境外公司所需遵循的标准进行了调整，使其符合美国会计准则，但较之前的披露标准更为宽松。

（2）存托股证挂牌

中国人寿保险股份有限公司于 2003 年 12 月 17 日、18 日分别在纽约证券交易所和香港联交所挂牌交易，发行 65 亿股，共募集资金 35 亿美元，获得了 25 倍的超额认购倍数。其运作过程即为典型的美国证券业所创造的存托股证交易（ADR）。

以中国公司为例，ADR 的运作过程为，首先，中国公司在沪深市场或香港市场实现上市。其次，中国上市公司与美国银行之间签订协议，确定该美国银行为中国公司的证券存托人，并发行由存托人签发的存托股证，该存托股证可自由流通和交易。此后，存托人收购与所发行股证数量相对应的中国公司证券，所得的股息红利由存托人转换为美元，分配给购买股证的投资者。

SEC 对 ADR 进行严格监管，并将其与其所代表的境外股票进行区分。高昂的监管成本导致 SEC 对 ADR 进行区分，以缓解其自身的监管压力和企业的运营成本。按照监管程度由轻到重划分，可将 ADR 划分为一级 ADR、二级 ADR、*** ADR 和全球存托股证（GDRs），但按照流通性而言，一级 ADR 在美国市场上的流通性较差，认可度较低，二级 ADR 则可在美国证券市场上实现直接交易，*** ADR 是指境外企业可直接向美国普通投资者发行证券，而全球存托股证则是部分或全部在美国以外的区域运作的存托股证。

（3）借壳上市

近年来，大量中国民营企业通过借壳上市的形式在美国证券市场上成功上市。企业选择在美国市场上借壳上市的主要原因在于此类方式上市成本低，运作周期短，且成功率较高，具有较强的吸引力。虽然借壳上市运作时间较短，但并不适用于急需解决资金流动性问题的企业。

2. 香港交易所

香港交易所对于上市公司有着较为严格的规定，要求企业在三年内实现连续盈利，否则，企业需要在上一个财务年度获利 5 亿港币。这对于民营玻璃企业而言，困难较大。

综上所述，国际上暂未形成玻璃企业集中上市的交易所，然而对于选择境外上市融资的玻璃企业而言，香港证券市场为其实现海外上市的首选。这是因为，香港证券市场已达到国际化市场的程度，但在地理上又属于“国内市场”，因此从风险控制方面来看，具有不可替代的优势。

三、相关技术问题研究

（一）上市融资前的准备工作

玻璃企业在上市融资前做好相关准备工作是保证上市融资成功的重要环节。

1. 企业财务制度

在我国，所有企业在上市前都需要对本公司的财务状况进行调整或完善，以达到上市要求和标准。核心玻璃企业应从以下几点进行相关财务准备：

（1）优化财务状况

企业上市前需优化财务状况，使财务指标达标，主要包括盈利能力、偿债能力和运营能力。

（2）审计及资产评估

审计和评估主要由即将上市企业聘请的专业会计师事务所进行，审计的内容包括财务报表、会计凭证、债务情况等。资产评估的目的在于，确认企业是否满足股份有限公司净资产不低于3000万元人民币，有限责任公司净资产不少于6000万元的要求。

（3）完善财务报表

即将上市的公司需按照规定完善自身的财务报表，真实有效地反映出本公司的资产、负债和现金流动状况，便于审计和监管。

（4）财务风险管理

公司对企业财务管理的重要一环是财务风险管理，主要对资金风险、资本风险和在途风险进行防控。

（5）组织形式和业务变革

为使公司改变管理结构，成为运作更为有效的公司，适应上市要求，进行公司内部的组织形式的调整成为必不可少的环节。同时，公司应在保留主营业务的同时，对盈利能力较低且无增长潜力的业务进行剥离。

2. 相关问题规避

玻璃企业在上市过程中需注意规避以下问题，以便上市成功：

（1）盈利能力问题。表现为业绩依赖严重，如税收依赖和关联方依赖，对于拥有高新技术的玻璃深加工企业而言，在剔除政府给予的税收优惠后，部分企业会出现盈利降低的现象。（2）主体资格问题。主要表现为实际控制人认定不准确、管理层变动等方面。（3）募集资金效益风险，包括经营模式变化、项目可行性、融资必要性不足等风险，部分项目可能出现规模过大、手续不齐全等问题，导致所募集的资金出现一定的效益风险。（4）权属不确定性，该项风险的出现会导致证监会发审委在会后事项发审委会议上撤销获批企业的IPO核准批复。（5）信息隐瞒风险。对于投资者而言，企业信息披露质量决定了其投资方向和投资规模，若企业在信息披露过程中存在隐瞒重大事项的情况，将对投资者带来不必要的损失和风险，对证券市场的稳定性危害较大。（6）财务会计风险，企业为获得上市资格而粉饰其财务报表。（7）独立性问题，即上市玻璃企业需避免向关联企业的利益输送嫌疑。(8) 企业运营规范性风险。财务核算混乱是内控机制薄弱的常见体现。(9) 其他问题，若出现企业被投诉现象，可待企业补齐材料后重新上会。(10) 服务中介风险，企业在实现上市过程中，需聘请专业的会计师事务所和律师事务所进行审核，如果服务中介在报告中出现纰漏，将直接影响企业顺利上市。

(二) 相关风险分析及防范

玻璃企业实现成功上市，带来发展所需资金的同时，上市融资过程的风险也随之而来。对上市风险的识别、度量和管控，能有效提高企业上市的成功率。

1. 上市的发行风险

在相关证券市场进行上市融资是一个复杂而严谨的系统工程，某一环节的疏忽都将导致玻璃企业上市失败。因此，玻璃企业在进入资本市场时，需谨慎对待所可能出现的发行风险，若企业选择境外上市，还需考虑当地的宏观经济与投资者接受度，进而确定证券定价。如果出现企业证券发行失败，不但为此已经付出的资金及时间将沦为沉没成本，导致企业前期投入成本的巨额损失，还会给企业的声誉带来负面影响，严重者甚至会导致企业衰落和破产。

所以，相关玻璃企业管理者在决定上市之前，一定要进行详尽的企业上市融资的优势、成本及风险的分析，合理权衡三者的关系，做出正确的决策。另外，玻璃企业选择专业性和信誉度都较高的中介机构进行合作，能有效避免在发行过程中可能遇到的大部分风险，顺利实现上市。

2. 企业控制权削弱

企业上市本质上是一种利益交换，原始投资人用出让股权的方式获得投资人的资本投入，因而企业上市后必然会稀释原始投资人的持股比例，有可能由原来的绝对控股变成相对控股，从而削弱原始投资人对企业的控制力，因此玻璃企业原始投资人需防范控制权被稀释的风险。

3. 股票价格波动风险

股价波动，尤其是股价下降会给企业带来一定的经营风险。这是因为股价反映的是公司的业绩和未来增长潜力，股价大幅下降将降低投资者的投资信心，减少企业的流动性资金。按照当前玻璃企业的情况，大多数玻璃企业在证券交易所创业板实现上市的可能性较大。然而，一般在创业板上市的企业所拥有的市场份额较小，企业资金规模较小，投机者操纵其股价所需要的资金额度较小，难度较低，因此玻璃企业面临人为操纵的风险较大，创业板股价与主板市场上股价相比，波动幅度更大。

4. 信息披露的法律风险

玻璃企业无论在国内还是境外实现上市，均需按照监管部门的规定披露相关信息，且境外上市对信息披露的要求较国内市场而言更为严格，因此其所面临的法律风险也更为突出。一旦出现信息隐瞒等违规情况，将导致机构下调对企业的信用评级，影响企业在资本市场上的顺利融资。大多数玻璃企业处于发展初期，企业管理层对信息公开和披露制度并不习惯，因此加强企业规范化运行是防范企业信息披露风险的有效途径。

第六节　玻璃产业中小企业上市路径选择与设计

中小企业作为玻璃产业上市后备资源库中的“第二梯队”，首先应树立资本市场融资意识，在明确企业自身情况的基础上，设立长远发展目标，规范企业管理，并进行相关上市培育工作，争取早日达到相关上市条件，实现多层次资本市场融资。

一、中小玻璃企业上市实现路径设计

相关中小玻璃企业为公司基本面不错，但需要培育才能进行改制工作的企业。对于该类企业，应实时了解与沟通，重点培育。而且，企业的决策层也应树立资本市场上市融资的意识，尽早设立目标，进行长远规划。关于该类“第二梯队”上市企业资源，上市路径设计见图 12. 5。

图 12. 5　中小玻璃企业上市实现路径

第一步，遴选出相对规范，并符合相关股权交易所托管、挂牌、交易条件的玻璃企业；

第二步，备选企业选取合适的股权交易所进行挂牌和交易，在融得其所需发展资金的同时，规范企业管理，进行“转板”上市培育；

第三步，当玻璃企业发展到一定规模，企业规范化程度也达到一定水平，并符合或接近相关证券交易所创业板上市条件时，适时进行“转板”上市工作，以谋求企业更大的发展。

二、国内主要股权交易所情况对比分析

2009 年 10 月 23 日，创业板市场正式在深圳证券交易所推出，至此我国多层次资本市场体系初步形成，形成了由初级到高级的区域性股权交易市场、三板市场（当前包括“旧三板”的代办股份转让系统和中关村科技园股份报价转让系统即“新三板”）、创业板市场、中小板市场和沪深主板市场共同构成的五层次、立体性资本市场体系。其中，目前我国各个省市大多设有区域性股权交易市场，比较具有影响力的有天津股权交易所、上海股权托管交易中心、滨海国际股权交易所、武汉股权托管交易中心等。

（一）主要股权交易所对比

由于国内区域性股权交易所较多，在此仅选择两个比较具有特点的股权交易所进行情况对比分析。其中，较为成熟的有天津股权交易所，而武汉股权托管交易中心为区域性的股权交易中心。两者的主要情况对比如表 12. 4 所示。

表 12.4　　主要股权交易所情况对比

名称	成立时间	市场功能定位	备注
天津股权交易所	2008 年 9 月	主要帮助非上市股份公司（包括生产性玻璃产业公司和地质勘察开发公司）解决庞大的前期生产线投入等方面的资金问题	做市商制
武汉股权托管交易中心	2011 年 11 月	区域性股权交易市场，是为相关中、小、微企业提供股权、债券转让和融资服务的私募市场，具有充当交易平台、促进融资、进行转板培育等功能	会员制

1. 天津股权交易所

天津股权交易所是由天津产权交易中心、天津开创投资有限公司等机构共同发起组建的公司制交易所。天津股权交易所的特点在于采取“双层次、多板块”的市场交易体系，“双层次”指全国市场、区域市场两个市场层次，“多板块”指根据企业类型划分交易板块，有利于资源集中和利用效率的提高。其中天津股权交易所将企业板块划分为三个，即传统行业板、科技创新板、矿业板，并在此基础上进一步按照行业细分为：农林牧渔业、制造业、建筑业、交通运输、仓储和邮政业、批发和零售业、金融业、房地产业、租赁和商务服务业、电力、燃气及水的生产供应业、住宿和餐营业、教育、软件业、文化体育和娱乐业、科学研究、技术服务和地质勘察业。

“玻璃产业板块”在设计过程中，可借鉴天津股权交易所的设计路径，针对产业运营特征，设计玻璃产业交易板块，利用股权交易市场拓宽玻璃企业融资渠道，提高投资者对玻璃产业的投资效率。

2. 武汉股权托管交易中心

武汉股权托管交易中心是由武汉光谷联合产权交易所有限公司为主发起人，湖北省宏泰国资经营公司、湖北省科技投资集团有限公司等单位共同组建的非上市公司股权托管交易平台。其为我国多层次资本市场的重要组成部分，是辐射湖北省的区域性场外交易市场，是有效满足多元化投融资需求的一个重要金融要素市场。该中心自成立后，迅速发展壮大，截至 2013 年 5 月，该中心挂牌企业达到 36 家，挂牌总股本 9.85 亿股，总市值 60.75 亿元。武汉股权托管交易中心的建设目标为，成为立足武汉、辐射湖北的具有更强影响力的区域性资本市场的重要平台，通过中心平台向“新三板”和更高层级的创业板、中小板和主板输送一批上市或报辅企业。

对于玻璃企业而言，在武汉股权托管交易中心挂牌、交易有着区位及政策两方面的优势。首先，区位优势。该中心为湖北省本土非上市公司股权托管交易平台，熟悉湖北省企业的相关情况，能为本省玻璃企业提供有效的针对性融资及培育服务。其次，政策优势。湖北省对在该中心挂牌的企业，有优先培育并推荐上市的优惠政策，这对拟上市融资的玻璃企业进行培育、上市有着较大的促进作用。

（二）挂牌交易所选择

中小玻璃企业在股权交易所挂牌、交易上有着较多的选择，其中应考虑两个主要因素。其一，交易所丰富的资源及成功经验，将有利于满足玻璃企业的融资需求及上市培育等。其二，交易所所在地，这是由于原则上区域性股权交易所不能跨区域开展业务，所以在异地交易所挂牌交易具有一定的合规性风险。

玻璃中小企业可在股权交易所内推动“玻璃产业板块”的建立，由此产生品牌效应与资源集聚效应，让拥有资金的投资者能便捷有效地在玻璃板块中对玻璃企业进行投资活动，有效支持我国玻璃产业实现快速增长。

三、相关技术问题研究

（一）“玻璃产业板块”效应分析

结合玻璃产业中小企业的基本情况，通过在区域性股权交易所挂牌、交易，可以给企业带来多方面的效应，促进企业更好更快地发展。选取 30 ~ 50 家符合条件的玻璃企业在股权托管交易中心整体挂牌、交易，形成“玻璃产业板块”，不仅有助于提高资本市场资源的配置效率，增大股权交易市场的容量，形成一定的规模效应，也有利于提升股权交易市场的资源配置功能和运行效率。

（1）解决企业资金需求，促进企业长足发展。中小玻璃企业将会通过在区域性股权交易所挂牌、交易获得资金，利用该资金实现自身的发展。

（2）完善玻璃企业的公司治理结构。区域性股权交易所除了提供股权交易、融资等服务外，还能帮助玻璃企业规范公司治理结构，为其股份制改造提供指导和服务，帮助相关玻璃企业完善法人治理，引入战略或财务投资者，优化股权结构。

（3）提高知名度，形成资源聚集效应。中小玻璃企业通过在区域性股权交易所整体挂牌、交易，建立“玻璃产业板块”，能使当地玻璃产业的品牌得到提升，知名度提高，有利于投资者对玻璃企业的认同，从而促进企业进行相关投融资活动，产生良好的资源聚集效应。

（二）“玻璃产业板块”交易机制

在股权交易中心设计“玻璃产业板块”的交易机制，玻璃产业板块市场参与主体主要包括：挂牌玻璃企业、投资人、做市商、保荐人等。投资者分为机构投资者和个人投资者两类，为保证交易环境的稳定，其中对个人投资者设定一定的交易门槛，如在玻璃企业挂牌前已成为其原始股东等。

第七节　玻璃产业其他企业上市路径选择与设计

玻璃企业上市后备资源库“第三梯队”的玻璃企业，多数规模相对较小，规范化程度较低。针对该类玻璃企业，应进行专门的辅导与规范工作，进而将其引入上市实现路径中。

一、其他玻璃企业上市实现路径设计

（一）其他玻璃企业上市实现路径设计

位于该梯队中的玻璃企业，均在发展过程中缺乏长远计划，企业经营结构混乱，主业分散或不突出。其中，一部分企业虽然经营状况相对良好，但经营者尚未建立现代企业制度，企业规范化程度亟待提高。对于这一类玻璃企业的上市实现路径大致设计如下：

方案一：

在政府规划与协调下，进行玻璃产业资源整合，将这一类规模较小的玻璃企业并入中小玻璃企业或核心玻璃企业，从而进入规范运营轨道，进行相关“梯队”的上市培育工作。

方案二：

将玻璃企业置入“玻璃交易中心”（有关该中心的建设内容详见第六章）进行培育，并引入专业中介公司进场辅导，帮助这一类玻璃企业对其具体资产状况及其他情况进行调查与梳理，并规范企业管理等。当玻璃企业发展到一定规模后，满足股权交易所“玻璃产业板”挂牌、交易条件后，在股权托管交易中心挂牌、交易，进而研究设计改制上市的方案或规划，从而使其步入合理的上市培育实现路径。

其他玻璃企业上市实现路径见图 12.6。

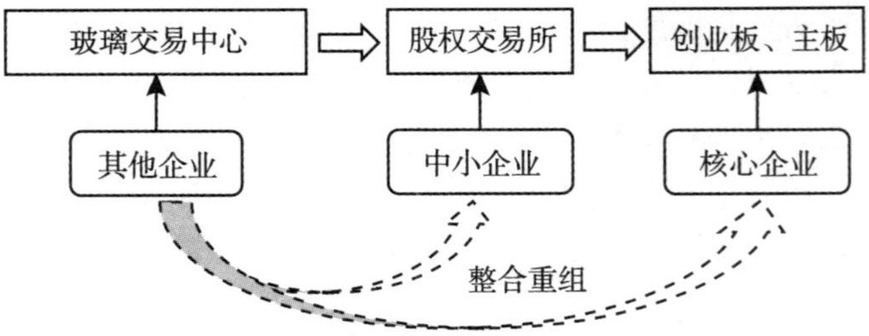

图 12.6　其他玻璃企业上市实现路径

（二）培育效益分析

通过玻璃产业资源整合重组，形成规模相对较大的玻璃企业，既有利于规范“第三梯队”的上市后备玻璃企业，又能推进相关玻璃企业的上市培育进程，加快其上市步伐。

此外，借助于“玻璃交易中心”这一平台，能有效拓展规模相对较小的玻璃企业的业务范围，促进其发展。同时，此类玻璃企业能够在融得企业发展所需资金的基础上引入战略投资者或相关中介机构，从而帮助其规范企业治理结构，为下一步股权交易所挂牌、交易以及未来的上市融资做准备。

二、相关技术问题研究

（一）参与交易企业的盈利模式研究

“玻璃交易中心”能高效率地实现玻璃现货、期货、产权及股权等玻璃产业相关产品的流转及其投资收益。参与其中交易的企业交易成本组成为：会员费、佣金、服务费；其收入为：普通商品交易收入、价格波动收入（由买卖电子合约、套期保值交易、跨市场套利组成）。

同时，参与交易的玻璃企业主要盈利模式为：一方面，交易中心在一定程度上降低了企业自身的运营成本，有利于扩大企业的交易规模，促进企业发展；另一方面，现货中远期交易使玻璃产品交易具有商品属性和金融属性，交易商不仅可以获得正常的商品交换利润，而且可以利用价格波动获得投机利润。

（二）相关风险控制及监管研究

由于玻璃产业交易中心的市场属性，相关玻璃企业在该中心进行挂牌、交易的过程中，将会面临各种风险，主要风险有：（1）信用风险。由于交易中心存在玻璃产权抵押贷款业务，因此存在由于债务人违约而导致贷款或债券等资产不能偿还所引起的风险，即信用风险。（2）市场风险。玻璃产业交易产品或产品所属企业均受到市场的影响，因此存在市场风险。市场风险是指市场供求关系等各种因素变动，导致各种金融产品和衍生金融工具价格波动给机构、企业带来损失的风险。（3）操作风险。操作风险是指中心在运作过程中，由于经营管理不善，如决策失误、营业差错、内部欺诈及贪污盗窃而造成损失的风险。操作风险也可能由于技术问题，如计算机系统失灵、控制系统缺陷等引起。

针对以上情况，沙河市玻璃产业交易中心的风险管理方法可主要从以下两个方面展开：一是建立风险控制机制，从内部体制上降低风险；二是政策监管，借助外部的国家监管政策控制风险。

第八节　本章小结及相关政策建议

一、本章小结

本章从上市路径和股权融资角度出发，利用多层次资本市场对玻璃企业发展的促进作用，拓宽企业融资渠道，同时通过上市培育使玻璃企业在财务制度上做出改进。玻璃企业是否健康发展直接影响到玻璃产业及区域经济的发展，而多层次资本市场的不断完善为玻璃企业创造了融通资金的新渠道，能有效解决相关企业长期发展的资金需求。鉴于玻璃企业发展程度不一致，本章根据玻璃企业规模和成熟度将其分为核心企业、中小企业和其他企业，针对其资金需求规模和融资能力不同，分别为其设计出符合其发展条件的上市路径。

玻璃企业若想获得资金支持，首先应完善自身条件，使其达到上市融资的标准。此外，为扶持玻璃企业成功利用股权融资渠道，政府需整合资源，建立与优化玻璃企业上市培育体系与环境，增强玻璃企业的上市竞争力。

二、相关政策建议

（一）玻璃企业应采取的措施

1. 提高资本市场融资意识

玻璃企业应提高利用多层次资本市场实现融资的意识，尤其是新兴资本市场，如创业板等。玻璃企业融资关系着企业的长足发展，然而，由于玻璃产业自身的特点，即大多数玻璃企业普遍存在规模较小、内部制度不健全等缺点，无法直接在主板市场上获得股权投资。目前，我国的多层次资本市场建设目标已经基本实现，形成了由初级到高级的地方性产权交易市场、三板市场、创业板市场、中小板市场和沪深主板市场共同组成的五层次、立体性资本市场体系，这为暂时无法在主板市场上市的相关玻璃企业提供了多种融资渠道。因此，玻璃企业应树立利用资本市场的融资意识，拓宽企业直接融资渠道，为企业自身发展和扩张提供足够的资金支持。

2. 保持企业良性的财务状况

玻璃企业应当对自身财务状况进行重点分析与评估，保证财务状况平稳健康，在财务要求方面做出充分准备。财务状况的分析内容主要是玻璃企业的收益状况、流动性等方面，企业收益状况主要指企业的资本收益率，企业的流动性状况主要是企业的收入与支出比率，企业的生产力状况主要是企业在一定时间内投入的资金、人力所产出的附加值。此外，为了对企业整体财务状况有所了解，应对其资产负债表进行详细分析。

3. 提高企业经营管理水平

经营管理水平关系着企业管理层的经营效率与企业的发展速度，玻璃企业应当致力于提升企业的经营管理水平。企业对经营管理进行分析，主要从产品研发、管理机制等方面展开，立足于提升产品竞争力和管理效率。

4. 完善企业会计信息质量

我国玻璃企业普遍存在企业会计制度不完善的现象，为进入资本市场实现直接融资，企业应着力提高会计信息的质量，获取资本市场的“进入资格”。

5. 改善公司治理结构

玻璃企业中存在相当一部分家族企业，导致企业股权结构单一，抗风险能力脆弱，不利于企业实现长远战略目标。因此，家族型玻璃企业应向规范化运行的股份制企业转变，建立和完善产权明晰、相互制约的现代化企业运行机制，有利于企业的长足发展，同时也为企业实现市场化运作打下基础。

（二）外部政策建议

政府应充分认识到玻璃产业“引进来”与“走出去”相结合的可持续发展思路，给予玻璃企业上市培育相关的政策支持与服务。同时，玻璃企业应在充分认识自身情况的基础上，努力提升企业创新能力，积极进行长远发展战略规划。

1. 玻璃企业上市梯队建设

政府应对相关玻璃企业情况积极开展深入调研，着力进行玻璃企业上市培育。在全市范围内对拟上市玻璃企业情况进行调研，开展玻璃企业基本情况调查以及现场走访调研等，并以“点面结合，重点培育”为原则，建立梯队形态的玻璃企业上市后备资源库。梯队建设的目标在于根据玻璃企业发展现状，将其划分为推进企业、关注企业和培育企业三类，并根据类别进行差异化扶持，推进相关玻璃企业的上市进程，解决其发展资金融通方面的问题。

2. 相关上市帮扶政策支持

对于梯队内企业，应针对其发展特点设计差异化和专门化的扶持方案，规范其会计制度和组织运营模式。同时，政府应在财政上对上市后备资源库中拟上市的玻璃企业的技术引进、出口与产品开发等，给予一定的资金支持或优惠；在税收上，可考虑通过低税率、减轻税收、返还税收和放宽税收期限等方式来给予拟上市玻璃企业支持。

3. 改善玻璃企业贷款环境

首先，金融机构应协助玻璃企业建立企业信用管理体系，提高其信用评级，助其解决融资难问题。其次，金融机构应针对玻璃企业设计出符合行业特征的新型信贷产品，提高信贷效率，优化信贷结构，消除向企业提供金融服务方面对不同所有制、不同规模企业的差别现象，满足玻璃企业的资金需求和不同层次的玻璃企业在不同阶段对金融服务的需求。

4. 提升玻璃企业创新能力

一方面，玻璃企业应对自身的实际情况有清楚的分析和正确的认识，找准自己的定位，发挥所长，积极进行长远发展战略规划。另一方面，玻璃企业应争取政府扶植基金的支持，提升产品技术含量。玻璃企业既可利用自身优势进行产品创新，同时也可借助专业的科研机构，合作开发出新型产品，满足市场多元化需求。

第十三章　玻璃文化城金融支持体系研究

玻璃文化城的建设属于旅游文化市场，但其对玻璃产业的促进作用也不可小觑。玻璃文化城不仅可以带动当地旅游业发展，挖掘当地历史文化底蕴，同时还可为当地玻璃产品提供面向全国甚至全球的展示平台，为玻璃产品创造品牌效应。本章主要研究玻璃文化城的构建思路及相关的金融支持手段和模式。

第一节　玻璃文化城金融支持体系建设可行性研究

一、玻璃文化城建设背景

（一）完善玻璃旅游文化市场

玻璃文化城的建设是玻璃产业金融工程支持体系中的重要一环，是玻璃旅游文化市场的重要组成部分。现代玻璃产业金融工程支持体系的建设将改变玻璃产业现有结构，同时提升当地城市形象和面貌。在发展和完善玻璃产业金融工程支持体系的同时，可结合当地文化底蕴，将玻璃产业的发展与旅游业相配套，发展玻璃旅游文化市场，凸显创新精神。在玻璃产业基础上建设玻璃文化城，能让玻璃经销商、风险投资者和游客了解玻璃市场和产品，领略玻璃文化。以旅游、文化对玻璃产业进行宣传，能实现“蝴蝶效应”，带动玻璃产业及周边产业共同发展，拉动当地经济实现跨越式发展。

（二）为玻璃产业发展开拓新平台

玻璃文化城的建设为玻璃产业的发展开拓了新平台，对保存玻璃的百年历史和文化传承具有重要意义。玻璃文化城以展出产品丰富的形态向民众介绍玻璃的艺术价值和使用价值，并借助此平台展示当地玻璃企业的各类玻璃产品，具有一定的市场推广价值。同时，玻璃文化城的建立将文化与产业相结合，利用玻璃作为载体，不仅传承了当地的历史文化，同时也加深了玻璃产品的文化底蕴。文化城的建立将成为展示当地玻璃产业和文化的平台，拉近玻璃产业与文化间的距离，增强玻璃产业的艺术性，以更为高端的姿态展示给慕名而来的游客和经销商，成为玻璃产业的“对外窗口”。

二、玻璃文化城金融支持体系构建

（一）公共博物馆资金结构单一

我国2008年由中宣部、财政部、文化部、国家文物局联合下发的通知（中宣发［2008］2号文件）中指出，“全国各级文化文物部门归口管理的公共博物馆、纪念馆，全国爱国主义教育示范基地全部免费开放”，为保障公共博物馆的正常运行，中央采取三条措施：（1）将相关经费纳入财政预算补贴；（2）对博物馆文化产品经营收入采取一定的税收优惠政策；（3）建设特色博物馆，避免重复投资。

鉴于此，公共博物馆资金结构进一步被调整，对财政资金的依赖程度更高，作为公共博物馆主要收入来源的“门票收入”被削减。公共博物馆的主要资金来源有：财政经费、盈利性收入、社会捐助等，其中财政支持为主要资金来源。

博物馆的非营利性并不说明博物馆不能进行盈利性活动，而是需要将盈利性所得用于公益性服务上。而盈利性收入是指博物馆利用馆内资源向游客提供有偿性服务，并对游客收取部分费用所获得的收入，其本质上是馆内公共产品与所收取费用之间的交换关系。

近年来，随着社会文化事业的发展，企业对公共博物馆的公益性捐助日益增加，但由于部分博物馆宣传力度不够，或与企业沟通不畅，未引起相关企业的足够重视，导致部分具有捐助条件的企业未合理利用其捐助资金。此外，回馈机制不健全也导致捐助企业和个人“望而却步”，博物馆在接受企业或个人的捐助后，未将相关信息及时反馈给捐助企业和个人，对于资金的去处未给予详细说明，因此降低了企业和个人的捐助积极性。

（二）民办博物馆急需资金支持

国家对民间博物馆保持支持态度，但对于如何进行实质性的支持尚未出台具体文件，导致民间博物馆在运行过程中遭遇诸多困难。国家文物局统计，截至2011年底，全国登记注册的民办博物馆有535家，占全国博物馆总量的14.91%，此外，未登记注册的有1000家左右，这表明在我国民办博物馆已经成为博物馆领域的重要组成部分。①

民办博物馆在运行过程中容易遇到专业人员缺乏、配套设施不完善、游客量少、吸引力较弱等问题，为解决此类问题，博物馆需在运行管理方面增大开销，这对于财政支持力度较弱的民办博物馆而言会造成经济条件的进一步窘迫。因此扩大民办博物馆资金融通渠道，为其设计出一套切实可行的融资方案是具有现实意义的。

---

① 资料来源：赖睿．民办博物馆发展还需多方给力．人民日报，2013-08-02（15）．

三、玻璃文化城建设相关法律法规

（一）玻璃文化城相关法律研究（见表 13.1）

表 13.1　　　　玻璃文化城相关法律研究

《关于促进民办博物馆发展的意见》	合规性分析
鼓励社会力量兴办填补博物馆门类空白和体现行业特性、区域特点的专题性博物馆。兴办民办博物馆应符合城乡规划。对符合设立条件的民办博物馆，要按照《民办非企业单位登记管理暂行条例》和《博物馆管理办法》等有关规定，及时审核和给予登记注册。要加强对民办博物馆凭证执业、依法办馆的监督，按照法律法规和规章的规定，做好民办博物馆的登记、年检、执业和监督管理工作	玻璃文化城的建设需按规定通过审核和注册
民办博物馆建设必须贯彻节约集约用地的原则，严格执行《博物馆建设用地指标》的规定，严禁改变博物馆用地的土地用途，不得以划拨土地使用权抵押。民办博物馆因故终止的，其用地由国家依法收回后继续作为博物馆建设用地	玻璃文化城所用土地不得用于抵押获取资金
协调金融机构为符合条件的民办博物馆提供贷款。鼓励企业、事业单位、社会团体以及个人等社会力量向民办博物馆提供捐赠。鼓励民办博物馆依托藏品、展览研发推广博物馆文化产品。民办博物馆在接收捐赠、门票收入、非营利性收入等方面，可按照现行税法规定享受有关优惠政策	玻璃文化城可申请银行贷款，并享受税收优惠
民办博物馆要完善开放服务制度，开展进校园、进社区活动，纳入当地旅游线路，开展博物馆文化旅游活动。根据公平、择优的原则，采用公开招标和政府购买服务的方式，支持民办博物馆参与公共文化服务体系和国民教育体系建设	玻璃文化城在建成并良好运行后，可申请成为旅游基地

注：此处所提及的《关于促进民办博物馆发展的意见》（文物博发［2010］11 号）由 2010 年国家文物局、民政部、财政部、国土资源部、住房和城乡建设部、文化部、国家税务总局联合下发。

（二）法律合规性研究总结

2010 年下发的《关于促进民办博物馆发展的意见》中指出民办博物馆在行业准入、等级评定和人员培训等方面与公共博物馆享受同等待遇，同时国家在申报登记、土地使用、经费筹集等方面给予支持，表明我国对民办博物馆的重视。

第二节　玻璃文化城金融支持体系理论及经验研究

一、玻璃文化城金融支持体系文献综述

（一）博物馆类别辨析

1. “第一类”博物馆

“第一类”博物馆是指公共博物馆，一般归口文化文物部门管理，本质为政府的文化管理和传播窗口。一般位于交通便利，便于游人参观的地段。

上海玻璃博物馆设计师迪尔曼·图蒙认为“第一类”博物馆是展品的大量堆积与展示，游览者仅随着指示牌从一个展柜进入另一个展柜，展品解说得过于专业化导致非专业游览者难以融入其中。

2. “第二类”博物馆

“第二类”博物馆即民办博物馆是指由民间社会资金筹建，利用非国有文物、资料等依法设立并取得法人资格的，向社会公众开放，具有教育意义的非营利性社会机构。

民办博物馆通常位于远城区，因此博物馆内参观游览项目较多，并提供与博物馆主题相关的衍生休闲活动，具有拉动消费的潜力，体现了其多功能性。通常以生活常识为构架，设计展览单元，让游览者从自身感受出发，获得新奇知识。

（二）博物馆建设金融支持体系

钱雪元（2011）通过对美国科学博物馆资金收入的源头和结构进行分析得知，博物馆资金支持主要来自三方面，即自营收入、财政拨款和社会捐赠。李玉（2010）针对博物馆面临的资金短缺问题提出，博物馆作为社会公益单位的非营利性机构，急需外部资金的支持。尚东光、段鹏（2008）认为我国公共博物馆普遍面临资金压力，是因为博物馆的资金供给并未形成完善的体系，而仅依靠政府拨款维持基本开销，难以满足博物馆的发展需求。为解决该难题，他们提出公共博物馆为拓宽自身的融资渠道，应建立和完善资金来源的长效机制，避免博物馆仅依靠政府财政支持的局面。

博物馆基金的设立是建立公共博物馆资金来源长效机制的有效选择。卢晓莹（2007）通过对我国国有博物馆资金来源进行分析，找出了影响我国国有博物馆资金供给不足的因素，提出了多项多渠道筹资措施。陈来生（2003）以苏南地区博物馆为例，针对其经营状况不理想，资金结构不合理，资金短缺等现象，提出应将博物馆与文化旅游相结合，让博物馆旅游给博物馆带来新的经济增长点，同时旅游业也可获得盈利，实现博物馆与旅游业的双赢。陆建松（1997）针对博物馆资金短缺现状，认为寻求企业的赞助是有效获得资金支持的途径。

二、国内外玻璃文化城发展经验分析

（一）玻璃博物馆建设经验分析

1. 美国康宁玻璃博物馆

美国康宁玻璃博物馆以世界著名的特种玻璃制造商——康宁公司命名，基于对企业文化的营造和维护，康宁公司投资建设了康宁玻璃博物馆，成为世界上玻璃收藏数量最多的玻璃博物馆。

博物馆内设计有临时展厅，用于陈列各国艺术家不同时期的创作，且该展厅内的陈列品会定期更新，带给游客新意。博物馆内还有玻璃文化与历史展厅，展现出玻璃从生活中的用具器皿，逐步发展成为高科技产品和精密仪器的发展历史。游客还可进入玻璃制作展区，通过玻璃技师的制作和讲解，了解玻璃的制作全过程，这也被称为“热玻璃秀”。除展厅和表演外，康宁玻璃博物馆还为游客提供了玻璃工作室，在工作室内游客可在工作人员的帮助下，自行完成玻璃器皿的制作过程。游客也可根据自己的需求，参与玻璃讲座，了解玻璃种类、玻璃光纤传导等玻璃专业知识。博物馆内设有拉考图书馆，拉考图书馆是世界首个以玻璃制品和玻璃技术为主题的图书馆，图书馆藏书丰富，且常年开放。游客在展厅游览完毕后，可进入博物馆负一楼购买和欣赏玻璃工艺品，价格从几美元至几万美元不等，供游客按需选择购买。

康宁玻璃博物馆集收藏和教育功能于一体，与“第一类”博物馆的不同之处在于，其将企业文化融入博物馆中，在产品的知名度和企业的影响力上都起到了良性促进作用。

2. 上海玻璃博物馆

上海玻璃博物馆为我国“第二类”博物馆的代表，其创建理念为“玻璃创造无限可能”，将被打造成为时尚生活的一部分，提升市民的生活质量。上海玻璃博物馆为非营利性私立博物馆，由上海轻工玻璃有限公司发起并资助建立。博物馆除展出玻璃产品外，还设有图书馆、DIY 创意工房，为吸引游客，博物馆推出了热玻璃表演项目。

上海玻璃博物馆在 20 世纪 80 年代闻名全国的上海玻璃器皿厂基础上进行整改，保留了原本用于生产的玻璃熔炉，现在改为进行热玻璃表演。参观者可在专业人士指导下，自行制作简单的玻璃器皿，体验玻璃成品的制作过程。在经过烧制、吹制、着色、定型、淬火等制作步骤后，玻璃制品表面温度高达 600℃，此后在玻璃冷却过程中需 24 小时去除内应力，若内应力较大且未及时去除，会导致玻璃制品变形甚至形成裂纹。

博物馆与国内外玻璃艺术家和艺术机构保持着良好的沟通与联系，邀请他们在馆内展出高端玻璃制品。玻璃展厅中展出的玻璃制品从生活用具到精密科学仪器，将玻璃对人们生活生产的重要性充分展示出来。但玻璃展区单元的设置并非按照玻璃用途或玻璃种类进行排布，而是选取了具有国际通用标准的“美感”作为排列原则，将国际化和民族化融为一体。

馆内开辟了专门的玻璃纪念品售卖区域，供游人欣赏和购买。纪念品的做工较为精细，价位由低到高，便于游客根据需要进行选购。

上海玻璃博物馆仅为G+玻璃主题园区的第一期工程，后期亟待完工的玻璃园区工程为：雕塑广场（第二期）、科技广场（第三期）和商业园（第四期）。整个园区设计概念为集玻璃、艺术、研究和技术园区为一体的综合性玻璃主题园区，第一期项目设计为非营利性项目目的在于提升G+玻璃主题园区的知名度和品牌接受度，为后期工程的顺利实施打下基础。

（二）博物馆金融支持体系分析

美国博物馆运行资金一般由政府提供的公共资金、企业赞助和自营收入组成。随着时间推移，政府对博物馆资金支持的占比逐年下降，而按学科细分，联邦、州、地方政府的公共资金投入方向不同，联邦政府50%以上的资金投入科技博物馆，州政府40%左右的资金流入自然历史博物馆，地方一级政府则将主要资金投入动物园、植物园等娱乐性较强的博物馆。

美国政府推行相关政策鼓励民间资金支持博物馆发展。例如，企业向博物馆捐助款项，捐款总额可从其收入中扣除，从而减免企业应缴所得税款。政府通过免除税收，鼓励企业捐助，利用民间资金补贴博物馆经费缺口，缓解财政资金压力。

博物馆虽为非营利性机构，但仍可以通过周边服务产业获得一定的营利性收入，将收入投入非营利性的公益事业中。自营收入通常包括门票、会员费、礼品店和咖啡馆收入以及停车场、会场和其他公共空间的出租收入等，还包括用于业务开支的投资收入。① 目前，门票实行免费或折扣售出成为普遍趋势，门票收入受到削减，但降价会导致游客数量增加，进而促进周边服务业收入的增加，同时也给博物馆带来知名度上升等好处。基于此，博物馆中收入结构正在逐步改变，自营收入占比逐步攀升。对博物馆自身而言，自营收入的可预测性和可控性较政府补贴和社会捐助更高，有利于博物馆对经费的利用和管理。

与美国类似，各国博物馆经费来源基本都以公共资金、社会捐助和自营收入三种为主。鉴于各国博物馆资金需求不同，社会对博物馆的捐助方式也不尽相同，如，日本报业积极赞助博物馆举办大型国际展览，英国石油公司专门开设“公共事务部”，负责所有捐助活动的审核和注资，而意大利企业致力于对艺术博物馆实施捐助。

第三节　玻璃文化城商业运作模式研究

一、玻璃文化城建设定位

以沙河市为例，鉴于前文理论分析，玻璃文化城应属于“第二类”博物馆，即私人

① 钱雪元. 简析美国科技博物馆的资金来源. 科普研究，2011（4）.

建立的非营利性博物馆。玻璃文化城的构建并不仅局限于玻璃展厅，而是将构建成为集科普、教育、商业、娱乐、休闲于一体的综合性玻璃基地。

由于沙河市历史悠久，旅游资源丰富，在沙河市现有的玻璃展厅基础上，结合当地文化特色，进一步完善配套设施，拓宽功能覆盖面，建设具有沙河市特色的玻璃文化城，并凸显出沙河市作为“金融示范市”在产业发展过程中的创新精神。

随着玻璃文化城的建设和相关配套设施的完善，文化城可成为沙河市产业与文化相结合的“品牌”，凭借优良的服务环境，知名的玻璃产业品牌，逐步吸引拥有高精尖技术的玻璃企业落户沙河市，让玻璃产业实现良性循环，实现滚筒式发展。

二、玻璃文化城设计的基本思路

（一）玻璃文化城建设理念

创造玻璃产业与文化相结合的模式，互利互进，实现双赢。

（二）玻璃文化城建设框架

玻璃文化城主要由三部分组成：玻璃展厅、玻璃制作体验馆以及相关旅游配套产业（见图 13.1）。

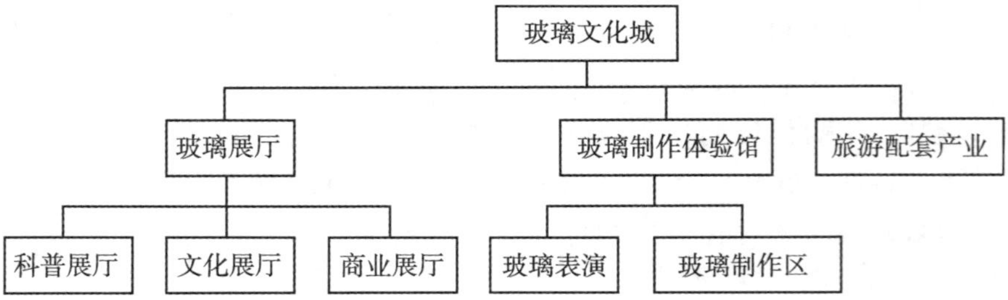

图 13.1　玻璃文化城组成部分

1. 玻璃展厅

玻璃展厅可大致分为三个单元，分别为科普展厅、文化展厅和商业展厅。科普展厅为玻璃展厅的第一个单元，内容涵盖玻璃演化史、强化玻璃、热硬化玻璃、校核玻璃及复层玻璃等玻璃种类，此外，玻璃加工过程（如 low-e 处理过程）也在该展厅内有所介绍。

游客经过第一单元对玻璃历史、种类和加工工艺有所了解和认识后，进入第二单元即文化展厅。沙河市历史悠久，旅游资源丰富，因境内有沙河横流而得名，并拥有唐代名相宋璟所写的《梅花赋》。该展厅利用玻璃雕刻艺术品等表现形式，充分展示出沙河市的悠久历史和文化底蕴，让来沙河市的投资者、旅游者了解玻璃产业，感受沙河文化。

商业展厅为玻璃展厅的第三个单元，通过玻璃企业的产品展示，介绍从日常用具到艺术玻璃，甚至科技前沿的玻璃制品。商业展厅内布局可按照一定结构，将不同企业的同类产品聚集排布，让整个商业展厅显示出一定的排布逻辑，吸引游客、投资者或玻璃经销商驻足，而非简单陈列各企业的玻璃展品。

此外，在玻璃文化城发展成熟后，文化城相关服务配套设施已完善，在此基础上，玻璃展厅可尝试承接大型玻璃艺术品展览，并对展览品进行定期更新，使博物馆向成熟、高层次的玻璃博物馆发展。

2. 玻璃体验馆

玻璃体验馆的建设需要玻璃熔炉，可利用废弃厂房中的玻璃熔炉，以此为基础建设玻璃体验馆。游客在玻璃体验馆内，不仅可以欣赏到热玻璃表演，近距离观察玻璃吹制工艺，还可亲自体验玻璃制作过程。游客可在体验馆内观看玻璃表演，技师利用手中细长的金属管，将高温融化的彩色玻璃吹出雏形，再用钳子拉出新颖的造型，让游客对玻璃制作过程有更为直观的印象和了解。

进入玻璃制作体验区内，游客可在工作人员指导下，穿戴专业作业服，学习制作简单的玻璃器皿。体验区提供热玻璃吹制、灯工制作、热熔玻璃、玻璃彩绘等项目供游客选择。

3. 旅游配套产业

为完善玻璃旅游文化市场的建设，除构建玻璃展厅和体验馆等主体部分外，“吃、住、行、娱、购”等旅游要素也必不可少，应加快文化城周边咖啡厅、酒店、大型商贸城等配套项目建设，争取尽快形成旅游产业配套体系。

除休闲设施建设外，还应规划纪念品区，售卖玻璃成品，从几元玻璃饰品到高档玻璃艺术品均可陈列，供游客挑选，增加文化城自营收入。

三、玻璃文化城建设战略规划

（一）发展思路

在现阶段，由于地理资源限制，沙河市应着重整合已有的存量资源（例如玻璃产品展厅），提升其玻璃文化旅游功能，在此基础上发展必需的玻璃文化城建设要素（如玻璃体验馆、旅游配套资源等），打造具有本地特色的玻璃文化旅游业，提升沙河市玻璃产业的辐射能力，实现沙河市玻璃产业与文化的共同发展。

（二）发展规划

对于沙河市玻璃文化城构建的规划思路，应该分别从短期目标、中期目标和长期目标来进行描述。

短期目标：在短期内完成对玻璃文化城的规划筹建，基于充分的调研论证，制定相应的管理条例和规章，完成土地地形勘测和搬迁等工作，编制玻璃文化城投融资规划以及总体建设规划，并将可行性研究报告及相关规划上报市政府，完成必要的审批程序。

中期目标：该阶段目标主要是加强玻璃文化城和配套设施的基础建设，包括两期建设任务，一期是“玻璃展厅”和“玻璃体验馆”的基础设施建设任务，完成玻璃文化城场馆和管理办公场所等建设，并对当地现有资源进行整合，引进相关人才入驻玻璃文化城，二期将进一步建立或引进符合玻璃文化城规划的玻璃企业进驻玻璃商业展厅，形成具有集群效应与规模效应的玻璃旅游文化产业。

长期目标：经过前期规划建设，玻璃文化城将初步形成基础设施完善、投资环境良好的玻璃旅游文化市场，在此基础上进入自然扩张发展阶段，政府功能逐渐弱化，玻璃文化城运行逐渐步入正轨。通过玻璃文化城对玻璃产业金融工程体系的补充作用，强化玻璃产业的聚集功能与辐射功能，使沙河市玻璃产业成为面向全省、甚至全国的玻璃交易中心、玻璃产业金融信息服务中心、金融工具创新与技术开发中心、玻璃及金融人才集聚中心以及玻璃旅游文化中心，成为国家级玻璃产业与金融相结合的示范中心。

第四节　玻璃文化城融资模式研究

一、玻璃文化城建设资金来源

玻璃文化城建设初期，可由政府出资作为引导性资金，吸引玻璃行业龙头企业或投资公司出资，完成文化城筹建工作。由于政府资金有限，且公共博物馆运行管理费用庞大，因此需吸引企业或投资公司出资，将博物馆私有化，降低公共部门运行风险。同时，政府可对注资企业给予相应的税收优惠作为支持，对出资方未来三年的税收予以一定程度的减免。

二、玻璃文化城运行资金来源

玻璃文化城与一般博物馆融资途径类似，基本以三种融资方式为主：政府公共资金、社会捐赠和文化城自营资金。

（一）政府公共资金

政府公共资金主要来源有两个，一是当地财政拨款补贴，二是当地政府协助玻璃文化城争取国家经费。玻璃文化城运行初期需要当地财政直接出资，作为引导性资金，待文化城步入正常运行轨道后，当地政府可协助玻璃文化城争取上一级财政资金支持，或国家专项基金支持。

（二）社会捐赠

政府应出台有关支持民办博物馆的相关政策，鼓励社会资金对民办博物馆进行捐赠和资助。在企业或个人对博物馆进行捐助后，政府应对其进行宣传并给予其一定的税收优惠和荣誉，激励企业和个人对民办博物馆进行捐助。对于博物馆自身而言，应积极宣传其对公共服务的职责和义务，对给予捐赠的企业和个人相应荣誉，并在接受社会捐赠后，列明对该部分资金的使用情况，保证资金“专款专用”。

（三）自营资金

随着玻璃文化城建设日趋完善，其所需资金不再满足于政府公共资金和偶发性的企业捐赠，主要资金来源愈发向自营资金倾斜。良好的融资模式的构建取决于自营资金的构成。

1. 门票收入

鉴于基础设施建设资金需求庞大，为及时收回资金，减少出资企业在流动资金方面所面临的压力，玻璃文化城可在运行初期实行门票收费制度。初步设定，成人票价为 20 元/人，学生票价为 10 元/人，团体票价为 15 元/人，70 岁以上老人、残疾人、现役军人及 1.3m 以下儿童免票。除常规门票外，若文化城承办大型国际玻璃艺术展览，可针对展览收取一定门票。

玻璃文化城正常运作，且已收回筹建初期所投入成本后，可考虑免收门票，扩大游客量，增加配套服务产业收入。

2. 展销摊位租金

玻璃展厅中商业展厅可提供给玻璃企业，用于展示其产品，因此文化城可对入驻企业按照摊位数量收取一定租金。文化城对商业展厅需进行详细规划和设计，而非简单的商铺排列，如按照展示商品的类别排列，将装饰性玻璃、艺术雕刻玻璃、玻璃家具等以艺术性手段向游客展示，增强商业展厅中的文化底蕴和艺术气息，使入驻企业的品牌形象有所提升。

3. 体验馆收费项目

玻璃体验馆内热玻璃表演为免费，但玻璃制作区为收费项目。文化城内可开展多项玻璃制作体验项目，如热玻璃吹制、热熔玻璃、玻璃彩绘、玻璃喷砂等，根据项目的复杂程度和耗时长短收费，费用从 50～300 元不等。

4. 旅游配套产业

文化城内咖啡馆、小商店、餐馆、礼品店和停车场等配套设施为自营性收入提供来源。

许多新建的博物馆将自营性收入的比例提高至 60%～70%，虽然自营性收入将成为文化城资金的主要来源，但自营性收入无法完全负担文化城的日常开支，因此争取公共资金和鼓励企业捐赠也应成为资金来源的重要组成部分。

三、玻璃文化城其他资金来源

玻璃文化城为完善玻璃旅游文化体系，促进玻璃产业发展做出了积极的贡献，政府和社会也给予了关注，但其在运营过程中仍然会遇到经费来源不稳定、专业人才缺乏、开放条件不理想等问题。鉴于此，为让玻璃文化城健康、快速、有序地发展，除利用三种主要资金来源外，文化城可进行适当创新，拓宽融资渠道。

建立玻璃文化城基金即筹集社会闲余资金，利用金融市场运作，实现资金的稳健性和营利性，通过按比例提取资金的红利，对玻璃文化城进行补贴，或作为其发展的专项资金。该基金的运作类似于养老金运作模式，基金设立的规模和盈利状况决定了其对玻璃文化城的支持规模。建设玻璃文化城基金的主要资金来源有：文化城资金投入、政府资金支持、企业捐赠或投资。

（一）文化城资金投入

文化城利用部分自有资金，投入玻璃文化城基金中，通过基金运行获得一定收益。此融资模式仅为缓解文化城资金短缺问题而设立，文化城不得利用基金牟取私利，所得收益应全数用于建设文化城的非营利性事业。

（二）政府资金扶持

玻璃文化城基金的建立不仅能补贴玻璃文化城日常运营和发展经费，同时也能有效缓解政府的财政压力。因此政府应以财政资金为引导，支持玻璃文化城基金的建设，从每年财政收入的递增部分中划出一块投入玻璃文化城基金中，或地方政府发行专项融资债券，将所筹集资金投入基金中。以上两种财政融资方案可有效缓解因建设玻璃文化城基金而给地方财政带来的压力。

（三）企业捐赠和投资

企业是拥有社会资金最为丰厚的机构，因此争取企业的捐赠和投资能为玻璃文化城基金的建设注入动力。在玻璃文化城基金的筹建阶段，政府可对进行捐赠或投资的企业提供优惠政策，如进行捐赠和投资的企业可获得一定程度的税收减免，并可按照投资比例获得一部分的基金运作红利。

综上所述，玻璃文化城的建设资金来源不仅需要政府的财政资金予以引导，更为重要的是争取企业资金等的进入。除外部资金支持外，玻璃文化城自身也应积极探索盈利模式，从根本上解决文化城融资难题，建立资金来源长效机制。

第五节　本 章 小 结

本章从玻璃旅游文化产业角度对玻璃产业金融工程体系的构建进行重要补充，首先分析玻璃文化城的建设可行性、现实意义和法律合规性，然后对现存的博物馆构建模式和其金融支持体系进行分析，总结出适用于玻璃文化城构建的模式及相关金融支持体系，并在一般传统金融支持体系上有所创新，即构建玻璃文化城基金，利用金融市场的放大功能，获取稳定收益，对文化城进行基础设施建设及相关配套设施建设，维护其日常运营的正常进行。玻璃文化城的建设为玻璃旅游文化产业的代表，同时其良好运作也可为当地旅游业带来效益，吸引更多游人与投资者参观，提升本地玻璃产业的知名度，实现品牌效应，为玻璃产业带来有形和无形的收益，也为企业提升玻璃产品质量和技术含量带来自发性约束。“一举多得”的效应表明玻璃文化城的建设对玻璃产业金融工程体系的完善至关重要。

第十四章　政府金融管理体系建设研究

借助产业金融工程思想，政府在某种程度上是具有价值的资源。因此在玻璃产业金融工程体系构建中，政府应如何管理金融体系成为至关重要的一环，政府对于金融体系的管理是否有序直接影响到金融体系的运行效率。在此基础上，本章从构建政府金融管理体系的角度出发，分析如何构建政府的金融管理体系和控制其风险。

第一节　金融管理体系建设可行性研究

近年来，我国金融业逐渐形成中央金融高度集中，地方正规金融逐步压抑，民间金融较为脆弱的形势。鉴于中央和地方金融业态发展不均衡的现状，深化金融体制改革，构建中央与地方分层有序的金融管理体系成为当务之急。2012 年初第四次全国金融工作会议上明确指出，需要强化地方政府金融监管意识和责任，为地方金融的发展指明了方向。

一、金融管理体制纵向不匹配

首先，我国制定的宏观金融政策与地方经济的实际发展现状并不匹配。国家主要通过金融政策与行政手段相结合的方式对宏观经济和金融进行管理，虽然高度集中的金融政策和手段能保证其权威性，但金融政策的灵活性却丧失了，运用至地方经济时会出现或多或少的预期偏差。

其次，国家监管与地方监管效率不匹配。财政部金融司、发改委财金司等是我国金融体系的主要监管者，并形成了纵向的监管体系，但监管链过长，导致国家监管机构对于地方金融监管力不从心，出现信息不对称的风险。此外，随着监管成本的攀升，地方监管部门的监管效率逐步下降，导致地方金融市场逐步脱离监管，潜在风险不断增加。若该现象得不到有效改善，会导致地方金融市场动荡，影响地方经济的稳定发展。

最后，金融资源供给模式与金融资源需求不匹配。我国金融资源采取统一供给的模式，即由国家金融监管部门与国有金融机构集中掌握，但地方对于金融资源的需求各有不同，造成了金融资源未能按照市场规则进行有效配置。同时，由于国家集中拥有金融资源，导致代理关系进入金融资源配置过程中，进一步降低了金融资源的配置效率，难以满足日益增长的地方金融市场需求。

二、金融管理体系横向发展错位

我国金融监管制度为纵向延伸，监管效率低下，同时金融创新越发活跃，导致监管部门在执行监管职责时出现边界模糊的现状，金融监管的效率进一步降低。基于该现状，金融监管部门应加强部门间的横向联系，保证金融市场有序高效地运行。

高额地方债务与地方金融发展出现错位。由于财政资金有限，当地方政府需进行基础设施建设时，往往需要借助外部力量，如设立地方融资平台或申请银行等金融机构贷款。对于地方政府而言，银行贷款为最稳定和最为充裕的资金来源，因此银行机构背负大量的政府债务，这将影响银行资金的流动性，不利于金融体系的稳定发展。

我国经济在工业化和城市化的发展过程中，出现了“二元经济”的现象，即农业部门与工业部门并存的经济发展模式。在此基础上，“二元经济”催生出了“二元金融”，即正规金融体系与非正规金融体系共存的现象。为消除“二元金融”带来的潜在风险，构建具有地方特色的金融管理体系具有至关重要的现实意义。

第二节　金融管理体系相关理论研究

一、相关文献综述

目前关于政府金融管理体系构建的研究不多，管理体系的研究主要集中于公司内部，倾向于研究公司财务政策及指导公司经营战略方向的程序、方法与手段，包括公司财务目标，如何评价业务计划以及分配资源、确定报酬等。有关公司管理体系的变革，刘胜军（1999）认为虽然 EPS（每股收益）被作为公司业绩的衡量标准被普遍运用，但 EVA（经济价值增加）在评价管理层表现中更为有效，该管理体系对业绩进行测量，同时对财务决策、激励补偿、股东关系等各方面均有评价，为较为完善的公司管理评价体系。

二、政府金融管理服务

虽然各地政府采用的金融管理模式具有不同的特点，但一般具有以下共同特点：

（一）服务于公共利益

政府金融管理的目的在于为公共利益服务，满足民众的利益，进而实现社会的稳定和发展。政府金融管理服务于金融体系和参与金融活动的企业与个人，为金融活动的参与方提供安全有效的交易平台，并对各项金融活动实施监管。与此同时，政府金融管理可通过对公共利益的增进与保护实现对个人利益的维护。

（二）解决金融发展问题

对于一般管理活动，管理目标提前确定，日常管理为如何利用和配置资源，实现既定目标。例如，在企业管理中，管理者通过协调各种资源，进而实现利润最大化的目标。虽然对于行政组织内部而言，效率最大化依旧为不容忽视的目标，但是政府管理活动不同于一般的管理，其主要职责是解决各类问题。这是因为社会成员的信念不同，导致个体期望有所不同，因而个体期望与实际情形所产生的偏差各式各样。对于政府金融管理体系而言，偏差可能包括金融资源的配置问题、金融市场有效性问题以及金融机构的利益分配问题等。鉴于此，政府金融管理机构应在保证内部运行效率的前提下，解决各类金融发展问题。

（三）注重结果管理

对于政府金融管理而言，其管理的主要内容包括管理问题的提出、管理解决过程以及管理解决结果。在解决过程的管理中，最为重要的为效率；而解决结果的管理中，最为重要的为公平。金融体系运行过程中最为重要的两个因素为效率和公平，但如何对其进行权衡，能体现出政府的金融管理是否有效。对于金融市场而言，其能有效解决金融资源配置等体现效率的问题，但对于金融机构利润分配等体现公平原则的问题则由政府制定政策解决更为高效。政府若过度干预金融资源的分配过程，将导致寻租、代理等影响市场运行效率的问题产生；若利用金融市场解决规则、环境等公平问题，则显得力不从心。因此政府金融管理体系的构建应注重对结果的管理，着重解决金融体系运行过程中所产生的公平问题，与此同时，还应注意政府金融管理体系内部的运行效率。

（四）注重金融监管

政府强调“以民为本”，即站在企业和个人的角度考量政策的制定，目的在于提高政府解决问题的能力和运行效率，为公众提供高质量的服务。基于前文分析，金融市场可自行解决效率问题，但这并不意味着所有有关效率的问题都可以交由市场解决，政府的金融管理体系应制定合理的规则，提高政府在市场监管方面的话语权，控制金融风险。对于金融市场的监管，政府应保持监管有度的原则，不过度干涉金融市场的运行，主要从提高金融市场透明度和实现金融市场化两方面着手。金融市场透明度的提高能确保监管部门及时发现市场中的风险，采取快速有效的手段进行解决；而金融市场化的实现，需要政府部门按照国际化标准，加强金融市场中的基础设施建设，同时加强金融机构的自律管理，提高金融市场的成熟度，确保本地的金融市场在全国甚至全球具有较强的流动性。

（五）金融制度创新

在对我国高新技术产业发展进行探讨时，吴敬琏提出了“制度重于技术”的理念，这一思想也适用于政府管理体系的建设和完善。政府金融管理体系的构建本身就为创新活动，而其根据解决金融市场中的问题所制定的相关制度，与一般的金融政策相比，更具有针对性和高效性。

第三节 金融管理体系构建架构研究

一、发展定位

金融管理体系建设以建立立足本市，面向全省，并进一步辐射全国的玻璃产业金融工程支持体系为目标，打造具有本地特色的金融体系和政府金融管理体系，切实实现金融服务玻璃产业的职能，为本地经济实现跨越式发展保驾护航。

二、基本思路

（一）发展思路

在现阶段，由于资源有限，金融管理体系的构建应首先整合已有的存量资源（如金融办、金融集市等），提升其金融服务功能，在此基础上发展完善的政府金融管理体系，打造具有当地特色的金融服务业，提升当地金融服务玻璃产业的能力，实现经济与金融的共同发展。

（二）宏观目标

对于地方政府金融管理体系构建的规划思路，应分别从短期目标、中期目标和长期目标进行描述。

短期目标：该阶段目标主要是加强政府金融管理体系的基础建设，为后阶段发展打下坚实基础。

中期目标：逐步实现政府金融管理体系职能，使其成为金融中心创新与试验的先行区和示范区。

长期目标：政府金融管理体系运行完善，不断集中金融资本，进行金融创新活动，对玻璃产业的支持切实有效，并力争形成具有强大吸纳功能、辐射功能和一定影响力的区域金融中心。

（三）定量目标

鉴于对政府金融管理体系的实时评估，应定期对政府金融管理体系的实施效果进行反馈，以期实现配套金融服务体系职能的充分发挥。具体定量目标可根据对玻璃产业支持项目的数量、质量、玻璃企业年产值增加额、玻璃产业税收增加值等数值指标确定。

三、构建架构

金融管理体系主要由四个部分构成，分别为咨询委员会、金融办、金融服务中心和投资公司（见图 14.1）。其中金融办主要负责金融决策和金融政策的制定，在决策过程中需参考咨询委员会意见。金融办所决定的日常事务由金融服务中心进行处理，如金融集市的筹办。此外，金融办下设投资公司，政府拥有部分股权，可将财政引导性资金经由投资公司的平台对具有潜力的公司和项目进行投资，并利用盈余资金改善相关金融配套硬件设施。

四、参与者及其职责

（一）咨询委员会

咨询委员会是为当地金融业服务的官方机构，由金融办负责设置和管理。咨询委员会

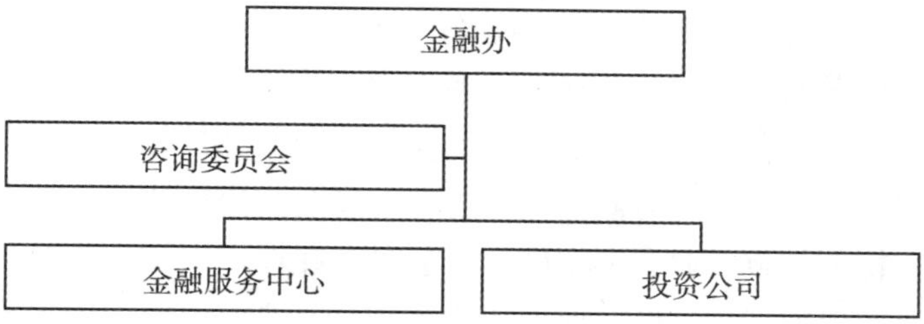

图 14.1　金融管理体系架构

成员由各界金融学者和专业人士组成，这是由于在金融管理体系中管理者一般对金融领域知识的掌握程度有限，在遇到实际问题时，需要金融领域的专业人士提供相关的参考意见。

咨询委员会由 5 ~ 15 名委员组成，为保证所提供的金融专业信息具有操作性和可信度，应尽量保证各位委员的受教育程度和职业背景不尽相同。鉴于咨询委员会内成员所履行的职责和任期不同，可将其分为两类，即一般委员和特别委员。

1. 一般委员

一般委员由金融办邀请大学教授、金融机构高管等金融界资深专家学者组成，有资格且有兴趣加入咨询委员会，愿意为当地的金融发展献计献策的人士也可提交申请，经金融办审核通过后，方可加入咨询委员会。

一般委员至多可连任两届，每届任期三年。为保证咨询工作的连续性，为避免金融办与委员会沟通上出现障碍，一般委员应实行交叉更替制度，即每年更换的委员约占委员会总人数的 1/3，即委员会每年均有 1/3 的委员需进行改选。该项措施既可保证委员会咨询工作的连续性，又可广泛吸收金融专业信息，保证资信工作的专业性和可操作性。

咨询委员会成员需按时参加委员会会议，商讨相关金融问题，并在未经公布前对会议内容予以保密。若委员出现连续三次无故缺席的情况，金融办有权撤销该委员的资格。

2. 特别委员

行政官员：政府金融工作相关负责人可作为特别委员，列席专家咨询委员会会议。负责人可将即将发布的金融决策和政策在会议上提出，征求专家意见，在整理相关建议后，对金融政策予以修改，保证相关决策和政策的顺利实施。

委员会秘书：委员会秘书由金融办指派工作人员担任，主要负责委员会会议议程安排、会议内容的记录和整理等相关文书性工作。委员会秘书需对会议内容进行保密，未经许可不得擅自泄露或曝光委员会会议内容和资料。每次委员会会议材料均由委员会秘书报备金融办存档。

（二）地方政府金融办

根据金融办职能规定，金融办应在金融管理体系中负责决策层面的工作，制定和发布相关金融政策，并负责金融管理体系的筹建工作，在金融管理体系各板块的分工协作中起到协调作用，为金融管理体系的正常运作保驾护航。

金融办的主要职责为“政策发布、推动发展和金融监管”三个方面。政策发布是指金融办根据地方经济发展对金融业所提出的要求制定相关政策，并规划地方金融布局，与辖区内金融机构沟通顺畅，引导金融走上为实体经济服务的道路。推动发展是指金融办工作应围绕当地经济特点开展，针对玻璃产业为支柱型产业的地方，金融办应鼓励金融机构开展具有玻璃产业特色的金融业务和金融产品创新，在玻璃中小企业融资难问题上取得突破，推动玻璃产业实现跨越式发展。此外，金融监管是要求金融办切实履行好风险监控的职责，对金融机构和金融市场的合规性进行审查，对危害当地金融环境健康有序发展的情形应及时上报，将金融风险扩散的可能性降至最低。

金融办的主要管理内容包括金融计划管理、金融机构管理和金融人才管理。

1. 金融计划管理

计划管理是指为实现一定的金融目标，预先制定与金融目标相符合的金融政策和步骤。计划管理并不仅出现于金融管理的初期，应贯穿于金融管理的全过程。此外，随着金融市场运行的逐步成熟和国际化，计划制订的重要性愈发凸显，有效的计划管理能合理调用金融资源，协调金融活动，提升区域内金融市场运行的效率。

2. 金融机构管理

从国内外金融中心构建的经验来看，金融机构管理体系的好坏决定了金融机构的质量和发展空间。首先，金融办应支持新设金融机构的发展，并出台相应优惠政策，如向新引进的金融机构提供相应补贴和税收减免。其次，金融办还应帮助解决新设金融机构在迁址及初期发展过程中所涉及的工商登记、工资福利、员工出国、子女就学等问题。最后，金融办应引导社会力量参与推动当地金融业发展，为金融机构提供办公楼宇、工商税务咨询和项目协调等服务，向国内外宣传推广当地金融形象等。

3. 金融人才管理

从国内外金融中心构建的经验来看，金融人才是金融中心的核心竞争力，吸引高端金融人才对于金融中心的发展和建设至关重要。金融办应利用周边高校资源，提供企业人才需求与高校人才供给对接的平台，并注重人才引进和培养，提高高端金融人才对于当地金融业的忠诚度，同时提升当地金融业的知名度，扩大其辐射范围。对于有志于服务当地金融业的人才，金融办可为其提供深造机会，确保金融人才的稳定，降低人才流失率。

（三）政府金融服务中心①

金融服务中心为金融办下属机构，为金融集市发展的高级形态，是集玻璃企业和政府金融服务为一体的大型金融服务平台。主要负责银企信息交互和发布、金融业务咨询等服务于玻璃企业的金融业务。

金融服务中心为金融服务体系的前台，直接面对金融机构和玻璃企业，为其提供所需

---

① 金融服务中心的构建过程详见第十五章。

的金融服务。金融服务中心也是政府金融创新服务的前台，以金融办为核心，同时集结发改委、城建、国资委等相关单位的力量，一同承担推动本地金融体系和玻璃产业发展的职能。以金融办为核心的职能部门将统领当地金融业发展的全局，把握国家相关政策契机、整合政府资源、营造辖区内良好的金融生态环境，帮助当地金融业按照既定发展目标和方向实现健康、安全的跨越式发展。

（四）政府性投资公司（参股、提供政府引导性资金、硬件设施）

投资公司为金融办下属机构，日常运作受金融办监管，属于地方政府投资公司。公司受政府委托，条件成熟时政府可持有公司部分股份，对财政资金、经政府批准的用于玻璃产业的社会资金和批准发行的玻璃产业相关证券予以综合运作，对有潜力的项目和公司进行专项投资，同时也可增加对基础设施建设投入。

政府性投资公司与一般风投基金相比，其优势在于经政府授权，可将资金投入需要引导的部门，如玻璃产业基础设施建设。基础设施建设涉及面广，且投入资金量大，一般风投基金不愿进入，但政府性投资公司可吸引社会资金加入基础设施建设。政府性投资公司应利用自身优势填补金融市场运作过程中所存在的空白地带，将基础设施建设逐步市场化，引入社会资金，提高其资源利用效率。

但政府性投资公司需注意与一般性投资公司进行区分。政府的加入，导致政府性投资公司在实际操作过程中更为顺畅，能更为有效吸收社会分散资金，发展实力较强，与一般性投资公司相比优势更为明显。若对政府性投资公司的业务范围不进行必要的约束，将导致一般性投资公司在金融市场中的发展受阻，政府对金融市场的干预程度过高不利于市场健康有序地发展。

因此，作为金融管理体系中重要一环的政府性投资公司，其主要职能应为：

1. 引导社会资金投资

政府性投资公司的资金流向可作为政府金融规划的指向标，引导社会资金向有资金需求的产业和项目进行投资。同时，投资公司经过运作向投资者给予合理回报，可向投资者表明该项目的可操作性，为后续资金的进入提供先行经验。

2. 财政性资金流通平台

专项财政资金可通过投资公司注入玻璃产业，拓宽财政资金使用渠道，提高其运作效率。财政资金一般以补贴等形式直接注入玻璃产业，激励作用有限，如果财政资金以投资形式注入玻璃产业，对有增长潜力的玻璃企业和项目进行投资，不仅能使财政资金获得保值，而且使财政资金做到真正意义上的“雪中送炭”，提升资源的利用效率。

3. 支持玻璃产业，承担投资风险

玻璃产业内基础设施建设资金需求量庞大，部分项目投资风险较高，一般风投基金不愿进入。为支持当地玻璃产业发展，政府性投资公司应对有增长潜力的项目或公司予以资金投入，承担产业发展过程中的投资风险，填补一般投资公司的投资空白区域。

第四节　金融风险管理防控体系设计

一、监管主体和范围

（一）监管主体

政府金融管理体系应对辖区内各类金融机构和金融市场进行监管，涵盖正规金融体系和非正规金融体系。为对金融体系进行全面监管，可成立监管小组或团队深入金融市场及金融机构中，消除信息不对称风险。

（二）监管范围

政府金融管理部门应对其下设的监管小组或团队进行定期或不定期检查，确保其派出机构的监管有效，促进金融市场与金融机构依法正常运行。在进行日常监管时，监管部门和机构应秉承依法、公开、公正的原则，保持自身的独立性和协调性。

1. 监管对象

金融监管的对象除了银行等传统金融机构外，还应注重对创新型金融形态的风险防控，如投资机构、互助协会等。此外，民间金融体系也应被纳入监管体系中，这是因为随着金融市场的发展，民间金融对企业的支持作用逐步凸显，交易量的放大也导致其所面临的风险不断增加。玻璃产业金融工程体系的建设，助推了大批金融机构的发展，若金融机构的监管相对缺失，经营管理较为自由，受约束较少，将导致玻璃产业与金融体系发展过程中产生多项潜在风险。因此，监管机构应针对地方金融机构及市场需要根据机构与市场自身的特质，制定符合其发展的监管制度及政策。

2. 监管范围

政府金融管理体系对金融体系进行监管时，其所涉及的监管范围包括金融机构与金融市场两方面。对于金融机构的监管，有金融机构的设立以及金融机构内部资产负债表的监管；对于金融市场的监管而言，包括市场准入机制的设立、融资贷款基准利率、运行规则等的监管。

结合我国实际情况，银行类金融机构为金融体系中的主导金融机构，因此，对商业银行的监管是监管活动的重中之重。

二、监管方案及手段

（一）预防性风险控制

1. 法规控制

其一，政府金融管理部门应及时将国家对各类金融机构的要求传达到位，并提醒各金融机构按照要求执行。

其二，对中小型金融机构加强监管力度，防范其风险，确保其按照规定运行，可对在日常监管中易于忽视的中小型金融机构采取不定期抽查的形式进行监管。

2. 成立评级机构

政府金融管理部门可成立区域内金融评级机构，对辖区内各类金融机构及其分支机构进行评级。评估内容包括：金融机构信用、资本结构、运营前景等，运用科学方法对其进行评估的结果，可成为金融机构挑选客户时的重要参考依据，降低由于信息不对称而带来的风险。与此同时，评级机构的成立也从市场的角度为金融机构带来压力，促使其提升自身资信状况。

3. 设立准入机制

准入机制的设立应具有机构特点，即根据不同类别的金融机构设立不同的准入机制。由于资产负债率等相关指标在不同类别的金融机构中，反映出来的正常值范围均不相同，因此无法用统一的标准对所有金融机构进行简单的衡量。同时，在引入金融机构时，为保证金融体系的多样性和灵活性，应首先考虑当地缺失的金融机构，同时在已有金融机构的基础上，吸收更为优质的机构进驻。在构建完善的金融体系的同时，提升当地金融体系的品质和竞争氛围。

（二）运营风险控制

1. 机构监管

政府金融管理体系的成立弥补了当前地方性金融监管机构不足的现状，能根据当地发展状况，有针对性地对当地金融机构和金融市场实施监管和服务，有助于金融体系的发展。在对大型金融机构进行日常监管时，政府监管部门应关注中小金融机构所存在的潜在风险，对其进行不定期抽查，规范其运营秩序，稳定金融市场。监管部门也应注意引导民间资本的流向，将其“阳光化”、“规范化”，规范民间金融市场的发展。监管部门的监管内容主要包括对各市场及其服务机构进行监管，对交易产品进行监管以及对市场交易过程进行监管。

2. 公民监督

除了政府监管部门的强制监管外，还应借助公众力量对金融体系实施全面有效的监督。公众是金融体系的直接参与者，对其中所存在的问题具有最为直观的感受，他们在接受金融服务时所遇到的纰漏可直接向金融监管部门反映，一经证实，可由监管部门的下派机构进行直接沟通和协调，若无法解决，可报上一级监管部门处理。公民与政府力量相结合，可对金融体系中的风险防微杜渐，促进市场的健康发展。

（三）事后处理机制

事后处理机制是金融机构在交易中犯下错误后所建立的处理机制，包括处罚机制和整改机制。

1. 处罚机制

根据金融机构所造成的损失和后果的严重程度对其进行处罚，对于程度较轻的金融机构，处罚主要包括通报批评、责令其限期纠正等；而对于后果较为严重的金融机构，则通过罚款、罚息、没收非法所得等经济手段进行处罚。

2. 整改机制

整改机制主要用于金融机构发生严重违法行为的情形，如商业银行违法发放和挪用贷款，保险公司虚假承保、虚假退保、虚假理赔等严重的违法行为。可通过强制责令其整改或暂停营业，整顿金融机构内部营运问题，帮助机构再次走上正轨。

第五节　本 章 小 结

本章从政府金融管理体系构建角度，探讨政府在金融体系完善中所担任的职责，政府金融管理体系为玻璃产业金融工程的重要一环，同时也为金融工作的正常开展和运作保驾护航。

政府金融管理体系的构建应以地方政府金融办为核心，咨询委员会提供相关学术和政策建议，同时政府金融服务中心为政府与银企对接前台，在需要政府资金投入的方面，政府性投资公司可参股，以期引导社会资金流入朝阳产业。

该体系的构建能进一步明确金融办职能，加强金融办对本地金融体系构建的辅佐作用。咨询委员会的加入能为本地在制定和执行金融政策时提供专业意见和建议，保证金融发展的安全性和可靠性。为实现与金融机构和企业的良好交流与沟通，金融办设立政府金融服务中心，提供金融机构与企业的交流平台，同时政府也借此机会对金融机构和企业的诉求有进一步的了解。此外，政府性投资公司的设立能为政府引导性资金提供有效的流转平台。以上四个层次构成完善的政府金融管理体系，成为玻璃产业金融工程中不可或缺的一环。

第十五章　玻璃国际贸易风险研究

第一节　引　　言

随着我国经济发展，我国玻璃产业的进出口国际贸易也迅速扩张。2012 年，我国平板玻璃累计产量达 71416. 29 万重量箱，已经成为世界第一大玻璃生产国，随着玻璃生产总规模的不断扩大，其参与国际贸易的程度也不断提高，玻璃产品的贸易环境存在着许多潜在风险。同时，同其他主要玻璃产品贸易大国相比，我国玻璃原材料质量及加工精细度偏低，玻璃生产技术较为落后，对于国际上较为高档的玻璃产品的进口依赖程度较高。随着国际上环保主义的盛行以及消费者环保意识的普遍提高，各国纷纷采取措施对玻璃产品的进出口进行限制。2012 年，我国平板玻璃出口量达 185. 31 万吨，同比增速由 11. 64%回落至-7. 60%，下降幅度较大；同时，平板玻璃出口额及出口均价分别为 6. 14 亿美元及 331. 37 美元/吨，都出现了较大幅度下滑。由于国际国内的贸易形势较为复杂，玻璃产品的贸易面临着较多挑战。

我国玻璃产业的发展虽然保持着较为良好的趋势，全球玻璃大国的地位已经确立，但我国不能被称为玻璃国际贸易强国，玻璃生产、贸易企业同国际跨国玻璃集团相比还有一定差距，同时我国玻璃产品还存在附加值低、出口结构不合理以及贸易方式不科学等问题，这些也成为增加我国玻璃产品国际贸易风险的重要因素。玻璃产品的进出口贸易不仅受全球玻璃产品市场的影响，同时玻璃产品的国际贸易还涉及谈判確商、合同订立、商品检验、货物运输等，每个环节都存在着潜在的贸易风险，玻璃产品国际贸易市场的竞争日益激烈，我国应当认识并且学会规避玻璃国际贸易中的风险，加快我国玻璃产业转型升级的步伐。

第二节　国际贸易风险研究综述

一、国际贸易风险研究综述

（一）国外相关研究综述

发达国家对于国际贸易的开展在全球较早，其对于国际贸易风险方面的相关研究也较为丰富，特别是欧美国家已经形成较为系统的国际贸易风险研究理论。国外学者对于国际风险的研究是先从企业的运营风险开始的，随后逐步发展到对企业财务风险的认识，进而全面研究了企业可能遇到的各种风险。

Henri Fayol（1916）在《工业管理与一般管理》中将风险管理的思想纳入了企业的经营体系之中；Mowbray（1950）较为系统地阐述了风险管理的概念；Trigeorgis（1988）提出了对数变形的二叉树方法，对于相互影响的多种期权组合估值提供了风险管理的新方法；Boehm（1991）提出了风险评估及风险控制两个方面的风险管理阶段；Fairley（1994）将项目风险管理划分为风险因子的识别、风险概率估算、控制风险策略的制定、风险因子的监控、紧急计划启动、项目危机的处理和项目危机复苏七个阶段；Klien 和 Ludin（1997）将风险的管理过程分为风险辨识、风险分析、风险控制以及风险报告四个阶段；Tunmal（1999）认为风险管理体系应包含风险识别、风险度量、风险评价以及风险监控四个环节。Rolf Mirus（2002）认为以往的风险管理有所局限，借鉴金融工程技术，提出了风险管理领域的新模式和新方法。

由于西方发达国家进行国际贸易的时间较早，为其研究国际贸易风险创造了现实的环境基础，其国际贸易风险的研究也达到了一定高度，将统计学、管理学和经济学等学科综合应用到风险研究中，能做到对风险进行科学的分析以及合理的规避。

（二）国内相关研究综述

随着我国对外开放程度逐步提高，我国各类企业的进出口贸易规模也有大幅度的增加，由于国际贸易风险而发生损失的情况也有所增加，企业防范国际贸易风险的重要性日益凸显。由于国内对于国际贸易风险的研究同国外企业外贸风险理论相比较晚，其研究深度也相对落后。

林桦（1998）从承运人的角度分析了国际贸易货物在海上运输的风险并提出了防范措施；李海桥（2001）从银行的角度分析了国际贸易中进口信用证业务的风险及其管理；吴秋南（2001）研究了石油价格的风险，提出利用远期合同、互换协议等金融工具管理石油价格波动的风险；郭文路、黄硕琳（2002）系统性地分析了非关税壁垒与管制问题给国际水产品进出口贸易所带来的阻碍；徐程兴（2002）从金融衍生工具的角度研究了农产品价格风险的防范方法；沈澎（2002）分析了大豆价格风险的来源，提出了规避大豆价格波动风险的相关措施；魏彩慧（2002）将汇率风险分为会计风险、经济风险以及交易风险三种，并研究了汇率风险的管理策略；吕景胜（2002）从企业的角度分析了国际贸易中的信用证交易风险和欺诈风险；安宁、吕冬云（2003）对政策性风险进行了分类，并分别对各种政策性风险作出了阐释；韩梅（2003）分析了国际贸易中的欺诈风险，并对欺诈手段进行了分析，同时提出了针对欺诈风险的防范措施；吴建功（2007—2010）对国际贸易中的风险系统做了较为系统的分析，包括国际贸易风险的理论研究及其中的信用风险、风险识别、风险评估、风险监控和风险管理等。

我国对于国际贸易中的风险研究主要从 20 世纪 80 年代后期才开始，通过学习西方学者对风险的相关研究，并结合我国在国际贸易中遇到的实际风险来研究。面对日益复杂的国际贸易市场，我国企业的风险管理水平不断提高，国际贸易风险管理逐步被纳入公司的整体管理体系之中，国内对于风险的相关研究也日渐成熟。

二、玻璃国际贸易风险研究综述

由于我国玻璃市场还主要集中在国内，玻璃产品的国际贸易尚不成熟，其规模较小、品种较为单一、起步较晚，对于玻璃产业的国际贸易风险研究也相对较少，主要是针对某一企业或单一风险做出分析。

徐美君（1990）研究了世界各主要玻璃生产国家的生产线及生产技术，并从价格变动的角度分析了我国平板玻璃国际贸易的发展；吴睿（2005）分析了中国工艺玻璃行业出口的现状及未来趋势，从产品的角度提出了我国工艺玻璃在国际贸易中存在的问题；王文卉和赵雅婷（2011）、孙晋（2011）以及赵佳南（2012）等根据市场占有率、产品质量等指标分析了我国平板玻璃以及玻璃产业在国际上的竞争力现状，并就我国玻璃产业如何在国际贸易中提升竞争力提出了建议；江蓉（2012）分析了2012年我国平板玻璃的进出口情况；曾晓燕（2012）对福耀玻璃成功应诉美国、加拿大的案例进行了研究，并从中分析和提出了我国在应对国际贸易摩擦中的问题及应对策略。

第三节　玻璃国际贸易风险研究

一、我国玻璃国际贸易现状

随着我国经济不断发展及城镇化建设步伐的加快，我国对于玻璃的巨大需求推动了玻璃市场的迅速扩展，玻璃产量逐年增长，其总量约占全球玻璃产量的一半。2012年，受房地产宏观调控政策的影响，我国玻璃市场需求低迷，玻璃的去库存化成为主要的发展趋势，2012年全年平板玻璃累计产量为71416.29万重量箱，增速由2011年的15.84%回落至-3.20%，玻璃产业作为我国产能过剩的行业之一，其增速在宏观政策的调节下出现一定减缓，逐步进入淘汰落后产能和转型升级的产业之中。

一方面，我国2012年平板玻璃进口量达22.94万吨，同2011年相比增长2.60%，增速有所回升；进口额及进口均价也呈现出上涨趋势，分别达到18.38亿美元和8011.94美元/吨。由于我国玻璃产业技术创新能力仍相对落后，玻璃产品的档次和技术含量不高，产能主要集中于中、低档的玻璃产品，产品附加值在全球环节中处于较低水平，我国对国外高质量玻璃的需求仍然较大。随着我国玻璃产业转型升级步伐的加快，我国对于国外高档玻璃产品的依赖程度将有所缓解。

另一方面，受全球经济增速放缓影响，我国玻璃出口形势有所恶化。2012年，我国平板玻璃出口量下降幅度较大；同时，平板玻璃出口额及出口均价也都出现较大幅度下滑，如图15.1所示。

从出口玻璃产品的结构来看，我国平板玻璃的出口主要以浮法平板玻璃为主。2012年，我国浮法平板玻璃出口达1521.24万吨，同2011年相比下降11.1%，占我国2012年平板玻璃出口总量的82.09%，具体比例如表15.1所示。

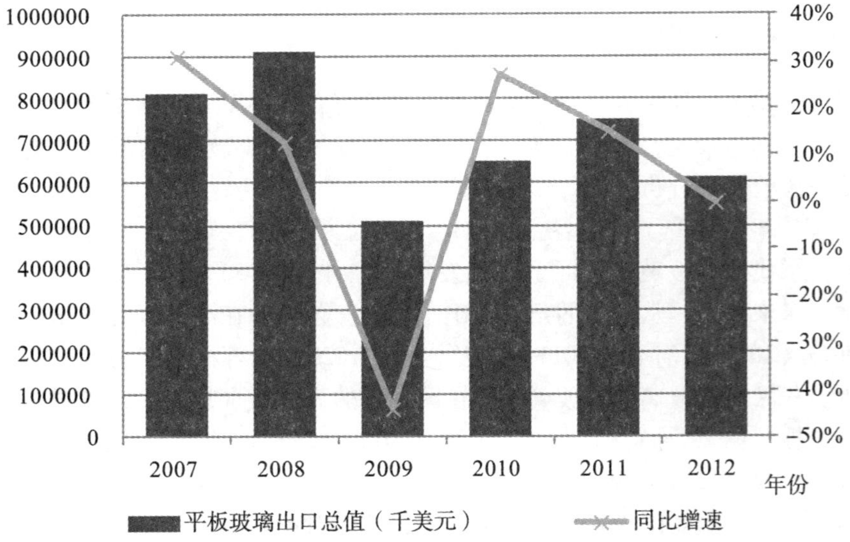

图 15.1　2007—2012 年我国平板玻璃出口总值及增速

表 15.1　**2012 年我国平板玻璃产品出口结构**

商品名称	出口量（万吨）	占比（%）
平板玻璃	1853.06	100
普通平板玻璃	109.43	5.91
压延玻璃	222.39	12.00
浮法平板玻璃	1521.24	82.09

数据来源：中经网。

目前，我国玻璃产业的国际贸易仍面临较为严峻的形势。一方面，随着国内宏观政策调控效用的逐渐显现，玻璃产业作为产能过剩行业将受到政策层面的限制，在我国工业和信息化部制定的《平板玻璃工业“十二五”发展规划》中，玻璃产业的节能减排被列入规划重点工程，在国家发展和改革委员会等部门出台的《关于抑制部分行业产能过剩和重复建设引导产业健康发展的若干意见》中也明确提出，要“严格控制新增平板玻璃产能，遵循调整结构、淘汰落后、市场导向、合理布局的原则，发展高档用途及深加工玻璃”，并对玻璃生产的单位能耗、原材料的回收率以及污染的排放等做出了严格的规定，这些都对国内玻璃企业淘汰落后产能、更新玻璃生产设备及技术提出了紧迫的要求。另一方面，受金融危机及欧债危机等多重因素影响，国际市场环境仍然处于低迷状态，国际玻璃市场需求增长疲软，玻璃产业竞争压力和贸易摩擦日益突出，国外不断对我国玻璃产品进行反倾销；同时，国际上对于玻璃产品的标准也趋于标准化和严格化，例如，自 2013 年 7 月 1 日起，欧盟颁布的建筑产品法规（CPR）开始取代原有的建筑产品指令（CPD），对于玻璃产品及玻璃贸易商、进口商、分销商等均提出了全新的强制性要求，这对于我国玻璃企业的出口提出了新的挑战。

二、玻璃国际贸易风险分析

企业在进行玻璃产品的国际贸易中，主要将面临汇率风险、价格风险、政策风险、欺诈风险、贸易合同风险、海上运输风险等，本节主要从汇率风险、价格风险、政策风险以及欺诈风险四个方面来对其进行研究。

（一）汇率风险

玻璃国际贸易中的汇率风险是指在企业进行对外贸易时，由于汇率波动而对于企业进出口收入和成本所产生的不确定性的影响，主要包括交易风险、会计风险以及经济风险三种。其中，交易风险是指由于汇率发生波动而引起企业进出口交易发生亏损的风险，主要易发生在以远期付款为条件的进出口交易中；会计风险也可以称作折算风险，是指企业处理会计账项和会计报表时，由于汇率波动所造成的各种外币计价项目变动的风险；经济风险是指汇率的变动对于企业的生产销售、产品价格、生产成本等造成影响，使得企业在未来一定时间内的收益或现金流量下降。

以交易型的汇率风险为例，假定我国一家玻璃企业同美国进行玻璃产品的贸易，我国玻璃企业为出口方，国外企业为进口方，玻璃产品交易规模共1000万元人民币，假定合同签订时人民币同美元汇率比为5：1，合同规定3个月后进口方向出口方支付200万美元。假如3个月后汇率不变动，在不考虑其他交易成本的情况下，我国玻璃出口企业将收到1000万元人民币，而当汇率波动甚至变化较大时，玻璃出口企业的收入将存在较大不确定性，如表15.2所示。

表15.2　　**汇率变动对于玻璃出口企业收入的影响**

	应收账款（以美元计）	合同签订时汇率	合同结算时汇率	实收账款（以人民币计）
我国玻璃出口企业	200万	5：1	4：1	800万
			4.5：1	900万
			5：1	1000万
			5.5：1	1100万
			6：1	1200万

从以上案例中我们可以看出，随着人民币对美元汇率的变动，我国玻璃出口企业在3个月后合同结算时实收的人民币总额也出现相应变动，当人民币兑美元汇率上升至6：1时，我国玻璃出口企业将收到1200万元人民币；但当汇率下降时，玻璃出口企业所收到的人民币总额将减少，例如当人民币升值，汇率下降至4：1时，企业只能收到总计800

万元人民币，比预期收入减少 200 万元。在当前人民币升值压力不断上升的情况下，我国玻璃出口企业的相关风险更为明显。

由于我国于 2005 年 7 月 21 日开始实施“以市场供求为基础、参考一篮子货币进行调节、有管理的浮动汇率制度”，人民币的汇率不再钉住单一美元，人民币对主要货币的全面独立浮动机制形成，汇率机制更富有弹性，玻璃企业在国际贸易活动中所面临的外汇风险也将有所增加。

一方面，由于我国大部分玻璃企业出口的是生产技术含量较低的平板玻璃，其市场需求弹性较大，在国际中替代品较多，主要依靠我国劳动力成本优势同国外玻璃进行竞争。近年来，随着我国人民币汇率不断升值，以外币计价的国内玻璃产品价格也不断上升，削弱了玻璃出口产品的国际竞争力，使得玻璃企业的对外贸易利润率有所下降，对国内玻璃出口企业造成了较大的冲击；另一方面，由于国际贸易中外汇的收汇有一定的周期，而玻璃产业由于其固定资产规模较大的特点，其投入期限较长、资金周转较慢，汇率市场发生波动的可能性更大，玻璃出口企业面临的汇率风险更为突出。

同时，由于我国实行进出口结汇制度，玻璃企业出口的外汇结汇业务必须在指定银行进行，而当企业需要用汇时再通过银行进行购买，由于在时间上存在不一致，玻璃企业进行外汇买卖时所面临的汇率不同，玻璃企业换汇成本普遍较高，对于玻璃国际贸易的发展造成了限制。

我国玻璃产业虽然规模较大，但由于市场集中度不高，我国玻璃企业同国外相比还偏小，缺乏汇率风险管理的专业机构和专业人才，在机构设置上也缺乏实力设立专门的汇率风险管理部门，外汇风险管理一般由财务人员担任，由于其不具备专门的国际金融知识，无法对外汇风险进行较好的管理。

（二）价格风险

玻璃企业在进行国际贸易时不仅要面临国内市场价格波动的风险，还要承担国际市场价格波动的风险。国际玻璃产品价格受全球玻璃供需关系以及消费者预期影响，当国际玻璃市场的产品供需状态发生改变，或者消费者对于未来玻璃产品行情的预期发生变动时，就会使得玻璃产品的市场价格发生波动，玻璃企业若无法合理安排玻璃生产计划，及时调整玻璃生产产能，将无法实现预期正常收益，甚至造成损失。

玻璃的价格是玻璃外贸企业参与国际贸易并取得成果的价值表现以及实现手段，玻璃价格的不确定性可能会给玻璃企业带来非预期的损失，在玻璃价格主要由国际玻璃市场来决定的经济形态中，由于国际玻璃市场因素多样性及其不稳定性客观存在，玻璃产品价格的变化也相应地表现出不确定性的特征。在现实经济中，并非所有的价格波动都会对玻璃国际贸易企业造成影响，玻璃企业管理者应首先充分了解企业所经营玻璃产品的价格特征，对玻璃产品的价格风险进行识别，从而判断相关因素的变动是否会给企业带来损失以及损失程度。

玻璃价格的风险识别是分析各种可能导致价格波动的因素，从玻璃价格风险来源的角度对于价格风险进行识别、判断和分类。

1. 供给型价格风险

产品的供给量是指生产者在一定价格水平上所愿意并能提供的产品数量。供给型价格风险是指由于产品在市场上的供应数量变化所导致的产品价格波动。由于产品价格越高，生产企业越能够通过增加产品产量进行销售从而获得更高的收益，在一定程度上，产品的供给量是与产品的价格成正比的，如图 15. 2 所示。

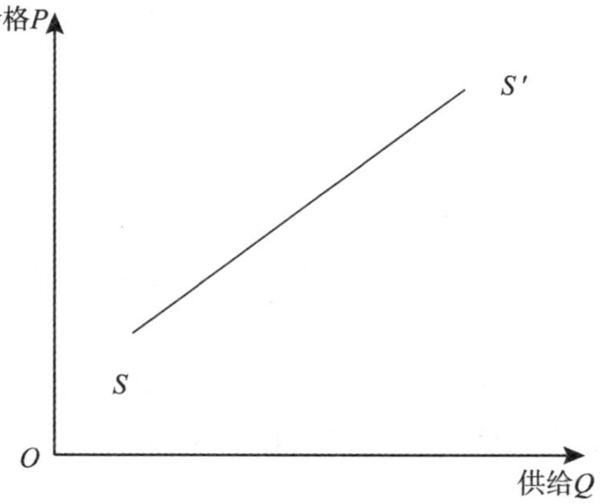

图 15. 2　产品供给量与产品价格的关系

2009 年，世界平板玻璃的产能达到 6000 万吨左右，其中中国、欧洲以及美洲是产能最为集中的 3 个区域，总量在世界总产能中占比达 83%，其中我国产能超过全球产能一半，是全球最主要的玻璃生产大国。随着玻璃被国家确定为产能过剩行业，国家出台相关产业政策对玻璃产业的增长进行了抑制和调整，在《平板玻璃工业“十二五”发展规划》、《关于抑制部分行业产能过剩和重复建设引导产业健康发展的若干意见》以及《关于抑制平板玻璃产能过快增长引导产业健康发展的通知》中，均明确要求各地方政府及相关部门坚决抑制玻璃产业的产能过剩、加快玻璃产业淘汰落后产能和转型升级的步伐，预期未来国内玻璃产能增速将有所减缓。欧洲和北美的玻璃产能占到了全球玻璃总产能的 30%，对于国际玻璃市场仍然是极为重要的生产地，其玻璃供给量的变动也会对全球玻璃产品的价格产生较大影响。

2. 需求型价格风险

产品的需求量是指消费者在一定价格水平下愿意并且能够购买该产品的数量。需求型的价格风险是指由于市场总需求的不确定性变动对于产品价格水平带来改变的风险。由于当产品价格较低时，消费者愿意或是能够购买的能力都会有所上升，消费者对该产品的需求量会上升，在一定程度上，产品的总需求同产品的价格呈反向变动，如图 15. 3 所示。

从全球范围来看，平板玻璃的需求量预计以平均每年 7. 1% 的速度增长，到 2016 年时，世界平板玻璃的需求量将达到 92. 3 亿平方米，其中亚太地区的平板玻璃需求量在 2011 年占全球的 60%，并且保持着增长的趋势（见表 15. 3）；而由于美国建筑行业呈现健康发展的态势，其平板玻璃市场也将从 2010 年后的低迷中得到强劲复苏；西欧平板玻

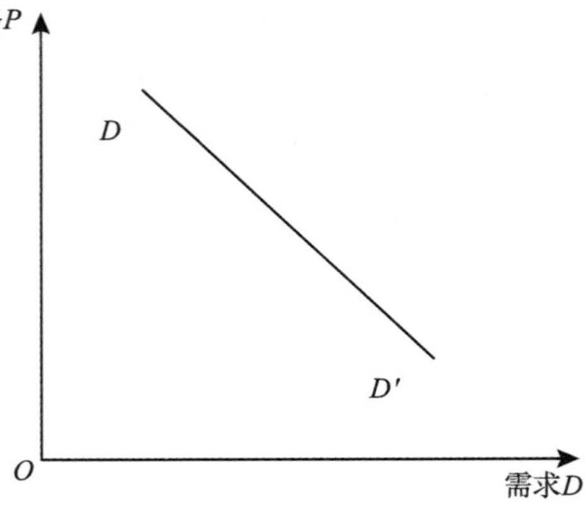

图 15.3　产品需求量与产品价格的关系

璃市场增长平稳，其产业结构有所调整。总体而言，由于深加工玻璃的良好性能越来越得到人们的重视，诸如太阳能玻璃、中空玻璃和 Low-E 玻璃等节能玻璃的销量涨幅较大，将 带动平板玻璃加工市场增长。

表 15.3　**世界平板玻璃需求量**

项目	2006 年	2011 年	2016 年	2006—2011 年年均增长率（%）	2011—2016 年年均增长率（%）
加工平板玻璃需求量（百万美元）	43880	58640	90150	6.0	9.0
北美洲	12150	10320	14600	-3.2	7.2
西欧	13350	13200	15400	-0.2	3.1
亚太地区	13740	28330	50360	15.6	12.2
中南美洲	1395	2035	3080	7.8	8.6
东欧	1775	2440	3380	6.6	6.7
非洲	1470	2315	3330	9.5	7.5
全球平板玻璃面积（百万平方米）	4965	6560	9230	5.7	7.1

资料来源：The Freedonia Group，Inc.

除了以平板玻璃为主的玻璃总需求量的变动，企业还应关注国际贸易中玻璃产品种类结构的变动对企业带来的相关风险。从玻璃产品需求结构上看，国际上发达国家和地区同发展中国家和地区的需求有所差异，由于西欧、美国、日本等发达国家和地区对于能量标准的执行日益严格，其对于玻璃产品的需求主要是镀膜、钢化、中空、夹层或复合加工后的深加工玻璃，主要用于汽车、建筑、装饰、节能以及电子等多种领域中；而发展中国家尚处于城镇化进程中，对于住房、工业用房和商业用房的迫切需求是促使其玻璃市场增长的主要原因，对于玻璃产品的需求还主要是用于建筑行业的平板玻璃，二次加工的程度较低。从全球范围来讲，随着发展中国家城镇化进程逐步完成以及经济不断发展，对于节能减排以及其他高新技术玻璃的需求将会逐渐增长，高附加值的深加工玻璃将会成为未来国际玻璃市场竞争的主要产品。

（三）政策风险

从广义层面上来讲，政策风险主要指国家宏观层面的环境变动对玻璃国际贸易所造成的不确定性影响，主要包括不同国家社会风俗、国家政治环境变动以及国际贸易政策等。其中国际贸易政策是对玻璃国际贸易活动影响最为广泛和重要的一种风险，各国也普遍通过退税、补贴以及外汇管制等国际贸易政策对玻璃产品的进出口进行限制或促进。我们也仅对玻璃贸易中的国际贸易政策进行研究。

1. 关税壁垒

关税是商品在国际贸易过程中的一种特殊税收，一般在商品经过某一国家海关时由海关进行征收。政府能够通过关税壁垒对商品国际进出口进行直接影响，例如，当一国提高某种玻璃产品的进口关税税率时，进口商的单位成本将会提高，从而降低玻璃进口商对于该玻璃商品的进口规模；当一国降低某种玻璃产品的出口关税税率，甚至对出口进行补贴时，玻璃出口商的单位收益将会提高，从而增加了该玻璃产品的出口规模。由于在实际国际贸易活动中，一般不会采取完全统一的无差别关税，而是对不同国家或地区采取不同的关税等级，因此关税壁垒在国际贸易中往往具有国别差异性，容易引起不同国家间的贸易矛盾。

2. 非关税壁垒

关税壁垒在国际贸易活动中往往具有明显的贸易保护主义特色，容易造成国际贸易间的矛盾甚至引发恶性的贸易战争，一些国家逐渐通过其他较不明显的方式作为国际商品贸易政策。非关税壁垒按照其作用方式可以分为直接非关税壁垒和间接非关税壁垒两种形式。其中，直接非关税壁垒主要是指一国对于贸易活动中进出口商品的数量或金额进行直接限制；而间接非关税壁垒则是指一国通过进口配额、进出口许可证制度、自动出口配额制以及外汇管制等对进出口活动设定相关限制条件，同时还包括绿色壁垒、技术壁垒等一些新兴的非关税壁垒。非关税壁垒对于国际贸易活动中参与方的限制条件更多，进出口标准更为苛刻，使得一些技术水平较低的中小玻璃企业出口成本不断增加，利润空间受到挤压，经营状况有所下降。

3. 出口退税风险

出口退税主要是指出口国出于鼓励国内企业增大出口规模的目的，对国内出口产品在产品税、增值税、营业税等方面进行一定减免的税收政策，它是对出口企业的直接补贴，直接影响出口国国内中小企业利润的变化。在目前国际贸易格局下，我国出口企业以低成本的价格优势为主要竞争手段，其出口产品的竞争力相对于发达国家出口的高科技、高附加值产品而言还较低，出口退税的下调将使得我国中小型出口企业面临风险，而对于规模较大、实力较强的企业来说，由于其出口产品主要依靠高质量和品牌效应，在国际贸易市场上具有较强的竞争力，出口退税率下调所带来的风险则相对较小。

（四）欺诈风险

贸易欺诈主要是国际商品贸易中的人为欺诈所造成的，一般发生在国际商品贸易中的航运、保险及结算环节。由于在国际贸易中，一些人为追求利益而伪造交易情况，或利用贸易规则中的漏洞进行非法诈骗行为，从而使交易对方造成损失。由于我国玻璃企业整体规模偏小，对于国际玻璃贸易中的一些法律、规则和流程的熟悉程度较低，同国外成熟玻璃企业相比经验不足，容易在国际玻璃贸易过程中遭受欺诈。从国际进出口业务的主要流程来看，国际贸易欺诈风险具体可以分为国际贸易合同欺诈风险、国际海运欺诈风险以及国际结算欺诈风险。

1. 国际贸易合同欺诈

由于在国际贸易活动中，国际贸易合同的签订是双方进行贸易的基础，而许多国际贸易欺诈活动也正是利用合同作为手段进行的，随着国际贸易的迅速增长，国际贸易欺诈行为也在增加。国际贸易方式的改变在为国际贸易带来发展的同时，也为国际贸易欺诈提供了更多的机会，使得国际贸易欺诈问题在国际贸易中变得日益突出和复杂，直接或间接地影响到了参与国际贸易活动中的任何一方，国际贸易合同欺诈不但增加了诚实的国际贸易商的代价，同时还严重影响了正常国际贸易活动的秩序。

2. 国际海运欺诈风险

在国际贸易运输中，由于航空运输主要运输货物体积较小、运量低、价值高、要求速度快的货物，而铁路运输受到线路、容量等限制，因此海上运输是国际贸易运输最为主要的方式，其运输货量占到了国际贸易货物总量的 80% 以上，在国际贸易中占有很重要的位置。但围绕国际海运的欺诈，也即海事欺诈，给国际贸易活动带来了诸多的负面影响，研究国际贸易海上运输欺诈风险对于防范其发生和维护国际航运安全、保证国际贸易的顺利进行都具有重要的意义。

3. 国际结算欺诈风险

国际贸易结算是指国际贸易活动中的双方当事人通过款项的支付来行使和履行其相关权利和义务，在国际贸易中具有很高的地位和重要的作用。由于国际贸易的结算支付至少涉及两个国家及两种不同的法律制度，其包含的实务问题和法律问题远远多于国内贸易结算，因此国际贸易结算的问题也更为复杂。

第四节　玻璃国际贸易风险管理

一、汇率风险管理

汇率风险管理对于我国玻璃外贸企业的全球经营策略具有广泛而深刻的意义。汇率风险极大地增加了外贸企业管理资金的难度，是对外贸易风险中最不确定的因素。我国玻璃外贸企业管理者不仅需要将货币汇率风险的管理纳入企业整体的管理结构中，同时还要针对汇率风险采取不同的国际贸易政策。通常来说，企业管理汇率风险的基本目标是消除或降低因不可预期的汇率变动而引起的企业现金流量与经济价值的波动。我国玻璃外贸企业应以此目标为基础，并采取适当策略以避免汇率风险，使其对企业价值和现金流量的影响最小。

（一）远期合约法

远期合约法是参与国际贸易企业常用的一种控制风险的方法，企业可以通过借助于远期汇率合约进行外币的买卖，从而实现对未来交易的保值，并对资产负债表中所建立的头寸进行保值。具体来讲，在未来时点需支付外币的企业应同外币多头的企业交易，而在未来时点有外币应收账款的企业应同外币空头的企业进行交易，通过创造与未来外币流入或流出等量相反的外币现金流来消除汇率风险。通过购买远期汇率合约，企业可以在国际贸易中固定未来外币现金流量的本币价值。

以上节中所提到的案例为例，假定该玻璃企业同美国企业签订合同，在3个月后拥有一笔200万美元的应收账款，由于汇率波动有可能使这一笔应收账款的价值遭受损失，存在较大的汇率风险，该玻璃企业同时在远期外汇市场上买进美元空头合约，约定在3个月后以4.5：1的汇率卖出200万美元。此时该玻璃企业在3个月后应收账款受汇率波动所带来的损失能够通过远期外汇合约得到弥补，其3个月后的现金流状况如表15.4所示。该玻璃企业通过在远期外汇市场上进行套期保值，有效地将3个月后的汇率固定在远期汇率水平，减少了外汇风险。

表15.4　　远期合约法管理外汇风险

	3个月后现金流（以美元计）	合同签订时汇率	合同结算时汇率	结算现金流（以人民币计）
未进行远期外汇交易	200万	5：1	4：1	800万
			4.5：1	900万
			5：1	1000万
			5.5：1	1100万
			6：1	1200万

续表

	3 月后现金流（以美元计）	合同签订时汇率	合同结算时汇率	结算现金流（以人民币计）
远期外汇合约	-200 万	5 : 1	4 : 1	100 万
			4.5 : 1	0
			5 : 1	-100 万
			5.5 : 1	-200 万
			6 : 1	-300 万
进行远期外汇套保	0	5 : 1	4 : 1	900 万
			4.5 : 1	
			5 : 1	
			5.5 : 1	
			6 : 1	

（二）货币市场保值

货币市场保值是指参与国际贸易的企业通过在货币市场上主动构建头寸，以此对企业在未来时点的应收账款或应付账款进行保值的技术。货币市场保值的一般做法是在货币市场上借入与未来外币应收账款相同种类的货币，然后将借入的货币通过即期汇率换成本币进行投资，当该债务到期时再用预期的外币现金流入偿还在货币市场上借款的本息和。

以上节玻璃企业的国际贸易为例，假定人民币 3 月利率为 5%，美元 3 月利率为 4%，企业可以在货币市场上借入 192.31 万美元$\left(\frac{200}{1+4\%}\right)$，然后在即期外汇市场上以 5 : 1 的汇率将这笔美元换成 961.54 万元人民币，并用这笔人民币在货币市场上进行投资，3 个月后，企业将总共获得人民币 1009.62 万元，具体货币市场套期保值操作如图 15.4 所示，同时，企业通过玻璃国际贸易所获得的 200 万美元用于偿还债务，整个过程最后得到无风险的人民币 1009.62 万元，如图 15.5 所示。

从例子中的结果来看，玻璃国际贸易企业在进行货币市场套期保值后，3 个月结算时实际收到人民币 1009.62 万元，而进行远期合约套期保值时，实际收入为人民币 900 万元。货币市场套期保值与远期市场套期保值的选择要视实际经济环境而定，哪一种套期保值的效果更好取决于即期汇率、远期汇率以及本外币利率等因素。假如企业借入美元的利率较高（15%），而人民币存款收益率较低（3%），企业通过货币市场套期保值在 3 个月后所能得到的人民币为 895.65 万元，比进行远期外汇合约的效果要差。企业选择何种方法进行套期保值，不仅要考虑本外币的即期及远期汇率、本外币的利率等因素，还要结合企业在国际贸易中的实际情况来决定。

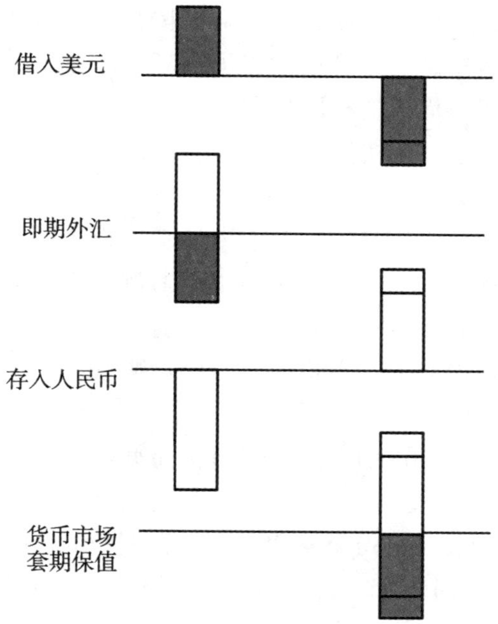

图 15.4　货币市场套期保值操作

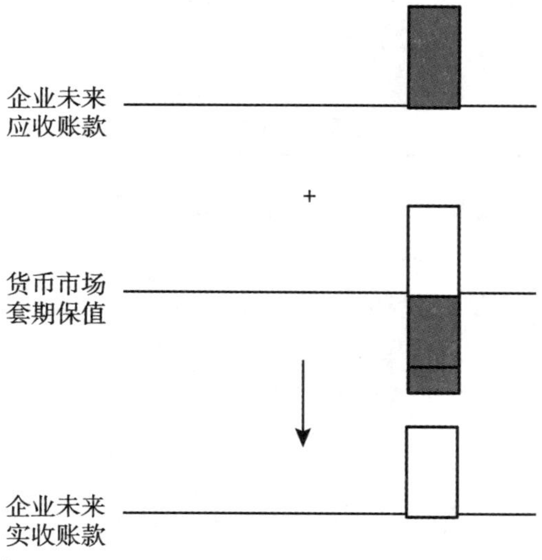

图 15.5　企业进行货币套期保值后的实收账款

（三）货币期权套期保值

货币期权套期保值是指在货币市场上交易货币期权，通过货币期权对外币应收应付账款所涉及的汇率波动风险进行管理。货币期权是指交易双方在未来约定的时点，以约定的汇率购买或售出约定数量的某种货币，其中买入货币看涨期权是一种购买货币的权利，通过支付一定的期权费用而获得在未来按合同价格购买一定数量某种货币的权利；而买入货币看跌期权是一种货币的售出权利，即在约定的时间内以某一约定的价格出售某种货币的权利。货币期权同远期合约的不同之处是期权购买方通过支付期权费被赋予一种权利，可以通过买进期权对应付账款进行保值，或通过卖出期权对应收账款进行保值，但没有义务按照规定价格买进或卖出合同规定的货币。玻璃国际贸易企业可通过购买相应的货币期权，防范汇率波动所带来的相关风险，同时也可以在汇率波动有利时获得超额收入。以上节玻璃企业为例，我们分析当企业买入货币期权的情况，为简化分析，假定每一份美元外汇期权的标的资产为200 万美元。在预期人民币升值、美元汇价下跌的情况下，为管理美元应收账款的汇率风险，应买入一份美元汇率的看跌期权，其执行汇率为4. 75 : 1。

假如企业预期正确，人民币在未来3 个月升值而美元兑人民币汇率下降，企业未来3 个月的应收美元资产价值将会受损，但此时可以到期执行美元汇价看跌期权合约，按执行汇率向期权的卖方出售美元，在一定程度上弥补美元贬值的风险，而假如企业预期错误，美元升值且兑人民币汇率超过4. 75 : 1，此时企业可选择不执行期权，只在期初损失一笔期权费，如表15. 5 所示。在实际国际贸易中，玻璃企业可以通过买进期权用于对应付账款进行保值，而卖出期权对应收账款进行保值，企业通过购买相应的货币期权，一方面防范了不利的汇率波动所引起的风险，另一方面也保留了有利的汇率波动所带来的额外利润。

表15. 5　　　　**货币市场套期保值**

	期初现金流	合同签订时汇率	合同结算时汇率	结算现金流（以人民币计）
未进行远期外汇交易	0	5 : 1	4 : 1	800 万
			4. 5 : 1	900 万
			5 : 1	1000 万
			5. 5 : 1	1100 万
			6 : 1	1200 万
美元外汇期权	-C	5 : 1	4 : 1	150 万
			4. 5 : 1	50 万
			5 : 1	0
			5. 5 : 1	0
			6 : 1	0

续表

	期初现金流	合同签订时汇率	合同结算时汇率	结算现金流（以人民币计）
进行美元外汇期权保值	-C	5：1	4：1	950 万
			4.5：1	950 万
			5：1	1000 万
			5.5：1	1100 万
			6：1	1200 万

（四）货币互换保值

在货币互换中，交易双方应事先约定货币互换的币种、汇率及利率，在期初进行不同币种本金的现金流互换，并在货币互换到期前按约定的利率进行利息和本金的交换。

固定利率互换是货币互换中最为基础的交易工具，即交易双方进行利率与期限固定、币种不同的货币互换。通过固定利率互换，交易双方能够以即期汇价为交易基础，改变其资产负债中的币种结构，在一定程度上规避汇率风险。此外，货币互换还包括不同货币间固定利率和浮动利率的互换，互换合约的价格和期限由双方协商而定。

货币互换保值主要针对国际贸易企业的外币债务问题，主要用于对中长期汇率风险进行管理，通过将以外币计价的债务或资产转换为以另一币种计价的债务或资产，从而达到规避汇率风险、降低成本的目的。假定某玻璃企业现阶段需要扩张生产规模，由于此时国外美元借款利率较低，企业在国际市场上以 10% 的利率借入 200 万美元，并将美元以即期利率换成人民币在国内使用，美元借款合同规定每月付息，并在 1 年后还本付息。由于企业借入的是美元而使用的是人民币，1 年后企业需要将人民币换成美元进行还款，若 1 年后美元升值幅度较大，企业需要用更多的人民币去兑换美元还本付息，存在较大的汇率风险。

企业为规避以上汇率风险，可以同其他企业或银行进行一笔货币互换，合同规定双方在期初按即期利率进行 200 万美元兑人民币的交易，企业每月按人民币利率水平向对方支付利息，同时收到对方支付的以美元利率水平计算的利息并将该利息支付给贷款方，1 年后企业将对方支付的 200 万美元交由贷款方，并按约定汇率水平支付对方相应的人民币。由于企业在期初和期末均按合同约定的汇率进行美元与人民币的外汇交易，在贷款期间只支付人民币利息，而将收到的美元利息用于偿还美元贷款利息，从而使企业较好地控制了汇率波动风险。

货币互换作为一种规避外汇风险的工具，能够改变交易双方资产负债表中的外币结构，具有一定的外汇风险管理功能。但应注意，货币互换只能改变交易双方的净外币资产或负债，不能影响交易双方的净外汇头寸。同时，由于货币互换交易对于交易双方的信息资料要求较高，在对信息资料进行收集和分析的过程中将产生较大的交易成本。

二、价格风险管理

由郑商所推出的玻璃期货能够对玻璃产业中价格相关风险进行一定程度的管理和控制，玻璃企业可以通过在玻璃期货市场建立与现货市场规模相同、方向相反的头寸，用期货市场上的盈亏同现货市场上的盈亏相对冲，将玻璃价格风险转化为玻璃期货与现货的基差风险。由于在本书的第六章详细进行了玻璃期货的相关研究，故在此节中只简要介绍玻璃期货对冲价格风险的两种方式。

在玻璃现货市场中持有多头头寸的玻璃企业，可以通过在玻璃期货市场中持有期货空头头寸的方式进行价格风险管理，当玻璃现货价格下降时以玻璃期货的收益进行抵补，一定程度上减少玻璃现货价格下跌给玻璃企业造成的损失；

另一些企业并不持有玻璃现货多头头寸，而是玻璃产品的需求方，例如玻璃深加工企业等，由于其在未来企业的经营活动中将买进普通玻璃产品进行再加工生产，玻璃产品的价格上升将会提高其成本，对其深加工产品的利润空间造成挤压。处于玻璃现货空头方的企业可以在玻璃期货市场中购买规模相同、方向相反的玻璃期货，减少玻璃现货价格上涨所产生的相关风险。同时，玻璃深加工企业还能够避免因存储玻璃粗产品而占用大量流动资金的情况。

三、政策风险管理

政策风险管理应注重及时性和前瞻性。及时性即为企业应及时管理和降低可能产生负面影响的政治风险，而前瞻性则是指玻璃企业应提前做好准备防止未来可能发生的政治风险，制订方案并采取相应措施。

（一）投保出口信用保险

出口信用保险指的是一国为适应国际贸易惯例、灵活贸易做法而制定的政策性保险业务，通过国家财政对企业提供保险准备金的方式，推动相关企业出口，并减少出口企业的风险，其承保范围包括商业保险和政治保险。在我国共有中国进出口银行、中国出口信用保险公司和中国人民保险公司三家可以提供该项服务。一般而言，短期的出口信用保险承保的政治风险主要有以下几种：第一，买方或开证行的所在国家或地区限制或禁止买方或开证行向被保险人支付货款或信用证款项；第二，对买方购买的货物进口进行禁止或对已颁布发给买方的进口许可证进行撤销处理；第三，战争或暴动所导致的买方无法履行合同或开证行不能履行信用证项下的付款义务；第四，买方支付货款须经过的第三国颁布延期付款令。由于其最高风险赔偿比例高达 90%，中小企业通过购买出口信用保险，一方面能迅速提升自己的信用级别，另一方面还能将出口的政治风险进行转移，减少损失发生的可能性。

同时，企业还能通过中国出口信用保险公司每年所发布的国外风险报告获得风险高发地区及产品等信息，或通过其资信调查与评估业务，为客户管理和风险管理提供全面的信息。但同国外发达国家相比，我国出口企业的出口信用保险意识还相对不高，投保出口信用保险的企业占比仅为3%左右，而一些发达国家的出口信用保险承保金额则能达到出口的15%～30%。

（二）积极应对非关税壁垒

由于非关税壁垒的特殊性，我国中小企业在应对其影响时单个力量较为薄弱，需要本着同舟共济的意识，与同行业中相联系的其他企业形成一个规模较大的整体，共同面对非关税壁垒所带来的相关风险。

首先，我国中小玻璃企业应积极学习并掌握国际玻璃贸易中的相关法律和规则，充分认识国际贸易规则中自己所享有的权利及应尽义务，同时还应重视对国际玻璃政策相关信息的收集与掌握，及时获取相关贸易国的玻璃政策变动信息及其玻璃市场的现状和变化趋势等。

其次，我国玻璃企业应加大对于自身发展的重视程度，在扩张规模的同时加大对于高新技术玻璃产品的研发力度，提高玻璃产品的技术含量与附加值水平，促进我国玻璃产品的转型升级，使我国玻璃企业从玻璃产业链的低端走向中高端。

最后，我国玻璃企业还应加强对于相关政策风险的防范，建立企业内部的风险预警机制，通过预警机制对国际玻璃贸易中较为突出的政策风险进行识别与预警，并及时采取相关措施减小或回避风险。

四、欺诈风险管理

（一）提高风险防范意识

由于我国玻璃企业规模普遍较小，企业自身所拥有的信息渠道还不够完善，在当前我国玻璃产业的出口现状下应首先提高风险防范的意识。对于一些风险发生较频繁的国家、产品或航线等要提高警惕，不能为了一时的利益而忽视了风险的存在。由于在合同磋商、备货、装运、结汇等业务的各个环节中都存在相关操作风险，我国玻璃企业经营外贸业务的相关人员应树立高度的风险意识，同时还要掌握必备的国际贸易知识，在签订合同时明确约定相关内容，在执行合同时务必做到规范操作，不能存在侥幸心理。

（二）引进专业管理人才

我国玻璃企业还应实施人才发展战略，加强对于人才的管理，从引进人才入手，提高玻璃从业人员的整体素质。在发展过程中，我国玻璃企业应制定相应的人才策略，并使之不断完善。一方面玻璃企业要加强对其从业人员专业知识的培训力度，在国际贸易实务操作、外贸政策法规、国际商务语言、国际市场营销等方面对员工进行素质提升；另一方面还应构造一个完善的管理体系，理顺企业在采购、生产、销售等过程中物品、信息的传递流程，通过建立和完善各项管理制度，落实企业岗位责任制，做好企业管理标准化、计量化等基础工作，依靠制度管理从根本上提升我国玻璃企业的现代管理意识与能力，促进我国玻璃产业持续健康的发展。

（三）规范内部业务流程

1. 做好商业资信调查

在实际国际贸易中，当事人在订立合同前未充分了解贸易对方的相关信用情况通常被认为是相关风险发生的根本原因。我国玻璃企业应充分利用相关信息资源对贸易方的资信情况进行详细考察，了解其履约能力和信誉度。例如，我国玻璃企业可以通过银行、玻璃行业协会、出口信用保险公司、驻外机构等获得相关客户的资信信息，了解客户的政治背景、资金状况、经营范围、经营能力和信用状况等详细经营状况，事先确定相关国际贸易活动的风险程度。

2. 强化合同规范管理

我国玻璃企业在国际贸易活动中应高度重视合同签订的重要性，由于贸易双方的责任均在合同中得到明确规定，因此相关合同的用语务必严谨、准确以及一致。在贸易方式上，由于 FOB 合同对于买方派船到港装货的时间未做出明确的规定，可能发生买方迟到而使卖方贻误装运期的事情，因此我国玻璃企业的出口活动应尽量选择 CIF（成本、保险费以及运费）付款方式，而对于 FOB 条件下买方指定境外货代的情况则应慎重考虑，以避免买方与货代勾结造成卖方钱货两空的情况发生。在合同签订后，企业应妥善保存合同的原件，同时保留与对方往来的信函、文件等，以备后用。

3. 选择资信良好的公司

由于大多数贸易欺诈风险与船务公司相关，避免海上运输风险发生的一个重要的方法就是选择资信状况较为良好的船务公司。在选择船务公司时，我国玻璃企业不应为降低成本而选择资信度不高的公司。

第五节 本章小结

本章主要研究了玻璃国际贸易中的风险问题。首先对国内外对国际贸易中风险的研究做了相关综述，其次在分析我国玻璃产业国际贸易现状的基础上，研究了玻璃企业在国际贸易中的汇率风险、价格风险、政策风险以及欺诈风险，最后从金融工程的角度，提出运用多种现代化的金融工具，例如远期、期货、期权、互换以及保险等对玻璃企业所面临的国际贸易风险进行管理和防范。

第十六章　玻璃产业风险管理及稳定基金研究

第一节　引　　言

2013年，产能过剩仍然是我国玻璃行业所面临的主要问题，国家政策对传统玻璃行业限制程度的加大使得玻璃产业所面临的政策风险逐渐凸显。与此同时，在我国加入世贸组织的大背景下，国外发达玻璃企业也频频入驻中国试图凭借相对先进的技术和强大的资金实力抢占玻璃市场，我国玻璃产业所面临的国外竞争日益激烈。在国内政策环境以及全球经济增速放缓的双重压力下，玻璃产业淘汰落后产能的步伐不断加快，一些规模较小、实力较弱的玻璃企业纷纷停止生产或被大型玻璃企业并购，玻璃产业进入市场集中度提升阶段，玻璃企业间的兼并重组进程加快。

总体而言，玻璃产业"十二五"规划的实施，为玻璃行业的未来发展指明了方向，玻璃行业作为我国国民经济的基础性行业，在从玻璃大国向玻璃强国转变的过程中，发展机会较多。玻璃工业在今后10年间，仍面临着以调整结构、产业升级、转变发展方式为主导的发展机遇。符合行业发展趋势的产品、项目和企业，将会有良好的投资回报。

本章在简要介绍产业风险研究的基础上，分析了我国玻璃产业的风险，在此基础上通过资产负债表方法和或有权益分析方法对我国玻璃产业进行了分析，并就沙河市玻璃产业稳定基金的设计做了探索性的研究，以期为沙河市乃至我国玻璃产业的稳健发展做出一定的贡献。

第二节　产业风险研究综述

一、产业风险的概念

"产业风险"在现实的经济活动中出现频率较高，但对于其概念界定的研究相对较少。张立（2002）将产业风险定义为在开放条件下一国产业受政策、环境、国外产业冲击而产生发展受阻或失去控制的情况。周新生（2004）从概率的角度将产业风险定义为从事某一行业所面临损失的不确定性，遭受损失的概率介于0与1之间，概率0、概率0~1、概率1分别对应产业没有任何风险、产业有可能遭受损失以及产业必定面临损失三种情况。在本章中我们认为产业风险是产业内外部环境变化而引起的产业内企业生产经营的不确定性，其风险主要来自于两个方面，一方面是产业的内部风险，即产业因为企业竞争、产业链控制、技术进步等因素变化所引起的风险；另一方面是产业外部风险，即产业所面临的外在宏观经济条件以及经营环境等变化而引起的风险。

二、产业风险的分类

对于产业风险可以按不同标准进行分类，主要分类方式包括以下几种：

第一，按风险的可分散性，可以将产业风险分为系统性产业风险和非系统性产业风险。其中，系统性产业风险是指由于全球宏观经济波动或国家宏观调控、产业政策变化等引起的相关风险，系统性产业风险能够影响整个产业的发展，而产业主体只能被动地接受；非系统性产业风险是指只对产业内某企业或某产品产生影响的风险，非系统性产业风险的发生只能影响到产业内特定企业的正常生产或经营，或者会影响到产业内特定产品的生产和销售，但对于产业整体的正常运行及发展并不会产生较大的影响。

第二，按风险产生的来源，可以将产业风险分为自然风险、经济风险、政策风险、市场风险、政治风险、管理风险等。

第三，按风险的性质，可以将产业风险分为产业内部风险和产业外部风险。其中产业内部风险是指产业内风险因素引起的风险，而产业外部风险是指产业外其他各种因素引起的风险。

第四，按风险所在的市场，还可以将产业风险分为产品市场风险、要素市场风险以及资金市场风险。其中，产品市场风险主要是指产品有效需求量下降或顾客消费行为改变而产生的风险；要素市场风险是企业生产经营因素改变而导致其无法正常生产或经营的风险；资金市场风险是指企业资金问题而导致其无法正常生产和经营的风险。

三、产业风险的传导和扩散机制

产业风险的传导和扩散机制主要有以下几种：

第一，产业链传导。杨公朴（1999）认为产业链是在同产业内由具有连续附加价值关系的活动所构成的价值链关系，即从原材料开采到生产最终产品过程中上下游生产及服务关系的总和。由于在产业链上的不同行业和不同企业通过共同的产品而相联系，当产业链中某一行业或某一企业出现问题时，其相关风险就会通过产业链机制传导给上下游的产业或企业。同时，由于在产业内的风险信号会造成上下游产业的恐慌，风险在通过产业链传导的过程中还会被放大，影响产业内企业的正常生产和经营。

第二，价格传导。由于价格直接反映了市场上产品的供需状况，是经济活动中最重要也是最直接的一个信号，当市场上产品供过于求时价格就会下跌，而当市场上产品的供给小于需求时，价格就会上涨，因此价格的涨跌及其变化趋势直接反映了产业风险的变化，价格传导机制是衡量产业风险大小最直接和最有效的方式。

第三，外部传导。由于外部环境的改变在某些情况下是影响产业发展最重要的因素，产业风险还会通过外部进行传导。

四、产业风险研究文献综述

国内外研究或相关报道都会对产业风险有所涉及，但是没有对产业风险进行进一步的研究。从现有的研究文献来看，目前国内外对于产业风险尚未形成完善的研究体系，而研究机构和学者对于产业风险的定义与内涵也分别提出了不同的理解。

挪威研究委员会将产业风险定义为产品在设计、生产、销售过程中以及外在环境的不确定性。郭敏华（2000）在《债信评等》一书中将产业风险定义为公司所属产业在国内经济上的相对重要性及其特定的风险与机会。罗志松（2007）在《外资并购的东道国风险研究》一书中研究了产业风险的定义和内涵，认为产业风险是指产业安全的风险，是产业受损害的程度，同时指出产业安全对于产业的发展和产业竞争力都有很大的影响。

虽然理论界对于产业风险的研究相对较少，但在实务界则有较多公司专门提供产业风险评估的相关服务。陈伟忠、汪应洛（1998）研究了高新技术的产业风险，并提出了关于高新技术产业的风险因素、风险—效益机理以及风险评估模型。刘平（2006）在研究区域房地产业发展特点的基础上，对区域房地产业的风险进行了分析并提出了风险防范策略。杨文臻（2005）在对我国煤炭行业业绩增长因素进行分析的基础上，研究了煤炭产业规避风险的方法。王彬（2006）研究了新疆葡萄酒业的发展现状及问题，分析了其面临的相关产业风险，并通过计量经济学及统计学方法形成了新疆葡萄酒产业的风险因素评价体系。毛建荣（2011）通过识别四川省多晶硅产业所面临的主要风险因素，分析了这些风险因素对于四川省多晶硅产业发展的影响，并提出了解决和规避方法。刘红（2012）从民族地区旅游产业的自身结构问题、企业管理经营以及外界环境的不确定三个方面研究了民族地区旅游产业所面临的风险，并建立了民族地区旅游产业的风险评估指标体系。

第三节　玻璃产业风险概述

一、经济环境风险

国际货币基金组织在 2013 年 10 月发布了下半年的《世界经济展望》报告，指出当前全球经济的增长模式有所改变，一方面发达经济体的增长势头逐渐增强，而另一方面新兴经济体却面临经济增长速度放缓以及全球金融市场收紧的双重挑战，并预测 2013 年和 2014 年全球经济增长速度分别为 2.9% 和 3.6%，较上次预测分别下调了 0.3 和 0.2 个百分点，而对于中国 2013 年和 2014 年两年的经济增长则预测为 7.6% 和 7.3%，较上次预测分别下调 0.2 和 0.4 个百分点。同时，我国中国社会科学院经济学部也在同一时期发布了《中国经济形势分析与预测——2013 年秋季报告》，预测 2013 年及 2014 年 GDP 同比增长率分别为 7.7% 和 7.5%。目前我国国内经济的增长仍面临较大挑战，经济波动的风险有所积聚，经济发展过程中不平衡、不协调、不可持续的矛盾和问题日渐突出。

从企业出口环境来看，受欧债危机与世界经济增速放缓影响，我国出口增长在近两年出现较大幅度的回落，国内经济发展面临诸多瓶颈制约。虽然 2013 年国际贸易总体环境较上年有所改善，但受国内资源和劳动等要素成本不断上涨、人民币持续升值以及国际贸易保护主义势力抬头等因素影响，我国同其他国家的贸易摩擦逐渐增多，进一步阻碍了我国玻璃产品的出口。

玻璃行业作为我国的基础行业之一，其发展与国民经济具有较高的相关性，国内外宏观经济形势变化、国家宏观经济政策调整和经济增长周期性变化等因素都会对玻璃行业产生影响。我国玻璃行业运行情况至2011年起尚且良好，但玻璃行业整体的低效益状况仍未改变，从2014年国内外宏观经济发展的趋势判断，我国玻璃企业的生产经营仍将面临较大的挑战，玻璃行业未来仍可能受到经济波动的不利影响。

二、政策环境风险

政策环境风险主要是指玻璃产业发展在国内所受到的相关产业政策变动所产生的不确定性影响，由于政策环境是国家从宏观上对产业的引导或限制，其对于产业整体的发展具有重要的作用。

2011年5月3日，我国工业和信息化部发布了《关于抑制平板玻璃产能过快增长引导产业健康发展的通知》，指出我国玻璃产业应坚决完成《国务院关于进一步加强淘汰落后产能工作的通知》所规定的淘汰平板玻璃落后产能的工作目标，同时强调应“引导骨干优势企业实施跨地区跨行业兼并重组、减少重复建设、延伸产业链、提高产品价值，向原料制备、玻璃生产与精深加工一体化方向发展”，还指出我国玻璃产业应在“十二五”期间“通过兼并重组的方式提升产业集中度，行业前10家企业平板玻璃产能占总产能的比重提升到75%以上，并逐步将玻璃深加工率提升到45%以上”。

在玻璃产业产能过剩日趋严重的背景下，我国工业和信息化部进一步制定了《平板玻璃工业“十二五”发展规划》，规划把节能减排工程列入其重点工程，并明确提出了玻璃产业“十二五”发展目标：“产业结构明显改善，深加工率和生产集中度进一步提高，高端产品自主保障能力增强，全氧燃烧技术推广应用，落后产能基本淘汰，主要污染物实现达标排放，能耗水平进一步降低”。该规划对于我国玻璃产业调整优化产业结构、着力推进技术进步、节能减排以及高端产品发展等方面提出了更高的要求。

2012年9月27日，我国工业和信息化部针对玻璃纤维行业重复建设和盲目扩张的趋势，为促进产业结构的升级和节能减排工作，发布了《玻璃纤维行业准入条件（2012年修订）》，主要从企业布局、工艺装备、能源消耗、环境保护、产品质量以及监督管理六个方面对玻璃纤维行业提出了准入要求，在一些工艺和产品上提出了严格的量化要求，例如“新建无碱玻璃纤维池窑法粗纱拉丝生产线（单丝直径>9微米）单窑规模应达到50000吨/年及以上，新建细纱拉丝生产线（单丝直径≤9微米）单窑规模应达到30000吨/年及以上”、“改扩建特种成分的玻璃球窑，其单窑生产线规模应达到5000吨/年及以上”、“新建或改扩建玻璃纤维池窑法拉丝生产线单位综合能耗粗纱≤0.55吨标煤/吨纱，单丝直径4至9微米的细纱≤0.75吨标煤/吨纱。新建高性能或特种玻璃纤维代铂坩埚法拉丝生产线单位综合能耗≤0.37吨标煤/吨纱（不含玻璃球生产环节能耗）”、“玻璃纤维产品应符合GB/T 18371-2008或GB/T 18369-2008所规定的质量要求”等。

以上所述的玻璃产业相关政策只是诸多宏观政策的一部分，还有环境保护部制定的《平板玻璃工业大气排放污染物标准》以及工业和信息化部制定的《产业转移指导目录》和《关于进一步加强企业兼并重组工作的通知》等，它们对于玻璃产业发展过程中节能环保、产品质量、准入条件、产业集中度、产业深加工度等多方面均提出了限制性或指导性的要求。由于国家宏观政策的出台或调整有时会与玻璃企业的发展战略有所矛盾，给玻璃企业的未来发展造成政策上的限制，不利于玻璃企业的长远发展和资金筹集，玻璃企业应深入研究国家对于玻璃产业的相关政策，准确把握政策方针条款及方向，及时调整企业的发展规划，以适应国家政策环境的引导，减小政策风险。

三、汇率波动风险

2005 年 7 月 21 日，我国对人民币汇率形成机制进行改革，人民币汇率开始由钉住单一美元变为选择若干种主要货币组成货币篮子作为基准，在参考一篮子货币基础上计算人民币多边汇率指数的变化，即实行“以市场供求为基础、参考一篮子货币进行调节、有管理的浮动汇率制度”。人民币汇率升值速度加快，对于玻璃出口企业来说，以美元标价的出口玻璃产品在美元销售价格不变的情况下，以人民币折算的销售收入减少。在目前国际经济发展的环境下，美元债务违约的可能性仍然较小，预期人民币汇率保持上升趋势的可能性较大，其升值趋势在短期内难以改变。对于参与国际出口业务的玻璃企业而言，其玻璃出口产品的规模比重越大，企业所面临的汇率风险也会相应加大，应充分利用各种金融工具对汇率风险进行有效管理。同时，玻璃企业也应防范人民币汇率阶段性贬值给玻璃进口企业带来的风险。

四、产品结构风险

随着平板玻璃产能过剩日益严重，国家通过出台各项政策对于平板玻璃的落后产能进行限制，与此同时，随着现代化建设进程的加快和人们生活质量的不断提升，人们对于一些高新技术的多功能玻璃产品需求增长迅速。玻璃产业的产品结构开始由原先以平板玻璃为主体的较低级产品转变为以新型玻璃产品为主要发展方向。随着平板玻璃产品利润的不断压缩，拘泥于传统单一产品结构的企业将会面临更为艰难的经营环境。

同时，新型玻璃前景较好也并不意味着其绝对安全，玻璃企业还应充分认识开发新型玻璃产品所蕴含的风险，在认清新型玻璃产品的现状和发展趋势的基础上做出相关决策。例如，由于前期过度的概念炒作和大量企业的盲目进入，光伏产业在 2012 年出现显著的下滑，多晶硅、硅片、电池片及组件等产品均价在 2012 年第一季度分别同比下滑 48%、57% 和 44%，同时诸多规模较大的电池制造商纷纷出现减员减产甚至倒闭的情况。新型玻璃产品虽然在质量、功能以及技术含量等方面均大大优于普通玻璃，随着能源的不断消耗和人们对生活质量要求的不断提高，新型玻璃产品必将迎来更为广阔的市场，但由于现在玻璃产业仍处于转型升级的阶段，许多新型玻璃产品市场尚未完全成长起来，如果玻璃企业不考虑市场成长速度而盲目进入，则会使得产品供给远大于市场需求，从而对产业发展带来消极作用。

五、原材料压力风险

2009 年以来，玻璃产业上游原材料的供应开始出现相对紧张的状况，纯碱、原油等生产要素价格不断上涨，对玻璃企业降低生产成本造成了较大压力，削减了玻璃产业的整体利润。同时，玻璃产业也面临劳动要素成本不断增加的压力。由于在玻璃产业中，规模较大的玻璃企业对于能源和要素的利用效率更高，其受原材料和劳动要素成本上涨的压力同中小型玻璃企业相比较小，一定程度上能够通过市场竞争加速落后产能的淘汰，提高玻璃产业的集中度。

六、兼并重组风险

从我国玻璃产业的发展趋势来看，加快玻璃企业间的兼并重组进程是有效提高玻璃产业集中度、淘汰落后玻璃产能的重要手段，同时也是我国玻璃产业调整和振兴规划的要求。2009 年 11 月 27 日，我国工业和信息化部发布《关于抑制产能过剩和重复建设引导平板玻璃行业健康发展的意见》，明确提出要"制定有关推进企业集团兼并重组的鼓励政策，在项目核准、土地审批、信贷投放、税收减免等方面支持优势企业，鼓励企业少建新线、多兼并重组，通过并购和技术改造做大做强，争取在未来三年内前 10 位的大平板玻璃生产企业产业集中度达到 70% 以上"。随后，《平板玻璃工业"十二五"发展规划》以及《关于进一步加强企业兼并重组工作的通知》中也均提出要加快玻璃产业兼并重组的步伐，进一步提高玻璃产业集中度，力争形成若干个典型的全国性、区域性集团。

随着我国玻璃产业相关政策的出台，玻璃产业兼并重组的步伐也将不断加快，对于相关玻璃企业甚至整个玻璃产业都会产生巨大影响。由于我国玻璃产业目前由中小玻璃企业占主导地位，大玻璃企业仍然相对较少，且其规模同国外大型玻璃集团相比仍较小。由于中小玻璃企业规模较小，不能使玻璃产业整体形成规模效应，限制了玻璃产业整体竞争力的提高，而在玻璃行业不断整合的过程中，中小型玻璃企业将面临被大型玻璃企业削弱竞争力甚至被兼并重组的风险，同时，中小玻璃企业的原材料、燃料以及玻璃产品市场资源等都有可能被大型的玻璃企业进一步侵占。

第四节　我国玻璃产业风险研究

上节主要对我国玻璃产业所面临的相关风险进行了简要概述，本节从实证的角度出发，通过相关数据研究我国玻璃产业的风险。对于风险的实证研究方法有很多，本节主要采用叶永刚、宋凌峰、张培（2011）所提出的资产负债表方法与或有权益分析方法①，对我国在深沪两市中的 21 个以玻璃产品为主营业务的公司（如表 16.1 所示）进行实证研究，主要对其盈利能力、资本结构错配风险、期限错配风险、或有资本结构错配风险以及违约风险等指标进行分析。

---

① 叶永刚，宋凌峰，张培，等．宏观金融工程：理论卷．北京：高等教育出版社，2011.

表 16.1　**21 家玻璃上市公司及其股票代码**

代码	上市公司	代码	上市公司	代码	上市公司
600176	中国玻纤	600819	耀皮玻璃	600321	国栋建设
300093	金刚玻璃	002163	中航三鑫	601636	旗滨集团
600586	金晶科技	600529	山东药玻	600184	光电股份
000012	南玻 A	002106	莱宝高科	300196	长海股份
600660	福耀玻璃	600552	方兴科技	300160	秀强股份
600876	洛阳玻璃	600293	三峡新材	002623	亚玛顿
002201	九鼎新材	600629	棱光实业	002571	德力股份

数据来源：通达信、国泰安数据库。

一、盈利能力分析

2003 年以来，玻璃产业的整体净利润率呈现出较为明显的周期性，且其周期约为 3 年，如图 16.1 所示。从上一个周期的低谷来看，受 2008 年金融危机影响，全球经济发展放缓，我国玻璃企业的出口受到较大打击，净利润率下降至近十年来最低水平，随着我国对宏观经济的调控以及各项刺激经济政策的出台，基础设施建设力度加大，玻璃产业净利润率有所回升。但随着短期增效的消失，过度刺激所恶化的经济结构性问题开始逐步显现，玻璃产业的产能过剩问题更加突出，企业净利润率进一步下滑。随着玻璃企业淘汰落后产能、兼并重组的步伐加快，玻璃产业整体转型升级的未来趋势愈加明显，玻璃产业经营环境有所改善，但仍应提高警惕，预防要素价格上涨、政策变动以及国际经济动荡等风险。

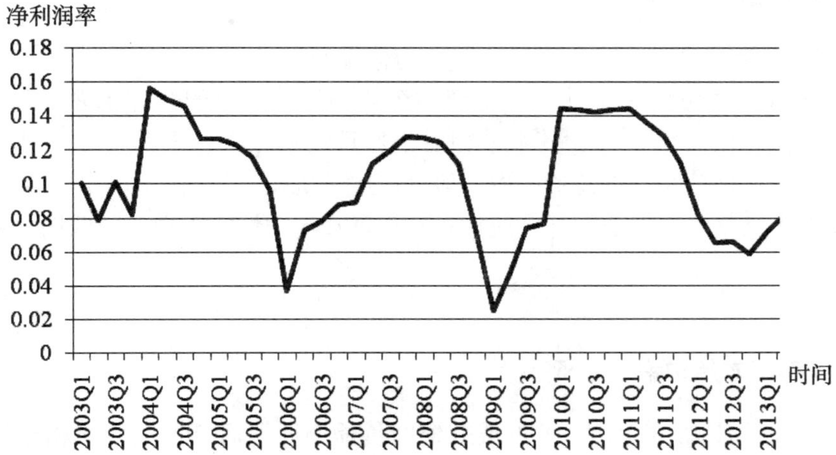

图 16.1　净利润率分析

二、账面价值资产负债表分析

（一）资本结构错配分析

2003—2012 年，玻璃产业整体的总资产及总负债规模均保持上涨趋势，其账面资产负债率有所波动，但整体保持在 55% 左右的水平（见图 16.2）。较为稳定且偏低的债务融资比率有利于减小企业的偿债压力，降低企业对于债务融资的依赖程度，加强企业对于股权融资的利用。总体而言，从账面资产负债来看，玻璃产业在 2003—2012 年资本结构较为合理，相关风险并不突出。

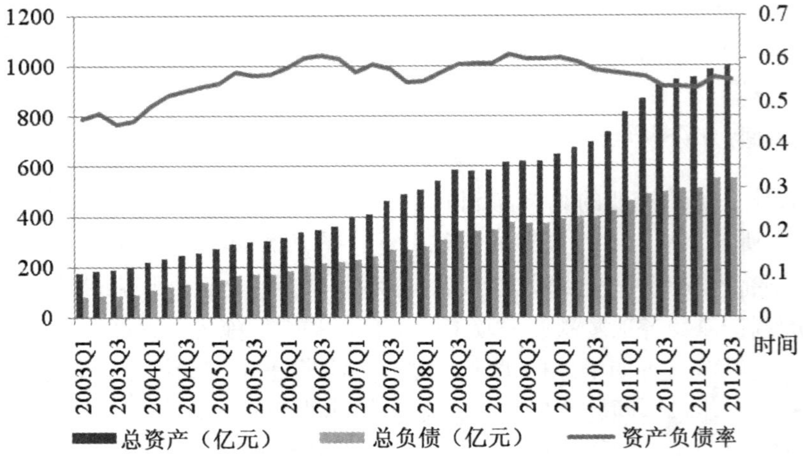

图 16.2　资本结构分析

（二）期限错配风险分析

2003—2012 年，上市玻璃企业流动资产与流动负债均保持增长趋势，但流动比率波动较大，如图 16.3 所示。一般认为，生产性企业的流动比率的合理水平为 2，而上市玻璃企业的流动比率均值为 0.92，其水平相对偏低且波动较大，表明其变现能力较差，短期偿债能力较弱。玻璃企业的总资产中一般以厂房、机械等长期性固定资产为主，其流动资产规模相对于其他上市企业较低，应加强对于资产流动性的管理，降低期限错配风险。

三、或有权益资产负债表分析

（一）或有资本结构错配分析

如图 16.4 所示，玻璃上市企业的或有资产负债率同账面资产负债率相比较低，仅在 2005 年下半年及 2006 年上半年持平。或有资产负债率较低表明玻璃上市企业在二级市场上表现较好，企业资产市值相对较高，投资者对于玻璃上市企业的未来发展具有信心。

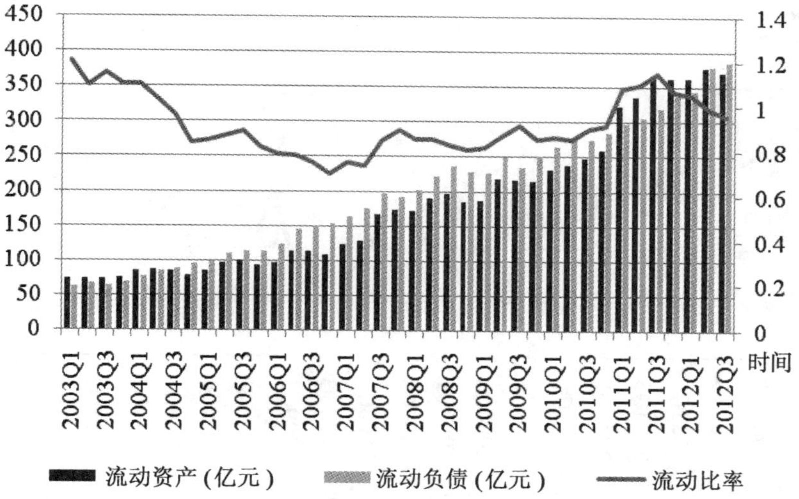

图 16.3　期限结构分析

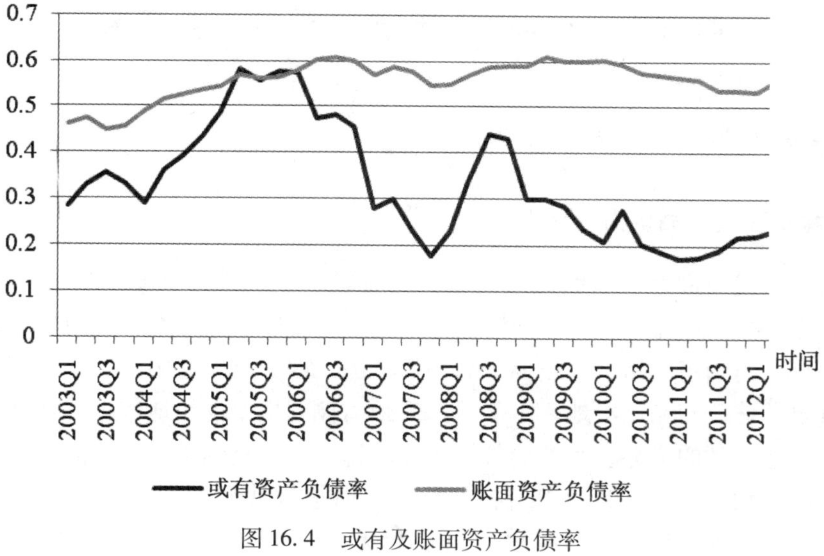

图 16.4　或有及账面资产负债率

（二）违约风险分析

2003—2012 年，玻璃上市企业的违约距离整体呈先降后升的趋势，同时可以注意到违约距离的低谷在 2008 年金融危机的时间段。违约距离反映的是企业资产市值同违约点之间的距离，违约距离越大，表明资产市值离违约点越远，其违约风险也越小。总体而言，近年来玻璃上市企业的违约风险呈下降趋势，其违约距离逼近 2003 年的最高水平，相关风险较低，企业经营状况良好。

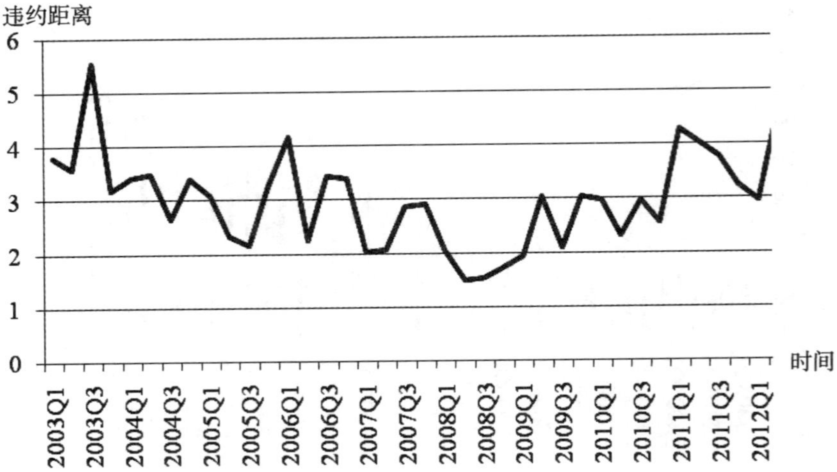

图 16.5　违约风险分析

第五节　沙河市玻璃产业稳定基金研究

一、玻璃产业稳定基金的意义

（一）稳定玻璃产品价格水平

沙河市作为我国最大的玻璃集散基地，在玻璃产业中具有重要的地位，其总产量达 1.2 亿重量箱，约占全国的 16%。沙河市每年生产的玻璃除供给本省使用之外，在全国也已形成比较稳固的销售网络，其玻璃产品畅销全国，部分产品远销欧美、东南亚等国际市场，成为重要的玻璃产品供给地。由于沙河市距离玻璃主要消费地较近，铁路、公路发展迅速，具有交通便利的优势，其玻璃价格的波动将直接影响到华北、东北及华东地区的玻璃价格稳定以及我国玻璃产品出口价格的稳定。以平板玻璃为例，2002 年以来，我国平板玻璃出厂价格指数呈现明显的波动（如图 16.6 所示），而玻璃产品价格的涨跌将直接影响到玻璃企业的经营利润，对玻璃产业的整体发展具有极大的重要性。沙河市玻璃产业稳定基金的建立有助于建立玻璃“反价格周期”的自平衡体系，通过征收和发放基金的方式调节玻璃企业的生产，促进玻璃产品的供需平衡，稳定玻璃产品的价格水平。

（二）提高产业风险抵抗能力

沙河市玻璃产业正处在转型升级的关键时期，而玻璃产品价格的波动将直接影响到玻璃企业的经营状况。当企业面临未预料到的玻璃价格下滑时，由于无法及时调整企业战略及生产计划，玻璃企业的利润空间将被压缩，在原材料成本不断上涨的环境下，玻璃企业

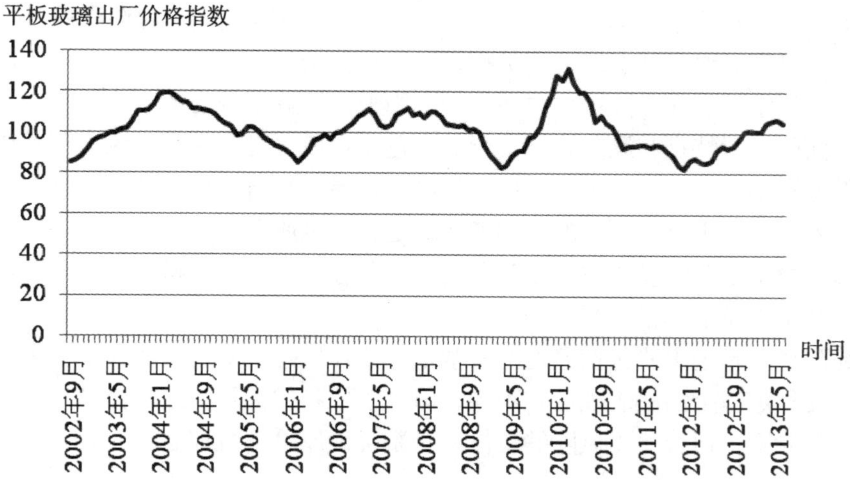

图 16.6　2002—2013 年我国平板玻璃出厂价格指数

会面临停产、倒闭的风险。沙河市玻璃产业稳定基金通过在玻璃价格下降时对企业进行补贴，降低企业因玻璃产品价格波动所受的影响，通过反周期的形式为玻璃企业提供保障，从而提高了玻璃产业整体的抗风险能力。

（三）加快产业转型升级步伐

玻璃产业稳定基金的征收和使用，能够更好地体现政府的政策和目标，更有效地体现政府的支持和限制方向。目前，玻璃产业作为产能过剩行业，其发展受到国家宏观政策的限制，但强制性的政策手段在市场经济环境下的效果并不能完全发挥出来，同时在一定程度上还打击了玻璃企业生产的积极性，不利于玻璃市场的规范化。玻璃产业稳定基金在征收和使用中通过对不同玻璃企业采取差异化的政策，逐步淘汰效率较低、产能较为落后的玻璃企业，鼓励玻璃产业的兼并重组，提高产业集中度，促进玻璃产业整体转型升级。

二、稳定基金理论研究

（一）稳定基金的概念

稳定基金是用于对冲宏观风险，保持经济、金融或财政稳定的一种特殊基金，一般由国家、地区或行业设立。与一般基金的盈利性不同，稳定基金一般不以盈利为目的，而是通过管理目标领域的宏观风险，防范或降低系统性风险的影响。

稳定基金根据所处领域的不同，可以分为金融部门稳定基金、企业部门稳定基金、公共部门稳定基金以及家户部门稳定基金。

金融部门稳定基金是为预防和应对金融部门可能发生的系统性宏观金融风险而设立的一种具有特殊目的的公共基金，其设立的目的是建立起防范和处置宏观金融风险的长效机制，维护金融市场稳定，维护社会经济秩序和社会公共利益，保持金融市场正常运行，保护投资者的合法权益。金融部门稳定基金一般包括存款保险基金、保险保障基金、股市平准基金、证券投资者保护基金以及期货投资者保护基金等。

企业部门稳定基金在实际操作中一般表现为根据行业划分的产业稳定基金，由于不同产业具有不同的经营特点和风险状况，行业企业通过成立稳定基金在该产业系统性风险暴露时抵补部分资本，作为缓冲风险之用。目前在世界上有石油稳定基金、燃油稳定基金以及蔬菜稳定基金等，本章所研究的玻璃产业稳定基金也属于企业部门稳定基金中的一种。

公共部门稳定基金的设立主要是为了抵御公共部门所面临的财政支付或偿还风险，例如财政稳定基金以及汇率稳定基金等。

家户部门稳定基金主要包括养老保险基金、医疗保险基金、失业保险基金等。

各部门的稳定基金虽然表现形式不同，但其主要目的都是防范和控制相应部门所面临的经济、金融风险，通过建立风险储备体系对系统性风险进行控制。

（二）稳定基金的特点

1. 管理宏观风险

稳定基金的设立是为了保障相应部门的稳定运行，防范相关宏观危机的发生，控制系统性风险，为相应部门的发展提供较为稳定的经济环境。而对于非系统性风险，则应该由市场主体按照市场规律自主管理，否则将会对正常的市场秩序产生不良影响。

2. 强制性

稳定基金一经批准设立，就带有一定的强制性。由于稳定基金管理的对象是系统性风险，其受益对象是基金目标领域的整体，为防止“搭便车”现象的发生，同时提高基金的筹资能力，基金的设立应采取强制性的方式，满足条件的自然人和法人都应该加入基金，保证基金的筹资来源。但在稳定基金设立之初，可以采取自愿加入的方式，研究稳定基金的科学运作方式，待方案成熟后再采取强制性加入方式。

3. 逆周期操作

由于经济活动带有一定的周期性，受各种因素影响，经济活动会出现非正常波动，对经济主体造成较大的冲击，导致市场整体受损。稳定基金一般采取逆周期操作，熨平市场波动，以防止经济周期非正常波动的发生。

4. 时效性强

稳定基金一般针对某个特定的部门或行业，对市场中存在的风险具有很强的敏感性，一旦预测到危机发生的可能性，将会及时采取措施，防止风险的恶化，达到控制风险的目的。通过设立稳定基金管理宏观风险，可以把风险应对由事后改为事前，具有较强的时效性。

5. 集中应对风险

系统性风险一旦发生，将超出一般市场主体的承受能力，给市场造成严重的损失。设立稳定基金可以提前为应对系统性风险筹划应对机制，将系统内各主体的风险准备筹集起来进行有效管理和运用，获得充足的风险资本，集中应对风险，达到控制系统性风险的目的。同时，风险资本成本由各主体共同承担，提高了稳定基金的筹资能力，也降低了系统中各主体应对风险的成本。

6. 基金化管理

稳定基金的资本管理采取基金化的管理方式，充分吸收基金运作的经验教训，提高资金运用效率，保证基金安全。

三、稳定基金模式研究

（一）挪威模式

挪威是全球继沙特和俄罗斯之后的第三大石油输出国，石油产业的发展对于挪威经济及财政收入具有十分重要的影响。随着挪威人口老龄化呈现上升趋势，其石油开采量不断下降，为保障挪威政府预算的长期稳定性，挪威政府将石油价格上涨时产业的超额收入及预算盈余计提进入石油稳定基金，同时政府有权向议会申请批准将资金用于弥补预算收入下降，或将资金用于长期预算收入平衡。挪威石油稳定基金的投资决策由挪威财政部进行，并由挪威中央银行进行基金的资产管理。

挪威石油稳定基金在近 20 年的运作中保持了较为良好的绩效，一方面对石油产业的稳定起到了调节器的作用，另一方面促进了挪威政府的预算平衡，缓解了挪威国内总需求波动，降低了通货膨胀压力。

（二）智利模式

智利的铜产品产量占全球产量的 1/3 以上，是世界上最大的铜产品生产国，其出口总量中有 40% 以上是铜产品，因此铜产品的出口在智利宏观经济的发展及其政府预算收入中占有重要的地位。为稳定铜产品市场波动对汇率及智利国家预算收入的影响，智利于 1985 年设立了铜稳定基金，并根据国际铜市场及铜产品出口情况来确定基金的计提与使用，其运作特点是只对国有铜业公司产生影响，实际上是对国有铜业公司的额外赋税。同挪威石油稳定基金相似，智利铜稳定基金的运作以智利政府的财政政策为基准，其资产由中央银行进行管理。

（三）科威特模式

与挪威相似，科威特也是全球石油大国之一，其石油产业占到全国出口总收入的 95% 和全国近一半的国民生产总值，其经济发展在很大程度上依赖于石油产业。为稳定石油产业和减少其对国民经济发展和财政收入的影响，科威特于 1960 年和 1976 年先后设立了石油基金和后代储备基金，两个基金均由独立于科威特政府之外的投资署进行管理，其主要投资方向为国外金融资产。与其他国家的石油稳定基金不同，科威特石油稳定基金禁止对外发布基金的相关信息。

四、沙河市玻璃产业稳定基金框架设计

(一) 沙河市玻璃产业稳定基金运作原理

沙河市玻璃产业稳定基金是针对玻璃产业宏观风险进行管理的一种工具和机制，其运行的一般原理如图 16.7 所示。

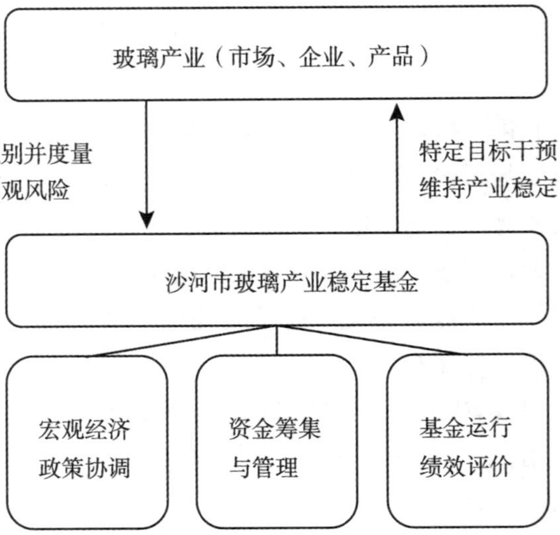

图 16.7　沙河市玻璃产业稳定基金运行原理

首先，沙河市玻璃产业稳定基金的筹划与设立需要有明确的管理对象和管理目标。由于沙河市玻璃产业稳定基金的设立是为了帮助沙河市玻璃企业发展、促进沙河市玻璃产业的转型升级，稳定基金应以沙河市玻璃产业整体作为管理对象，包括沙河市玻璃产业所包含的玻璃市场、玻璃企业以及玻璃产品等要素。根据国外稳定基金的经验，稳定基金的运行和管理应当符合市场经济的基本规则，不应将干预市场价格作为目标。沙河市玻璃产业稳定基金应当有助于促进玻璃产业发展，增加沙河市玻璃供应，维护玻璃市场的稳定，其目标是提高沙河市玻璃产业抵抗系统性风险的能力，促进沙河市玻璃产业的稳定发展，并在追求投资收益的同时，提高沙河市玻璃产业在国内外的影响力。

其次，稳定基金应根据管理对象和管理目标，识别和度量沙河市玻璃产业存在的宏观风险。宏观风险的度量和识别是宏观风险管理的基础，宏观金融工程中资产负债表方法以及或有权益分析方法和对产业经济资本的定量分析，有助于对沙河市玻璃产业所面临的系统性风险的识别及估量。

再次，稳定基金应筹集所需的资金并对所筹集的资金进行管理。稳定基金的资金筹集渠道主要有政府财政拨款、专项税收、玻璃企业缴纳以及接受捐赠等途径。基金应将所募集的资金投资于流动性较好、收益较为稳定且与玻璃产业相关程度较低的金融资产，防止

当玻璃产业低迷时基金资产缩水而无法抵御产业风险。当沙河市玻璃产业的宏观风险恶化到基金设定的临界状态时，稳定基金启动干预程序，对目标领域进行干预，最终达到保持产业稳定的目的。

最后，稳定基金与宏观经济政策的协调以及稳定基金的绩效评价是稳定基金运行过程中需要关注的问题，对于稳定基金的良好运转具有重要指导作用。

（二）沙河市玻璃产业稳定基金组织构架

稳定基金的最高管理机构是稳定基金理事会。理事会成员由发起设立基金的相关组织和机构提名，理事会拥有基金运作和管理的最高决策权，负责制定稳定基金的战略目标和发展规划，决定基金总裁的任免，并设立产业风险评估委员会、基金稽核委员会和绩效评价委员会3个专业委员会，它们不受基金总裁管辖，直接对理事会负责。稳定基金根据情况，也可以采用股份制，成立董事会，建立更加完善的内部治理机制。

产业风险评估委员会是由玻璃产业风险管理方面的专家组成的专业委员会，负责对沙河市玻璃产业风险进行评估，揭示玻璃产业风险状况，并提供玻璃产业风险管理的咨询服务，该委员会的专业判断对沙河市玻璃产业稳定基金的运作具有重要的指导作用。

基金稽核委员会负责对稳定基金所筹集的资金管理进行稽核，确保基金资金的合理合法使用，防止挪用、占用筹集资金的现象发生。

绩效评价委员会负责对基金运营的绩效进行考核评价，对基金的经营效果进行客观的反映，这不同于一般机构中的绩效评价委员会，不是对内部员工的绩效评价，而是对基金本身运营效果的评估。评估方法对基金运营具有较强的引导作用，评估结果将对基金运营起到一定的反馈作用。

基金总裁受基金理事会委托，负责稳定基金的日常运作，通过建立有效的业务部门分工和合作机制，有效运营基金，以实现基金的战略目标。

沙河市玻璃产业稳定基金组织构架见图16.8。

（三）沙河市玻璃产业稳定基金运作模式

1. 基金的资金筹集

由于玻璃产业稳定基金是在政府指导下成立的，是为了应对关系到社会稳定和发展的重要风险，具有很大的外部性和公共品的性质，需要得到沙河市政府的支持，因此玻璃产业稳定基金的启动资金可由沙河市政府财政提供。玻璃产业作为沙河市的支柱产业，在其发展过程中为沙河市政府提供了大量的财政收入，同时，玻璃产业的稳定也是沙河市政府政策的一部分，对玻璃企业的补贴也来自财政收入。玻璃产业稳定基金设立后，财政的这部分支出将消失，因此，沙河市政府可以提供一定财政资金作为设立玻璃产业稳定基金的启动资金。

沙河市玻璃企业的超额玻璃销售收入是玻璃产业稳定基金的主要资金来源。沙河市玻璃企业作为玻璃产业稳定基金的会员，当出现玻璃产业的整体危机时有权获取来自玻璃产业稳定基金的资金，向玻璃产业稳定基金缴纳超额玻璃产品销售收入是沙河市玻璃企业的

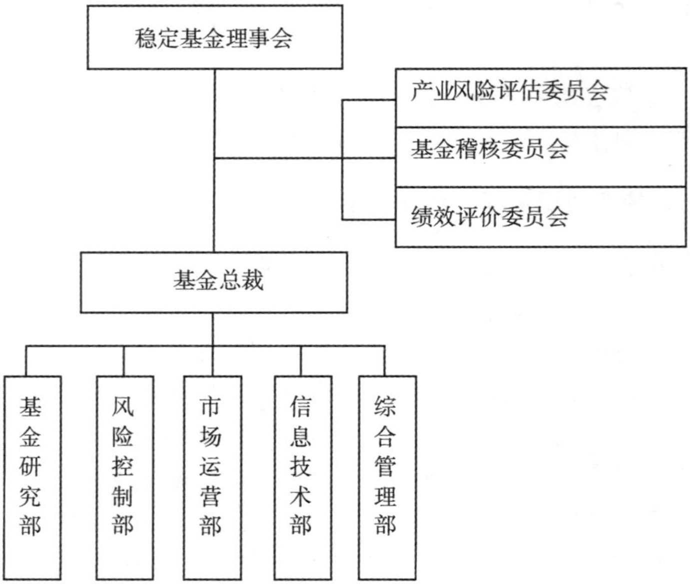

图 16.8　沙河市玻璃产业稳定基金组织构架

义务。根据各玻璃企业的不同风险状况提取不同规模资金，有利于增强玻璃企业的风险防范意识，并提高沙河市玻璃企业参与玻璃产业风险管理以及为稳定基金的运作出谋划策的积极性。

沙河市还可以通过设立专项税收为基金筹集资金。为了稳定沙河市玻璃产业的发展，当玻璃价格高于某一基准价格时，对沙河市玻璃企业的超额收益提取一定的比例，由稳定基金来管理。当玻璃价格下跌到一定程度不利于玻璃行业的正常发展时，稳定基金对玻璃企业进行补偿，控制宏观风险对玻璃产业的冲击。这种筹资方式是玻璃产业稳定基金筹集资金的主要来源。

最后，当沙河市玻璃产业遭到严重的外部冲击，需要大量的资金救助时，玻璃产业稳定基金还可以通过发行债券筹集资金。由于玻璃产业稳定基金有稳定的收入来源，可以作为发行债券的担保，通过债务融资解决资金短缺的问题。

2. 基金的危机应对机制

在市场化条件下，沙河市玻璃产业稳定基金通过一定的危机应对机制可以保持玻璃产业与玻璃供应的稳定。

当玻璃生产成本或进口价格升高时，玻璃企业需要提高玻璃销售价格才能维持正常的生产经营。如果玻璃销售价格上升，玻璃消费者将面临成本上升的压力，风险增大；如果玻璃销售价格不变，玻璃企业将会出现利润下降，甚至亏损。作为玻璃产业的稳定器，玻璃产业稳定基金应根据对市场变化的判断，采取相应的措施，保持玻璃产业的稳定。

当玻璃成本上升时，如果玻璃价格可以变动，且对玻璃消费者的影响较小，玻璃企业将会上调玻璃销售价格，这时玻璃产业仍然是稳定的，玻璃产业稳定基金不进行干预，而且由于玻璃价格上升，玻璃产业稳定基金可以收取更多的风险准备金。

当玻璃成本上升且玻璃价格可以变动，但该价格变动对消费者的影响严重时，若玻璃企业上调玻璃销售价格，玻璃产业的消费者可能面临生存危机，不利于玻璃产业的发展，这时玻璃产业稳定基金启动，对玻璃企业进行一定的价格补贴，暂时控制玻璃销售价格，给玻璃消费者一定的缓冲期，调整生产计划，控制生产成本，以应对即将上涨的玻璃价格带来的风险。不同于玻璃价格稳定基金，这种玻璃价格稳定机制一般是短期的，对资本的消耗有限。

当玻璃成本上升但玻璃销售价格固定时，玻璃企业利润将会下滑，甚至出现亏损，玻璃企业面临危机，信用评级下降，融资成本升高，经营困难。这时玻璃产业稳定基金启动，通过向玻璃企业提供优惠贷款，帮助玻璃企业缓解流动性，维持其正常的生产经营，以保证玻璃的供应。

第六节　本 章 小 结

玻璃产业风险是所有玻璃企业在经营过程中都会面临的系统性风险，对产业风险的研究及管理对于提高产业抗风险水平和产业整体发展水平有着极其重要的意义。本章主要从产业风险研究的角度出发，在对产业风险理论研究和我国玻璃产业风险现状进行简要概述的基础上，运用宏观金融工程中资产负债表方法和或有权益分析方法对我国玻璃产业风险状况进行了实证分析，最后就玻璃产业稳定基金这一新型的产业风险管理工具进行了研究，并对沙河市建立玻璃产业稳定基金进行了探索性的设计。

第十七章　玻璃产业战略管理研究

第一节　引　言

随着我国经济的快速发展，玻璃市场竞争也日趋激烈，玻璃企业面临着更加复杂多变的经营环境。战略管理能够帮助企业认清自身发展的环境及定位，为企业制订未来发展的方向及计划，提高企业在市场中的核心竞争力，进而促进行业的整体发展。在我国玻璃产业转型升级的大背景下，随着企业管理文化趋于先进和开放，战略管理将日益成为我国玻璃企业的内在要求。

本章作为全书的最后一章，将从战略的角度对玻璃产业发展进行研究，并对沙河市玻璃产业发展进行实证分析。目前有关玻璃产业战略管理的文献主要集中于对玻璃制造工艺的研究，对于玻璃产业本身的战略分析则相对较少。本章将在战略管理研究的基础上，运用相关战略管理的分析方法对沙河市玻璃产业的发展进行研究。

第二节　战略管理研究文献综述

一、国外战略管理研究综述

国外学者对于战略管理方面的研究起步较早，目前已经基本建立了较为完整的理论体系，包括战略观念、战略制定、战略管理模型以及战略绩效评价。国外对于战略管理的理论研究同实践结合较为紧密，主要表现在其理论主要来源于实际经营活动，并通过实践不断检验和应用。目前对于战略管理的理论研究还主要集中于企业，而对于产业整体的战略研究则相对较少。国外战略管理的研究成果可以概括为以下几个方面。

（一）战略管理的基本含义

不同的学者对于战略管理的含义具有不同的定义，大多数战略管理教材中引用了 Wright 等（1992）对于战略管理的理解，即企业以获得与其目标及使命相符的经营成果为目的而制订的高层计划。学者对于战略管理的内容也有很多不同的认识，并由此形成了战略管理的不同学派。虽然对战略管理的内容有所分歧，但学者普遍认同战略管理的重要意义。G. L. Schwen 和 K. Schrader（1933）通过研究发现，运用战略管理意识较强的企业比不采用战略管理的企业具有更高的盈利能力。Ann Langley（1988）认为战略管理的重要性不仅在于战略成果本身，同时在制定战略的过程中，企业管理者能够加深对企业经营环境和发展目标的理解。

（二）战略分析

战略分析是有效进行战略管理的首要步骤，科学而详细的战略分析是制定符合企业发展战略的基础。战略分析主要包括外部分析和内部分析两部分。

1. 外部分析

外部分析主要识别和衡量企业外部发展的环境和趋势，分析企业面临的外部威胁和机会。A. M. McGaham（1999）从产业组织理论的角度对企业外部分析进行了相关阐述，认为产业的选择对于企业具有极为重要的意义，其重要性甚至高于企业在经营中的营销或管理等活动，企业应慎重进行产业的选择，避免在衰退行业中展开竞争。迈克尔·波特（2005）在《竞争优势》中应用产业组织理论对产业进行了分析，创造性地提出了外部分析的五力模型，成为产业分析中应用最广泛的模型。目前，战略分析中的外部分析主要包括三种分析方法：首先是五力模型，包含现有竞争者、潜在进入者、替代品、供应商和购买者；其次是外部因素评价矩阵，通过从机会和威胁两个方面分析影响企业发展的因素，帮助企业认清其所面对的经济、社会、政治、技术以及竞争等外部信息；最后是竞争态势矩阵，企业通过竞争态势矩阵对主要竞争者进行分析，并在此基础上认清企业自身所处的战略地位，了解企业同竞争者相比所具有的优势和劣势，从而制订更具有针对性的战略计划。

2. 内部分析

内部分析是相对于外部分析而言的，主要分析企业自身的资源和能力。内部分析主要有以下三类分析范式：第一种是资源管理理论，认为企业在构建并维持其竞争优势时，企业的内部资源往往比外部资源具有更大的重要性，企业的经营绩效主要取决于物质、人力和组织资源，而战略的制定必须根据这些资源进行；第二种是价值链分析模型，企业通过分析产品价值链，即原材料开采或采购、产品的生产加工到产品的销售与服务等环节中的价值过程，了解企业所处的产业链价值位置，增强企业对产业链价值过程的认识与自身定位；第三种是内部因素评价矩阵，企业能够通过内部因素评价矩阵分析并度量各因素对于企业未来发展的影响权重，刻画出企业所面临的优势与劣势，为企业战略的制定提供基础。

（三）基本战略管理模式

企业的战略管理主要包括公司层战略、业务单位战略以及职能战略三个层面。公司层战略是企业的总体战略，包括发展战略、稳定战略以及收缩战略，其中发展战略主要包括一体化战略、密集型战略以及多元化战略等；业务单位战略是企业的竞争战略，主要包括低成本战略、差异化战略和集中化战略；职能战略主要涉及企业内各职能部门，例如营销、财务、生产、研发、人力资源以及信息技术等。以下主要讨论几种基本的战略管理模式：一体化战略、多元化战略、低成本战略、差异化战略以及集中化战略。

一体化战略：一体化战略是指企业对于具有相对优势和成长潜力的产品或业务，沿其经营链条的纵向或横向延伸其业务的深度和广度，通过扩大其经营规模，逐步实现企业的成长。按照业务拓展的方向，一体化战略可以分为纵向一体化战略和横向一体化战略，其中纵向一体化战略包括向分销商或零售商的前向一体化战略和向供应商的后向一体化战略。

多元化战略：当现有的产品或市场受地理条件、市场规模或同业竞争等因素限制而不存在期望的增长空间时，企业通常会考虑多元化战略。多元化战略是指企业进入与现有的产品和市场不同的领域当中，根据其发展方向又可以分为相关多元化和非相关多元化，其中相关多元化是指企业通过现有的业务或市场进入相关产业或市场中，而非相关多元化是指企业进入与当前产业或市场均不相关的领域。

低成本战略：低成本战略是指企业通过在内部加强成本控制，在研究开发、生产、销售、服务和广告等领域降低成本，加强对于费用和成本的控制，使成本低于同产业中的竞争对手。低成本战略能够增强企业同上下游的议价能力，降低市场中替代品的威胁，同时在产业中形成进入壁垒，维持企业在产业中的领先地位。

差异化战略：差异化战略是指企业向顾客提供独具特色的产品和服务，形成同产业内其他竞争者具有差异化的东西，为企业创造较高的边际收益，降低产品的可替代性，提高市场中顾客对于企业产品和服务的忠诚度，使企业在产业中获取超常收益。同时，采取差异化战略的企业应注意差异化的成本以及市场需求变化的风险。

集中化战略：集中化战略是指企业针对某一特定的市场或区域，通过低成本战略或差异化战略在该范围内获得竞争优势的战略，一般为中小企业所采用。集中化战略能够将企业资源集中在某一范围，避免了在大范围内同竞争对手的直接抗衡，增强了企业在该范围内的相对竞争优势。

（四）战略制定与决策的工具

战略制定是指企业在明确经营目标和任务的基础上，充分认识其外部机会和威胁以及企业内部的优势和弱点，对相关关键因素进行匹配，制定可供选择的战略，并设计相关战略的实施方案。一般对战略制定所采用的方法主要包括以下几种：

SWOT 矩阵分析：SWOT 矩阵分析由美国哈佛商学院率先采用，是一种经典的战略管理分析工具，它根据企业所拥有的相关资源，进一步分析其内部优势与劣势以及企业所面临的外部机遇与威胁，并将内外部环境进行匹配，进行系统评价，进而选择企业最佳的经营战略。根据企业所面临的内部优势与劣势以及外部机遇与威胁的不同组合，企业可采取增长型战略、扭转型战略、多种经营战略以及防御性战略等。

波士顿矩阵：波士顿矩阵（BCG Matrix），也称四象限分析法、产品系列结构管理法等，由波士顿咨询公司创始人 Bruce Henderson 于 1970 年首创，其核心在于解决如何使企业的产品品种及结构适应市场需求变化的问题，并考虑如何将有限的企业资源合理有效地分配到产品结构中。波士顿矩阵主要考虑企业产品的市场增长率和市场占有率，并以两者的不同组合为基础将产品分为“明星”业务、“问题”业务、“现金牛”业务以及“瘦狗”业务四种，以明确各项产品和业务在公司中的不同地位，从而进一步明确其战略目标。

通用矩阵：通用矩阵（GE Matrix），也称为行业吸引力矩阵，是由美国通用电气公司所设计的一种投资组合分析方法。通用矩阵改进了波士顿矩阵由于简化所带来的不足，在之前的两个变量中均加入了中间级，并用多个指标反映产业吸引力，使其更加适用于不同需求以及不同的竞争环境。根据业务在9个象限中所处的位置，选择性地采用发展、停止或维持等不同战略。

二、国内战略管理研究综述

我国对于战略管理的研究起步较晚，尚未形成一个完整的理论体系，基本还处于对于国外战略管理研究的引进、介绍以及应用等层面。吕方华（2003）在《战略管理》中对于战略管理进行了较为系统的介绍，研究了战略管理的起源、含义、目的等相关概念。项保华（2004）原创性地介绍了战略管理的核心命题，提出了战略管理的运作模式，并在此理论基础上对战略形成需关注的相关因素进行了剖析，最后研究了战略实施所运用的相关决策。我国尚未构建完善的战略管理理论框架，通过运用西方战略管理理论对我国目前具体的产业或企业进行相关战略分析，一方面能逐步完善战略管理的理论研究，另一方面还能在实践中促进我国产业和企业的发展。目前我国学者对于战略管理的研究还主要集中在以下三个方面。

（一）战略管理分析方法

余晓鹏等（2003）运用EFE、IFE、SWOT、SPACE矩阵为河南电力实验研究所设计了相关战略及实施方案。陈英梅（2002）认为波士顿矩阵对于大型企业经营战略的制定具有重要的意义。涂维亮（2004）研究了核心竞争力在资本经营战略管理模式中的选择和实施。许庆瑞等（2003）在企业能力的基础上提出了企业战略整合的动态模式。汪涛（2005）在对相关理论的回顾与分析的基础上，对技术战略和经营战略的关联进行了研究。龚玉荣等（2007）认为技术战略和经营战略的整合在企业的战略管理中占有重要的地位，其作用模式和匹配性能够解决目前我国制造企业所存在的问题。刘以安等（2004）认为在战略层次分析法中，可以通过将定量分析和定性分析相结合的方式研究县域经济的发展战略。

（二）基本战略管理模式

在现代企业战略中，基本战略管理是当今企业发展和扩张的重要因素之一，对基本战略管理的研究对于企业的发展具有重要的理论和现实意义。涂玲等（2005）首先分析了企业在成熟阶段时的多元化战略，然后对处于起步阶段的企业研究其多元化经营战略的可行性，并深入分析了其战略条件和风险约束，在此基础上实证分析了山西武沁铁路公司的多元化战略管理。陈新（2003）认为多元化经营战略并非企业唯一和必然的经营战略，企业实行多元化战略必须首先确定其长期经营目标，明确企业的经营领域，在此基础上科学制定企业经营战略并进行合理实施和控制。杨燕等（2005）、封定一等（2003）、王惠建（2000）、沈文星等（2005）分别研究了差异化经营战略在建陶、模具钢加工配送、餐饮以及木材加工等规模较小的企业中的应用。杨新涅等（2006）通过研究低成本战略对于美国西南航空公司的作用，认为低成本战略能够增强其市场竞争力，并在此基础上研究了中国民营航空公司选择低成本战略的可行性。石飞（2004）研究了家电产业中实行低成本战略或差异化战略的企业，认为海尔通过优质的服务实现了差异化战略，而长虹则通过控制成本实行了低成本战略，两者通过不同战略均获得了成功。于洋等（2002）认为国际化战略是企业发展到一定阶段的经营战略选择，我国国有商业银行为适应和满足消费者需求，必须适应全球化的经营环境，实行国际化发展战略。陈红川（2005）、刘君宜等（2005）分别对中小企业以及民营科技企业的自身优势与不足进行了相关研究，并在此基础上分析了其实行国际化战略的可行性。

（三）综合分析战略管理

范曙光（2002）研究了现代企业经营战略的动向，认为战略管理研究的发展趋势是建立并维护企业的竞争优势，增强战略管理的前瞻性和灵活性。刘德强等（2003）认为未来企业战略的主要发展趋势是一方面关注外部迅速变化的市场需求，另一方面着力于企业内部自身核心能力的建设。阮锋儿（2005）认为在不确定性经营环境中，企业的主流竞争战略是自身核心竞争力的建设和关键市场与客户资源的开发利用。郎咸平（2006，2008）系统性地分析了企业的综合战略管理，从战略的分析、转型、整合以及控制四个层面对我国企业目前的战略管理提出了建议，认为战略管理成功的关键在于企业管理的精细化、企业运营的流程化以及企业经营的责任化，是否能够充分认识行业本质是企业战略制定成功与否的关键，企业在实施多元化和专业化战略时需在对内外部环境进行分析的基础上谨慎选择，战略的实施可以带来成功，也可能导致失败。

第三节　战略管理理论研究

一、战略管理的概念与内涵

对于战略管理概念能够从广义和狭义两个层面来定义。广义的战略管理是将战略管理应用到企业的整体运作中，即企业的日常经营决策应该同其长期计划相结合，其概念由美国学者安索夫在《从战略计划走向战略管理》中所提出；而狭义的战略管理认为战略管理包括战略的制定、实施、控制和修正四大步骤，通过对企业内外部经营环境进行分析，制定适合企业发展的目标及实现目标的相关手段，其概念由美国学者斯坦纳在《管理政策与战略》中所提出。

狭义的战略管理以企业的战略为管理对象，其活动围绕企业战略而展开；而广义的战略管理则是以企业本身为管理对象，其活动围绕企业本身而进行。从广义的角度来研究企业的战略管理，将战略管理不仅仅看作是一种方法，同时也把战略管理作为企业经营的一种思想，能够克服一些狭义战略管理的局限性。

二、战略管理的特点

战略管理主要包括战略制定、战略实施以及战略评价三个方面。其中，制订战略管理计划是战略管理的首要任务，需要建立在对企业经营环境及其拥有的资源的了解基础上，同时还要对产业中的竞争及协调进行分析；战略实施是战略管理的实现环节，一方面，企业应在制订战略管理计划后，拟定与计划相符的经营目标，另一方面还应通过相关政策及激励措施，促使战略计划得以贯彻执行，其活动主要包括培养企业文化、调整经营方向、新建组织结构、调配相关资源、制定企业预算、建立信息渠道等；战略评价是战略管理得以有效实行的保障，通过建立战略评价与控制机制，能够保证战略实施的正确性和有效性。

从以上战略管理的三个方面可以看出，战略管理主要具有全局性、长远性以及竞争性等特点：

第一，战略管理具有全局性。由于战略管理并不以单个职能部门为局限，而是以企业整体或企业所处的产业为对象进行研究，通过制定企业或产业发展的使命及目标，对企业或产业的整体发展做出规划，在战略高度上具有全局性。

第二，战略管理在时间上具有长远性。由于企业或产业发展的环境时刻存在波动，同时市场竞争也会使企业和产业发展具有更大的不确定性，战略管理在充分研究未来发展趋势的基础上，对某一企业或产业发展采取前瞻性管理的时间跨度一般在五年以上，具有明显的长远性。

第三，战略管理还具有竞争性的特点。企业进行战略管理的目的是提高企业在市场中的竞争力，使其在市场中赢得更高的利润或更大的市场份额。战略管理通过分析企业经营现状及资源拥有状况，研究企业如何打造并维持自身在市场竞争中的核心竞争力，使其在市场中同其他企业进行竞争。

第四节　玻璃产业概况研究

一、我国玻璃工业的现状

（一）我国玻璃产能地区分布

我国的玻璃产业于 20 世纪 60 年代初起步，同国际发达国家相比较晚，但经过了几十年快速发展后，我国的玻璃产业已经在国际玻璃市场上具有了一定的规模。目前，我国玻璃产业主要集中于河北、江苏、山东、广州、河南以及福建等地，其中河北省是我国玻璃产量最大的省份之一，其 2013 年 6 月玻璃制造产成品价值占全国比例高达 15.85%（见表 17.1）。从玻璃的产能分布来看，我国玻璃的生产加工区域主要分布在东部及中部地区，而西北部区域的玻璃生产则相对较少。

表 17.1　　**2013 年 5—6 月玻璃制造产成品价值统计**

地区	5 月产值（万元）	6 月产值（万元）	6 月产值增长率（%）	6 月产值占全国比例（%）
全国	743594.7	780310.1	4.94	100.00
河北	120919.4	123708.6	2.31	15.85
江苏	65683.7	72677	10.65	9.31
山东	66114.3	70153.2	6.11	8.99
广东	64658.8	50141.1	-22.45	6.43
河南	35048.8	50046.8	42.79	6.41
福建	40852.9	42213.8	3.33	5.41
辽宁	37326.5	41953	12.39	5.38
安徽	38652.9	38808.4	0.40	4.97
浙江	38080.1	36031.2	-5.38	4.62
上海	24070	33378.8	38.67	4.28
内蒙古	29395.6	29211.3	-0.63	3.74
湖北	18522.3	23493.9	26.84	3.01
山西	21752.2	22528.4	3.57	2.89
四川	19946.9	20010.6	0.32	2.56
重庆	17326.6	17141.2	-1.07	2.20
天津	16111.7	16261.1	0.93	2.08
吉林	14857.5	15073.4	1.45	1.93
云南	14208.3	14141.8	-0.47	1.81
北京	9982.8	11974	19.95	1.53
青海	8672	9786.1	12.85	1.25
甘肃	8319	8608	3.47	1.10
湖南	6158.7	6878	11.68	0.88
陕西	7419.1	6845.5	-7.73	0.88
新疆	6590.3	5550.7	-15.77	0.71
广西	5214.3	5029.9	-3.54	0.64
江西	4045.5	4114.4	1.70	0.53
黑龙江	3000.3	3425.1	14.16	0.44
贵州	604.6	897.6	48.46	0.12
宁夏	59.6	227.2	281.21	0.03

数据来源：中宏产业数据库。

（二）创新能力得到较大提升

我国的玻璃产业从20世纪60年代起就处于技术被国外封锁的状态，随着我国改革开放进程的不断深化，我国的玻璃产业从业者通过不断研究与开发新的玻璃生产与加工技术，促使我国玻璃产业逐步走向一条自主创新的道路。1981年，具有自主知识产权的洛阳浮法玻璃技术诞生，成为世界三大浮法工艺之一，极大地推动了我国玻璃产业的技术进步，加快了我国浮法玻璃生产线的改造步伐。目前，我国玻璃深加工产品的总规模已经居于世界前列，一些高新玻璃产品的生产工艺已经接近或超过世界先进水平。同时，我国80%以上的玻璃加工设备已经实现了自主研发，玻璃加工设备的性价比较高，对于降低我国玻璃加工成本具有重要意义，有力地改变了我国玻璃加工设备进口的现状。

（三）新型玻璃发展潜力较大

在世界各国对于环保愈加重视的大背景下，节能减排已经日益成为各国经济发展的重点以及产业发展的方向，这对我国玻璃产业的转型升级起到了较大推动作用。目前，我国的玻璃产业一直致力于开发具有自主知识产权的节能减排技术与装备，已经成功实施了采用全氧燃烧、烟气余热发电技术等生产线改造项目。随着我国淘汰落后产能政策的推进，一批产能较低、质量较为落后的玻璃产品已经逐渐被淘汰，而太阳能等新兴产业极大地增加了市场对于节能环保玻璃的需求，高性能、高效率的新型玻璃产生将成为玻璃产品未来发展的方向。此外，我国还出台了多项政策鼓励新型玻璃产品的发展，为新型玻璃生产企业提供了较大的市场空间。

（四）经济动荡冲击产业发展

金融危机冲击以及我国宏观经济调控将在未来较长一段时间内对玻璃产业产生影响，同时全球经济动荡也造成了房地产业以及汽车业的下滑，对于我国玻璃产业的国内需求以及出口均产生了负面效应，其增速也出现一定程度的放缓。近几年来，不少浮法玻璃生产线出现停产现象，一些对于经济风险抵御能力较差的小型玻璃企业甚至出现倒闭或被兼并的情况。

二、我国玻璃工业的发展机遇

（一）市场导向发展机遇

1. 刺激科技创新

由于我国玻璃产业增速放缓以及国家淘汰落后产能政策的实施，玻璃企业在市场竞争中面临更大的压力。为了在日趋激烈的市场竞争中生存，并适应玻璃产业的整体转型升级，我国玻璃企业应不断提升自身核心竞争能力，以市场需求为导向，加大高新技术玻璃产品的研发和生产力度，不断刺激玻璃产业整体的科技创新能力。

2. 优化产业布局

由于我国玻璃产业起步较晚，其基础同国外玻璃产业相比较为落后，产业进入门槛相对较低，在玻璃产业绩效较好时一些盲目投资以及重复建设等现象较为普遍，使得我国玻璃产业布局较为低效。同时，一些发展较早、规模较大的玻璃企业通过自身资源优势进行规模扩张，在一定程度上加剧了玻璃产业的产能过剩，导致玻璃企业通过价格战的方式进行恶性竞争。坚持以市场为导向，能够以市场运行机制规范玻璃产业发展，促进一些效率较高、产品质量较好的玻璃企业发展，引导一些具有资源、交通优势的玻璃企业转型升级，进一步促进玻璃产业布局的优化。

3. 催生行业重组

受金融危机影响，目前全球经济发展相对低迷，对于我国部分玻璃企业的发展环境造成了负面影响，一些规模较大的玻璃企业利用此机会对经营困难的玻璃企业进行重组，为我国玻璃产业结构调整带来了新的契机。通过鼓励一批效率较高、经营绩效较好的玻璃企业加快发展，促进玻璃产业兼并重组，既能够扩大优势玻璃企业的规模，提高玻璃产业的集中度，又能在一定程度上淘汰效率较低、产能较为落后的玻璃企业，从而调整我国玻璃产业结构，提高我国玻璃产业的整体效率与节能减排力度。

（二）产业政策发展机遇

1. 节能减排产业政策

在我国经济发展的过程中，资源及能源的低效利用对于我国经济的可持续发展造成了制约。2007 年 6 月 12 日，国务院成立应对气候变化及节能减排工作领导小组，同时公布了《中国应对气候变化国家方案》，并发布了《节能减排综合性工作方案》及《节能减排统计监测及考核实施方案和办法的通知》等文件。这些文件规定，地方政府领导及企业的考评体系将纳入节能减排的相关指标，通过严格的问责制度加大节能减排工作的推动力度。同时，我国还于 2007 年 10 月 28 日通过了《中华人民共和国节约能源法》，从此节约资源正式成为我国的基本国策，玻璃产业的发展面临政策机遇。

一方面，由于我国经济发展初期经济结构不合理，增长方式较为粗放，我国玻璃产业目前对于能源的消费程度较高，而排放造成的污染较高，对于人体健康有较大影响，不符合“又好又快，好字优先”的发展模式，制约着玻璃行业的发展。我国玻璃产业必须调整产业结构，合理利用能源，积极发展循环经济，实现产业的可持续发展。另一方面，玻璃产业本身具有高能耗高排放的特点，玻璃企业有着节能减排的义务。随着我国不断加强节能减排力度，玻璃产业的准入门槛有所提高，有助于形成一批具有自主知识产权的玻璃生产技术及装备，进一步推动玻璃产业技术进步。

2. 自主创新产业政策

2000 年以来，我国相继出台《“十五”星火计划发展纲要》、《国家高新技术产业开发区“十五”和 2010 年发展规划纲要》、《关于加强国家科技计划知识产权管理工作的规定》、《国家中长期科学和技术发展规划纲要（2006—2020 年）》、《高技术产业发展“十一五”规划》等一系列文件。其中，《高技术产业发展“十一五”规划》明确提出，要加大政府采购对于产业自主创新的支持力度，加强产业自主创新能力建设，同时支持国家工程研究中心、国家工程实验室和大型行业骨干企业技术中心建设，加强能源、交通、原材料、资源、环境等领域的重大共性关键技术开发和重大技术装备研制，逐步完善企业自主创新的支撑平台。一系列的政策对高新技术企业给予税收优惠和财政资金支持，同时为玻璃产业自主创新的发展提供了强大的支撑，指明了前进方向。

3. 国家经济战略调整

随着国家区域经济的不断发展与变化，东部率先发展、中部崛起、西部大开发以及振兴东北老工业基地等国家经济战略逐步深化，玻璃产业的拓展和产业布局的优化面临机遇。我国玻璃产业应在产业转型升级的大背景下，不断统筹玻璃相关资源与玻璃市场，引导并调整玻璃产业形成各具特色、优势互补的产业格局。一方面，我国玻璃产能还主要集中在东部沿海及中部地区，对于产能较为集中的地区，应该对除优质浮法玻璃外的新增玻璃产能进行严格的审核和控制，同时以提升玻璃深加工工艺技术、提高玻璃产品质量以及加大节能减排力度为重点，不断对现有的玻璃生产线进行改造及提升，不断加快我国玻璃生产加工的一体化进程；另一方面，我国西部地区资源较为富集而玻璃产业发展相对落后，应鼓励部分平板玻璃企业向西部地区进行转移，同时引导玻璃深加工企业在平板玻璃生产及消费的周边地区进行布局。

（三）新型产业发展机遇

2010 年，我国颁布了《关于加快培育和发展战略性新兴产业的决定》，进一步明确了未来经济发展中战略性新兴产业的发展重点以及相应的政策措施，有关部门根据该文件以及《中华人民共和国国民经济和社会发展第十二个五年规划纲要》的相关内容，组织编制了战略性新兴产业“十二五”规划和节能环保、新一代信息技术、新能源等 7 个产业的发展规划，同时对物联网、集成电路、航空、航天等一系列细分领域进行了专项的规划，形成了较为系统和完整的规划体系，明确了战略性新兴产业的发展目标和重点任务。其中，太阳能具有广泛性和清洁性，是未来新能源发展的焦点，而新型玻璃是太阳能发展中不可缺少的核心材料。因此，在国家加快和发展战略性新兴产业的同时，玻璃产业的发展也面临着广阔的市场空间和发展道路。

1. 信息产业发展机遇

随着科学技术日新月异的发展，手机、电视、电脑以及上网本等电子产品逐渐普及，人们的生活已经进入信息化时代。《中国统计年鉴 2011》中的数据所示，2011 年，我国移动电话普及率达 73.55 部/百人；城镇居民彩色电视机拥有量达 135.2 台/百户，计算机拥有量达 81.9 台/百户，相较于 2010 年均有所提高；同时，2011 年我国手机、计算机、彩电等产量分别达 11.3 亿部、3.2 亿台、1.2 亿台，同比增长 13.5%、30.3%、3.4%。由于手机、彩色电视机以及电脑等包含平板显示器件，市场对于新型玻璃如 ITO 导电膜玻璃的需求将会在信息化时代进一步增大，为新型玻璃的未来发展拓宽了道路。

2. 光伏产业发展机遇

随着气候和环境问题日益突出，全球对于能源短缺问题日益重视，可再生能源的发展成为世界各国共同关注的焦点，其中，太阳能由于其分布广泛、资源充足及清洁性成为世界新能源领域的重点。目前，太阳能发电主要分为太阳能光伏发电以及太阳能热发电两种，而无论是光伏发电还是热发电，其材料均必须使用经特殊加工的超白玻璃。国际太阳能咨询机构预测，2020 年太阳能产业对商用玻璃的需求量将达到 45 亿平方米，相当于 2005 年全球平板玻璃的总产量。光伏产业的发展极大地刺激了市场对超白玻璃的需求。

3. 建筑节能产业发展机遇

为适应可持续发展和建设节约型社会要求，建筑节能正日益成为国家节能工程的重要一环，而建筑节能产业也获得了国家政策的大力支持。目前，受经济发展程度及技术制约，我国现有的建筑技术、建筑材料等相关环节均无法达到环保要求，我国的建筑能耗占全社会总能耗的比例高达 30% 左右，建筑产业迫切需要一次技术的革新来改变当前局面。据估计，我国经济发展还将带来巨大的建筑市场需求，在未来 20 年内还将建设 40 亿平方米的建筑。从技术角度看，Low-E 中空玻璃是全世界公认的节能环保效果最好的加工玻璃，其市场需求在未来 10 年里将保持较高的增速，这对于我国的玻璃行业是一个良好的发展机遇。

三、我国玻璃工业发展面临的挑战

（一）全球性经济危机下运行环境挑战

受欧债危机的影响，西方主要经济体增速有所放缓。由于发达国家自身国内需求不足的问题日益凸显，各种形式的贸易保护主义也呈抬头趋势，世界贸易增长面临较大挑战。一方面，随着我国出口不断增加，针对我国出口产品的贸易摩擦也逐渐增多，玻璃产品出口面临严峻的外部挑战；另一方面，我国国内市场回升较慢，国家通过出台相关政策，对于水泥、建材、钢铁等高耗能且产能过剩的产业进行限制，同时通胀预期的深化、原材料及人工成本的上升也使得传统玻璃产业发展所面临的环境更为严峻。

（二）产业总体技术装备水平不高的挑战

目前，虽然我国浮法玻璃总产量位居世界第一，但玻璃产业大而不强的问题仍然没有得到根本上的解决。由于我国玻璃产业前期粗放式的发展模式，大部分浮法玻璃企业的主要产品仍是建筑玻璃，而高技术、高附加值的新型玻璃占比较低，同世界发达国家的玻璃企业相比还存在较大的差距，我国玻璃产业整体水平还有待提高。我国玻璃企业必须减少污染物排放量，逐步提高对于能源的利用效率，通过改进生产工艺及制造设备生产高质量玻璃产品，逐步缩小我国玻璃产业同世界先进水平的差距。

（三）发展新产业面临的技术创新挑战

我国政府在哥本哈根气候峰会上首次提出了数量化的减排目标，意味着我国将逐步增大对节能减排政策的落实力度，新型节能建材行业将进入高增长时代，玻璃产业在未来 10 年也将面临广阔的发展前景，光伏玻璃、电子玻璃将成为玻璃产业未来的发展方向。虽然国内一些规模较大、实力较强的玻璃企业已经具有前瞻性地研发并生产新能源领域的玻璃产品，但我国玻璃产业整体的技术与装备同国际先进水平相比还有较大的差距。

第五节　沙河市玻璃产业发展战略管理研究

一、沙河市玻璃产业发展宏观环境分析

宏观环境是指对整个产业都会产生影响的各种因素，其中包括政治环境、经济环境、社会文化环境以及技术环境等。由于大部分因素属于产业无法控制的范畴，一方面能直接影响企业自身运作的各个方面，另一方面也能通过对市场、供应商以及竞争者等因素间接对企业产生影响，对于产业发展和企业生存具有极为重要的意义。本部分主要通过 PEST 分析工具，从政治、经济、社会以及技术四个方面对沙河市玻璃产业的外部环境进行简要分析。

（一）政治环境

政治环境分析是对国家政治及法律环境的研究，包括制约和影响产业发展的政治、法律要素等，如国家的政治制度、产业政策以及法律环境等。这些因素影响着玻璃企业的生产经营活动，对于玻璃企业能够充分发挥指引、调控以及监督等作用，是产业发展中权益以及竞争的保护者，能够促进产业以及市场整体的公平性。目前，我国整体政治环境稳定，宏观的政策或法律在为玻璃产业发展带来一定挑战的同时，也使玻璃产业面临新的发展机遇。

一方面，玻璃产业作为高能耗、高污染的产能过剩行业，其发展受到国家政策的一定制约。由于我国生产加工技术相对于世界发达国家而言还比较落后，加上受早期粗放式的发展模式的影响，我国目前节能形势较为严峻，大部分省市在单位 GDP 能耗指标上还处于较高水平，无法完成指标降低的任务，而能源价格的上升也进一步促使我国将节能作为重要国策强力推行，通过将地方政府官员的考评同降低能耗挂钩、收紧对新建高耗能企业的审批、取消高耗能企业进口设备的关税优惠政策以及提高对高耗能企业的环保要求，限制高耗能企业的发展；近年来，随着《节能法》的全面实施，我国还相继出台了《平板玻璃单位产品能源消耗限额》、《建筑安全玻璃管理规定》等针对玻璃产业的限制性政策，对于玻璃产品的质量和能耗提出了更为严苛的要求；同时，平板玻璃以及加工玻璃的出口退税率也有所下降，对于整体上质量较低、利润较少的我国玻璃出口企业来说冲击较大。

另一方面，国家对于耗能低、技术高的新型玻璃的鼓励也带动了玻璃产业的相关发展，为玻璃产业的转型升级提供了机遇。例如，财政部于 2009 年 3 月 23 日印发了《太阳能光电建筑应用财政补助资金管理暂行办法》的通知，对于太阳能玻璃产业的发展有一定的促进作用；而《平板玻璃单位产品能耗限额》的实施也能够淘汰一部分产能落后的玻璃企业，对于提升玻璃产业的集中度、改善玻璃市场的秩序都有所助益。

（二）经济环境

经济环境主要指产业生存和发展的社会经济的总体状况，主要包括社会经济结构以及经济体制等。下面主要从我国国内生产总值、三次产业结构以及城镇农村人口结构三个方面来分析玻璃产业所面临的宏观经济环境。

首先，我国从20世纪90年代起便一直处于经济高速发展的阶段，国家经济规模增长速度较快，人均收入水平显著提高，人民生活水平得到极大改善。如图17.1所示，我国GDP在过去30多年里一直保持着高速的增长，其中有多年的增长率保持在10%的高水平上。但同时应注意到，受金融危机和全球经济动荡影响，我国经济增长速度有所减缓，2012年我国GDP增速为7.8%，为近几年来最低水平。随着房地产业和汽车产业陷入低迷，玻璃市场的增长速度放缓，而全球经济低迷也使得玻璃产品出口订单锐减，对于我国玻璃产业造成了一定程度的冲击。

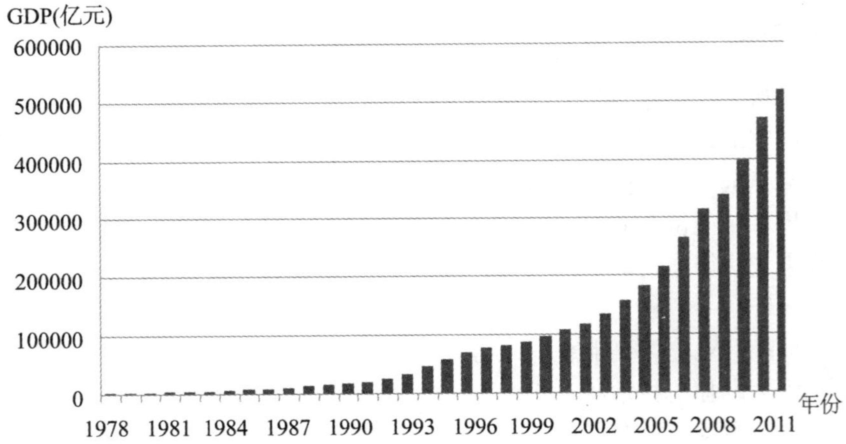

图17.1　1978—2011年国内生产总值

数据来源：《中国统计年鉴2012》。

其次，我国还处于工业化的进程中，三次产业占比变化较大。如图17.2所示，我国的第一产业占比整体呈逐渐下降趋势，而第三产业占比相应地有所增长，但第二产业占比变动幅度不大。从总体上看，我国还处于工业化的中间阶段，第三产业占比同其他金砖国家以及世界发达国家相比还有较大差距。

最后，我国还处于并将长期处于城镇化进程中。由于我国农村人口数量较大，发展基础较差，城镇化进程还较为缓慢。如图17.3所示，我国的农村人口在改革开放初期远远大于城镇人口，其占比高达82%，农村人口总量从1997年才开始出现下降趋势，2011年时城镇人口第一次超过农村人口。同欧美发达国家相比，我国的城镇化程度相对落后。城镇化进程的推进伴随着大量人口进入城市，对于住宅以及相关配套设施的需求较大。近几年来，由于房地产业过热、房价收入较高以及房地产泡沫影响，我国出台相关政策对房地

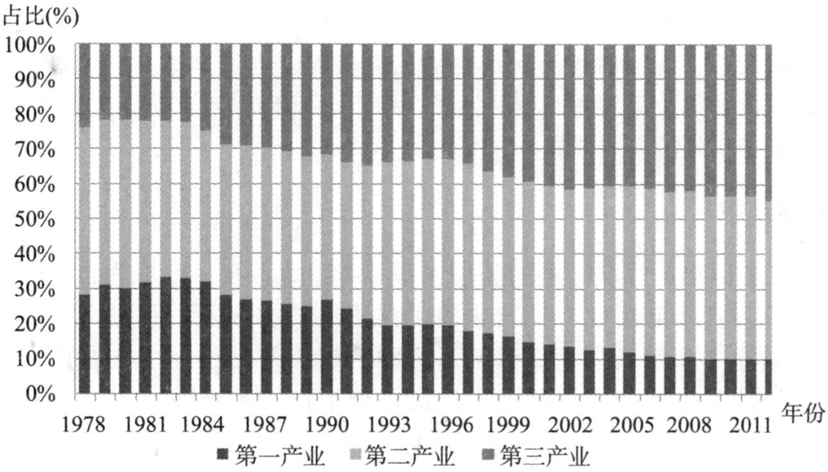

图 17.2　1978—2011 年三次产业占比

数据来源:《中国统计年鉴 2012》。

产的高增速进行了一定遏制，全国商品房销售、新建住宅价格等指标均出现不同程度的下滑。

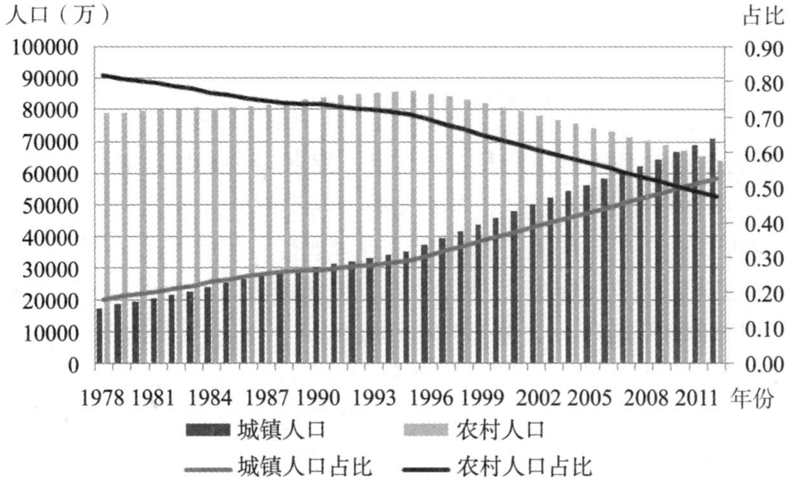

图 17.3　1978—2011 年城镇及农村人口总量与占比

数据来源:《中国统计年鉴 2012》。

（三）社会环境

随着我国经济的快速发展，我国的经济总规模已居于世界前列，人们对于基础设施的要求也不断提高，而玻璃制品由于其广泛性和适用性成为建筑材料中被广泛使用的产品，玻璃幕墙已成为我国高铁站、飞机场等大型建筑设施中常用的一种材料；同时，随着我国人均消费的不断增长，人们对于高质量生活的追求程度也越来越高，这进一步刺激了汽车、电子产品以及装饰业等多种产业的发展，给汽车玻璃、电子玻璃以及制镜玻璃等深加工玻璃市场带来了广阔的发展前景。

（四）技术环境

1981 年，“中国洛阳浮法”通过了国家级技术鉴定，我国也成为世界上唯一没有购买“皮尔金顿专利技术使用权”而自主研发浮法工艺的国家。一方面，随着我国浮法玻璃技术的不断提高和创新，垂直引上工艺和平拉工艺已经逐步被取代，浮法工艺已经成为我国平板玻璃生产的主要技术，浮法玻璃生产线的单线规模也不断扩大，同时超薄、超厚、在线 Low-e、超白等多种新型玻璃也逐步投入生产，其产品质量有了显著提高；深加工玻璃产品也从原有的钢化、夹层、中空等少数品种发展到种类、规格繁多的产品系列。另一方面，随着我国玻璃产业的扩张，玻璃机械制造业也得到了明显的发展，我国自行开发研究的预处理、钢化、夹层、镀膜、中空等系列配套设备，已经能生产节能、环保、生态、电子等多种功能玻璃，同时由于我国设备性价比较高，能够大幅度降低我国加工玻璃企业的生产成本，为我国深加工玻璃企业的发展提供了有力的支持，一定程度上较好地替代了国外进口的玻璃机械产品。目前，我国深加工玻璃企业已有 80% 使用国产玻璃机械设备，玻璃加工设备的制作已经逐渐成为具有生命力的新兴产业。

二、沙河市玻璃产业发展战略 SWOT 分析

SWOT 分析法是通过分析目标所具有的优势、劣势与所面临的机遇、威胁，帮助管理者制定 SO 战略、WO 战略、ST 战略和 WT 战略等四类战略。它通过考察产业内外部的关键因素，充分发挥产业自身优势及外部机会，寻求既能规避自身劣势又能克服外部威胁的战略。根据沙河市玻璃产业发展的优势、劣势、机遇和威胁，我们构造了包含沙河市内外部关键因素的 SWOT 分析矩阵，如表 17. 2 所示。

以上 SWOT 分析表明，沙河市玻璃产业将面临各种机遇与挑战。一方面，沙河市玻璃产业具有产业发展不稳定、原材料成本控制能力不强、企业规模相对较小、管理体制落后、市场拓展力度不够等劣势，而且还面临着金融支持力度不大、玻璃市场竞争日趋激烈等外部环境影响，但另一方面，沙河市玻璃产业也具备玻璃原材料供给充分、交通便利、政策支持力度大、产学研经验丰富等优势，而且面临着众多外部机遇。为了加大对于沙河市玻璃产业发展的促进力度，沙河市政府及玻璃企业应及时抓住机遇，善于迎接挑战。科学制定产业的发展战略是沙河市玻璃产业发展的关键，同时还应保持产业的比较优势，着力提高玻璃产业和企业的综合竞争力，提升玻璃产业的集中度。根据以上 SWOT 分析，沙河市玻璃产业发展可选择如下战略：

表 17.2　　沙河市玻璃产业 SWOT 分析矩阵

战略选择	优势（S） 1. 玻璃原材料资源丰富；2. 交通便利，区位优势明显；3. 省、市政府政策支持力度大；4. 玻璃产业历史久，基础扎实；5. 与武汉大学、武汉理工大学合作，产学研经验丰富	劣势（W） 1. 玻璃产业发展具有不稳定性；2. 原材料成本上涨削弱部分玻璃产品利润；3. 玻璃产业整体实体尚可，但龙头企业相对不强；4. 玻璃企业管理体制较为落后；5. 玻璃市场拓展力度不够
机遇（O） 1. 玻璃产业深加工产品市场发展前景较好；2. 玻璃产业政策与区域政策带来机遇；3. 金融发展助力沙河市玻璃产业转型升级	SO 战略 沙河市应充分利用现有玻璃产业资源和优势，加强对于玻璃产业的政策支持力度，促进玻璃产业重组升级，扩大沙河市玻璃市场份额	WO 战略 沙河市玻璃产业应在现有基础上逐渐淘汰落后产能，把握外部环境变化机遇，降低产业发展的不稳定性，延伸并拓展玻璃产业链，促进玻璃产业转型升级
威胁（T） 1. 部分深加工玻璃产品相关政策尚不明确，未来发展仍具有不确定性；2. 经济危机影响下，电子产业、汽车产业等下滑对玻璃产品造成负面影响；3. 玻璃产业产能过剩，市场竞争进一步加剧。	ST 战略 面对愈加激烈的玻璃市场竞争，沙河市玻璃产业应把握内部条件和环境，加强玻璃产业的风险管理，提升沙河市玻璃品牌的竞争力	WT 战略 沙河市玻璃产业应加强同金融发展的协同效应，通过多种渠道满足玻璃企业发展中的资金需求，实现玻璃产业整体的可持续发展和跨越式发展

SO 战略：沙河市应充分利用现有玻璃产业资源和优势，加强对于玻璃产业的政策支持力度，促进玻璃产业重组升级，扩大沙河市玻璃市场份额。

WO 战略：沙河市玻璃产业应在现有基础上逐渐淘汰落后产能，把握外部环境变化机遇，降低产业发展的不稳定性，延伸并拓展玻璃产业链，促进玻璃产业转型升级。

ST 战略：面对愈加激烈的玻璃市场竞争，沙河市玻璃产业应把握内部条件和外部环境，加强玻璃产业的风险管理，提升沙河市玻璃品牌的竞争力。

WT 战略：沙河市玻璃产业应加强同金融发展的协同效应，通过多种渠道满足玻璃企业发展中的资金需求，实现玻璃产业整体的可持续发展和跨越式发展。

从以上针对沙河市玻璃产业的 SWOT 分析中可以看出，沙河市玻璃产业在具有一定的内部优势和劣势的同时，还面临着诸多外部的机遇与威胁。因此，沙河市玻璃产业发展可以先采取优势与机遇组合的战略，先利用自身的产业基础，同时结合外部机遇打造沙河市玻璃产业的自身优势，然后逐步扭转劣势，借助外部机遇，壮大企业规模，扩大市场份额，通过不断拓展玻璃产业链，降低玻璃企业的生产经营成本，获得竞争优势。

三、沙河市玻璃产业发展战略设计

金融工程框架下的沙河市玻璃产业发展，是由玻璃产业、金融产业和政府支持三个因素构成的，即在政府引导下的玻璃产业和金融产业协同发展。

1. 玻璃产业发展战略

沙河市玻璃企业应充分利用好沙河市作为全国玻璃集散地的优势，认清自身在沙河市玻璃产业乃至全国、全球玻璃产业发展中的地位，科学制定适合于企业本身的发展模式。尤其是沙河市规模较大的龙头玻璃企业应充分发挥带头作用，逐渐淘汰传统的家族管理方式，优化公司的经营管理模式，尽早制定并落实企业上市规划，抓住玻璃产业兼并重组的机遇，运用多种新型的金融工具，不断扩大自身规模，以高技术、高附加值的玻璃产品作为企业的主要发展方向，强化企业的品牌意识，努力打造属于自己的品牌。

同时，沙河市应以玻璃产业园为依托，按照玻璃产业的特点和企业特点进行布局，充分发挥玻璃产业园的规模效应和集群效应。沙河市玻璃产业园应以基础设施和制度建设为重点，一方面科学设计产业园建筑布局，提高产业园运作效率，并以高标准进行产业园的基础设施建设，提高产业园对于玻璃企业的吸引力；另一方面探索建设产业园的新理念与新模式，使产业园成为玻璃企业招商引资、信息汇聚以及金融融资服务的平台，推动玻璃生产相关要素的汇聚以及项目建设，使得玻璃企业在产业园中能获得其入驻前所不能得到的利益。

在玻璃企业发展和玻璃产业园建设的基础上，沙河市玻璃产业应充分利用沙河市现有的玻璃市场规模优势，依托沙河市丰富的玻璃资源，以市场拓展和产业升级相互促进作为重点，一方面巩固沙河市现有的玻璃市场，加强同优质客户的联系，同时紧抓周边发达地区产业转移的机遇，以新型的优质产品对新市场进行渗透，加大对于新客户的培养力度，参与到京津冀和环渤海产业分工与合作中；另一方面通过整合现有资源和利用新型金融工具，在淘汰落后产能、维持现有平板玻璃生产的基础上，加大对于高科技、高附加值玻璃的研发和生产力度，促进沙河市玻璃产业整体转型升级。

2. 金融产业发展战略

金融产业在沙河市玻璃产业金融工程框架中具有重要的意义，是沙河市玻璃产业跨越式发展的基础和催化剂。目前沙河市金融产业发展还相对不足，玻璃企业对于现有的金融资源也利用不足。沙河市目前发展金融产业的首要任务是不断完善沙河市的金融机构体系以及金融市场体系，加大对于村镇银行、信用社、证券公司、财务公司、租赁公司、基金公司、保险公司等金融机构的引入，着力于玻璃交易中心、玻璃金融平台等市场建设。同时，在不断丰富沙河市金融业态的基础上，加强金融产业同玻璃产业的结合，通过引入信托、租赁、债券、股票、期货、基金等多种新型金融工具，拓宽玻璃企业的融资渠道，通过金融产业的发展为玻璃产业的转型升级提供强有力的支撑。

3. 政府引导战略

沙河市政府在沙河市玻璃产业金融工程中具有引导作用，是辅助市场对玻璃相关资源进行整合和分配的重要角色。沙河市政府应首先明确政府自身在沙河市玻璃产业发展中的定位，认清沙河市玻璃产业、金融产业以及其他相关配套产业的关系，合理规划产业发展，通过制定相关政策增强沙河市对于玻璃产业资源及金融产业资源的集聚能力，并引导相关资源进行合理有效的配置。

首先，沙河市应准确把握玻璃产业发展趋势，既要从整体上加强对于市内玻璃产业的政策支持力度，又要对质量不同的玻璃企业采取不同的政策倾斜，不断淘汰落后产能，鼓励龙头企业对一些不能适应产业调整的中小企业进行兼并重组，并出台相关政策鼓励玻璃企业对于新技术及新产品的研发创新，以政策引导玻璃产业转型升级；其次，以政府专项资金的形式鼓励金融机构同玻璃企业合作，并奖励其中对接模式较好、效应较高以及风险较小的金融机构及玻璃企业，定期召开研讨会对这些模式进行研究和推广；最后，沙河市政府应加大对人才战略的重视力度，通过减免税、提供住房补贴等政策提高沙河市对于高质量人才的吸引力，营造良好的人文和服务环境，通过人才战略为沙河市玻璃产业及金融产业的发展提供有力的支撑。

四、沙河市玻璃产业发展战略的实施

（一）市场聚集

由于沙河市位于我国华北和渤海之滨，沙河市玻璃产品的市场还主要集中在我国华北平原区域，应先努力把该地区打造成为沙河市玻璃产品的核心市场，在稳定并巩固华北平原市场后，再向全国其他市场进行推广。由于华北平原经济发展程度及结构差异较大，玻璃消费市场的特征也不尽相同，掌握好该复合市场状况有助于将此成功模式在全国范围内进行复制和推广，对于沙河市玻璃产业逐步在全国打响名号和拓展市场有重要的意义。具体而言，沙河市玻璃产业实施市场聚集战略应主要从以下方面着手。

首先，沙河市玻璃企业应提高企业内部对于市场的重视程度，一方面加大对于玻璃产品销售人员营销能力的培养力度，并通过优惠政策吸引高素质的玻璃市场营销人员进入企业，另一方面还应成立专业的目标市场营销中心，从人力资源以及制度两方面保证玻璃市场的聚集战略获得有效的实施。

其次，沙河市玻璃产业还应从制度及政策两个层面加大对于沙河市玻璃产业的市场营销支持力度，提高沙河市玻璃产业转型升级过程中玻璃产品和玻璃相关业务的竞争力，使得沙河市玻璃产业在激烈的玻璃市场竞争中能够保持优势。

最后，沙河市玻璃企业还应加大对于玻璃市场的研究力度，通过对玻璃产品市场进行调研、分析，研究玻璃市场消费者以及玻璃市场竞争者的现状，从玻璃产品质量、玻璃产品价格以及玻璃产品销售渠道等不同方面制定具有市场针对性的营销组合策略。

（二）产品聚集

沙河市玻璃产业应逐步淘汰落后的传统玻璃产能，将产业资源集中在种类较为丰富、附加值较高以及市场前景更为广阔的新型玻璃产品上。沙河市玻璃产业的新产品在品种、质量等方面均处于领先水平，属于有发展前景的环保产业。因此，沙河市玻璃产业应将主要产品聚集在玻璃产品发展前端，为玻璃产业的整体转型升级提供支撑。沙河市玻璃产业实施产品聚集战略应主要从以下方面着手。

首先，在部分玻璃企业的资本运作层面，通过沙河市政府及武汉大学经济与管理学院着手将一些传统的玻璃制造业务剥离出去，在此基础上引入更具发展前景的新材料及玻璃深加工产业，为实现沙河市玻璃产品的聚集提供坚实的战略基础。

其次，沙河市玻璃产业产品聚集战略的实施还应着力于从资本市场募集企业所需资金，加大金融产业对于玻璃产业的支持和协同作用，为玻璃产业整体的转型升级提供必需的资金支持。

最后，在沙河市玻璃企业自身层面，企业应充分利用金融产业对于技术创新的支持，将玻璃技术研发集中在新材料以及玻璃深加工产品上，为实现沙河市玻璃产品的聚集提供技术基础。

（三）资源聚集

沙河市玻璃产业应在确定产品聚集战略的基础上，将产业所具有的相关资源，包括玻璃产业的资金、市场、组织、人才以及制度等聚集在产业的核心产品中。首先，沙河市玻璃产业应加快推动玻璃企业的上市步伐，并利用上市公司所具有的优势为产业的转型升级提供资金支持；其次，通过同武汉理工大学的合作及玻璃技术的自主创新为玻璃产业的新材料研发及深加工玻璃产品生产提供技术支持；最后，利用先进的管理经验为玻璃企业的战略实施提供制度以及人才保障。

第六节　本章小结及政策建议

本章主要研究了玻璃产业的战略管理。在对战略管理的理论研究做了相关阐释后，分析了我国玻璃产业的现状、机遇以及挑战，并结合沙河市玻璃产业的实际情况，通过PEST分析以及SWOT分析为沙河市玻璃产业设计了相关的战略，并在此基础上从市场聚集、产品聚集以及资源聚集三个方面提出了战略的实施方法。由于战略的设计与实施并不是一个静态的过程，而是要随着玻璃产业所面对的内外部环境的变化而做出相应调整，沙河市玻璃产业应在战略实施的过程中不断针对产业现状做出相应调整，以适应玻璃产业的未来发展趋势。

参考文献

[1] 艾青，周雪．孵化器，加速器及科技产业园比较研究．科技创业月刊，2012（8）：10-11．
[2] 安宁，吕冬云．对外贸易政策风险．辽宁工程技术大学学报（社会科学版），2003（1）：4．
[3] 渤海产业投资基金课题组．渤海产业投资基金与中国转型期金融创新．南开经济研究，2007（5）．
[4] 陈成．供应链金融及其风险管理策略．上海：华东师范大学，2011．
[5] 陈含桦．厦门 MD 玻璃企业竞争战略分析．厦门：厦门大学，2008．
[6] 陈来生．博物馆旅游：苏南博物馆和旅游业的双赢举措．苏州科技学院学报（社会科学），2003，20（14）．
[7] 陈云．珠海市产权交易中心交易信息系统建设研究．济南：山东大学，2012．
[8] 程艳．科技企业孵化器的运行机制研究．武汉：武汉理工大学，2004．
[9] 代帆．我国高新技术产业开发区管理模式比较研究．科学管理研究，2001，19（4）：26-29．
[10] 董洁．高技术产业创新发展评价及其战略研究．镇江：江苏大学，2010．
[11] 董千里．高级物流学．北京：人民交通出版社，1999．
[12] 董千里．供应链管理．北京：人民交通出版社，2002．
[13] 窦尔翔．中国产业投资基金发展的路径选择．中国人民大学学报，2006（5）．
[14] 段新民．陕西煤炭交易中心运营模式研究．西安：西北大学，2012．
[15] 范陆薇．美国纽约州康宁玻璃博物馆．大众文艺，2012（1）．
[16] 冯兴元，何梦笔，何广文．试论中国农村金融的多元化．中国农村观察，2004（5）．
[17] 傅志华．资源型财政及其预算稳定基金：国际经验与启示．经济研究参考，2005（31）．
[18] 弗雷德·R. 戴维．战略管理．8 版．北京：经济科学出版社，2001．
[19] 高永岗．渤海产业基金的运行机制分析．厦门：生产力研究，2008（3）．
[20] 龚胜国，金乾生．我国发展产业投资基金组织形式的分析．中外企业家，2010（3）（下）．
[21] 辜胜阻，洪群联，张翔．论构建支持自主创新的多层次资本市场．中国软科学，

2007（8）.
[22] 顾益群. 上海耀华皮尔金顿玻璃股份有限公司发展战略研究. 天津：天津大学，2009.
[23] 郭斌，刘曼路. 民间金融与中小企业发展：对温州的实证分析. 经济研究，2002（10）.
[24] 郭文路，黄硕琳. 国际水产品贸易的非关税壁垒与管制. 海洋开发与管理，2001（4）：10.
[25] 韩民，吕方，王艳丽. 设立黄河三角洲产业投资基金的可行性研究. 价值工程，2010（9）.
[26] 贺竹磬. 交通基础设施产业投资基金可行性研究. 交通财会，2008（8）.
[27] 华仁海，仲伟俊. 对我国期货市场价格发现功能的实证分析. 南开管理评论，2002（10）.
[28] 华仁海，陈百助. 国内、国际期货市场期货价格之间的关联研究. 经济学，2004（4）.
[29] 黄荣文. 国际贸易风险研究. 福州：福建师范大学，2002.
[30] 黄涛. 我国科技企业孵化器产业化研究. 武汉：武汉大学，2005.
[31] 康荣. CZ公司国际贸易风险管理研究. 西安：西北大学，2008.
[32] 李常青，陈江宁. 福耀玻璃再融资. 管理案例研究与评论，2011（6）.
[33] 李飞. 商业银行开展供应链金融的相关思考. 财会月刊，2011（6）.
[34] 李华君. 高新区孵化器运行机制研究. 武汉：华中科技大学，2007.
[35] 李健. 贵州产业园区建设突破融资难瓶颈. 中国经济时报，2012-10-23（04）.
[36] 李建军，卢少红. 区域民间金融风险预警方法与实证分析：以浙江省为例. 金融监管研究，2013（2）.
[37] 李俊，张炜. 欧洲金融稳定基金的运作及其启示. 国际金融研究，2012（4）：54-60.
[38] 李阆. SYP公司建筑加工玻璃产品营销战略研究. 成都：电子科技大学，2009.
[39] 李明. 浅谈中小企业信用互助担保融资模式. 经济观察，2011（1）.
[40] 李溪涓. 林产品进出口贸易风险问题及策略研究. 哈尔滨：东北林业大学，2012.
[41] 李威. 美国企业孵化器发展的成功经验与启示. 石河子科技，2012（4）：12-14.
[42] 李玉. 博物馆如何争取社会赞助. 商业文化（学术版），2010（5）.
[43] 李志传. 石油稳定基金：国际实践与中国的选择. 国际石油经济，2012（11）：7.
[44] 廖理，朱正芹. 中国上市公司股权融资与债权融资成本实证研究. 中国工业经济，2003（6）.
[45] 刘光溪. 完善地方金融管理体系. 中国金融，2012（15）.
[46] 刘红. 民族地区旅游产业风险评估及防范对策研究. 吉首：吉首大学，2012.
[47] 刘胜军. 从EPS到EVA：公司金融管理体系的变革. 证券市场导报，1999（11）.
[48] 刘锡良，孙磊. 我国政府对金融安全的影响和维护. 财经科学，2004（3）.

［49］刘昕．产业投资基金及其管理机构的模式选择．财经问题研究，2004（10）．
［50］刘辛欣．新余市光伏产业发展的金融支持研究．南昌：南昌大学，2011．
［51］刘星，魏锋，詹宇，Benjamin Y. Tai. 我国上市公司融资顺序的实证研究．会计研究，2004（6）．
［52］刘旸旸．中小企业互助基金融资模式研究．现代商贸工业，2013（1）．
［53］娄源勇．我国中小企业出口贸易风险管理研究．北京：首都经济贸易大学，2009．
［54］卢卓．小微企业融资现状国际借鉴与路径选择．经济研究，2012（6）．
［55］陆磊．以行政资源和市场资源重塑三层次农村金融服务体系．金融研究，2003（6）．
［56］陆正飞，高强．中国上市公司融资行为研究．会计研究，2003（10）．
［57］陆正飞，叶康涛．中国上市公司股权融资偏好解析．经济研究，2004（4）．
［58］吕薇．我国中小企业信用担保的几种运作模式比较．经济研究参考，2002（67）．
［59］吕志东．天津铁合金交易所电子商务平台规划与构建．天津：天津大学，2010．
［60］马川．钢铁行业供应链金融应用研究．青岛：中国海洋大学，2011．
［61］马士华，林勇，陈志祥．供应链管理．北京：中国人民大学出版社，2005．
［62］毛建荣．四川省多晶硅产业风险分析及对策研究．成都：西南财经大学，2011．
［63］缪旭．中国钢铁企业国际化经营风险及其防范研究．马鞍山：安徽工业大学，2011．
［64］倪浩嫣，陈浩．山东金融市场法律风险防范研究．山东社会科学，2010（10）．
［65］倪艳冰．基于产业园区的科技型中小企业融资体制研究．上海社会科学院，2010．
［66］牛永涛．构建合理金融管理体系的现实选择．金融与经济，2002（12）．
［67］欧阳一力，赵玉林．以“政产学研”合作模式全力打造沙河玻璃产业技术新平台．中国建材科技，2011（10）．
［68］潘冬梅．高校企业孵化器管理模式及运行机制创新研究．武汉：华中农业大学，2006．
［69］潘士远，罗德明．民间金融与经济发展．金融研究，2006（4）．
［70］乔爱军．我国煤炭行业风险管理工具研究．太原：山西财经大学，2008．
［71］乔庆伟．试论建立面向东南亚的昆明国际性矿业权交易中心．昆明：昆明理工大学，2004．
［72］钱雪元．简析美国科技博物馆的资金来源．科普研究，2011（8）．
［73］曲立勇．战略性新兴产业中小企业战略管理研究．开封：河南大学，2012．
［74］任兰英．应收账款质押贷款的法律意义及其风险防范．金融理论与实践，2008（2）．
［75］芮明杰，刘明宇．产业链整合理论述评．产业经济研究，2006（3）．
［76］尚东光，段鹏．我国公共博物馆资金来源渠道多元化探析．科教文汇，2008（3）．
［77］上海玻璃博物馆——优雅的想象．中国集体经济，2013（8）．
［78］邵兵家，陈永福．日本蔬菜价格稳定措施及其借鉴．农村经济，1997（2）．

[79] 苏东水．产业经济学．北京：高等教育出版社，2000.
[80] 孙志军．农村金融需求变化特征与金融产品创新策略．金融理论与实践，2009（5）：28.
[81] 王彬．新疆葡萄酒产业风险分析及对策研究．乌鲁木齐：新疆农业大学，2006.
[82] 王家民，王廷堂，黄晓秀．浅论玻璃企业当前的危机与风险和应采取的对策．建筑玻璃与工业玻璃，2003（3）：8-9.
[83] 王金昌．地方政府投资公司资产风险影响因素研究．经济经纬，2013（1）.
[84] 王俊．中小企业金融成长周期及经验论证．黑龙江社会科学，2005（4）.
[85] 王曙光，邓一婷．民间金融扩张的内在机理、演进路径与未来趋势研究．金融研究，2007（6）.
[86] 王永宁．产业集群视角下的科技企业孵化器发展机制研究．重庆：重庆大学，2010.
[87] 王云霞，李国平．产业链现状研究综述．工业技术经济，2006（10）.
[88] 王玉粉．我国企业孵化器与风险投资的结合研究．武汉：华中科技大学，2009.
[89] 王志兵．论我国大宗商品电子交易市场．市场论坛，2010（12）：46-48.
[90] 吴建功．国际贸易风险管理理论研究的评述与展望．经济学动态，2008（7）：80-84.
[91] 吴建功．国际贸易风险度量问题探讨．特区经济，2007（10）：99.
[92] 夏泰凤．基于中小企业融资视角的供应链金融研究．杭州：浙江大学，2011.
[93] 项保华．企业战略管理若干问题试析．南开管理评论，1999（4）：58-61.
[94] 项保华．战略管理：艺术与实务．北京：华夏出版社，2001.
[95] 肖辉，鲍建平，吴冲锋．股指与股指期货价格发现过程研究．系统工程学报，2006（21）4.
[96] 谢鹏．物流金融运作模式探讨．福建金融，2007（2）.
[97] 许良虎，刘小绯．产业集群视角的中小企业互助基金融资模式优化．特区经济，2012（11）.
[98] 徐程兴．关于运用金融衍生工具规避农产品价格风险的探讨．价格理论与实践，2002（5）：32-33.
[99] 徐洪才．中国产权交易市场研究．北京：中国金融出版社，2006.
[100] 徐璐．美国金融期货市场的政府管理．外国经济与管理，1993（4）.
[101] 徐璐．建设一座理想的博物馆．公共艺术，2012（8）.
[102] 徐盈盈．我国中小企业联保贷款模式研究．青岛：中国海洋大学，2011.
[103] 杨峰．海外股指期货市场比较研究．金融研究，2002（7）.
[104] 杨勇，滕西鹏．关于金融办组建的历史背景与使命的思考．西部金融，2011（8）.
[105] 杨枝煌．我国生猪产业风险的金融化综合治理．农业经济问题，2008（4）：6.
[106] 叶翔．美国的产业投资基金．金融研究，1998（10）.
[107] 叶永刚，张培，宋凌峰．产业金融工程．北京：人民出版社，2012.

[108] 叶永刚，宋凌峰，张培．宏观金融工程：宏观经济资本卷．北京：高等教育出版社，2012.
[109] 易雪辉．基于供应链金融的存货质押融资信贷决策研究．成都：电子科技大学，2012.
[110] 尹应凯，崔茂中．国际碳金融体系构建中的“中国方案”研究．国际金融研究，2010（12）.
[111] 余嘉明，李成仁．论产业投资基金的组织形式．成人高教学刊，2009（4）.
[112] 余泳．云南省科技企业孵化器运行机制创新研究．价值工程，2013，32（5）：131-134.
[113] 喻小军，金希．中、美中小企业金融成长周期的融资结构比较．武汉理工大学学报，2005（6）.
[114] 袁荃，牟锂，龙安迪．钢铁行业保兑仓融资模式及其风险规避．中国市场，2012（28）.
[115] 袁象，王方华．期货交易所评价套期保值有效性综述介绍．预测，2002（6）.
[116] 曾冠辉．租赁融资在企业发展中的作用及我国企业租赁融资的应用．北京：对外经济贸易大学，2006.
[117] 曾晓燕．福耀玻璃反倾销案对我国应对国际贸易摩擦问题的启示．福州党校学报，2012（1）：9.
[118] 张恒．试论如何构建合理的金融管理体系．经营管理者，2013（6）.
[119] 张显，王锡凡．电力金融市场综述．电力系统自动化，2005（10）.
[120] 张艳．开展仓单质押融资的思考与建议．经济视角（下），2010（7）.
[121] 张铁．我国玻璃行业市场及投资机会分析．中国建材，2008（4）.
[122] 张治超．日本的蔬菜供给稳定基金．北京蔬菜，1983（2）：14.
[123] 赵月．云南省科技企业孵化器的发展探讨．昆明：云南大学，2012.
[124] 郑必顺．G银行担保方式下金融创新产品应用研究．成都：电子科技大学，2011.
[125] 郑荣鸣．中外企业融资结构比较分析．会计研究，2004（7）.
[126] 中国建筑玻璃与工业玻璃协会．玻璃行业2012年经济运行报告．中国建材，2013（4）：57-61.
[127] 中国人民银行天津分行课题组．发展我国私募股权投资基金的思考．中国金融，2007（21）.
[128] 中国人民银行潍坊市中心支行课题组．中小企业信用担保公司可持续发展的模式选择．金融研究，2003（11）.
[129] 钟田丽，孟晞，秦捷．微小型企业互助担保运行机制与模式设计．中国软科学，2011（10）.
[130] 周发军．大连浮法玻璃有限公司市场营销战略研究．大连：大连理工大学，2001.
[131] 周剑晨．规避金融市场风险的防范措施探讨．现代营销（学苑版），2010（1）.
[132] 周三多，邹统钎．战略管理思想史．上海：复旦大学出版社，2003.

[133] 周雄志．我国人造板产业发展战略研究．北京：北京林业大学，2011.
[134] 周瑛钰．FX 玻璃制造公司发展战略研究．南宁：广西大学，2012.
[135] 朱坤林．中小企业融资理论综述．商业研究，2011（5）.
[136] Jan Siefke（塞风），Diephotodesigner. de. 上海玻璃博物馆．现代装饰，2011（8）.
[137] Lee H L, So K C, Tang C S. The Value of Information Sharing in a Two-Level Supply Chain. *Management Science*, 2000, 46（5）：626-643.
[138] McGahan A M. Competition, Strategy, and Business Performance. *California Management Review*, 1999, 41（3）：74-101.
[139] Stewart C. Myers, Nicholas S. Majluf. Corporate Financing and Investment Decisions when Firms Have Information that Investors Do Not Have. *Journal of Finacial Economics*, 1984, 13（2）：187-221.